T0336625

इतिहास की जड़ता

इतिहास की जड़ता

यान शुएतोंग

हिंदी अनुवाद : अखिल मित्तल

Books Beyond Boundaries

ROYAL COLLINS

रॉयल कॉलिन्स

INERTIA OF HISTORY

Yan Xuetong
Hindi Translator: Akhil Mittal

First Hindi Edition 2022
By Royal Collins Publishing Group Inc.
BKM Royalcollins Publishers Private Limited
www.royalcollins.com

Original Edition © CITIC Press Corporation
All rights reserved.

इतिहास की जड़ता
यान शुएतोंग
हिंदी अनुवाद : अखिल मित्तल

Copyright © Royal Collins Publishing Group Inc.
Groupe Publication Royal Collins Inc.
BKM Royalcollins Publishers Private Limited

Headquarters: 550-555 boul. René-Lévesque O Montréal (Québec) H2Z1B1 Canada
India office: 805 Hemkunt House, 8th Floor, Rajendra Place, New Delhi 110 008

ISBN: 978-1-4878-0901-0

*We are grateful for the financial assistance of B&R Book Program
in the publication of this book.*

संक्षिप्त शब्द

10+1	आसियान और चीन
10+2	आसियान, चीन और दक्षिण कोरिया
10+3	आसियान और चीन, दक्षिण कोरिया और जापान
एपेक	एशिया-प्रशांत आर्थिक सहयोग समूह (एशिया पेसिफिक इकॉनामिक कोऑपरेशन)
आसियान	दक्षिण पूर्वी एशियाई राष्ट्रों का संगठन (एसोसिएशन ऑफ साउथईस्ट एशियन नेशन्स)
एयू	अफ्रीकी संघ (अफ्रीकन यूनियन)
एआरएफ	आसियान क्षेत्रीय मंच (आसियान रिजनल फोरम)
ब्रिक्स	ब्राजील, रूस, भारत, चीन और दक्षिण अफ्रीका
सीईएलएसी	लैटिन अमेरिकी और कैरिबियाई राज्यों का समुदाय (कम्यूनिटी ऑफ लेटिन अमेरिकन एंड कैरिबियन स्टेट्स)
ईएएस	पूर्वी एशिया शिखर सम्मेलन (ईस्ट एशिया सम्मिट)

संक्षिप्त शब्द

ईयू	यूरोपीय संघ (यूरोपियन यूनियन)
जी2	चीन और अमेरिका का समूह (ग्रुप ऑफ टू कंट्रीस)
जी4	चार देशों का समूह (ग्रुप ऑफ फोर कंट्रीस)
जी8	आठ देशों का समूह (ग्रुप ऑफ एट कंट्रीस)
जी20	बीस देशों का समूह (ग्रुप ऑफ ट्वेंटी कंट्रीस)
जीएनपी	सकल राष्ट्रीय उत्पाद (ग्रॉस नेशनल प्रॉडक्ट)
आईएफओपी	फ्रांसीसी जनमत संस्थान (फ्रेंच इंस्टीट्यूट ऑफ पब्लिक ओपिनियन)
आईआर	अंतर्राष्ट्रीय संबंध (इंटरनेशनल रिलेशंस)
एनएएफटीए	उत्तर अमेरिकी मुक्त व्यापार समझौता (नार्थ अमेरिकन फ्री ट्रेड एग्रीमेंट – नाफ्टा)
नाटो	उत्तरी अटलांटिक संधि संगठन (नार्थ अटलांटिक ट्रीटी ऑर्गेनाइज़ेशन)
ओएयू	अफ्रीकी एकता संगठन (ऑर्गेनाइज़ेशन ऑफ अफ्रीकन यूनिटी)
आरएमबी	रेनमिनबि (चीनी जनवादी गणराज्य की आधिकारिक मुद्रा)
एससीआई	वैज्ञानिक उद्धरण सूचकांक (साइंस साइटेशन इंडेक्स)
एससीओ	शंघाई सहयोग संगठन (शंघाई कोऑपरेशन ऑर्गेनाइज़ेशन)
एसएससीआई	सामाजिक विज्ञान उद्धरण सूचकांक (सोशल साइंसिस साइटेशन इंडेक्स)
टीपीपी	परा-प्रशांत भागीदारी समझौता (ट्रांस-पेसिफिक पार्टनरशिप एग्रीमेंट)
यूनेस्को	संयुक्त राष्ट्र शैक्षिक, वैज्ञानिक एवं सांस्कृतिक संगठन

अंग्रेजी संस्करण की भूमिका

इतिहास की जड़ताः चाइना एंड द वर्ल्ड इन द नेक्स्ट टेन इयर्स पुस्तक का चीनी भाषा में मूल संस्करण जुलाई, 2013 में पहली बार प्रकाशित हुआ था और तत्काल देश के पाठकों ने उसकी आलोचना शुरू कर दी थी। आलोचना मुख्य रूप से पुस्तक की दो भविष्यवाणियों पर केन्द्रित थी। एक तो यह कि चीन 2023 तक महाशक्ति बन जाएगा और दूसरे उसके साथ-साथ ही दुनिया दो ध्रुवों में बंट जाएगी। जहां तक महाशक्ति बनने का प्रश्न है, यह चीन में काफी कठिन बात साबित हुई क्योंकि सरकार और अधिकतर नागरिक लंबे समय से प्रति व्यक्ति सकल घरेलू उत्पाद के आधार पर अंतर्राष्ट्रीय जगत में देश की हैसियत का आकलन करते रहे हैं। इस कसौटी पर कसकर देखें तो यह कल्पना कर पाना भी असंभव है कि विकासशील देशों की कतार में खड़े किसी राष्ट्र को महाशक्ति माना जा सकता है। सच तो यह है कि चीन में अनेक नागरिक आज भी अपने देश के लिए ऐसे विशेषणों के उपयोग को पश्चिम की साजिश मानते हैं ताकि विकसित देश पर और अधिक अंतर्राष्ट्रीय दायित्व थोपे जा सकें। चीन की सरकार एक तरफ इस धारणा का डटकर प्रतिरोध करती है कि चीन विकासशील देश है अथवा कभी होगा, किन्तु साथ ही महाशक्ति होने से भी गुरेज करती है।

दूसरे दुनिया में चीन और अमेरिका के दो ध्रुव बनने की भविष्यवाणी को भी चीन के और विदेशों के पाठकों ने चुनौती दी है, हांलाकि उनके कारण भिन्न-भिन्न हैं। कुछ लोग मानते हैं कि अमेरिका के वर्चस्व वाले एक ध्रुवीय विश्व में ही भलाई है और कामना करते हैं कि यही स्थिति बनी रहे, कुछ

लोग मौजूदा व्यवस्था की बजाय बहुध्रुवीय विश्व को साकार होता देख रहे हैं, जबकि कुछ लोगों को चिंता है कि विश्व अगर दो ध्रुवों में बंटा तो नया शीतयुद्ध होकर रहेगा, जबकि कुछ लोग चीन को महाशक्ति का दर्जा मिलते नहीं देखना चाहते।

वैसे इस पुस्तक में की गई दो मूल भविष्यवाणियों को अभी इतिहास की अंतिम कसौटी से गुजरना है, किन्तु कुछ अनुमान सही साबित हुए हैं। 23 जून, 2016 को जब यूनाइटिड किंगडम ने जनमत संग्रह के जरिए यूरोपीय संघ छोड़ने के फैसले से दुनिया को आश्चर्यचकित किया तो चीन के मीडिया ने याद दिलाया कि इस पुस्तक में यह भविष्यवाणी की गई थी। 2018 के आरंभ में वाशिंगटन पोस्ट ने एक के बाद एक लेख प्रकाशित करते हुए चीन को "एक नई महाशक्ति" बताने की कोशिश की। उसी दौरान कोलम्बिया यूनिवर्सिटी प्रेस ने नार्वे के प्रोफेसर की एक पुस्तक प्रकाशित की जिसका शीर्षक था *द रिटर्न ऑफ बाइपोलेरिटी इन वर्ल्ड पॉलिटिक्सः चाइना, द यूनाइटेड स्टेट्स एंड जियोस्ट्रक्चरल रियलिज्म।*

इसमें कोई संदेह नहीं कि 2013 के बाद से हुई कई घटनाओं ने पुस्तक की कई भविष्यवाणियों को निरर्थक साबित किया है, जैसे 2013–2023 के दशक के दौरान चीन की अर्थव्यवस्था की औसत वार्षिक वृद्धि दर 7 प्रतिशत से अधिक रहेगी। सच तो यह है कि 2015 से वृद्धि दर इस कसौटी से नीचे रही है और यदि सरकार वर्तमान राजनीतिक दिशानिर्देशों पर चलती रही तो यही स्थिति रहने वाली है। इस बारे में मेरा अनुमान गलत सिद्ध होने का मुख्य कारण यह है कि मैंने नहीं सोचा था कि सांस्कृतिक क्रांति की अतिवामपंथी राजनीति की चीन में इतनी प्रबल वापसी होगी। 1966–76 की सांस्कृतिक क्रांति के दौरान अपने अनुभवों से मुझे यह विश्वास हो गया था कि मेरी पीढ़ी की आबादी उस कहर को जल्दी नहीं भूलेगी जो इस राजनीतिक सोच ने बरपाया था और उसे फिर से सिर नहीं उठाने देगी। इसी तर्क के आधार पर अनुमान लगाया गया था कि 2023 तक आरएमबी का मूल्य एक अमेरिकी डॉलर के अनुपात में 6 युआन के स्तर से ऊंचा हो जाएगा। किन्तु आज यह वास्तविकता से कोसों दूर है।

दो महाशक्तियों की बात करें तो इन पिछले पांच वर्ष में अंतर्राष्ट्रीय राजनीति पर सबसे अधिक प्रभाव चीन और अमेरिका दोनों में, राष्ट्रीय नेतृत्व में बदलाव का पड़ा है। जहां तक इस आकांक्षा का प्रश्न है कि अमेरिका के मुकाबले चीन दुनिया को बेहतर नेतृत्व दे सकता है, उसके संदर्भ में मैंने अपनी पुस्तक के अंतिम अध्याय में 2013–23 के दौरान चीन की कूटनीति के लिए कुछ उपायों का सुझाव दिया था। पिछले पांच वर्ष में चीन की वास्तविक नीतियां उनमें से कुछ के अनुरूप नहीं रहीं, किन्तु इन दोनों देशों का राजनीतिक आचरण अधिकतर लोगों की अपेक्षाओं के विपरीत रहा है जिसके कारण अंतर्राष्ट्रीय संबंधों में अनिश्चितता और बढ़ी है। फिर भी इस पुस्तक में की गई अधिकतर भविष्यवाणियां नेतृत्व परिवर्तन के बावजूद अंततः सत्य साबित हुई हैं। यूरोपीय संघ विकेन्द्रित होने लगा है। रूस और जापान का पतन जारी है, भारत और चीन के बीच समता की

खाई चौड़ी हुई है, पश्चिम एशिया में क्षेत्रीय ताकतों के बीच घमासान है, अफ्रीकी देश और अधिक हाशिए पर चले गए हैं, लैटिन अमेरिका पर अमेरिकी वर्चस्व जारी है, लेकिन साथ ही साथ वहां चीन का आर्थिक विस्तार भी खूब हुआ है।

2018 के प्रारंभ में चीन और अमेरिका के बीच हुए व्यापारिक टकराव से संकेत मिलता है कि दोनों के बीच रणनीतिक प्रतिद्वंद्विता अगले पांच वर्ष में कम होने की बजाय बढ़ेगी। उनके शक्ति संतुलन में बदलाव का निर्धारण एक-दूसरे की तुलना में सरकारों के बेहतर प्रदर्शन से नहीं बल्कि इस बात से होगा कि कौन एक-दूसरे से कम रणनीतिक भूलें करेगा। मुझे आशा है कि इस पुस्तक के अनुमान खरे होंगे और अमेरिका तथा चीन के बीच अगले पांच वर्ष के भीतर रणनीतिक प्रतिद्वंद्विता युद्ध के कगार तक पहुंचने से बच जाएगी।

मैं एक्जेंडर ए. बोव का विशेष रूप से आभारी हूं जिन्होंने सिंघुआ विश्वविद्यालय में अध्ययन के दौरान इस पूरी पुस्तक के अनुवाद में अपना बहुमूल्य समय दिया। मैं जेम्स एंथनी का भी हार्दिक आभारी हूं कि उन्होंने इस भूमिका को तराशने में मदद की।

यान शुएतोंग

सिंघुआ, मई 2018

प्रस्तावना

अंतर्राष्ट्रीय संबंधों का पूर्वानुमान, मौसम के पूर्वानुमान की तरह ही संभावनाओं पर आधारित होता है, इसलिए शत-प्रतिशत सटीक नहीं हो सकता। वास्तविक जगत में मिलने वाले परिणाम इस बात की कसौटियां ही होते हैं कि पूर्वानुमान सटीक हैं या नहीं। इसके अलावा एक घटना का सटीक पूर्वानुमान लगा लेने का अर्थ यह नहीं होता कि पूर्वानुमान शत-प्रतिशत सटीक हो सकता है क्योंकि पूर्वानुमान के सटीक होने की दर इस बात पर निर्भर करती है कि अनेक पूर्वानुमान कितनी बार सही साबित हुए। आमतौर पर पूर्वानुमानों की सटीकता की दर यदि 65 प्रतिशत (अर्थात 100 में से 65 अनुमान सही हों) तक पहुंच जाए तो मान लेना चाहिए कि पूर्वानुमान की विधियां वैज्ञानिक थीं, यदि यह दर 75 प्रतिशत हो जाए तो उसे परामर्श लायक माना जाए और यदि 85 प्रतिशत हो जाए तो उसे उपयोगी समझा जाए। इसका अर्थ यह भी है कि जब किसी शोधकर्ता या संगठन की पूर्वानुमान सटीकता दर 85 प्रतिशत हो जाए तो लोग उनके पूर्वानुमान के आधार पर निर्णय लेने लगते हैं क्योंकि 85 सही फैसलों से होने वाले लाभ 15 गलत फैसलों के नुकसान की भरपाई करने के लिए पर्याप्त होते हैं। इसीलिए लोग मौसम का पूर्वानुमान गलत होने के बाद ही शिकायत करते हैं। इससे पहले उन्हें विश्वास रहता है कि पूर्वानुमान सही होगा।

अंतर्राष्ट्रीय अध्ययन के सभी विद्वानों को अपने पूर्वानुमानों पर गर्व होगा किन्तु वे उन अनुमानों का उल्लेख करने के इच्छुक नहीं होंगे जो गलत साबित हुए। पूर्वानुमानों के गलत साबित होने से बचने के लिए कुछ लोग कोई स्पष्ट कालखंड दिए बिना पूर्वानुमान लगाने की विधि अपनाते हैं।

अक्सर "निकट भविष्य में" शब्दों की आड़ ली जाती है ताकि अंतर्राष्ट्रीय रुझानों के अनुमानों को सुधारा जा सके। इस निकट भविष्य को 30 चिन के भीतर से लेकर 30 वर्ष के भीतर तक कुछ भी माना जा सकता है। यदि पूर्वानुमान लगाने वाला युवा है तो उसके लिए निकट भविष्य दो या तीन पीढ़ियों तक लंबा भी हो सकता है। इस तरह के गैरजिम्मेदार अनुमान से बचने के लिए इस पुस्तक के सभी पूर्वानुमानों को निश्चित कालखंड दिया गया है। इसमें "मध्यम-दीर्घावधि", "परम", "देर-सवेर" जैसे शब्दों का प्रयोग नहीं किया गया।

अंतर्राष्ट्रीय संबंधों के अध्ययन के क्षेत्र में अनेक शोध संस्थानों ने 20 वर्ष की निश्चित अवधि के लिए दीर्घकालिक पूर्वानुमान लगाए हैं। इस तरह के पूर्वानुमान की अवधि बहुत स्पष्ट होती है और उसे परखा भी जा सकता है। किन्तु अधिकतर पूर्वानुमानों को इतिहास गलत साबित करता रहा है। इसका एक प्रमुख उदाहरण क्लब ऑफ रोम का यह गलत पूर्वानुमान है कि दुनिया के तेल संसाधन समाप्त हो जाएंगे।

इस लेखक का मानना है कि इस समय अंतर्राष्ट्रीय संबंधों के विशेषज्ञों की शोध क्षमताएं इस स्तर तक नहीं पहुंची हैं कि वे 20 साल बाद की अंतर्राष्ट्रीय परिस्थितियों का लगभग सटीक अनुमान लगा पाएं। शीतयुद्ध की समाप्ति के समय कोई यह अनुमान नहीं लगा पाया था कि 2008 में वित्तीय संकट होगा जिसके कारण अमेरिका की हैसियत में अपेक्षाकृत गिरावट आएगी। 1990 के दशक की शुरुआत में कोई यह अनुमान नहीं लगा सकता था कि 21वीं शताब्दी के पहले दशक में चीन में त्वरित विकास होगा और वह दुनिया की दूसरी सबसे बड़ी शक्ति बन जाएगा। अंतर्राष्ट्रीय संबंध विशेषज्ञों की विशेषज्ञता के वर्तमान स्तर को देखते हुए मेरा मानना है कि अगले 10 वर्ष में अंतर्राष्ट्रीय स्थिति में उभरते रुझानों का अपेक्षाकृत विश्वसनीय पूर्वानुमान लगाया जा सकता है।

इतिहास की जड़ता किसी विद्ववत अध्ययन का परिणाम नहीं है बल्कि इस पुस्तक में अंतर्राष्ट्रीय स्थिति का पूर्वानुमान लगाया गया है। इस पुस्तक के अनुमान कितने सटीक होंगे इसकी परीक्षा अगले 10 वर्ष में होने वाली घटनाओं से होगी, किन्तु इस परीक्षा को लेने के लिए 2023 तक प्रतीक्षा करना आवश्यक नहीं है। *इतिहास की जड़ता* शीर्षक का अर्थ यह बताना है कि अंतर्राष्ट्रीय संरचना में अगले 10 वर्ष में होने वाले बदलावों में एक निश्चित निरंतरता रहेगी। विश्व के सामान्य रुझान पूरी तरह नहीं पलट सकते। चीन डगमगाने की बजाय आगे बढ़ता जाएगा और दो ध्रुवीय विश्व की प्रवृत्ति 2023 से पहले ठोस रूप ले लेगी। अगले दशक में हर वर्ष इस पुस्तक के पूर्वानुमानों को परखने के लिए अंतर्राष्ट्रीय स्थिति में परिवर्तन के परिणामों का उपयोग कर यह देखा जा सकेगा कि क्या वास्तव में वैश्विक रुझानों ने अपनी दिशा बदली है। वर्ष 2023 में इस पुस्तक के पूर्वानुमानों की अंतिम परीक्षा होगी।

इतिहास की रचना मानवता की देन है, किन्तु इसका यह अर्थ कदापि नहीं है कि मानव समुदाय में जानबूझकर इतिहास बदलने की क्षमता है। इतिहास के विकास की अपनी एक जड़ता होती है।

यदि इतिहास पर प्रभाव डालने की मानवता की क्षमता इतिहास की जड़ता से अधिक सशक्त न हुई तो इतिहास अपने ढर्रे पर विकसित होता रहेगा। इसीलिए किसी साम्राज्य अथवा महाशक्ति के पतन के बाद उसके पतन का काल कम से कम एक शताब्दी का रहेगा। आधी शताब्दी के भीतर उसका गौरव वापस आ पाना लगभग दुर्लभ है। चिंग साम्राज्य, ब्रिटिश साम्राज्य और रूस के पतन की कहानियां इतिहास की इस जड़ता से खुद को अलग रखने में नाकाम रही थीं। अमेरिका के लोग 21वीं शताब्दी में इतिहास की इस जड़ता पर हावी हो पाएंगे या नहीं और अमेरिका को दीर्घकाल में पतन के गर्त में जाने से रोक पाएंगे या नहीं यह ऐतिहासिक परीक्षा उन्हें देनी है। अगले एक दशक में इतिहास की जड़ता से चीन के उदय को लाभ मिलेगा, किन्तु चीन इस जड़ता का लाभ उठाकर अपनी प्रगति की रफ्तार तेज कर पाता है या नहीं यह इस युग की चीन की जनसंख्या पर निर्भर होगा।

इतिहास की जड़ता के अनुरूप पूर्वानुमान लगाने का अर्थ यह कदापि नहीं है कि यह पुस्तक मानव समुदाय को इतिहास के विकास पर प्रभाव डालने से वंचित करती है। इसके विपरीत अगले दस वर्ष में अंतर्राष्ट्रीय संरचना के रुझानों में परिवर्तन के पूर्वानुमान राजनीतिक सुधार अपनाने के लिए महाशक्तियों के नेतृत्व की क्षमता पर ही आधारित हैं। इस पुस्तक का मानना है कि अंतर्राष्ट्रीय संरचना में बदलाव बड़े देशों के समग्र शक्ति स्तरों में बदलाव से संचालित होता है और समग्र शक्ति का आधार राजनीतिक शक्ति है तथा राजनीतिक शक्ति का मूल आधार सुधारों को अपनाने की नेताओं की क्षमता है। विभिन्न घटनाएं सुधार अपनाने की राष्ट्रीय नेताओं की क्षमताओं को बहुत अधिक प्रभावित करती हैं। इसीलिए कभी-कभी इतिहास की जड़ता बहुत जल्दी सामने आने लगती है। इसीलिए इतिहास में ऐसे अनेक उदाहरण मिलते हैं जब एक पीढ़ी के जीवन काल में ही सत्ता और शक्ति का शिखर पूरी तरह हासिल हो जाता है। चिन राजवंश के प्रथम सम्राट चिन शिहुआंग ने 22 वर्ष की आयु में शासन पर नियंत्रण कर लिया था और 17 वर्ष बाद 6 रियासतों को जोड़ लिया था। पीटर महान ने 17 वर्ष की आयु में सत्ता की बागडोर थामी और 32 वर्ष बाद रूस को यूरोप की सबसे बड़ी शक्ति बना दिया। 1945 में दूसरे महायुद्ध की समाप्ति के बाद सोवियत संघ ने 16 वर्ष के भीतर पहला मानव अंतरिक्ष में भेज दिया और 1970 के दशक में स्वयं एक महाशक्ति बन गया। लोग यह कल्पना ही नहीं कर पाते कि कोई बड़ी शक्ति कितने कम समय में महाशक्ति कहलाने लगती है। 1980 के दशक में देंग शियाओपिंग ने भविष्यवाणी की थी कि चीन 21वीं शताब्दी के मध्य से पहले पश्चिम के दूसरे दर्जे के विकसित देशों की आर्थिक महारत की बराबरी नहीं कर पाएगा। किन्तु वह यह पूर्वानुमान लगाने में असफल रहे कि चीन का सकल घरेलू उत्पाद 2010 में जापान को पछाड़ देगा और चीन विश्व की दूसरी सबसे बड़ी अर्थव्यवस्था बन जाएगा। अनेक अंतर्राष्ट्रीय आर्थिक संगठनों का अनुमान है कि वह दिन अब दूर नहीं जब चीन की अर्थव्यवस्था विशालता की दृष्टि से अमेरिका को पछाड़ देगी। अमेरिका को पछाड़ने के लिए सबसे पहले पूर्वानुमान में 2040 के दशक तक का समय लगने की बात कही गई थी। बाद में यह

अनुमान 2030 और सबसे ताजा अनुमान 2020 के दशक का है। 2013 में तो ब्रिटिश पत्रिका *दि इकॉनॉमिस्ट* ने यह अनुमान लगाकर सबको हैरत में डाल दिया कि चीन 2018 में ही अमेरिका को पछाड़ देगा। अभी प्रश्न यह नहीं है कि कौन सा अनुमान अधिक सटीक है, बल्कि महत्वपूर्ण बात यह है कि अमेरिका को पछाड़ने में चीन को लगने वाले समय के अनुमान में निरन्तर कमी आ रही है। चीन के दृष्टिकोण से देखा जाए तो बहुत संभव है कि अगले 10 वर्ष में चीन की प्रगति बहुत तेजी से होगी।

पुस्तक में अगले दशक में चीन की प्रगति का अनुमान बहुत आशावादी है और उसका संबंध चीन की कम्युनिस्ट पार्टी की 18वीं राष्ट्रीय कांग्रेस के बाद उभरे नए नेतृत्व से है। इस समय आर्थिक संकल्प चीन की जनता की मुख्य शक्ति है, जबकि चीन के प्राचीन राजनीतिक चिंतक राजनीतिक संकल्पवाद के हिमायती थे। उनका मानना था कि किसी भी देश के संपन्न अथवा विपन्न होने के पीछे सबसे बुनियादी कारक उसकी आर्थिक बुनियाद नहीं बल्कि राजनीतिक नेतृत्व है। *गुआन्जी* में "ऑन हैजमनी" (आधिपत्य) में लिखा है, "यदि राष्ट्र महान है किन्तु शासन कमज़ोर है तो राष्ट्र भी उतना ही कमज़ोर हो जाएगा; यदि देश छोटा है, किन्तु शासन बड़ा है तो देश को लाभ भी बड़ा होगा।" चीन की कम्युनिस्ट पार्टी की 18वीं राष्ट्रीय कांग्रेस के बाद शी जिनशिंग ने कहा था, "इतिहास के किसी भी काल की तुलना में अब हम चीन राष्ट्र के अभ्युदय लक्ष्य के अधिक निकट हैं और इस लक्ष्य को साकार करने के लिए हमारे पास इतिहास के किसी भी अन्य काल की तुलना में अधिक आत्मविश्वास और क्षमता है।" राष्ट्र के अभ्युदय के बारे में इस भाषण ने देश की जनता को जगा दिया। उसके बाद नए नेतृत्व ने जिस तरह भ्रष्टाचार विरोधी अभियान, सुधार कार्यक्रम और राष्ट्रीय प्रभुसत्ता की रक्षा के उपाय अपनाए उनसे चीन के लोगों को राष्ट्र के आगे बढ़ने की आशा जगी। चीन के हजारों वर्ष के इतिहास में संपन्नता और विपन्नता के दौर आते रहे हैं। हर युग में चीन के लोग एक प्रश्न से मुंह नहीं चुरा सके कि उनकी पीढ़ी आने वाली पीढ़ियों के लिए गौरवशाली विरासत छोड़ेगी अथवा अपमान की स्मृतियां। अगले दशक में चीन की हमारी पीढ़ी के हाथ में ऐसी विरासत रचने का अवसर होगा जिससे भावी पीढ़ियां चीन का नागरिक होने पर गर्व कर सकेंगी। यदि हम असफल रहे तो राष्ट्रीय अभ्युदय का दायित्व हम अपनी अगली पीढ़ी के कंधों पर डाल देंगे और हम चीन के इतिहास की एक सबसे कमज़ोर पीढ़ी कहलाएंगे। हमारे पूर्वजों ने अपने युग में सबसे शक्तिशाली राष्ट्र का निर्माण किया और हमारे वंशज अपने युग में फिर सबसे शक्तिशाली राष्ट्र का निर्माण कर सकेंगे, किन्तु यदि हम असफल रहे तो उसका दायित्व इतिहास के कंधों पर नहीं डाल सकेंगे।

इस पुस्तक में अनुमान लगाया गया है कि चीन उत्तरोत्तर प्रगति का मार्ग अपनाएगा। इसका अर्थ यह नहीं है कि अगले दस वर्ष में चीन की प्रगति के मार्ग की रुकावटें कम हो जाएंगी, बल्कि यह रुकावटें बढ़ेंगी। प्रगति की दुविधा के सिद्धांत के अनुसार कोई भी प्रगतिशील देश जितनी ताकत से आगे बढ़ता है उस पर अंतर्राष्ट्रीय व्यवस्थाजन्य दबाव उतना ही प्रबल होता है, जैसे भौतिकी का

सिद्धांत है कि किसी भी क्रिया की प्रतिक्रिया उसके बराबर शक्तिशाली होती है। चीन जैसे-जैसे प्रगति करेगा विदेशों में उसके हितों का उतना ही अधिक विस्तार होगा जिससे चीन के लिए खतरे भी उतने ही बढ़ जाएंगे। ढांचागत विरोधाभास के सिद्धांत के अनुसार चीन और अमेरिका की शक्ति के बीच अंतर कम होने के साथ-साथ अमेरिका और चीन के हितों में टकराव बढ़ेगा। अमेरिकी नीति में चीन के प्रति विद्वेष में उसी अनुपात में वृद्धि होगी और इसके कारण चीन पर उसका दबाव बढ़ता जाएगा।

प्रगति की प्रक्रिया ऐसी होगी जैसे फाइनल तक पहुंचने से पहले प्रारंभिक चरणों में स्पर्धा की समूची प्रक्रिया से गुजरना होगा। विपक्ष की शक्ति बढ़ने के साथ-साथ जीत की संभावना कम होती जाएगी। चीन की समग्र राष्ट्रीय शक्ति विश्व में दूसरे स्थान पर पहुंच चुकी है और अगले 10 वर्ष में चीन अमेरिका की बराबरी कर लेगा। तमाम कठिनाइयों के बावजूद यहां तक पहुंचना फाइनल के समान ही होगा। चीन शांतिपूर्ण रास्ता अपनाते हुए मानव इतिहास में शिखर तक पहुंचने की पहली मिसाल कायम करना चाहता है जिससे डगर और कठिन हो जाती है। इस पुस्तक के अंतिम अध्याय में इसीलिए ऐसे कुछ सुझाव दिए गए हैं जिन्हें अपनाकर चीन की विदेश नीति को दो ध्रुवीय विश्व व्यवस्था के अनुरूप ढाला जा सकता है।

इस पुस्तक में विश्व व्यवस्था के भावी रुझानों का पूर्वानुमान लगाया गया है। इसे देखते हुए चीन की घरेलू राजनीति में परिवर्तनशीलता की बजाय स्थिरता की अपेक्षा है। बहुत से लोग मानते हैं कि चीन का उत्थान उसकी विदेश नीति पर नहीं बल्कि घरेलू नीति पर निर्भर है और इस कारण उसे घरेलू मामलों के विकास पर ध्यान देना चाहिए और अंतर्राष्ट्रीय मामले में बहुत कम हस्तक्षेप करना चाहिए। वास्तव में घरेलू मामले सिर्फ़ चीन की प्रगति की ही जड़ नहीं हैं बल्कि विश्व पर एकाधिकार रखने की अमेरिका की क्षमता की जड़ भी उनमें ही है। किन्तु निश्चित रूप से नहीं कहा जा सकता कि घरेलू विषयों में माहिर देश प्रगति करके महाशक्ति बन ही जाएगा। उत्तरी यूरोप के देश इसके सटीक उदाहरण हैं। वैश्वीकरण के युग में जब अगले 10 वर्ष में चीन, विश्व की दो महाशक्तियों में से एक हो जाएगा तो घरेलू नीति और विदेश नीति दोनों आपस में मिल जाएंगी। घरेलू मामलों पर अंतर्राष्ट्रीय विषयों का प्रभाव बढ़ता जाएगा साथ ही साथ विदेश नीति में जरा सी चूक चीन की प्रगति की रफ्तार में बाधा डालेगी। कुछ लोगों का मानना है कि चीन की मौजूदा शक्ति अभी कमज़ोर है और हमें उस समय की प्रतीक्षा करनी चाहिए जब हम अंतर्राष्ट्रीय टकरावों के समाधान में अधिक शक्तिशाली होंगे। किन्तु जिस तरह घरेलू समस्याओं से बचना चाहिए उसी तरह यह भी सच है कि अंतर्राष्ट्रीय समस्याएं जितनी टाली जाएंगी उनका समाधान उतना ही कठिन होता जाएगा। जिआओयू/सेनकाकू द्वीपों का जो विवाद 2010 से चला आ रहा है उसने चीन और जापान के बीच टकराव उत्पन्न कर दिया है। इससे पता चलता है कि अंतर्राष्ट्रीय टकरावों को जल्दी सुलझा पाना आसान नहीं है, लेकिन देर होने पर उनका समाधान और कठिन हो जाता है। इस लेखक का मानना है कि इतिहास सभी देशों को समान अवसर देता है। प्रश्न

यह नहीं है कि सामरिक अवसर किसके पक्ष में हैं बल्कि महत्वपूर्ण बात यह है कि कौन अपने हाथ में आने वाले हर अवसर को थामकर उसका उपयोग अपने हित में कर लेता है।

इस पुस्तक के लेखन में मुझे अपने विद्यार्थियों सुओ दुओ और यांग युआन से सहायता मिली है। उन्होंने अपनी सर्दियों की पूरी छुट्टी पांडुलिपि की प्रूफरीडिंग में लगा दी और मुझे संशोधनों के लिए सुझाव भी दिए। अगले दस वर्ष में मैं अपने पाठकों के साथ इस पुस्तक में दिए गए पूर्वानुमानों को आजमाऊंगा और चीन के अंतर्राष्ट्रीय संबंध समुदाय की पूर्वानुमान क्षमता सुधारने के लिए अनुभव एकत्र करूंगा।

यान शुएतोंग

सिंघुआ, अप्रैल, 2013

विषय वस्तु

अध्याय दो

शक्ति केन्द्र में परिवर्तन : 2023 तक पूर्व एशिया का दर्जा / 37

अध्याय तीन

अतीत की बड़ी शक्तियां : रूस, जापान और यूरोप 2023 तक / 71

अध्याय एक

सामर्थ्य की होड़ : 2023 तक चीन और अमेरिका

वह जो अपने राज्य को समृद्ध करना चाहता है उसके क्षेत्र का विस्तार करता है; वह जो अपने सैनिकों को शक्तिशाली बनाना चाहता है अपनी प्रजा को समृद्ध करता है; वह जो संत राजा बनना चाहता है स्वयं को अधिक गुणी बनाता है। यदि यह तीनों ताकतें मिल जाएं तो संत साम्राज्य स्थापित हो जाता है। (*"चिन की पहली रणनीतिः शू पर हमला करने पर सिमा कुओ का संदेश" युद्धरत राज्यों की रणनीति में – "फर्स्ट स्ट्रेटजम ऑफ चिनः सिमा कुओ ऑन अटैकिंग शु"* इन *स्ट्रैटजम्स ऑफ द वॉरिंग स्टेट्स)*

1998 में मेरी एक रचना प्रकाशित हुई थी *द इंटरनेश्नल एनवायरन्मेंट फॉर चाइनाज़ राइज (चीन के उदय के लिए अंतर्राष्ट्रीय वातावरण)*। उसके बाद "चीन के अभ्युदय" की मेरी परिकल्पना पर चीन के कुछ विद्वान साथियों के साथ मेरी लंबी असहमति चली। इस असहमति के अनेक पहलू थे। एक मुख्य पहलू यह था कि चीन क्या वास्तव में एक उदीयमान राष्ट्र है और क्या चीन वास्तव में इतनी उन्नति कर सकता है कि महाशक्ति बन जाए। 1998 में शायद कोई भी यह मानने को तैयार नहीं था कि चीन न केवल एक उदीयमान शक्ति था, बल्कि 12 वर्ष बाद चीन का सकल घरेलू उत्पाद विश्व में दूसरे स्थान पर पहुंच सकता है।

2008 के वित्तीय संकट ने पश्चिम की आर्थिक वृद्धि को जबर्दस्त झटके दिए और पश्चिम के कुछ देशों की अर्थव्यवस्थाएं तो पूरी तरह चौपट हो गई। पश्चिम के देशों की अर्थव्यवस्था की खस्ता हालत ने ही इस सत्य को उजागर किया कि चीन की आर्थिक शक्ति तेज गति से बढ़ रही है।

हालांकि चीन में मेरे बहुत से साथी और चीन सरकार भी चीन की अंतर्राष्ट्रीय हैसियत का वर्णन करते समय "उदीयमान" शब्द के इस्तेमाल से आज भी परहेज करते हैं, किन्तु मीडिया चीन के उदय से जुड़ी खबरें खूब प्रचारित-प्रकाशित करता है। 2010 में अमेरिकी मुद्रा डॉलर की विनिमय दर के आधार पर की गई सामान्य गणना से पता चला कि चीन का सकल घरेलू उत्पाद जापान के 54.7 खरब डॉलर की तुलना में 404.4 अरब अधिक था। इस तरह चीन दुनिया की दूसरी सबसे बड़ी अर्थव्यवस्था बन गया।[1] इस तथ्य के सामने आने के बावजूद चीन सरकार और बहुत से दूसरे लोग अब भी यह स्वीकार करने को तैयार नहीं हैं कि चीन दुनिया की दूसरी सबसे बड़ी अर्थव्यवस्था हो गया है और वे यह भी नहीं मानते कि चीन एक उदीयमान शक्ति है। 30 दिसम्बर, 2011 को *ग्लोबल्स टाइम्स* में मेरा एक लेख प्रकाशित हुआ था *"वन सुपर पावर एंड मैनी स्ट्रोंग पावर्स आर बिगिनिंग टू इवॉल्व इनटू टू सुपर पावर्स एंड मैनी स्ट्रोंग पावर्स"* (एक महाशक्ति और अनेक मजबूत शक्तियां धीरे-धीरे दो महाशक्तियों और अनेक मजबूत शक्तियों का रूप लेने लगी हैं)। 30 दिसम्बर से यह लेख वेब पर प्रचारित होने लगा तब से लेकर 1 जनवरी, 2012 तक 13,283 लोगों ने इस पर अपनी राय दी। उनमें से केवल 7.8 प्रतिशत (1,040 लोग) इस बात से सहमत थे कि चीन भविष्य में महाशक्ति हो जाएगा, जबकि 87.6 प्रतिशत (11,632 लोग) इस पूर्वानुमान से सहमत नहीं थे, बल्कि उनकी मान्यता थी कि चीन में अब भी महाशक्ति होने की बुनियादी परिस्थितियां मौजूद नहीं हैं।[2]

चीन के लोग "महाशक्ति" शब्द को चाहे अपमानजनक मानें अथवा श्रेष्ठता सूचक मानें किन्तु 2010 से अनेकानेक मीडिया संगठन चीन को "नई महाशक्ति" कहने लगे थे। अंतर्राष्ट्रीय समुदाय में यह अपेक्षा निरंतर बढ़ती जा रही थी कि चीन महाशक्ति के रूप में अपने दायित्वों का निर्वाह करे और चीन को विकासशील देश की अपनी पहचान कायम रखने में कठिनाई बढ़ती जा रही थी। 1998 में की गई भविष्यवाणी के अनुभव को ध्यान में रखते हुए इस अध्याय में अगले दशक में अंतर्राष्ट्रीय व्यवस्था के विकसित होते रुझानों के साथ-साथ यह पूर्वानुमान भी लगाया जाएगा कि 2023 के अंत तक कैसी नई अंतर्राष्ट्रीय व्यवस्था उभरकर सामने आ सकती है।

अगला दशक : चीन-अमेरिका के बीच सामर्थ्य की होड़

1990 के दशक के आरंभ में अमेरिका विश्व की एकमात्र महाशक्ति था और उस समय चीन और अमेरिका के बीच शक्ति की विसंगति की खाई बहुत चौड़ी थी। फिर पिछले 20 वर्ष में चीन और

1 शु बिंग, "झोंग्गुओ जीडीपी चाओगुओ रिबेन यु हि यियि" (चीन का जीडीपी जापान से अधिक होने का महत्व), *झोंग्गुओ छिंगनियान बाओ* (चाइना यूथ डेली), 15 फरवरी, 2011

2 "जिन 9 चेंग वांगयु बु रेनतोंग झोंग्गुओ यिचेंग चाओजिदागुओ शुओफा" (करीब 90 प्रतिशत इंटरनेट उपभोक्ता इस बात से सहमत नहीं हैं कि चीन महाशक्ति बन चुका है), *हुआनछियु शिबाओ* (ग्लोबल टाइम्स), 1 जनवरी, 2012, http://www.taihainet.com/news/cnnews/2012-01-01/795156.html.

अमेरिका के बीच शक्ति की यह खाई कैसे सिकुड़ती चली गई? इसका बुनियादी कारण यही है कि चीन में सुधार की प्रक्रिया निरंतर जारी रही और अमेरिका में सुधार प्रक्रिया का अभाव रहा। अगले दस वर्ष में हवा का रुख पलटना कठिन होगा क्योंकि चीन में सुधार अपनाने की सामर्थ्य अमेरिका से कहीं अधिक होगी। इसलिए कहा जा सकता है कि 2023 तक विश्व में चीन और अमेरिका दो महाशक्तियां होंगी।

चीन की वृद्धि की गुंजाइश को कम आंकना

2008 में चीन और विदेशों के अनेक विद्वानों ने भविष्यवाणी कर दी कि चीन की अर्थव्यवस्था में त्वरित गिरावट आएगी और चीन चौथे दशक में अपनी अर्थव्यवस्था में तीव्र गति से वृद्धि जारी नहीं रख पाएगा। इस प्रकार की भविष्यवाणी के आधार अनेक हो सकते हैं किन्तु दो मूल कारणों में से एक यह दार्शनिक सिद्धांत रहा कि "जब परिस्थितियां चरम पर पहुंच जाएं तो उनकी वापसी अथवा उनका नीचे आना अवश्यंभावी है।" बहुत से लोग मानते हैं कि चीन की अर्थव्यवस्था में तीव्र गति से वृद्धि का दौर सीमित है, इसलिए वृद्धि की गति हमेशा इतनी त्वरित नहीं रह सकती। इस भविष्यवाणी का दूसरा आधार एक ऐतिहासिक अनुभव है कि विशेषतौर पर जापान और चार एशियाई लघु ड्रैगन देशों (दक्षिण कोरिया, सिंगापुर, ताइवान और हांगकांग) की अर्थव्यवस्थाओं में ऊंची वृद्धि का दौर 30 वर्ष से अधिक नहीं टिक सका। 2008 में विद्वानों के बीच इस प्रकार के मत के प्रभाव में चीन के अधिकतर राजनीतिक नेता भी यह मानने लगे कि चीन की वार्षिक आर्थिक वृद्धि दर 6 प्रतिशत तक नहीं पहुंच सकेगी क्योंकि 1978 से लेकर गिनती शुरू करें तो चीन की ऊंची आर्थिक वृद्धि का दौर 30 वर्ष पूरे कर चुका था। उस समय कुछ लोगों का तो यह भी मानना था कि सरकार को वृद्धि के लिए 7 प्रतिशत की ऊपरी सीमा पर काम करना चाहिए। किन्तु उसके बाद के समय ने इस भविष्यवाणी को गलत साबित कर दिया और 2008 से 2011 तक चीन ने न सिर्फ वैश्विक वित्तीय संकट से अछूते रहने वाले देशों का नेतृत्व किया, बल्कि उस दौरान चीन की अर्थव्यवस्था की वार्षिक वृद्धि दर भी 9 प्रतिशत से अधिक रही (2008 से 2011 तक वृद्धि दर क्रमशः 9.86 प्रतिशत, 9.93 प्रतिशत, 10.13 प्रतिशत और 9.20 प्रतिशत रही)।[3] 2012 की शुरुआत में जब विश्व की प्रमुख आर्थिक शक्तियों को यह चिंता सता रही थी कि उनकी आर्थिक वृद्धि की रफ्तार बहुत मंद रहने वाली है तो चीन सरकार यह सोचकर परेशान थी कि उसकी आर्थिक वृद्धि की गति बहुत तेज होगी। चीन सरकार ने उस रफ्तार को थामने की अनेक नीतियां अपनाईं, खासकर ब्याज दरों पर नियंत्रण किया और जमीन-जायदाद की कीमतों पर अंकुश लगाने के उपाय अपनाए ताकि चीन की अर्थव्यवस्था बहुत तेज गति से न बढ़ पाए। वर्ष की पहली छमाही में चीन

3 "2001-2010 झोंग्गुओ जीडीपी जेंगझांगलु, तोंगझांगलु देंग" (2001-2010 चीन की जीडीपी की वृद्धि दर, मुद्रास्फीति दर आदि), *बाइदु वेन्कु* (बाइदु इन्साइक्लोपीडिया), **http://wenku.baidu.com/view/5572bb10a21614791711284b.html**

सरकार ने आर्थिक वृद्धि को नियंत्रित रखने की जो नीतियां अपनाईं उनके बावजूद 2012 में चीन के सकल घरेलू उत्पाद की वृद्धि दर 7.8 प्रतिशत रही।[4] चीन को छोड़कर विश्व की अन्य प्रमुख अर्थव्यवस्थाओं की वृद्धि दर 5 प्रतिशत तक भी नहीं पहुंच सकी और जापान तो एक प्रतिशत की वृद्धि दर भी हासिल नहीं कर सका।

यह निष्कर्ष पूरी तरह गलत साबित हुआ कि चीन चौथे दशक में भी तेज गति से आर्थिक वृद्धि नहीं कर पाएगा क्योंकि भविष्यवाणी के दोनों आधार अवैज्ञानिक थे। एक तो यह सिद्धांत "जब परिस्थितियां चरम पर पहुंच जाएं तो उनकी वापसी अथवा उनका नीचे आना अवश्यंभावी है" दार्शनिक है जिसका कोई वैज्ञानिक आधार नहीं है। चीन की अर्थव्यवस्था हमेशा तीव्र गति से आगे नहीं बढ़ सकती, इस दार्शनिक सिद्धांत पर आधारित भविष्यवाणी उचित तो है किन्तु लोगों ने इस तथ्य को अनदेखा कर दिया कि इसका कोई वैज्ञानिक आधार नहीं है। "चरम सीमा" की अवधारणा का भी कोई पक्का मानक नहीं है। चीन में लगातार कई वर्ष तक आर्थिक वृद्धि दर ऊंची रहने के बाद उसके "चरम" को छूने और फिर "अवश्य पलटने" की अवधारणा भी पूरी तरह काल्पनिक है। यदि चीन की अर्थव्यवस्था की वृद्धि दर 30 वर्ष तक ऊंची रहती है और उसे चरम पर पहुंचना माना जा सकता है तो हम यह भी मान सकते हैं कि 50 वर्ष तक निरंतर ऊंची वृद्धि के बाद वह चरम बिन्दु आएगा या उससे भी लंबे समय के बाद अर्थव्यवस्था चरम पर पहुंचेगी।

दूसरे, जापान और एशिया के चार लघु ड्रैगन देशों के अनुभव के आधार पर चीन की ऊंची आर्थिक वृद्धि दर टिकाऊ होने की भविष्यवाणी भी वैज्ञानिक आधार से परे है। जापान की जनसंख्या चीन के 10वें हिस्से से भी कम है और किसी भी लघु ड्रैगन देश की जनसंख्या चीन की तुलना में 4 प्रतिशत से ऊपर नहीं गई है। इन देशों की ऊंची वृद्धि के अनुभव के आधार पर लगाई गई चीन की आर्थिक वृद्धि दर का अनुमान तो गलत साबित होना ही था। अगर यह सही साबित होता तो भी इसका कारण समझना कठिन होता। यह तो कुछ ऐसा ही हुआ जैसे किसी चूहे या सुअर के जीवनकाल के आधार पर हाथी की आयु का अनुमान लगाया जाए। ऐसा पूर्वानुमान जब गलत साबित होता है तो वैज्ञानिक सिद्धांतों के अनुरूप होता है और अगर सही साबित हो जाए तो सभी अपेक्षाओं से परे होता है।

चीन की त्वरित वृद्धि का इंजन

अगले दशक में चीन की समग्र राष्ट्रीय शक्ति आर्थिक वृद्धि की रफ्तार तेज रख पाएगी या नहीं यह मूल रूप से इस बात पर निर्भर होगा कि चीन की सरकार सुधारों की प्रक्रिया को अधिक

4 नेशनल ब्यूरो ऑफ स्टेटिस्टिक्स ऑफ द पीआरसी, "तोंगजिजुः जीडीपी तोंगबि जेंगझांग 7.8 प्रतिशत दिसि जिदु जेंगजिया 7.9 प्रतिशत" (वार्षिक आधार पर पिछले वर्ष की जीडीपी वृद्धि दर 7.8 प्रतिशत और चौथी तिमाही की वृद्धि दर 7.9 प्रतिशत रही), *शिनलांग काइजिंग*, 18 जनवरी, 2013, **http://finance.sina.com.cn/china/20130118/100514329805.shtml**

गहराई और सधनता से चालू रख पाती है या नहीं। चीन सरकार का नेतृत्व जब तक 1978 की तरह बहुआयामी सुधार लागू करता रहेगा, तब तक आशा की जा सकती है कि चीन अपनी समग्र राष्ट्रीय शक्ति के दम पर ऊंची वृद्धि का एक और दशक देखेगा और उसके बाद अगले दशक में करीब पांच प्रतिशत की निश्चित वार्षिक स्थायी वृद्धि दर हासिल कर पाना संभव होगा।

1978 से लेकर अब तक चीन की भौतिक शक्ति में वृद्धि मूल रूप से सरकार की सुधार और उदारीकरण नीति की सफलता है। 1966 से 1976 तक सांस्कृतिक क्रांति का दौर नव-चीन के इतिहास में न केवल सबसे भारी तबाही का दौर था, बल्कि एक सबसे बड़ी मानव निर्मित आपदा का दौर था जिसके उदाहरण चीन के इतिहास में विरले ही मिलते हैं। तबाही के इस दौर ने देंग शियाओपिंग से लेकर अब तक चीन के सभी नेताओं को सुधार और उदारीकरण की प्रक्रिया अपनाने की आवश्यकता और महत्व का भरपूर अहसास करा दिया और देश का शासन चलाने में इस राजनीतिक सिद्धांत के पालन के लिए प्रतिबद्ध कर दिया। "सुधार" की प्रक्रिया ने नवाचार को मूल शक्ति प्रदान की और "उदारीकरण" की प्रक्रिया ने उन्नति पर नजर रखने के लिए एक रूपरेखा प्रदान की। चीन की कम्युनिस्ट पार्टी की 18वीं नेशनल कांग्रेस ने पोलित ब्यूरो की स्थायी समिति के जिन सदस्यों का चुनाव किया उन सबकी, सुधार और उदारीकरण की प्रक्रिया में गहरी आस्था है। 1945 और 1960 के बीच चीन में जिन लोगों का जन्म हुआ उन्होंने 1960 के दशक के मध्य में शुरू हुई सांस्कृतिक क्रांति से अराजकता का अनुभव किया। 1960 के दशक के अंत से लेकर 1970 के दशक तक "पहाड़ी इलाकों और देहात में जाकर काम करने" का जो आंदोलन चला उससे उन्हें जनता की पीड़ा का गहराई से अनुभव हुआ और उसके बाद 1978 से सुधार और उदारीकरण की प्रक्रिया की उपलब्धियों ने इस प्रक्रिया में राजनीतिक आस्था को उनकी रगों में बसा दिया। उन्हें विश्वास हो गया कि सुधार और उदारीकरण की प्रक्रिया चीन की उन्नति का एकमात्र रास्ता है (2023 के बाद चीन का नेतृत्व सुधार और उदारीकरण की प्रक्रिया पर विश्वास करता रहेगा या नहीं यह इस पुस्तक में चर्चा का विषय नहीं है)।

1978 के बाद से चीन में सुधार और उदारीकरण की प्रक्रिया बहुआयामी रही है, किन्तु उसका मूल आधार यही है कि सरकार ने सामाजिक जीवन का अधिकार फिर जनता के हाथ में सौंप दिया। 1976 में सांस्कृतिक क्रांति समाप्त होने तक सामाजिक जीवन पूरी तरह सरकार के नियंत्रण में था। देश में तमाम राजनीतिक, सैन्य और आर्थिक शक्ति पर ही नहीं, बल्कि व्यक्ति की निजी जिंदगी पर भी सरकार का नियंत्रण था। जन्म के बाद बच्चा किस नर्सरी में रहेगा, फिर किस प्राथमिक स्कूल और किस मिडिल स्कूल में पढ़ेगा, यह सब फैसले माता-पिता की नियोक्ता इकाई से तय होते थे और हर व्यक्ति क्या काम करेगा यह सरकार तय करती थी। सरकार ने यह भी तय कर रखा था कि वसंत उत्सव के दौरान प्रत्येक व्यक्ति को सूरजमुखी के कितने बीज खरीदने की अनुमति होगी और अलग-अलग शहरों में नौकरी कर रहे पति और पत्नी वर्ष में कितने दिन घर में एक साथ रह सकते हैं। सरकार ने सुधार और उदारीकरण की प्रक्रिया इसलिए भी अपनाई की

सामाजिक जीवन का अधिकार वापस समाज को सौंपा जा सके। यह अधिकार समाज को लौटाए जाने से चीन में जीवन की गतिविधि के प्रत्येक क्षेत्र में प्रगति की प्रेरणा मिली और उसका परिणाम चीन की भौतिक शक्ति में लगातार वृद्धि के रूप में सामने आया। अगले 10 वर्ष में चीन सरकार अपने नियंत्रण वाले कुछ और क्षेत्र समाज को वापस सौंप देगी जिससे शक्ति में और निरंतर वृद्धि होगी। इस समय वित्त, विमानन, रेल और सड़क यातायात, जहाजरानी, ऊर्जा, मीडिया और अन्य तथाकथित महत्वपूर्ण क्षेत्रों पर सरकार का नियंत्रण है। इन सभी क्षेत्रों को लोकतांत्रिक निजी उद्यमों की भागीदारी के लिए खोले जाने की संभावना है।

2013 से 2023 तक ऐसे अनेक क्षेत्र होंगे जिनमें चीन सरकार सुधार और उदारीकरण की प्रक्रिया अपना सकेगी और उनका नियंत्रण समाज को सौंप सकेगी। प्रत्येक क्षेत्र में सुधार और उदारीकरण के फलस्वरूप चीन की शक्ति में त्वरित वृद्धि को बहुत बढ़ावा मिल सकता है। चीन की आर्थिक गतिविधियों में सुधार और उदारीकरण की प्रक्रिया की शुरुआत खेती से हुई। उसके बाद वाणिज्य, हल्के उद्योग, भारी उद्योग और जमीन-जायदाद आदि के व्यवसायों को सफलतापूर्वक खोला गया। 2012 तक आते-आते भी चीन में अनेक विभागों जैसे रेल, जहाजरानी, विमानन, शिक्षा, ऊर्जा और दूरसंचार आदि पर मुख्य रूप से सरकार का नियंत्रण था। तब तक समाज की सामर्थ्य पूरी तरह विकसित नहीं हो पाई थी। कुछ लोग यह मानने की भूल करते हैं कि ऐसे क्षेत्र सीमित हैं जिन्हें सरकार जनता के लिए खोल सकती है और एक समय आएगा जब उदारीकरण का सिलसिला समाप्त हो जाएगा। किन्तु वास्तव में परिस्थितियां ऐसी नहीं हैं। विज्ञान और तकनीक की प्रगति को देखते हुए आर्थिक क्षेत्र का निरंतर विस्तार हो रहा है और कल तक जिन उद्योगों का कोई अस्तित्व नहीं था वे नई खोजों के साथ उभरेंगे। मूल प्रश्न यह है कि सरकार इन क्षेत्रों में आर्थिक गतिविधि का अधिकार समाज को सौंपेगी या नहीं। उदाहरण के लिए शैल चट्टानों से तेल और गैस निकालने की तकनीक के विकास ने एक नए ऊर्जा उद्योग को जन्म दिया। 2012 में चीन सरकार ने तय किया कि इस क्षेत्र को अपने नियंत्रण में रखने की बजाय निजी पूंजी के लिए खोल दिया जाए।

आज इन महत्वपूर्ण आर्थिक क्षेत्रों को सामाजिक पूंजी के लिए खोलने से वृद्धि को जो गति मिलेगी वह किसी भी दृष्टि से 1980 के दशक के शुरू में खेती को किसानों के हाथों में सौंपने से वृद्धि को मिली रफ्तार से कम नहीं होगी। अनेक गैर-आर्थिक क्षेत्रों की लगाम भी समाज को सौंप दी जाए तो आर्थिक वृद्धि को आगे बढ़ाने के लिए जबर्दस्त ताकत मिलेगी। अगर हम शिक्षा क्षेत्र का ही उदाहरण लें तो चीन की जनसंख्या अमेरिका की तुलना में 3.5 गुना अधिक है किन्तु अमेरिका की उच्च शिक्षा संस्थाओं की तुलना में यहां केवल 90 प्रतिशत संस्थाएं हैं। 2010 में अमेरिका में चार वर्षीय पाठ्यक्रम वाले 2600 से अधिक मान्यता प्राप्त विश्वविद्यालय थे, जबकि चीन में सामान्य उच्च शिक्षा संस्थाओं की संख्या 2358 थी जिनमें 2,156,601 शिक्षण और प्रशासनिक कर्मी और 1,343,127

विशेषज्ञ शिक्षक थे।[5] यदि चीन में उच्च शिक्षा का प्रशासन समाज को सौंप दिया जाए तो देश की आबादी और इन सामान्य शिक्षा संस्थाओं की संख्या तथा प्रत्येक उच्च शिक्षा संस्था में कर्मचारियों और शिक्षकों की औसत मानक संख्या के अनुपात के आधार पर चीन चार वर्षीय पाठ्यक्रम वाले 9,000 से अधिक विश्वविद्यालय खोलकर 51,30,000 उच्च शिक्षा सीटें और 82,40,000 कर्मचारी पद प्रदान कर सकता है। इसमें अभी अनुबंधित कर्मचारी (अनुबंधित कर्मचारियों की संख्या प्रशासनिक कर्मचारियों से अधिक होती है) और अनेक डॉक्टरल विद्यार्थी शामिल नहीं हैं जो जीवनयापन और अध्ययन के लिए अकादमिक छात्रवृत्तियों पर निर्भर रहते हैं। अगले दशक में चीन की शिक्षा व्यवस्था पुराने शिक्षकों की जगह नए शिक्षकों की भर्ती जल्दी करने के लिए अनुबंध का तरीका अपनाकर सुधार लागू कर सकती है जिससे ज्ञान में नित नई उन्नति के साथ कदम से कदम मिलाकर चला जा सके। इसके विपरीत अगले दशक में अमेरिका में पेंशन पाने वालों की वृद्धि दर कम करने के लिए उच्च शिक्षा संस्थाएं इसी व्यवस्था को दृढ़ता से लागू करना चाहेंगी जिसमें किसी प्रोफ़ेसर को सेवानिवृत्त नहीं होने दिया जाता। इसका सीधा सा असर यह होगा कि नए पीएच.डी. प्राप्त विद्वानों के लिए उच्च शिक्षा में रोज़गार पाना कठिन होगा। नव पीएच.डी. स्नातक नए ज्ञान के प्रतिनिधि हैं और समाज में नई खोजों की मुख्य शक्ति हैं। उच्च शिक्षा के क्षेत्र में प्रवेश करने के उनके अवसरों में कमी का अर्थ यह होगा कि अमेरिकी विश्वविद्यालयों की वैज्ञानिक अनुसंधान क्षमताओं में सुधार की दर में गिरावट आएगी। इससे चीन को इस प्रतिभा को सामने लाने के लिए उपयुक्त परिस्थितियां मिलेंगी और चीन की वैज्ञानिक अनुसंधान क्षमता में सुधार की दर तेज होगी।

अमेरिका के साथ सामर्थ्य का अंतर कम करना

ओलिम्पिक खेलों में सबसे अधिक स्वर्ण पदक जीतना देश की राष्ट्रीय शक्ति का एक प्रकार का संकेतक है। दूसरा महायुद्ध समाप्त होने के बाद से ओलिम्पिक खेलों में सबसे अधिक स्वर्ण पदक जीतने का गौरव बारी-बारी से केवल दो महाशक्तियों को मिलता रहा। 1945 से 1992 तक अमेरिका और सोवियत संघ बारी-बारी से यह गौरव हासिल करते रहे। फिर 1996 से 2002 तक इस पर अमेरिका का एकाधिकार रहा। 2008 से अमेरिका और चीन बारी-बारी से सर्वाधिक स्वर्ण पदक विजेता होते रहे। 2008 के बीजिंग ओलिम्पिक खेलों में सबसे अधिक स्वर्ण पदक चीन ने जीते जिसका कारण कुछ हद तक ओलिम्पिक खेलों का अपने देश में होना था। किन्तु 2012 के

---

5 चीन जनवादी गणराज्य का शिक्षा मंत्रालय "जेजि गेलेई शुएशियाओ शियाओशु, जियाओझिगोंग, झुआनरेन जियाओशि छिंगकुआंग" (सभी स्तरों और किस्मों के स्कूलों, शिक्षण एवं प्रशासनिक कर्मियों और पूर्णकालिक प्रोफेसरों की कुल संख्या), http://www.moe.edu.cn/ publicfiles/business/ htmlfiles/ moe/ s6200/201201/129517.html.

लंदन ओलिम्पिक खेलों में स्वर्ण पदक के मामले में चीन–अमेरिका से सिर्फ आठ पदक पीछे रहकर दूसरे स्थान पर आया। यह वास्तव में राष्ट्रीय शक्ति का सच्चा परिलक्षण है। लंदन ओलिम्पिक खेलों से पहले अंतर्राष्ट्रीय मीडिया में इस बात की चर्चा रही कि सबसे अधिक स्वर्ण पदक पाने की होड़ चीन और अमेरिका के बीच ही रहेगी। कहीं–कहीं तो शीत युद्ध के दौर में अमेरिका और सोवियत संघ के बीच ऐसी होड़ से तुलना भी की गई। 2012 के लंदन ओलिम्पिक खेलों को स्पर्धाओं के नतीजों ने न सिर्फ यह साबित किया कि सर्वाधिक स्वर्ण पदक के लिए होड़ चीन और अमेरिका के बीच है, बल्कि यह भी संकेत दे दिया कि चीन और अमेरिका के बीच यह होड़ अगले दस वर्ष में अंतर्राष्ट्रीय व्यवस्था में बदलाव के लिए रणनीतिक होड़ का रूप ले लेगी।

2012 तक चीन की समग्र शक्ति अमेरिका की एक–तिहाई शक्ति से अधिक हो चुकी थी। इसका सीधा सा अर्थ था कि यदि चीन की समग्र शक्ति की वृद्धि दर कम से कम अमेरिका की शक्ति की तीन गुना रहने लगे तो दोनों देशों के बीच समग्र शक्ति का अंतर कम हो जाएगा। 2012 में चीन का सकल घरेलू उत्पाद 519.3 खरब युआन था (उस समय की मुद्रा विनिमय दर के अनुसार 83.7 खरब अमेरिकी डॉलर), जो अमेरिका के आधे से अधिक था (यदि क्रय शक्ति समानता की दृष्टि से देखें तो अमेरिका के 80 प्रतिशत के बराबर था)। विश्व की आर्थिक वृद्धि (जीडीपी में परम वृद्धि) में चीन का योगदान अमेरिका के योगदान से 1.5 गुना हो चुका है और 2023 तक अमेरिका की तुलना में दो गुना या उससे भी अधिक होने जाने का अनुमान है। आर्थिक दृष्टि से देखें तो अगले दस वर्ष में यदि अमेरिका की औसत वार्षिक आर्थिक वृद्धि दर लगभग 2 प्रतिशत और चीन की लगभग 8 प्रतिशत रहे तो 2023 के अंत तक मौजूदा विनिमय दरों के अनुसार अमेरिका का सकल घरेलू उत्पाद 190 खरब डॉलर और चीन का 170 खरब डॉलर हो जाएगा और उस समय की विनिमय दर के अनुसार चीन का सकल घरेलू उत्पाद अमेरिका से अधिक हो जाएगा। चीन और अमेरिका के बीच आर्थिक अंतर कम होने पर युआन और डॉलर की विनिमय दर हर हालत में बढ़ेगी। सीमित अनुमानों के अनुसार दस वर्ष में यह विनिमय दर 20 प्रतिशत बढ़ जाएगी यानी 1:6.3 की वर्तमान दर से बढ़कर 1:5 के आस–पास पहुंच जाएगी। यदि इस बात को ध्यान में रखा जाए तो 2023 तक चीन का सकल घरेलू उत्पाद 200 खरब अमेरिकी डॉलर का हो जाएगा जो अमेरिका को पीछे छोड़ देगा। 2000 और 2011 के बीच के 11 वर्ष में वैश्विक सकल घरेलू उत्पाद में अमेरिका का अनुपात 30.8 प्रतिशत से घटकर 21.7 प्रतिशत रह गया है, जबकि इसी अवधि में चीन का अनुपात 3.7 प्रतिशत से बढ़कर 10.5 प्रतिशत हो गया।[6] यदि अगले दस वर्ष तक यही सिलसिला जारी रहा तो विश्व अर्थव्यवस्था में चीन के सकल घरेलू उत्पाद का योगदान अमेरिका से कहीं अधिक हो जाएगा। चीन अभी से विश्व अर्थव्यवस्था का सबसे बड़ा इंजन हो गया है क्योंकि उसकी वार्षिक सकल घरेलू उत्पाद वृद्धि दर विश्व में सबसे अधिक है। अनुमान है कि 2023 तक

6 "शिजिए जिंगजि झिबियाओ" (विश्व आर्थिक संकेतक), *गुओजि जिलियाओ शिनशि* (अंतर्राष्ट्रीय डाटा सूचना), सं. 8 (2012): 44.

समूचे विश्व की वार्षिक सकल घरेलू उत्पाद वृद्धि दर में चीन का योगदान करीब 30 प्रतिशत हो जाएगा। 2012 में चीन का कुल व्यापार 38.7 खरब अमेरिकी डॉलर था जो विश्व में दूसरे स्थान पर रहा जो अमेरिका के कुल व्यापार से 156 अरब डॉलर कम था। ऐसी आशा की जा रही थी कि 2013 में चीन–अमेरिका को पछाड़कर विश्व की सबसे बड़ी व्यापारिक शक्ति बन जाएगा।[7] 2006 में अमेरिका 127 देशों और क्षेत्रों का सबसे बड़ा व्यापार साझेदार था जबकि चीन 70 देशों और क्षेत्रों का सबसे बड़ा व्यापार साझेदार था; 2011 में, चीन 124 और अमेरिका केवल 76 देशों और क्षेत्रों का सबसे बड़ा व्यापार साझेदार था। इस रुझान को देखते हुए कहा जा सकता है कि 2023 तक चीन करीब 150 देशों का सबसे बड़ा व्यापार साझेदार हो जाएगा जबकि अमेरिका के लिए यह गिनती करीब 50 की रह जाएगी। विश्व पर्यटन संघ की एक रिपोर्ट के अनुसार चीन के पर्यटकों ने विदेश यात्राओं में 2013 में 102 अरब अमेरिकी डॉलर खर्च किए और चीन के यात्री विदेश में सर्वाधिक खर्च करने वाले सैलानी हो गए। अनुमान है कि 2023 तक विदेशों में चीन के पर्यटकों का खर्च अमेरिकी पर्यटकों की तुलना में कई गुना बढ़ जाएगा।

अगले दशक में चीन का व्यापार इतना अधिक फैल जाएगा कि रेनमिनबि (आरएमबी) अनेक देशों के लिए आरक्षित विदेशी मुद्रा बन जाएगी। जापानी अर्थव्यवस्था के स्वर्ण युग में भी जापानी येन गुट की कोई चर्चा नहीं हुई, लेकिन अब पूर्वी एशिया में एक आरएमबी गुट की चर्चा होने लगी है यहां तक कि जापान भी चीन के साथ आपसी व्यापार में हिसाब-किताब के लिए येन और युआन के उपयोग की नीति अपनाने लगा है। मॉर्गन स्टेनले की गणना के अनुसार 2011 में पूर्व एशिया में हुए व्यापारिक लेन–देन में से 13 प्रतिशत लेन–देन आरएमबी से हुआ। हांगकांग एंड शंघाई बैंकिंग कॉर्पोरेशन ने हिसाब लगाया है कि 2014 तक पूर्व एशिया क्षेत्र में चीन का आधा व्यापार आरएमबी में होगा। चीन जैसे–जैसे अधिकाधिक पूर्व एशियाई देशों का सबसे बड़ा व्यापार साझेदार होता जाएगा वैसे–वैसे व्यापार के लिए आरएमबी मुद्रा के चलन वाले देशों की संख्या बढ़ती जाएगी। पूर्व एशिया में सात मुद्राओं का आरएमबी के साथ विनिमय स्तर 2012 में अमेरिकी डॉलर से ऊपर था। डॉलर की दर में 1 प्रतिशत उतार–चढ़ाव होने पर पूर्व एशियाई मुद्राओं में 0.38 प्रतिशत का उतार–चढ़ाव होता है जबकि युआन में 1 प्रतिशत की उठापटक से उनमें 0.53 प्रतिशत का उतार–चढ़ाव आता है। पूर्व एशिया से इतर क्षेत्रों में डॉलर में 1 प्रतिशत की उठापटक से उभरते हुए बाजारों वालों देशों की मुद्राएं 0.45 प्रतिशत ऊपर–नीचे हो जाती हैं, जबकि युआन में 1 प्रतिशत के उतार–चढ़ाव से ये मुद्राएं केवल 0.19 प्रतिशत ऊपर–नीचे होती हैं।[8] चीन की अर्थव्यवस्था के फलक के विस्तार के साथ–साथ अन्य मुद्राओं पर आरएमबी का प्रभाव 2023 तक

---

7 "शांगवुबु चेंग झोंग्गुओ छुनयान झोंग्गुओ माओयि जोंगए वेइचाओ मेइगुओ" (वाणिज्य मंत्रालय की घोषणा के अनुसार चीन का पिछले वर्ष का कुल व्यापार अमेरिका के कुल व्यापार से अधिक नहीं रहा), *रायटर्स* (हांगकांग), 14 फरवरी, 2013, http://cn.reuters.com/article/wtNews/idCNCNE91D05920130214.

8 अरविन्द सुब्रमण्यम व अन्य, "चाइनाज करेंसी राइजेज इन द यूएस बैकयार्ड", *फाइनेंशियल टाइम्स*, 21 अक्तूबर, 2012, http://www.ft.com/cms/s/0/5a34c410-19d6- 11e2-a379-00144feabdc0. html.

अमेरिकी डॉलर के प्रभाव के 50 प्रतिशत या उससे अधिक तक पहुंच जाएगा। युआन, डॉलर और यूरो शायद त्रिभुज की तीन भुजाएं हो जाएंगे।

अगले दशक में, चीन की समग्र राष्ट्रीय शक्ति के प्रमुख कारकों का संतुलित विकास हो सकेगा बषर्ते सैन्य, आर्थिक और सांस्कृतिक शक्ति के तत्वों का विकास भी अर्थव्यवस्था के समान अथवा उससे भी तेज गति से हो। पिछले दस वर्ष में चीन के रक्षा खर्च की वृद्धि दर को देखते हुए कहा जा सकता है कि अगले दशक में चीन के रक्षा खर्च की वृद्धि दर 10 प्रतिशत या उससे अधिक रहेगी। 2012 में चीन का रक्षा बजट 670.3 अरब युआन यानी करीब 106 अरब अमेरिकी डॉलर का था[9] (स्टॉकहोम इंटरनेशनल पीस रिसर्च इंस्टीच्यूट की गणना के अनुसार 2011 में चीन का रक्षा खर्च 143 अरब अमेरिकी डॉलर था)।[10] 2013 में चीन का सैन्य खर्च 2012 की तुलना में 10.7 प्रतिशत अधिक यानी कुल 720 अरब युआन (लगभग 114 अरब अमेरिकी डॉलर) होगा।[11] इसका अर्थ यह हुआ कि 2023 में चीन का रक्षा खर्च 17.4 खरब युआन से अधिक हो जाएगा तो 5:1 विनिमय दर के हिसाब से लगभग 347 अरब डॉलर होगा। चीन के अंतरिक्ष और नौसैनिक क्षेत्रों के विकास की वर्तमान गति को देखते हुए कहा जा सकता है कि 2023 तक चीन का अपना मानवयुक्त अंतरिक्ष केन्द्र होगा, कम से कम तीन सक्रिय विमान वाहक पोत होंगे (पांच विमान वाहक पोत निर्मित करने की संभावना होगी), 800 किलोमीटर की रेंज वाली मिसाइलों से लैस 4 से 5 परमाणु पनडुब्बियां होंगी, तैनात करने के लिए तैयार पांचवीं पीढ़ी के लड़ाकू विमान (जे-20 और जे-31 स्टेल्थ फाइटर), और विभिन्न प्रकार के मानवरहित वाहन होंगे। इसके अलावा विभिन्न प्रकार के गाइडेड हथियारों के साथ इस्तेमाल हो सकने वाले बेइदौ-2 नेविगेशन सिस्टम की मारक रेंज पूरे विश्व की होगी। एसआईपीआरआई के आंकड़ों के अनुसार 2012 में अमेरिका का रक्षा खर्च 682 अरब डॉलर का था।[12] बराक ओबामा की योजना के अनुसार अगले दशक में अमेरिका के रक्षा खर्च में 10 खरब डॉलर की कटौती की जाएगी।[13] इसका अर्थ यह हुआ कि औसत वार्षिक रक्षा खर्च वर्तमान स्तर की तुलना में 100 अरब डॉलर से भी कम होगा और 2023 में 580 अरब डॉलर

9 झाओ वेनगांग, "झोंग्गुओ 2012 गुओफांग युसुआन जेंगझांग 11.2 प्रतिशत काइझि झान जीडीपी बिलि दियु मेइ यिंग देंग गुओ" (2012 में चीन के रक्षा बजट की वृद्धि दर 11.2 प्रतिशत थी, जीडीपी के अनुपात में यह अमेरिका और यूके से कम है), *छियाओबाओ* (ओवरसीज चाइनीज अखबार), 4 मार्च, 2012, http://www.usqiaobao.com/2012- 03/04/content_1300312.htm.

10 स्टॉकहोम इंटरनेशनल पीस रिसर्च इंस्टीच्यूट, *एसआईपीआरआई इयरबुक 2012: आर्मामेंट्स, डिस्आर्मामेंट्स एंड इंटरनेशनल सिक्यूरिटी* (ऑक्सफोर्ड: ऑक्सफोर्ड यूनिवर्सिटी प्रेस, 2012), 152

11 "झोंग्गुओ 2013 नियानदु गुओफांग युसुआन युजि 6202 यि युआन जेंगझांग 107 प्रतिशत" (चीन का 2013 का रक्षा बजट 720.2 अरब युआन, 10.7 प्रतिशत वृद्धि) *शिनहुआ,* 5 अप्रैल, 2013, http://mil.news.sina.com.cn/2013-03-05/0816717558.html.

12 कोयु युजिंग, "मेइ झोंगयियुआन जिहुआ 2012 नियान शुएजियान गुओफांग काइझि 170 यि मेइयुआन" (अमेरिकी प्रतिनिधि सभा की योजना अमेरिकी रक्षा खर्च में 17 अरब डॉलर की कमी करने की है), *शिनहुआ,* 12 मई, 2011, http://military.people.com.cn/GB/14621911.html.

13 "मेइगुओ जिहुआ जियांगजाई 10 नियान नेई शुएजियान गुओफांग काइझि 1 वान दुओ यि मेइयुआन" (अमेरिका 10 वर्ष में अपने रक्षा खर्च में 10 खरब डॉलर की कमी करने वाला है), *चाइना न्यूज,* 6 जनवरी, 2012, http://news.163.com/12/0106/08/7N2SFI2K00014JB6.html.

रह जाएगा। यदि अमेरिका ने यह कटौती लागू की और चीन अपना रक्षा खर्च 10 प्रतिशत की दर से बढ़ाता रहा तो चीन के प्रकाशित आंकड़ों के अनुसार 2023 में चीन का रक्षा खर्च अमेरिका के खर्च का 60 प्रतिशत हो जाएगा। एसआईपीआरआई के आंकड़ों के अनुसार यह अमेरिका का 80 प्रतिशत होगा।

अगले दशक में, दुनिया के सांस्कृतिक परिदृश्य पर प्रभाव के मामले में चीन–अमेरिका की तुलना में अपनी दूरी में भारी कमी कर लेगा। 2011 में चीन आने वाले अंतर्राष्ट्रीय विद्यार्थियों की संख्या 290,000[14] थी जो अमेरिका के विद्यार्थियों (723,000) की 40 प्रतिशत थी।[15] पिछले पांच वर्ष के रिकॉर्ड के अनुसार अगले दशक में चीन आने वाले अंतर्राष्ट्रीय विद्यार्थियों की संख्या में औसत वार्षिक वृद्धि दहाई में रहने की संभावना है। 2023 में चीन आने वाले अंतर्राष्ट्रीय विद्यार्थियों की संख्या 750,000 से अधिक हो सकती है जो अमेरिका आने वाले विद्यार्थियों की वर्तमान संख्या से कुछ अधिक है। अक्तूबर, 2011 में चीन सरकार ने सांस्कृतिक विकास की एक रणनीति बनाई और उस वर्ष सांस्कृतिक उत्पादों का निर्यात 22.2 प्रतिशत की वृद्धि के साथ कुल 18.7 अरब अमेरिकी डॉलर रहा।[16] इस रणनीति के माध्यम से अगले 10 वर्ष में चीन के सांस्कृतिक निर्यात की वृद्धि दर 15 प्रतिशत या उससे भी अधिक हो जाएगी अर्थात 2023 तक चीन का सांस्कृतिक निर्यात 100 अरब डॉलर से अधिक का हो जाएगा।

अब से लेकर चीन की राजनीतिक शक्ति में वृद्धि की गति मूल रूप से देश के भीतर राजनीतिक सुधारों और विदेश नीति में सुधारों से संचालित होगी। घरेलू राजनीतिक सुधारों के आधार पर देश में राजनीतिक गतिविधियां बेहतर होंगी और विदेशी नीतिगत सुधारों से अंतर्राष्ट्रीय राजनीतिक गतिविधियां बेहतर होंगी। चीन की नई सरकार "गहरे जल क्षेत्र" में और सुधार की हिमायत कर चुकी है। उसने निष्पक्षता एवं न्याय के उद्देश्य से सुधार आगे बढ़ाए हैं। यदि चीन की सरकार अगले एक दशक में भी सुधारों के इस सिद्धांत को दृढ़ता से अपनाती रही तो चीन की राजनीतिक शक्ति में उल्लेखनीय वृद्धि होगी।

2010 से 2012 तक चीन के सामने मौजूद अंतर्राष्ट्रीय सुरक्षा माहौल और खराब होता जा रहा था। इन प्रतिकूल परिस्थितियों के कारण सरकार को अपनी नीतियों में बड़ा बदलाव करना पड़ा क्योंकि अंतर्राष्ट्रीय समाज की अपेक्षा बढ़ती जा रही है कि चीन अंतर्राष्ट्रीय सुरक्षा के मामले में और अधिक

---

14 वांग हुई, "2011 नियान जियाहुआ शुएशी वाईगुओ लियुशुएशेंग ज़ोंगशू शौचि तुपो 29 वान रेन" (चीन में विदेशी छात्रों की संख्या पहली बार 2011 में 290,000 के पार हुई), *चाइना न्यूज़,* 28 फ़रवरी, 2012, http://www.chinanews.com/edu/2012/02-28/3702989.shtml.

15 लि दाइजियु, "2010–2011 शुएनियान वाइगुओ ल्युशिएशेंग वेई मेइगुओ चुआंगशुओ 210 यि मेइयुआन" (2010–2011 शिक्षा वर्ष में अमेरिका को विदेशी विद्यार्थियों से 21 अरब डॉलर की आय हुई), *शिनहुआ,* 15 नवम्बर, 2011, https://finance.qq.com/a/20111115/003176.htm.

16 वांग मेइहुआ, "2011 झोंग्गुओ वेनहुआ चानपिन चुकोउ जेंगझांग 22.2 प्रतिशत" (2011 में चीन का सांस्कृतिक उत्पाद निर्यात 22.2 प्रतिशत बढ़ा), *झोंग्गुओ वेनहुआ बाओ* (चीन का सांस्कृतिक समाचारपत्र), 6 फरवरी, http://www.askci.com/news/201202/07/15385_78.shtml.

दायित्व उठाए। चीन की विदेश नीति अंतर्राष्ट्रीय टकराव से बचते हुए *ताओ गुआंग यांग हुइ* अर्थात पीछे रहने के सिद्धांत से हटकर एक महाशक्ति के सिद्धांत की हो जाएगी जो जिम्मेदारी उठाने में समर्थ हो। इस नीतिगत बदलाव से चीन को अपने सहयोगीविहीन दायरे में सुधार करने, पहले से मौजूद सामरिक साझेदारों का अपने प्रति समर्थन बढ़ाने और अमेरिका के साथ संघर्ष की स्थिति में अमेरिका के लिए अंतर्राष्ट्रीय समर्थन कमज़ोर करने में मदद मिलेगी। सितम्बर, 2011 के बाद चीन की विदेश नीति में परिवर्तन के लक्षण दिखाई देने लगे हैं। समुचित न्याय और परस्पर लाभ के बारे में शि जिनपिंग के प्रस्ताव नए राजनीतिक सिद्धांत का रूप लेते जा रहे हैं। यदि चीन फिर से गठबंधन का सिद्धांत अपनाता है तो अगले दस वर्ष में रूस, किर्गिस्तान, ताजिकिस्तान, कजाख्स्तान, उज़्बेकिस्तान, पाकिस्तान, म्यांमार, बांग्लादेश, श्रीलंका, लाओस और कम्बोडिया जैसे पड़ोसी देशों के साथ सच्चे मैत्रीपूर्ण संबंध स्थापित हो सकेंगे। गठबंधन, अंतर्राष्ट्रीय संबंधों का उच्चतम स्तर है जिसमें सहयोग कम से कम रहने पर भी यह सुनिश्चित होता है कि दोंनों देश एक-दूसरे के शत्रु का साथ नहीं देंगे और उच्चतम स्तर पर सहयोग का अर्थ है परस्पर समर्थन। इस नीति से सामरिक संबंधों में चीन और अमेरिका के बीच की विसंगति बहुत हद तक दूर हो जाएगी। 2012 के अंत तक अमेरिका के पास दसियों सहयोगी थे, जबकि चीन के औपचारिक सहयोगियों की संख्या शून्य थी।

चीन की वृद्धि पर अंकुश लगाने में कठिनाइयां

अगले दशक में चीन और अमेरिका के बीच समग्र शक्ति की खाई को कितना कम किया जा सकेगा यह न सिर्फ चीन की शक्ति में वृद्धि की रफ्तार पर निर्भर होगा, बल्कि यह भी देखना होगा कि अमेरिका की शक्ति किस गति से बढ़ती है। यदि अमेरिका की शक्ति में वृद्धि की गति चीन के स्तर तक पहुंच जाती है तो अमेरिका को न सिर्फ इस बात की चिंता करनी पड़ेगी कि चीन 2023 तक उनकी शक्ति में अंतर को कम कर सकता है, बल्कि इस अंतर को बढ़ा भी सकता है क्योंकि इस समय अमेरिका की संपूर्ण शक्ति चीन से अधिक है। कहने का तात्पर्य यह है कि यदि अमेरिका चाहता है कि चीन को दोनों की शक्तियों के बीच अंतर कम करने से रोका जाए तो उसका एक ही तरीका है कि वह अपनी शक्ति में वृद्धि की रफ्तार और तेज करे। अगले दशक में अमेरिका की शक्ति में वृद्धि की गति चीन के बराबर हो सकेगी या नहीं इस मुद्दे को लेकर पिछले कुछ वर्षों से विद्वानों के बीच यह चर्चा होती रही है कि अमेरिका की शक्ति में अपेक्षाकृत गिरावट आ रही है या नहीं।

अमेरिका की शक्ति में सापेक्ष गिरावट के प्रश्न पर विद्वानों के बीच परस्पर विरोधी मत हैं। इसमें प्रबल मत यही है कि अमेरिका में गिरावट की गुंजाइश नहीं है। इससे पता चलता है कि सापेक्ष गिरावट होना संभव नहीं लगता। इस मत के दो मूल आधार हैं एक तो इतिहास का अनुभव। 1960 के दशक के अंत में कुछ लोगों का मानना था कि सोवियत संघ का तेजी से उदय होगा

और वह अमेरिका को पीछे छोड़ देगा; फिर 1980 के दशक में कुछ लोग कहने लगे कि जापान का उदय होगा और वह अमेरिका को पीछे छोड़ देगा। किन्तु अमेरिका के पतन के ये दोनो पूर्वानुमान इतिहास ने गलत साबित कर दिए। इसलिए चीन के तेजी से उदित होने और अमेरिका को पछाड़ देने के पूर्वानुमान भी गलत साबित होंगे। दूसरा तर्क यह है कि अमेरिका एक लोकतंत्र है और उसमें आत्म सुधार करने की सामर्थ्य चीन की तुलना में अधिक प्रबल है। अमेरिका की लोकतांत्रिक चुनाव व्यवस्था के बलबूते पर उसके लिए अपनी नीति में समय से परिवर्तन कर पाना चीन की तुलना में अधिक संभव है, इसलिए चीन कभी अमेरिका की बराबरी करने या उसे मात देने में समर्थ नहीं होगा।

किन्तु एक मत यह भी है कि अमेरिका की सापेक्ष गिरावट शुरू हो चुकी है और वह अधिकाधिक क्षेत्रों में दुनिया में अव्वल होने की अपनी हैसियत खोता जा रहा है। इस मत के पीछे सारे आंकड़े मूल रूप से आर्थिक हैं। सबसे अधिक तर्क यही दिया जाता है कि अमेरिका अपने अंतर्राष्ट्रीय ऋण नहीं चुका पा रहा है, जबकि चीन-अमेरिका को सबसे अधिक ऋण देने वाला देश हो गया है। 2012 में अमेरिका का संघीय घाटा 12 खरब डॉलर का था और 2013 में 10 खरब डॉलर के आस-पास रहा। ओबामा की वित्तीय बजट योजना में 2012 के अंत तक कुल ऋण 162 खरब डॉलर का दिखाया गया है जो अमेरिका के 150 खरब डॉलर के जीडीपी से 12 खरब डॉलर अधिक है। इसका अर्थ यह हुआ कि अमेरिका पूरे वर्ष में जितनी कमाई करेगा उससे भी अपने ऋण नहीं चुका पाएगा।[17] 2013 में अमेरिका की रिपब्लिकन पार्टी ने 10 वर्ष के भीतर बजट को संतुलित करने की योजना का प्रस्ताव रखा जिसकी डेमोक्रेटिक पार्टी ने कड़ी आलोचना की। उस वर्ष मार्च में ओबामा ने साफ कह दिया कि अगले एक दशक में अमेरिकी बजट संतुलित नहीं होगा।[18] इससे साफ जाहिर है कि अमेरिका की पूरे वर्ष की कमाई भी ऋण चुकाने के लिए अपर्याप्त होगी। अमेरिका में सापेक्ष गिरावट का तर्क देने वाले मानते हैं कि चीन ऋण देने की हैसियत का उपयोग अमेरिका के विकास पर अंकुश लगाने के लिए करेगा।

इस लेखक का मानना है कि अमेरिका में राजनीतिक सुधार लागू करने में समर्थ नेता का अभाव दोनों के बीच शक्ति का अंतर कम करने से चीन को रोकने में अमेरिका की नाकामी निर्धारित करने वाला मुख्य कारक है। रोनाल्ड रेगन, जॉर्ज एच. डब्ल्यू बुश, जॉर्ज डब्ल्यू. बुश और बराक ओबामा सबके शासनकाल में अमेरिका पर ऋण का बोझ बढ़ता ही रहा है, किन्तु बिल क्लिन्टन के 8 वर्ष के शासनकाल में न सिर्फ पिछली सरकारों के कर्जे चुका दिए गए, बल्कि अमेरिका के खजाने को

17 "मेई लियानबांग युशुआन चिजि लियानशु दिसिनियान तुपो वानयि" (अमेरिका का संघीय बजट घाटा लगातार चौथे वर्ष 10 खराब डॉलर से ऊपर है), *लियानहे जाओबाओ* (यूनाइटेड मॉर्निंग पेपर), 29 जुलाई, 2012, http://www.zaobao.com/gj/gj120729_001.shtml.

18 "मेइगुओ गोंगहेदांग तिथि 10 नियान नेई शिशियान युसुआन पिंगहेंग" (अमेरिका की रिपब्लिकन पार्टी ने 10 वर्ष के भीतर बजट संतुलन करने का प्रस्ताव रखा है), *नानफांग रिबाओ* (नानफांग दैनिक), 14 मार्च, 2013

200 अरब डॉलर से अधिक का अधिशेष भी मिल गया। इसका सीधा सा अर्थ है कि अगले 10 वर्ष में अमेरिका अपने ऋण की समस्या से मुक्त हो सकेगा या नहीं इसका निर्णय बाजार से नहीं बल्कि उसके नेताओं की नेतृत्व कुशलता से होगा। विशेष तौर पर देखना यह है कि उसके नेताओं में राजनीतिक सुधार अपनाने की कितनी सामर्थ्य है। राजनीतिक सुधारों का चीन और अमेरिका दोनों की शक्ति में वृद्धि पर एक जैसा प्रभाव पड़ता है। जो भी देश अधिक फुर्ती से सुधार अपना सकता है, वही अगले दशक में इस होड़ में आगे निकल सकेगा या अपेक्षाकृत पिछड़ जाएगा।

सापेक्ष गिरावट का यह रुझान अमेरिका में किसी ऐसे नेता के उदय के लिए लाभकारी नहीं होगा जो देश में बड़े पैमाने पर सुधार अपना सकेगा। अगले दशक में अमेरिका के सामने चुनौती सापेक्ष गिरावट की होगी संपूर्ण गिरावट की नहीं। इसका अर्थ यह हुआ कि उसकी संपूर्ण शक्ति तो फिर भी निरंतर बढ़ती रहेगी बस वृद्धि की रफ्तार चीन की तुलना में धीमी होगी। दोनों देशों के बीच शक्ति में अंतर कम हो जाएगा जिससे शीत युद्ध के बाद के दौर में विश्व की एकमात्र महाशक्ति होने का अमेरिका का ताज खतरे में पड़ जाएगा। किन्तु यह भी सच है कि अमेरिका की शक्ति में केवल सापेक्ष गिरावट को देखते हुए हो सकता है कि अमेरिका सरकार अपनी शक्ति का आकलन स्वयं की तुलना में ही करे जिससे नेतृत्व के लिए अधिक दृढ़संकल्प के साथ सुधार प्रक्रिया को अपनाना कठिन हो जाएगा। एक प्रश्न यह भी है कि सुधारों को अपनाने से उसके लाभों का पुनर्निर्धारण करना होगा और अमेरिका में लोकतांत्रिक व्यवस्था ने अलग-अलग हित वाले समूहों को जो कानूनी अधिकार दे रखे हैं उनके बल पर ये समूह उन सुधारों का डटकर विरोध करेंगे जिनसे इनके हितों को चोट पहुंचेगी और जी-जान से अपने हितों की रक्षा करने की कोशिश करेंगे। यहां महत्वपूर्ण बात यह है कि अमेरिका की तुलनात्मक शक्ति में गिरावट के बावजूद उसकी संपूर्ण शक्ति में वर्ष-दर-वर्ष वृद्धि हो रही है। इसलिए राजनीतिक सुधारों की प्रबल आवश्यकता को समझ पाना अमेरिकी समाज के लिए कठिन होगा और उनके लिए पर्याप्त सामाजिक दबाव या समर्थन न मिल पाने से नेतृत्व गंभीर सुधारों को अपनाने का जोखिम नहीं लेना चाहेगा।

अमेरिका में राजनीतिक सुधारों को अपनाने वाले नेताओं में न सिर्फ अपने-अपने हितों से बंधे समूहों का सामना करने की हिम्मत होनी चाहिए, बल्कि इन समूहों की रुकावट डालने की ताकत को पराजित करने की सामर्थ्य भी ज़रूरी है। इस प्रकार की सामर्थ्य राजनीति में अभ्यास से आती है, चुनावों के दौरान तलवार भांजने से नहीं आती। इलेक्ट्रॉनिक मीडिया में प्रगति और देर से विवाह करने की प्रवृत्ति ने अमरीकी मतदाताओं द्वारा नेताओं के चुनाव में तो बदलाव किया है लेकिन आम चुनाव की लोकतांत्रिक प्रक्रिया में उसके अनुरूप परिवर्तन नहीं हुआ है। फेसबुक, ट्विटर और अन्य नए मीडिया के उभरने से आम चुनाव में हिस्सा लेने वाले युवा मतदाताओं का अनुपात बढ़ा है जिसके कारण आम चुनावों के परिणाम पर युवाओं का प्रभाव निरंतर बढ़ रहा है। इसका सबसे बड़ा नतीजा यह हुआ है कि परिवार की बजाय बच्चे तय करने लगे हैं कि राष्ट्रपति कौन होगा। इसके साथ ही अमेरिका में विवाह करने की औसत आयु अब 30 वर्ष के आस-पास हो गई है

जिसके कारण अविवाहित युवाओं का अनुपात बहुत बढ़ गया है और सामाजिक दायित्व की उनकी समझ विवाहित युवाओं की तुलना में बहुत भिन्न है। राजनीतिक हस्तियों को पसंद-नापसंद करने का अविवाहित युवाओं का निर्णय उम्मीदवारों की अतीत में करनी के बजाय चुनाव के दौरान उनकी कथनी पर अधिक निर्भर हो गया है। इसलिए अमेरिका के आम चुनाव में प्रखर वक्ता उम्मीदवारों के चुने जाने की संभावना ऐसे नेता की तुलना में अधिक होगी जो व्यावहारिक हो, किन्तु इतना मुखर न हो। वास्तविक जीवन में व्यावहारिक लोग इतने मुखर नहीं होते और जो मुखर होते हैं वे व्यावहारिक नहीं होते। ऐसे व्यक्ति अत्यंत दुर्लभ हैं जिनमें दोनों गुण एक साथ मौजूद हों। इसका तात्पर्य यह है कि अगले दस वर्ष में अमेरिका में सुधारों की सामर्थ्य रखने वाले ऐसे राजनेता के चुने जाने की संभावना उस उम्मीदवार की तुलना में कम है जो बोलता तो बहुत हो पर जिसमें सुधार अपनाने की सामर्थ्य न हो। ओबामा ने 2008 में "परिवर्तन" के नारे पर चुनाव जीता था, किन्तु पांच वर्ष के उनके कार्यकाल में कोई ठोस सुधार नहीं अपनाए गए। जब अपने हितों से बंधे समूहों के प्रबल विरोध का सामना करना पड़ा तो ओबामा ने समझौतावादी नीतियां अपनाईं।

अगले दशक में चीन को दोनों देशों के बीच शक्ति का अंतर कम करने से रोकने की अमेरिका की अक्षमता का एक और कारक अमेरिका के भीतर झूठे मद हैं। शीत युद्ध के अंत के साथ ही अमेरिका विश्व की एकमात्र महाशक्ति हो गया और बिल क्लिंटन के आठ वर्ष के वैभवशाली शासन ने अमेरिका की अंतर्राष्ट्रीय हैसियत को आसमान पर पहुंचा दिया। उन दिनों अमेरिका के विद्वान कहा करते थे कि क्लिंटन के शासन में अमेरिका "ऐसा वैश्विक साम्राज्य हो गया है जैसा मानव इतिहास में पहले कभी नहीं रहा, रोमन साम्राज्य के काल में भी नहीं।" इस प्रकार की अभूतपूर्व सफलता ने अमेरिका के अनेक रणनीतिकारों को इस निष्कर्ष पर पहुंचा दिया कि अमेरिका की उपलब्धियां भविष्य में अपराजेय रहेंगी। तार्किक दृष्टि से देखें तो यदि अमेरिका को आज के विश्व में एकमात्र महाशक्ति की हैसियत कायम रखनी है तो उसकी बुनियादी राष्ट्रीय नीति सही होनी चाहिए। अमेरिकी व्यवस्था के सही होने में अमेरिकी जनता का विश्वास उचित ही है किन्तु इसी कारण से अमेरिकी सरकार और जनता को यह विश्वास हो गया है कि उन्हें अपनी व्यवस्था में बुनियादी सुधार अपनाने की बजाय सिर्फ सतही सुधार अपनाने की ज़रूरत है। इतिहास गवाह है कि एक के बाद एक वैभवशाली साम्राज्यों का पतन हुआ है। उनके कारण भले ही भिन्न-भिन्न रहे हों किन्तु झूठे मद के भ्रम में डूबे रहने के कारण बुनियादी सुधार अपनाने से इंकार सबके पतन का कारण रहा है। सभी विजेता मानव स्वभाव की इस कमी को जीत पाने में असफल रहे हैं।

आर्थिक दृष्टि से भी अमेरिका की इस इच्छा की पूर्ति में कुछ वास्तविक कठिनाइयां हैं कि चीन को दोनों देशों के बीच शक्ति में अंतर कम करने से रोका जाए। अगले दशक में अमेरिका का औसत बजट 600 अरब डॉलर के स्तर पर रहने वाला है जिसका सीधा सा अर्थ है कि 2023 के अंत तक उस पर ऋण का कुल संचित बोझ 222 खरब डॉलर हो जाएगा। इस अवधि में यदि अमेरिका के सकल घरेलू उत्पाद की वार्षिक वृद्धि दर 2.5 प्रतिशत रहती है तो भी उसका सकल

घरेलू उत्पाद केवल 192 खरब डॉलर ही होगा अर्थात अगले दस वर्ष में अमेरिका पर ऋण का बोझ उसके सकल घरेलू उत्पाद की तुलना में 30 खरब डॉलर अधिक होगा। यह राशि 2012 की तुलना में 2.5 गुना या 2012 के सकल घरेलू उत्पाद की 108 प्रतिशत और 2023 के सकल घरेलू उत्पाद की 115 प्रतिशत होगी। कहने का तात्पर्य यह भी है कि 2023 तक अपने ऋण चुकाने की अमेरिका की क्षमता बढ़ने की बजाय कमज़ोर होगी। इस समय अमेरिकी विश्वविद्यालय के स्नातकों पर समाज में प्रवेश करते समय ऋण का बोझ 26,000 डॉलर का होता है और इस बोझ के साथ एक-तिहाई विद्यार्थी स्नातक की पढ़ाई पूरी नहीं कर पाते। ऋण चुकाने में असमर्थ विद्यार्थियों की दर बढ़ती रहेगी जिसके कारण वित्तीय सहायता का बोझ बढ़ता जाएगा। अमेरिका में ऋण का निरंतर बढ़ता बोझ सरकार के व्यय पर दबाव डालेगा जिससे शिक्षा, प्रौद्योगिकी, प्रतिरक्षा जैसे क्षेत्रों में सरकारी खर्च बढ़ने की गति चीन के बराबर रखने में कठिनाई होगी। इस तरह इन क्षेत्रों में चीन और अमेरिका के बीच शक्ति में अंतर कम होगा।

चीन पर अंकुश लगाने के लिए अमेरिकी संसाधन

अब तक इस पुस्तक में अनुमान लगाया गया है कि अगले दस वर्ष के भीतर चीन एक मानक वैश्विक महाशक्ति बन जाएगा। फिर भी चीन की समग्र राष्ट्रीय शक्ति अमेरिका की शक्ति से कम होगी यानी अमेरिका फिर भी महाशक्ति रहेगा और उसकी राष्ट्रीय शक्ति सबसे अधिक होगी। अर्थात 2023 तक विश्व में दो महाशक्तियां होंगी। यह एक महत्वपूर्ण ऐतिहासिक परिवर्तन का प्रतीक होगा क्योंकि 1991 में सोवियत संघ के विघटन के बाद से स्थापित एक ध्रुवीय विश्व व्यवस्था में बदलाव आएगा।

यह सच है कि अगले दशक में अमेरिका, चीन को दोनों देशों के बीच शक्ति में अंतर कम करने से नहीं रोक पाएगा, किन्तु वह चीन को आगे निकलने से रोकने के लिए उसकी वृद्धि की रफ्तार कम करने की हरसंभव कोशिश करेगा। किसी भी देश की समग्र शक्ति के चार स्तंभ होते हैं: राजनीतिक, सैनिक, आर्थिक एवं सांस्कृतिक शक्ति। इनमें से राजनीतिक शक्ति शासन चलाने की सामर्थ्य है और सैनिक, आर्थिक एवं सांस्कृतिक शक्ति उसके संसाधन हैं। संसाधनों की शक्ति के दम पर शासन चलाने की शक्ति ही समग्र शक्ति का आकार निर्धारित करती है। इसका सीधा सा नियम है:

राजनीतिक सामर्थ्य (सैन्य शक्ति + आर्थिक शक्ति + सांस्कृतिक शक्ति) = समग्र शक्ति

अब तक की चर्चा के आधार पर हम जानते हैं कि चीन की आर्थिक शक्ति 2023 तक अमेरिका के स्तर पर पहुंच सकती है किन्तु सैन्य एवं सांस्कृतिक शक्ति को अमेरिका के स्तर तक पहुंचने में कठिनाई होगी और उसका मूल कारण इन शक्तियों की अपरिवर्तनीय प्रवृत्ति है।

शक्तियों की अपरिवर्तनीयता से पता चलता है कि एक प्रकार की शक्ति को दूसरे प्रकार की शक्ति

में ढालने के लिए कुछ विशिष्ट परिस्थितियों और अपेक्षाकृत लंबी कालावधि की आवश्यकता होती है। उदाहरण के लिए लड़ाकू विमान के नए माडल को रूपरेखा बनाने से लेकर तैनात करने तक दस वर्ष का समय लगता है, सेनाओं को उससे लैस करने और प्रशिक्षण के बाद युद्ध के लिए तैयार होने में दो वर्ष चाहिए। चीन के पहले विमानवाहक पोत का पानी में पहला परीक्षण अगस्त, 2011 में हुआ था और उस पर पहला लड़ाकू विमान नवम्बर, 2012 में उतरने में सफल रहा फिर भी यह विमानवाहक पोत अभी युद्ध में उतरने में सक्षम नहीं है। इसका अर्थ यह हुआ कि 2023 में चीन की आर्थिक शक्ति भले ही अमेरिका को पछाड़ दे किन्तु उसकी अन्य शक्तियां ऐसा कर पाएंगी कहना मुश्किल है। इस कारण से चीन 2023 में अमेरिका को पूरी तरह मात नहीं दे पाएगा। चीन ने 1978 में जब सुधार और उदारीकरण की रणनीति अपनानी शुरू की थी तो उसका मूल सिद्धांत आर्थिक मजबूती तय किया गया था। इसी सिद्धांत ने निर्धारित कर दिया था कि चीन की समग्र शक्ति के सभी तत्वों का बराबरी से विकास नहीं हो पाएगा और इस असंतुलित विकास के परिणाम अब हमारे सामने हैं। अगले दशक में चीन की सरकार गैर-आर्थिक शक्ति के विकास की गति बढ़ाएगी क्योंकि अमेरिका के साथ इन शक्तियों के बीच विसंगति आर्थिक शक्ति की तुलना में बहुत अधिक है। फिर भी अगले दस वर्ष में चीन के लिए अमेरिका से आगे निकल पाना कठिन होगा।

2023 तक बहुत संभव है कि अमेरिका अपनी सैन्य शक्ति को इसी स्तर तक रख पाएगा जो चीन की तुलना में श्रेष्ठ दिखाई देती है। इस समय दुनिया भर के 100 देशों में अमेरिका के 1,000 से अधिक सैन्य अड्डे हैं। चार महासागरों में अमेरिका के 11 विमानवाहक पोत बेड़े चक्कर लगा रहे हैं और 2012 के प्रारंभ में अमेरिका ने 2,150 परमाणु हथियार तैनात कर रखे थे जिनमें 1,900 से अधिक सामरिक परमाणु हथियार और यूरोप में सैन्य रणनीति के तहत तैनात 200 से अधिक परमाणु हथियार शामिल हैं।[19] अमेरिकी रक्षा तंत्र में कमी के पूर्वानुमान देखते हुए विदेशों में अमेरिकी सैन्य अड्डों में, विशेषकर, अफगानिस्तान से सेना की वापसी के बाद, गिरावट निश्चित है क्योंकि अमेरिकी सेना वहां अपने कई अड्डे बंद करने वाली है।

अमेरिका के पूर्व रक्षामंत्री नियोन पनेटा ने कहा था कि 2014 से 2016 के बीच अमेरिका जो अड्डे बंद करेगा उनसे 24 अरब डॉलर की बचत हो सकेगी। इसके बावजूद 2023 तक अमेरिका के विदेशी सैन्य अड्डे 200 से कम नहीं होंगे। इस समय चीन के पास विदेश में कोई सैन्य अड्डा नहीं है और अगर उसने अपनी नीति में बदलाव किया तो भी 2023 तक वह अधिक से अधिक 20 नौसैनिक आपूर्ति अड्डे बना पाएगा। अगले दशक में अमेरिकी रक्षा खर्च में कटौती का असर मुख्य रूप से थलसेना और वायुसेना पर पड़ेगा क्योंकि नौसेना अमेरिकी वर्चस्व की मुख्य शक्ति है। अमेरिका अपने नौसैनिक खर्च में बहुत अधिक कमी नहीं करेगा। इसका अर्थ यह है कि 2023 में

---

19 वु झांगयोंग, "मेइगुओ केशुएजिया पिलु मेई हेवुछिकु शुज" (अमेरिकी वैज्ञानिकों ने अमेरिका के परमाणु शस्त्र भंडार की जानकारी दी) *यूथ*, *25 जून, 2010*, http://news.youth.cn/js/ jsgjjq/ 201206 /t20120625_2238483.html.

भी अमेरिका के पास 10 विमानवाहक पोत बेड़े होंगे। चीन अगर अगले दशक में बहुत तेजी से विमानवाहक पोतों का निर्माण करे तो भी 2023 तक उसके बेड़ों की संख्या पांच से अधिक नहीं होने वाली। परमाणु हथियारों के तकनीकी स्तर में निरंतर सुधार और परमाणु प्रतिरोध के सामरिक उपयोग की परिपक्वता को देखते हुए कहा जा सकता है कि 2023 तक अमेरिका अपने परमाणु हथियारों में कमी करके 1,500 के स्तर तक ला सकता है। परमाणु हथियारों की यह संख्या अमेरिका की सामरिक प्रतिरक्षा के लिए पर्याप्त हैं। इसके विपरीत अपने सीमित परमाणु प्रतिरोध सिद्धांत की लक्ष्मण रेखा के भीतर रहते हुए चीन में कुल तैनात परमाणु हथियारों की संख्या 2023 में 1,000 से अधिक कर पाना कठिन होगा।

2023 में भी अमेरिका की सांस्कृतिक शक्ति चीन से अधिक प्रबल होगी। इस समय अमेरिका विश्व की सबसे बड़ी सांस्कृतिक शक्ति है। उसकी शिक्षा व्यवस्था सबसे उन्नत है, फिल्म उद्योग सबसे प्रबल है और अनेक वैज्ञानिक क्षेत्रों में उसका स्थान अग्रणी होने के साथ-साथ समाज विज्ञान में अभिनव सोच की शक्ति भी उसके पास सबसे अधिक है। अगले दशक में अमेरिका के तकनीकी, शैक्षिक, सांस्कृतिक और सामाजिक क्षेत्रों में विकास की दर भले ही चीन से कम रहने वाली हो किन्तु दोनों देशों के बीच शक्ति का अंतर इतना अधिक है कि अगले दस वर्ष में अमेरिका को मात दे पाना चीन के लिए कठिन होगा। उदाहरण के लिए 2011 में चीन के पेटेंट आवेदनों की संख्या अमेरिका और जापान के आवेदनों से इतनी अधिक थी कि वह विश्व में पहले स्थान पर आ गया, किन्तु पेटेंट प्राप्ति की दर फिर भी दूसरों से कम थी। चीन की यह दर 0.29 प्रतिशत थी, जबकि विकसित देशों के लिए यह औसत करीब 5 प्रतिशत का था।[20] किन्तु जब मात्रा में मात देना गुणवत्ता में मात देने का आधार हो तो मात्रा में मात दिए बिना गुणवत्ता में मात देना और भी अर्थहीन हो जाता है। चीन इस समय जो सांस्कृतिक विकास रणनीति अपना रहा है उसमें संसाधन उपयोग दर अब भी बहुत कम है फिर भी सांस्कृतिक क्षेत्र में अमेरिका की तुलना में शक्ति में अंतर कम करने में मदद मिल रही है। किन्तु जिस गति से आर्थिक शक्ति बढ़ रही है उसी गति से सांस्कृतिक शक्ति को बढ़ाना कठिन है। चीन और अमेरिका के बीच सांस्कृतिक शक्ति का अंतर आर्थिक शक्ति के अंतर से अधिक बड़ा है। इसका प्रमुख कारण यह है कि शिक्षा के क्षेत्र में सुधार प्रक्रिया की गति आर्थिक क्षेत्र की तुलना में कम है। चीन ने उच्च शिक्षा के क्षेत्र में सुधार और उदारीकरण की प्रक्रिया की शुरुआत वैसे तो 1977 में कर ली थी किन्तु 1989 के बाद से इस क्षेत्र में सुधार की गति बहुत ही धीमी रही है। यदि चीन इसी गति से आगे बढ़ता रहा तो 2023 तक अमेरिका की सांस्कृतिक शक्ति फिर भी चीन की शक्ति से अधिक होगी।

तुलनात्मक दृष्टि से देखें तो अगले दशक में मानविकी और समाज विज्ञान के क्षेत्रों में अमेरिका के

---

20 लि चांगान, "झोंगगुओ झुआनलि शिजिए दियि? शुपांग" (क्या चीन के पेटेंट की संख्या विश्व में सबसे अधिक है?-पफ्फीनेस), *हुआनछियु शिबाओ* (ग्लोबल टाइम्स), 13 दिसम्बर, 2012, http://opinion.huanqiu.com/ecomomy/2012-12/3374206.html.

साथ शक्ति का अंतर कम करने की चीन की गति तकनीकी क्षेत्रों की गति से धीमी होगी। 2012 में साइंटिफिक साइटेशन इंडेक्स (एससीआई) और सोशल साइंस साइटेशन इंडेक्स (एसएससीआई) में चीन की छह नई पत्रिकाएं सूचीबद्ध हुईं, जिनमें से पांच प्राकृतिक विज्ञान और एक समाज विज्ञान की थी। यदि हम अंतर्राष्ट्रीय संबंध अध्ययनों का उदाहरण लें तो अंतर्राष्ट्रीय अध्ययन के क्षेत्र में चीन की अनेक अंग्रेजी पत्रिकाओं में से केवल एक (*द चाइनीज जर्नल ऑफ इंटरनेशनल पॉलिटिक्स*) ही एसएससीआई में सूचीबद्ध है, जबकि अमेरिका की न सिर्फ 10 से अधिक अंतर्राष्ट्रीय संबंध पत्रिकाएं एसएससीआई में सूचीबद्ध हैं, बल्कि दो सबसे अधिक प्रभावशाली अंतर्राष्ट्रीय संबंध पत्रिकाएं अमेरिका की ही हैं। एसएससीआई हर दो वर्ष में विश्व में सभी विशेषज्ञ विषयों की अकादमिक पत्रिकाओं का आकलन करती है। इस हिसाब से देखें तो यदि हर दो वर्ष में चीन की एक अंतर्राष्ट्रीय संबंध पत्रिका एसएससीआई में सूचीबद्ध होने में सफल रहे तो भी 2023 तक उसकी पत्रिकाओं की संख्या पांच या छह होगी जो अमेरिका की तुलना में आधी भी नहीं है।

चीन की तुलना में अमेरिका की गति में कमी का मुख्य कारण उसकी सापेक्ष गिरावट की प्रकृति है। अमेरिका की सापेक्ष गिरावट और 20वीं शताब्दी में रूस की संपूर्ण गिरावट की प्रकृति अलग-अलग है। सोवियत संघ के विघटन के बाद उसके भू क्षेत्र में लगभग 23.8 प्रतिशत, जनसंख्या में 48 प्रतिशत, सकल राष्ट्रीय उत्पाद में एक-तिहाई और सैनिकों की संख्या में 32.7 प्रतिशत की कमी आई।[21] बोरिस येल्तसिन के आठ वर्ष के शासनकाल में देश में संपूर्ण गिरावट का दौर रहा। 1999 के अंत तक, 1992 की तुलना में रूस की जनसंख्या में 35 लाख की कमी हुई, इसका औसत जीवन काल 10 वर्ष कम हुआ, विमानवाहक पोतों की संख्या पांच से घटकर एक रह गई, सकल घरेलू उत्पाद में 80 प्रतिशत की कमी हुई और यह एक खरब डॉलर से घटकर 182.7 अरब डॉलर (44.8 खरब रूबल) रह गया।[22] इस प्रकार अमेरिका की सापेक्ष गिरावट भिन्न है क्योंकि हर क्षेत्र में उसकी शक्ति वर्तमान स्तर से घट नहीं रही है, बल्कि उसमें ठहराव आ गया है या वृद्धि की गति धीमी हो गई है। इसका अर्थ यह है कि 2023 में अमेरिका की समग्र शक्ति का पूर्ण मूल्य फिर भी 2012 की तुलना में अधिक होगा। इसी कारण 1992 से 2002 के दस वर्षों में चीन और रूस की हैसियत में बदलाव हुआ, किन्तु अगले दशक में चीन और अमेरिका के बीच शक्ति की दृष्टि से शायद ही कोई बदलाव होगा। 2023 तक चीन की समग्र शक्ति बढ़कर अमेरिका के स्तर तक पहुंच जाएगी फिर भी चीन पूर्ण रूप से अमेरिका की बराबरी नहीं कर पाएगा।

---

21 *शिजिए झिशि नियानजियान 1989/90* (वर्ल्ड इंटेलिजेंस अलमनाक 1989/90) (बीजिंगः वर्ल्ड इंटेलीजेंस प्रेस 1990), 565-69; *शिजिए झिशि नियानजियान 1992/93* (वर्ल्ड इंटेलीजेंस अलमनाक 1992/93) (बीजिंगः वर्ल्ड इंटेलीजेंस प्रेस 1992), 575, 578

22 *शिजिए झिशि नियानजियान 1992/93* (वर्ल्ड इंटेलिजेंस अलमनाक 1992/93) (बीजिंगः वर्ल्ड इंटेलीजेंस प्रेस 1992), 575-578; *शिजिए झिशि नियानजियान 2000/01* (वर्ल्ड इंटेलीजेंस अलमनाक2000/01) (बीजिंगः वर्ल्ड इंटेलीजेंस प्रेस 2000), 641।

घरेलू और राजनयिक प्रयासों का महत्व समान

अगले दशक में, चीन के उदय के सामने न सिर्फ अधिकाधिक अंतर्राष्ट्रीय चुनौतियां होंगी बल्कि घरेलू समस्याएं भी बढ़ती जाएंगी। चीन के उदय और उसकी घरेलू समस्याओं के बीच संबंध के विषय में दो प्रबल मत हैं। एक मत के अनुसार चीन के समाज के भीतर अगले दशक में विरोधाभास गंभीर होते जाएंगे जिसके कारण दस वर्ष में तो क्या अगले कई दशक बाद भी चीन के उदित होने और महाशक्ति बनने की कोई आशा नहीं है। कुछ लोगों ने यहां तक भविष्यवाणी कर दी है कि चीन भी सोवियत संघ की तरह ढह जाएगा क्योंकि इतिहास गवाह है कि समाज के भीतर बढ़ते विरोधाभास अक्सर देश को पतन की तरफ ले जाते हैं। 1945 में संयुक्त राष्ट्र की स्थापना के बाद से उसके सदस्य देशों की संख्या 51 से बढ़कर 193 हो गई है। देशों के विभाजन और पतन के बिना संयुक्त राष्ट्र के सदस्यों की संख्या में इतनी वृद्धि संभव नहीं थी। देशों के ढहने और टूटने का सिलसिला अभी थमा नहीं है। सूडान इसका सबसे ताजा उदाहरण है। 2011 में दक्षिण सूडान ने स्वयं को सूडान से स्वतंत्र घोषित कर दिया। दूसरी तरफ इतिहास में ऐसे उदाहरण भी हैं तो अनेक साम्राज्यों की स्थापना और महाशक्तियों का उदय समाज के भीतर एक के बाद एक उभरते विरोधाभासों से ही संभव हुआ। अमेरिका और सोवियत संघ का महाशक्ति के रूप में उदय ऐसी ही प्रक्रियाओं की देन था। अमेरिका को इस मामले में सबसे अधिक सफल माना जाता है, लेकिन वहां भी 1960 के दशक में नस्लीय अलगाव की गंभीर समस्याएं थीं। आज भी वह देश अनेक गंभीर सामाजिक समस्याओं का सामना कर रहा है। 2010 में अमेरिका में ध्रुवीकरण की गंभीर समस्या उत्पन्न हुई जब उसका गिनी गुणक 0.469 पर था जो कुछ पश्चिमी अफ्रीकी देशों की तुलना में भी बहुत खराब था। वहां 56 लाख लोग ऐसे थे जिनकी वार्षिक आमदनी सरकारी गरीबी रेखा की आधी से भी कम यानी 5,622.50 डॉलर से भी कम थी।[23] अमेरिका इस समय स्कूलों में सुरक्षा की गंभीर समस्या से जूझ रहा है। नई अलगाववादी शक्तियां भी सिर उठा रही हैं। 2012 में एक जनमत सर्वेक्षण से स्पष्ट रूप से पता चला कि स्वतंत्रता के हिमायती मतदाताओं का अनुपात टैक्सस में 25 प्रतिशत; मेन में 20 प्रतिशत; वरमोंट में 13 प्रतिशत था; और लुजियाना में 45 लाख लोग इसके हिमायती थे। मिशिगन के उत्तरी क्षेत्र अलास्का, न्यू जर्सी, न्यू हैम्पशायर और हवाई सब जगह स्वतंत्रता की हिमायत करने वाले लोग हैं। नवम्बर, 2012 से जनवरी, 2013 तक व्हाइट हाउस की वेबसाइट पर "वी द पीपुल" याचिका प्लेटफार्म पर स्वतंत्रता की मांग से संबधित याचिकाओं पर 6,75,000 हस्ताक्षरों की प्राप्ति से लोगों को बहुत आश्चर्य हुआ।[24] किन्तु इन सामाजिक विरोधाभासों से अमेरिका का महाशक्ति का दर्जा जरा भी नहीं बदला।

---

23 मिशेल डी. येत्स, "छुआनलि यु मेइगुओ शिहुई दे रियि यानझोंग दे बु पिंगदेंग" (सत्ता और अमेरिकी समाज में भयंकर रूप से बढ़ती असमानता), *गुओवाई लियुन दोंगताई* (विदेशी सैद्धांतिक रुझान), सं. 8 (2012): 9

24 वु चेंगलियांग या अन्य, "'दुलि फेंगबो' रांग मेइगुओ शिजियांग यिचांग" ('स्वतंत्रता की लहर' अमेरिका को एक झूठी चेतावनी देती है), *हुआनछियु शिबाओ* (ग्लोबल टाइम्स), 7 जनवरी, 2013

चीन के उदय के साथ-साथ उसकी भीतरी और बाहरी चुनौतियां भी बढ़ती जाएंगी जो सामाजिक विकास की प्रवृत्तियों के पूरी तरह अनुकूल होगा। उदय का अर्थ है देश का उत्तरोत्तर सशक्त होते जाना और इतनी फुर्ती से सशक्त होने की प्रक्रिया से न सिर्फ अंतर्राष्ट्रीय व्यवस्था का दबाव पड़ना स्वाभाविक है, बल्कि कभी-कभी घरेलू विषयों के सामने भी समाज में त्वरित परिवर्तनों के कारण अनेक अप्रत्याशित चुनौतियां खड़ी हो जाती हैं। चीन और अमेरिका के नेताओं के सामने अगले दशक में आने वाली कठिनाइयों के बीच अंतर इस तथ्य में निहित है कि चीन की समस्याएं उसके उदय की और अमेरिका की समस्याएं उसके सापेक्ष पतन की देन होंगी। दोनों देशों के सामने आने वाली भीतरी समस्याएं गंभीर होंगी लेकिन उदीयमान शक्ति को तेजी से बढ़ती शक्ति का लाभ मिलेगा और भीतरी समस्याओं के समाधान के लिए उसके पास उपलब्ध भौतिक शक्ति तेजी से बढ़ती जाएगी। इसके विपरीत पतनशील शक्ति के सामने अपनी भौतिक शक्ति में धीमी वृद्धि की उलझन रहेगी। इस कारण चीन की तुलना में अमेरिका को अधिक बड़ी भीतरी समस्याओं का सामना करना पड़ेगा। रूस, जापान, जर्मनी, फ्रांस, इंग्लैंड और भारत की भीतरी स्थिति पर नजर डालें तो पता चलता है कि उनके सामने मौजूद घरेलू समस्याएं चीन की तुलना में कम नहीं हैं, बल्कि शायद चीन से अधिक ही हैं। अगले दशक में यदि चीन सरकार सरकारी अधिकारियों के भ्रष्टाचार पर असरदार ढंग से नियंत्रण कर सकी तो वह महाशक्ति अवश्य बनेगा।

दूसरे मत के अनुसार जब तक चीन अपने घरेलू मसलों को सुलझाने में सफल रहेगा तब तक अंतर्राष्ट्रीय स्तर पर कितने ही बदलाव क्यों न हो जाएं उसे आगे बढ़ने से कोई नहीं रोक सकेगा। शीत युद्ध की समाप्ति के बाद से चीन का उदय केवल उसके अपने विकास की ही देन नहीं है, बल्कि उसमें सोवियत संघ, जापान और अमेरिका की स्थिति खराब होने का भी हाथ है। यदि 1990 के दशक में सोवियत संघ न टूटता और रूस का पूरी तरह पतन न होता तो चीन उससे आगे निकलने में कभी समर्थ न हो पाता। आज भी चीन सोवियत संघ की इस समय की सैन्य शक्ति के स्तर पर नहीं पहुंच सका है। उस समय सोवियत संघ के पास विमानवाहक पोत के पांच बेड़े थे, जबकि चीन के पास आज तक एक भी नहीं है। यदि जापान की अर्थव्यवस्था में पिछले 20 वर्ष से ठहराव न होता तो चीन विश्व की दूसरी सबसे बड़ी अर्थव्यवस्था नहीं बन पाता। 1990 के दशक के आरंभ में चीन का सकल घरेलू उत्पाद जापान की तुलना में मात्र 20 प्रतिशत था। अगर जापान की वार्षिक औसत आर्थिक वृद्धि दर 3 प्रतिशत रही होती तो चीन को अपने सकल घरेलू उत्पाद की औसत वार्षिक वृद्धि दर 15 प्रतिशत या अधिक रखनी ज़रूरी होती ताकि दोनों के बीच अंतर कम हो पाता। किन्तु दूसरे महायुद्ध के बाद से 20 वर्ष में किसी देश में औसत वार्षिक वृद्धि दर 15 प्रतिशत नहीं रह पाई। यदि 2008 में अमेरिका में सापेक्ष गिरावट न शुरू हुई होती तो चीन-अमेरिका को पछाड़कर 2013 में विश्व की अव्वल व्यापारिक शक्ति कभी नहीं बन पाता।

घरेलू मामलों को अच्छी तरह से संभालना किसी भी देश का पहला लक्ष्य होता है। किन्तु घरेलू मामलों को अच्छी तरह संभालने का यह अर्थ कदापि नहीं है कि उस देश को आगे बढ़ने में अवश्य

सफलता मिलेगी या वह शक्तिशाली अवश्य होगा। उत्तरी यूरोपीय देशों को अक्सर घरेलू मामलों को अच्छी तरह संभालने में निपुण माना जाता है, किन्तु उत्तरी यूरोप का एक भी देश ऐसा नहीं है जिसमें अमेरिका को पछाड़ने की सामर्थ्य हो या जो महाशक्ति बन सकता हो। इसका तात्पर्य यह भी है कि दस वर्ष के भीतर चीन का महाशक्ति बन पाना केवल इस बात पर निर्भर नहीं है कि वह घरेलू समस्याओं का समाधान कर पाएगा या नहीं, बल्कि विदेश नीति के मोर्चे पर भी उसकी सफलता या असफलता महत्वपूर्ण होगी। अर्थात चीन की भावी हैसियत पर ऐसी बहुत सी बातों का प्रभाव पड़ेगा कि वह अंतर्राष्ट्रीय स्तर पर अपनी सामरिक साख बना पाता है या नहीं, अधिकांश देशों को अपने उदय को स्वीकार करने या समर्थन देने के लिए राजी कर पाता है या नहीं और विश्व उसे एक न्यायसंगत नेता मानता है या नहीं।

इन दोनों ही मतों का मूल तर्क यह है कि घरेलू समस्याओं को सुलझाने में चीन की सफलता से ही तय होगा कि वह भविष्य में महाशक्ति बन सकेगा अथवा नहीं बन सकेगा। किन्तु किसी भी महाशक्ति का उदय या देश का अभ्युदय एक सापेक्ष अवधारणा है जो दुनिया के सबसे शक्तिशाली देश को मात देने की ऐतिहासिक प्रक्रिया का संकेत है। इसका परिणाम उदीयमान शक्ति और पहले से स्थापित महाशक्ति की ताकत में परिवर्तन की भिन्नता से तय होता है। इसका सीधा सा अर्थ है कि भीतरी और बाहरी दोनों विषयों का बराबर असर पड़ता है। "नेतृत्व के संदर्भ" में *गुआंज़ि* में कहा गया है, "सुचारू शासन का संचालन उसके तरीके और संत राज शैली पर निर्भर है और उसी से नेतृत्व प्राप्त होता है। यदि किसी राज्य की व्यवस्था अच्छी है और पड़ोसियों के पास कोई और उपाय नहीं हैं तो उससे ही संत राज अथवा नेतृत्व स्थापित होता है।" अगले दशक में महाशक्ति बन पाने का चीन का सपना बहुत हद तक इस विश्वास पर आधारित है कि उसकी शक्ति तीव्र गति से बढ़ती जाएगी जबकि अमेरिका की शक्ति में सापेक्ष गिरावट आएगी।

उत्थान और पतन : चीन और अमेरिका के बीच दोध्रुवीकरण

अंतर्राष्ट्रीय व्यवस्था की रचना बड़ी शक्तियों के बीच शक्ति की संरचना और सामरिक संबंधों पर आधारित होती है। इसे देखते हुए कहा जा सकता है कि 2023 में अंतर्राष्ट्रीय व्यवस्था केवल चीन और अमेरिका की शक्ति में अंतर पर नहीं, बल्कि इन दोनों महाशक्तियों के अपने-अपने सामरिक मैत्रीपूर्ण संबंधों पर भी आधारित होगी। कुछ लोगों का मानना है कि 2012 के लंदन ओलिम्पिक खेलों से चीन और अमेरिका के बीच होड़ के युग के सूत्रपात का आभास मिला। यह मान्यता केवल शक्ति संरचना के नजरिए की देन है जिसमें अंतर्राष्ट्रीय व्यवस्था की अन्य शक्तियों के साथ चीन और अमेरिका के संबंधों पर गौर नहीं किया गया है। यदि सामरिक संबंधों के दृष्टिकोण से 2013 में मौजूद अंतर्राष्ट्रीय व्यवस्था पर ध्यान दें तो कुछ इस प्रकार के निष्कर्ष निकलते हैं: विश्व व्यवस्था अब भी एक ध्रुवीय है और अमेरिका अब भी एकमात्र महाशक्ति है क्योंकि उसके

साथ अनेक मित्र देश हैं जबकि चीन के साथ एक भी पूर्ण रूप से प्रभावशाली मित्र नहीं है। नाटो गठबंधन में 27 सहयोगी देशों के अलावा अमेरिका के साथ 15 गैर-नाटो सहयोगी भी हैं। भौतिक शक्ति के मामले में चीन निश्चय ही अमेरिका के साथ फासला कम करने में सफल हो सकता है और उसकी गति भी अपेक्षाकृत तीव्र होगी, किन्तु यह कह पाना कठिन है कि सामरिक संबंधों के मामले में चीन-अमेरिका के साथ अपना अंतर तेजी से कम कर सकेगा या नहीं क्योंकि यह बहुत हद तक इस बात पर निर्भर होगा कि चीन अपनी विदेश नीति विशेषकर 1982 से जारी गठबंधन न करने की नीति में कैसे फेरबदल करता है।

चीन का अंतर्राष्ट्रीय माहौल

अमेरिका की "एशिया की धुरी" की रणनीति वह मूल कारण है जो चीन को अपनी विदेश नीति में फेरबदल के लिए मजबूर करता है। अमेरिका की सापेक्ष गिरावट समूची पृथ्वी पर अपना वर्चस्व कायम रखने की उसकी क्षमता को कमज़ोर करती है। वह निश्चय ही भविष्य में अपनी मूल शक्ति विश्व के भावी केन्द्र पर केन्द्रित करेगा जिसे देखते हुए लगता है कि अमेरिका हर हालत में पूर्व एशिया को अपनी रणनीति का केन्द्र बनाएगा (अध्याय 2 में देखें "पूर्व एशियाः विश्व का नया केन्द्र") "एशिया प्रशांत की ओर पुनर्संतुलन" की नीति का लक्ष्य चीन के उदय को रोकना और उसे पूर्व एशिया में प्रधान शक्ति न बनने देना है। जुलाई, 2009 में पूर्व एशिया की ओर अमेरिका की नीति में पुनर्संतुलन करने की तैयारी में हिलेरी क्लिंटन ने आसियान देशों के संगठन के शिखर सम्मेलन में कहा था, "हम वापस आ गए हैं।" 2010 के शरद में इस रणनीति पर अमल हुआ और अब तक इसे दो वर्ष हो चुके हैं। 2012 के आम चुनाव में जीत के बाद राष्ट्रपति ओबामा ने अपनी पहली सरकारी विदेश यात्रा के लिए आसियान के तीन देशों, थाइलैंड, कम्बोडिया और म्यांमार को चुना जिनके चीन के साथ संबंध अपेक्षाकृत अच्छे हैं। अमेरिका के किसी पदस्थ राष्ट्रपति की यह पहली म्यांमार यात्रा थी। ओबामा ने मीडिया से साफ शब्दों में कहा था कि चुनाव जीतने के बाद थाइलैंड, कम्बोडिया और म्यांमार की उनकी यह यात्रा महज संयोग नहीं है, बल्कि इससे जाहिर होता है कि एशिया को धुरी बनाने की उनकी सरकार की रणनीति में कोई बदलाव नहीं होगा। इस नीति का उद्देश्य पारंपरिक सैन्य सहयोगियों के साथ संबंध मजबूत करने के अलावा गैर-पारंपरिक सहयोगियों के साथ सामरिक सहयोग विकसित करना भी है। 2012 में अमेरिका ने जापान के रुख का समर्थन करते हुए स्पष्ट रूप से कहा कि दिआओयू/सेनकाकु द्वीप अमेरिकी-जापानी रक्षा गठजोड़ के दायरे में शामिल है। अमेरिका ने दक्षिण चीन सागर में प्रभुसत्ता संबंधी विवादों में किसी का पक्ष न लेने की अपनी नीति में बदलाव किया और सानषा नगर बसाने की चीन की आलोचना करते हुए उसे वहां टकराव बढ़ने का कारण बताया। हिलेरी क्लिंटन ने मंगोलिया यात्रा के दौरान इस देश को अमेरिका का समर्थन करने के लिए उकसाया। हिलेरी क्लिंटन ने किसी अमेरिकी विदेश मंत्री की लाओस की यात्रा पर न जाने की 57 वर्ष पुरानी परंपरा को भी तोड़ दिया। 2012 में

अमेरिका ने अफगानिस्तान को "गैर-नाटो सहयोगी" बनाने का प्रस्ताव रखा जिसका उपयोग पूर्व एशिया के गैर-पारंपरिक सहयोगियों के साथ रणनीतिक सहयोग स्थापित करने में किया जा सकता है। एशिया-प्रशांत की ओर पुनर्संतुलन की रणनीति जितनी अधिक प्रभावी होगी अमेरिका उतनी ही अधिक दृढ़ता से इसे लागू करेगा जिसके परिणामस्वरूप चीन के प्रति पूर्व एशियाई माहौल अधिक प्रतिकूल होता जाएगा। एशिया-प्रशांत के प्रति नए संतुलन की रणनीति चीन को फिर से यह सोचने पर मजबूर करेगी कि "पार्श्व में रहने" की उसकी रणनीति अब अधिकाधिक निष्क्रिय क्यों होती जा रही है और क्या गठबंधन न करने की नीति अमेरिका की पुनर्संतुलन रणनीति का मुकाबला कर पाएगी।

आस-पड़ोस के देशों का चीन के प्रति नजरिया चीन को अपनी विदेश नीति में परिवर्तन करने पर मजबूर करने वाला दूसरा बाहरी महत्वपूर्ण कारण है। जापान के भीतर गिरावट के दौर में दक्षिणपंथी ताकतें मुख्यधारा में आ गईं और जापान की विदेश नीति को दक्षिणमुखी होने से नहीं रोका जा सका। जापान की नीति दक्षिणमुखी होने का उद्देश्य देश के भीतर सरकार के लिए समर्थन जुटाना और देश के बाहर जापान की अंतर्राष्ट्रीय हैसियत में गिरावट की रफ्तार को थामना था। किन्तु चीन के उदय की गति जितनी तेज होगी जापान की अंतर्राष्ट्रीय हैसियत में उतनी गिरावट आएगी और जापान की जनता अपनी सरकार से उतनी ही अधिक असंतुष्ट होती जाएगी। इस कारण से जापान सरकार चीन के प्रति टकराव की नीति अपनाएगी ताकि देश के भीतर जनता की भावनाओं को शांत कर सके। चीन से जानबझूकर टकराव मोल लेने की जापान की नीति चीन को यह सोचने पर मजबूर कर देगी कि "टकराव छोड़कर मिलकर खोज करने" की उसकी नीति दोनों देशों के संबंधों पर चीन-जापान द्वीप विवाद का प्रभाव न पड़ने देने में क्यों असफल रही। चीन को इस बारे में दोबारा विचार करना होगा कि जापान को अपनी टकराव की नीति छोड़ने पर कैसे मजबूर किया जाए। समुद्री अधिकारों को लेकर आसियान के कुछ देशों और चीन के बीच विवाद चीन को फिर यह सोचने पर मजबूर करेगा कि 1998 के वित्तीय संकट से लेकर 2008 के ओलिम्पिक खेलों तक चीन के साथ इन देशों के संबंधों में निरंतर कैसे सुधार हुआ, लेकिन 2010 में अचानक आपसी संबंधों में सुधार की गति को कैसे लगाम लग गई। चीन को फिर यह सोचना होगा कि उसकी क्षेत्रीयता की नीति का प्रभाव कैसे बढ़ाया जाए और आसियान देशों को चीन और अमेरिका के बीच सामरिक होड़ में कैसे चीन की तरफ झुकाया जाए या तटस्थ रहने पर मजबूर किया जाए। इसके अलावा चीन का उदय जिस गति से हो रहा है उसे देखते हुए चीन से आस-पास के अनेक देशों की अपेक्षाएं बहुत बढ़ गई हैं। चीन को सोचना होगा कि इन देशों के साथ सामरिक संबंध कैसे बढ़ाए जाएं और इन देशों को चीन के सुरक्षा कवच प्रस्ताव सहजता से स्वीकार करने पर कैसे राजी किया जाए। इसका सीधा सा अर्थ है कि चीन की विदेश नीति को आर्थिक पहलू की बजाय राजनीतिक पहलू पर अधिक ध्यान देना होगा।

अगले दशक में दोध्रुवीकरण की इस प्रवृत्ति को देखते हुए विकासशील देश गुटनिरपेक्षता की

नीति पर फिर से विचार करेंगे और यह चीन की विदेश नीति में परिवर्तन को प्रभावित करने वाला एक महत्वपूर्ण कारक होगा। शीत युद्ध के दौर में दो ध्रुवीय विश्व में युगोस्लाविया, मिस्र, भारत, इंडोनेशिया और अफगानिस्तान ने गुटनिरपेक्ष आंदोलन की नींव डाली थी। गुटनिरपेक्ष बैठकों में शामिल होने वाले देशों में अनेक या तो सोवियत संघ या अमेरिका के पूर्व सैन्य सहयोगी थे। उदाहरण के लिए इस आंदोलन के संस्थापकों में से एक मिस्र, अमेरिका का सहयोगी था और क्यूबा तथा वियतनाम सोवियत संघ के सहयोगी थे। दो ध्रुवीय विश्व में अनेक प्रकार की लाभों की लालसा में अनेक मझौले और छोटे देशों ने गुटनिरपेक्षता की नीति अपना ली। इन देशों को अपने गठबंधन सहयोगियों के प्रति दायित्वों का निर्वहन न करने की अपनी नीति के लिए कोई औचित्य तलाश करना था, जब उनके सहयोगी युद्ध में उलझे हुए होते थे तब वे उनका साथ देने से बचने और तीसरे पक्ष के साथ युद्ध की घोषणा के बारे में संधियों के प्रावधानों का पालन न करने का कोई समुचित कारण तलाश करना था। दूसरा लाभ अपनी गुटनिरपेक्ष हैसियत का इस्तेमाल करते हुए अमेरिका या सोवियत संघ से सहायता पाने के लिए मोल-तोल में अपना पक्ष मजबूत करने का था जिससे इन दोनों महाशक्तियों को इन छोटे देशों का समर्थन पाने के लिए अधिक झुकने पर मजबूर होना पड़ता था। तीसरा लाभ यह था कि जब दोनों महाशक्तियां किसी विशिष्ट वैश्विक मिशन पर गुट बनाकर एकाधिकार करने की कोशिश करतीं तो यह देश गुटनिरपेक्ष संगठन की सामूहिक शक्ति के सहारे इन दो महाशक्तियों का सामना कर सकते थे। गुटनिरपेक्षता की तरकीब दो ध्रुवीय व्यवस्था में तो कारगर होती है, किन्तु एक ध्रुवीय व्यवस्था में यह असरदार नहीं रहती। इसीलिए शीत युद्ध की समाप्ति के बाद अमेरिका के वर्चस्व में एक ध्रुवीय व्यवस्था के अंतर्गत गुटनिरपेक्ष आंदोलन का नामोनिशान मिट गया। 2010 में चीन का सकल घरेलू उत्पाद विश्व में दूसरे स्थान पर पहुंचने के बाद दो ध्रुवीय व्यवस्था की प्रवृत्ति ने फिर ज़ोर पकड़ा और विकासशील देश एक बार फिर गुटनिरपेक्ष आंदोलन को महत्व देने लगे। अगस्त, 2012 में ईरान में गुटनिरपेक्ष शिखर सम्मेलन के आयोजन पर अमेरिका की कड़ी आपत्ति के बावजूद 120 देशों के नेता इसमें शामिल हुए। इस सम्मेलन में उपस्थित सदस्य देशों की संख्या संयुक्त राष्ट्र के सदस्यों के बाद दूसरे स्थान पर रही।

अगले दशक में चीन-अमेरिकी दोध्रुवीय व्यवस्था के दौरान मझौले और छोटे देशों की गुटनिरपेक्षता की नीति चीन को किसी एक पक्ष में खड़े होने के बजाय उस गुट में शामिल होने की नीति अपनाने पर मजबूर करेगी। अगले दशक में चीन गुटनिरपेक्षता की नीति का उपयोग उस तरह नहीं कर पाएगा जिस तरह शीत युद्ध के दौरान होता था। शीत युद्ध के दौरान अमेरिकी-सोवियत दो ध्रुवीय व्यवस्था में चीन उनके बीच कोई ध्रुव नहीं था और इसलिए अमेरिका और सोवियत संघ के बीच सामरिक टकराव का लाभ उन अनेक विकासशील देशों की तरह लेने में सफल रहा जो अलग-अलग मुद्दों पर किसी एक पक्ष का साथ देकर लाभ उठाते थे। किन्तु अगले दस वर्ष में दो ध्रुवीय व्यवस्था में चीन एक ध्रुव होगा और उसके सामने उत्पन्न स्थिति में मझौले और छोटे देश

चीन और अमेरिका के बीच सामरिक टकराव से लाभ उठाने के लिए गुटनिरपेक्षता का सहारा लेंगे। शीत युद्ध के दौरान अमेरिकी सोवियत सामरिक टकराव में संतुलन रखने के लिए चीन दोनों देशों के बीच संतुलन इस तरह रखता था कि उसे ज्यादा लाभ मिले। अगले दशक में चीन संतुलन की वह तुला बन जाएगा जिस पर मझौले और छोटे देश बैठकर संतुलन रख सकते हैं या नहीं भी रख सकते हैं पर वह दोनों महाशक्तियों के बीच किसी एक का साथ देने की स्थिति में नहीं होगा। चीन केवल मझौले और छोटे देशों को अपने साथ शामिल करने की नीति अपना सकेगा और इस बात के लिए संघर्ष कर सकेगा कि अधिक से अधिक मझौले और छोटे देश उसके पक्ष में खड़े हों।

मझौले और छोटे देशों की गुटनिरपेक्ष आंदोलन को फिर जिंदा करने की कोशिश इन देशों के साथ चीन और अमेरिका के सामरिक संबंधों पर दबाव बढ़ाएगी और इन गुटनिरपेक्ष देशों की दोस्ती हासिल करने की कीमत भी महंगी हो जाएगी। अगले दशक में मझौले और छोटे देश अपने घरेलू और विदेशी राजनीतिक लक्ष्यों को साकार करने विशेषकर अपनी सुरक्षा के लिए अधिक आश्वस्ति हासिल करने की कोशिश में चीन और अमेरिका के बीच सामरिक होड़ का फायदा उठाएंगे। गुटनिरपेक्ष देश चीन और अमेरिका के बीच झूलते हुए अधिक से अधिक रणनीतिक वायदे और दोनों देशों से अधिक से अधिक आर्थिक सहायता हासिल करने की कोशिश करेंगे। म्यांमार ने हाल में जिस तरह चीन और अमेरिका के बीच संतुलन की नीति अपनाते हुए अमेरिका के साथ रिश्ते सुधारे हैं वह इसी नीति की मिसाल है। अंतर्राष्ट्रीय व्यवस्था में अराजकता के इस दौर में मझौले और छोटे देश बड़े देशों से मूल रूप से सुरक्षा की आश्वस्ति की मांग करेंगे। चीन और अमेरिका इन देशों को यह भरोसा दिला पाएंगे या नहीं इसी से तय होगा कि दोनों में से कौन इन्हें अपने पक्ष में कर पाएगा। इन देशों को सुरक्षात्मक संरक्षण न दे पाने का अर्थ यह होगा कि इनका सामरिक विश्वास नहीं जीता जा सकेगा जिससे अधिक सामरिक मैत्रीपूर्ण संबंध कायम कर पाना असंभव हो जाएगा। मझौले और छोटे देशों को सुरक्षा कवच प्रदान करने में असफलता को अंतर्राष्ट्रीय दायित्वों से मुकरना माना जाएगा और इस बात के लिए उसकी आलोचना होगी कि ये देश अंतर्राष्ट्रीय समुदाय की भलाई के लिए काम नहीं कर रहे। अधिकतर विकासशील देशों का समर्थन हासिल करने, विशेषकर चीन के उदय के लिए राजनीतिक समर्थन हासिल करने की कोशिश में चीन, मझौले और छोटे देशों को सुरक्षा कवच प्रदान करने पर दोबारा विचार करने से नहीं बच सकता।

एक और शीत युद्ध की आशंका नहीं

बहुत से लोगों को यह चिंता सताती रहती है कि अगर चीन ने गठबंधन न करने की नीति छोड़ दी तो चीन और अमेरिका के बीच टकराव विश्व को वापस 20वीं शताब्दी के शीत युद्ध में धकेल देगा। एक निश्चित स्तर पर इस प्रकार की समझ दो ध्रुवीय विश्व व्यवस्था और शीत युद्ध को आपस में जोड़ देती है। दो ध्रुवीय विश्व व्यवस्था का सीधा सा अर्थ है, दो महाशक्तियों के बीच शक्ति और सामरिक संबंधों का संतुलन, जबकि शीत युद्ध से संकेत मिलता है कि शस्त्रों की होड़ और छद्म

रणनीति, स्पर्धा के मुख्य हथियार हैं। 1988 में अमेरिका और सोवियत संघ के बीच सामरिक परमाणु हथियारों में कमी करने का एक समझौता हुआ था। मानव इतिहास में परमाणु हथियार आने के बाद से उनकी संख्या कम करने के बारे में यह पहला समझौता था। इसी वर्ष शीत युद्ध के दौर में पहली बार अमेरिकी राष्ट्रपति ने सोवियत संघ की यात्रा की थी। परमाणु हथियारों में कटौती की संधि पर हस्ताक्षर करने के बाद राष्ट्रपति रोनाल्ड रीगन ने मॉस्को में ऐलान किया था कि शीत युद्ध समाप्त हो गया है और अमेरिका अब सोवियत संघ को शत्रु साम्राज्य नहीं मानता।[25] यदि हम राष्ट्रपति रीगन के ऐलान पर विश्वास करें तो शीत युद्ध 1988 में समाप्त हो जाना चाहिए था। किन्तु दो ध्रुवीय विश्व व्यवस्था इसके साथ ही समाप्त नहीं हुई,बल्कि 1991 के अंत में सोवियत संघ का विघटन होने तक जारी रही। इससे साबित होता है कि शीत युद्ध और दो ध्रुवीय व्यवस्था मूल रूप से समान नहीं है।

2023 में अगर चीन महाशक्ति बन गया तो विश्व में दो ध्रुवीय व्यवस्था स्थापित हो सकती है। किन्तु इसका अर्थ यह नहीं होगा कि विश्व एक बार फिर शीत युद्ध के दौर में पहुंच जाएगा। शीत युद्ध की स्थिति बहुत सारी परिस्थितियों पर निर्भर करती है जिनमें वैचारिक टकराव, दो गुटों के बीच आर्थिक और सांस्कृतिक संपर्क का अभाव और अधिकारियों की यात्राओं पर प्रतिबंध जैसी परिस्थितियां शामिल हैं, जिनके बिना शीत युद्ध की स्थितियां उत्पन्न नहीं हो सकती। यदि हम अमेरिका और सोवियत संघ के बीच सामरिक प्रतिद्वंद्विता को मुक्केबाजी का मुकाबला मानें तो चीन और अमेरिका के बीच सामरिक प्रतिद्वंद्विता अधिक से अधिक फुटबाल का मैच कहला सकती है। मुक्केबाजी में केवल शारीरिक दमखम की ज़रूरत होती है, जबकि फुटबाल में शरीरों के बीच अचानक टक्कर हो जाए तो भी स्पर्धा में मारपीट का कोई काम नहीं होता। यह वायदा कोई नहीं कर सकता कि निकट भविष्य में शीत युद्ध कभी नहीं होगा। फिर भी हम इतना तो अनुमान लगा ही सकते हैं कि अगले दशक में शीत युद्ध का कोई खतरा नहीं है। अगले दस वर्ष में बेशक अमेरिका कहीं न कहीं युद्ध कराता रहेगा और हो सकता है कि चीन भी छोटे-मोटे सैनिक टकरावों में उलझता रहे, किन्तु चीन और अमेरिका के बीच प्रत्यक्ष अथवा अप्रत्यक्ष युद्ध की संभावना बेहद कम है। चीन की परमाणु शक्ति और प्रौद्योगिकी में सुधार, तकनीकी विकास की गति में बढ़ोत्तरी और बाजार का वैश्वीकरण मिलकर यह तय करते हैं कि चीन और अमेरिका के बीच अगले दशक में होने वाली होड़ अमेरिका और सोवियत संघ के बीच रही होड़ से भिन्न होगी और शीत युद्ध के दौर जैसी बिल्कुल नहीं होगी।

परमाणु हथियारों से संपन्न होने के कारण चीन और अमेरिका के बीच सामरिक होड़ में मुख्य रूप से शांतिपूर्ण तरीके अपनाए जाएंगे। शीत युद्ध के प्रारंभिक दौर में यह समझ नहीं थी कि परमाणु

---

25 *शिजिए झिशि नियानजियान 1989/90* (वर्ल्ड इंटेलिजेंस अलमनाक 1989/90) (बीजिंगः वर्ल्ड इंटरनेशनल प्रेस, 1990), 714

हथियार विश्व युद्ध रोकने का साधन भी होंगे। परमाणु हथियारों के राजनीतिक उपयोग की समझ 1960 के दशक में पैदा हुई, हालांकि राजनेताओं ने उसे 1980 के दशक में स्वीकार किया। परमाणु हथियारों की उपस्थिति के कारण न सिर्फ दूसरे विश्व युद्ध के बाद किसी वैश्विक युद्ध की आशंका समाप्त हो गई, बल्कि अमेरिका और सोवियत संघ के बीच प्रत्यक्ष युद्ध भी नहीं छिड़ पाया। सोवियत संघ के विघटन के बाद अमेरिका ने मिसाइल भेदी प्रणालियों का तेज गति से निर्माण किया, किन्तु 20 वर्ष बाद इन मिसाइल भेदी प्रणालियों के निर्माण के बावजूद परमाणु हथियारों का सामरिक खतरा किसी तरह कमज़ोर नहीं पड़ा। 2012 में चीन के सामरिक परमाणु हथियारों में पूरी तरह मोटर चालित और विविध हथियारों को शामिल किया गया। इसका कारण सामरिक परमाणु हथियारों के लंबे समय तक उपयोगी रहने की संभावना बढ़ गई। विविध मारक हथियारों से लैस दोंगफेंग-41 अंतर-महाद्वीपीय क्रूज मिसाइल से लैस होने पर परमाणु हमले की सामर्थ्य बढ़ गई। इन दोनों क्षमताओं के मिलन से चीन की जवाबी परमाणु हमला करने की सामर्थ्य और उसकी ओर से सामरिक शक्ति की विश्वसनीयता में बहुत अधिक सुधार हुआ। चीन की परमाणु युद्धक सामर्थ्य में वृद्धि होने से अमेरिका और चीन के बीच प्रत्यक्ष युद्ध छिड़ने की आशंका और भी कम हो गई। शीत युद्ध की समाप्ति के बाद दुनिया में यह समझ और भी गहरी हो गई कि परमाणु हथियार संपन्न देशों के बीच युद्ध न होने देने में परमाणु हथियारों की कितनी महत्वपूर्ण भूमिका है। इस प्रकार महाशक्तियों के बीच प्रतिद्वंद्विता का सामरिक स्वरूप बहुत हद तक बदल गया। चीन और अमेरिका अपने परमाणु और पारंपरिक हथियारों को अधिक से अधिक आधुनिक करने पर पहले से अधिक ध्यान दे रहे हैं, किन्तु उन्होंने परमाणु युद्ध जीतने का विचार छोड़ दिया है। वे जानते हैं कि युद्ध के जरिए विश्व पर वर्चस्व हासिल करने की कीमत बहुत भारी पड़ेगी। परमाणु हथियारों के प्रसार ने छद्म युद्ध को पूर्ण युद्ध में बदलने की कीमत बहुत बढ़ा दी है। इस कारण अब छद्म युद्ध भी उतना सहज स्वीकार्य नहीं रह गया है। चीन और अमेरिका छद्म युद्ध के जरिए नियंत्रण की होड़ की कीमत उठाने को भी तैयार नहीं हैं। अतः 2023 तक चीन और अमेरिका के बीच सैन्य स्पर्धा के परिणामस्वरूप हथियारों और सैन्य साज-सामान में तो सुधार होगा किन्तु प्रत्यक्ष युद्ध होने की आशंका और कम हो जाएगी तथा छद्म युद्ध भड़काने की संभावना तो बहुत ही कम रह जाएगी।

शीत युद्ध के बाद कम्प्यूटर टैक्नॉलॉजी का तेजी से विकास होने के कारण टैक्नॉलॉजी आर्थिक संपदा संचित करने का एक महत्वपूर्ण साधन बन गई। इसके कारण बढ़ती राष्ट्रीय संपदा में प्राकृतिक संसाधनों का महत्व कम होने लगा। अब चीन और अमेरिका को प्राकृतिक संसाधनों पर नियंत्रण की होड़ के लिए युद्ध करने की आवश्यकता नहीं रही। 1980 के दशक में कम्प्यूटर घरेलू जीवन के अंग हो गए और 1990 के दशक में नेटवर्क टैक्नॉलॉजी का व्यापक स्तर पर उपयोग होने लगा। इनके बल पर टैक्नॉलॉजी के आविष्कार और प्रसार की गति इस हद तक बढ़ गई कि मानव की उत्पादकता उसकी खपत से अधिक हो गई। 2023 तक चीन और अमेरिका टैक्नॉलॉजी संबंधी खोज में विश्व के अग्रणी देश होंगे और नए आविष्कृत उत्पादों के बदले अपनी ज़रूरत के

सभी प्राकृतिक संसाधनों को हासिल कर सकेंगे। उन्हें प्राकृतिक संसाधन पैदा करने वाले क्षेत्रों पर नियंत्रण के लिए सैनिक ताकत का इस्तेमाल नहीं करना पड़ेगा। 21वीं शताब्दी में प्रवेश करते समय मानव समाज के सामने सबसे बड़ी समस्या यह नहीं है कि उसकी उत्पादकता समाज की खपत की मांग पूरी करने में असमर्थ है, बल्कि उत्पादकता की अधिकता की गंभीर समस्या उत्पन्न हो गई है जिसका अर्थ यह हो सकता है कि मानव अपने पैदा किए हुए उत्पाद की खपत करने में असमर्थ है। इसके अलावा जहां तक अंतर्राष्ट्रीय संसाधनों के लिए स्पर्धा की प्रभावशीलता का प्रश्न है युद्ध, विदेशी निवेश का मुकाबला नहीं कर सकता। चीन के पास दुनिया में विदेशी मुद्रा का सबसे बड़ा भंडार है और डॉलर अंतर्राष्ट्रीय स्तर पर विदेशी भंडारण की मुद्रा है। इसका सीधा सा अर्थ है कि चीन और अमेरिका दोनों के पास विदेशों के प्राकृतिक संसाधन हासिल करने की जबर्दस्त आर्थिक ताकत है। इसके अलावा तकनीकी विकास जिस तेज गति से हो रहा है उसके कारण प्राकृतिक संसाधनों की जगह नई सामग्री लेती जा रही है। प्राकृतिक संसाधनों पर चीन और अमेरिका की निर्भरता में गिरावट आने लगेगी। प्राकृतिक संसाधनों के लिए होड़ की बजाय तकनीकी होड़ चीन और अमेरिका के बीच सामरिक प्रतिद्वंद्विता का एक प्रमुख अंग हो जाएगी।

बाजार के वैश्वीकरण के कारण टैक्नॉलॉजी में अग्रणी देश के लिए प्राकृतिक संसाधन हासिल करने और वस्तुओं का निर्यात करने के लिए परिस्थितियां अधिक उपयुक्त हो जाती हैं। अतः विदेशों में अपने हितकारी साधन प्राप्त करने के लिए युद्ध की बजाय व्यापार सबसे अच्छा साधन हो गया है। दुनिया में कुछ लोग मानते हैं कि फ्रांस और जर्मनी के बीच परस्पर बहुत अधिक आर्थिक निर्भरता यूरोप में प्रथम महायुद्ध को रोकने में असफल रही। इससे साबित होता है कि बड़ी शक्तियां सामरिक प्रतिद्वंद्विता में युद्ध से अपनी अर्थव्यवस्था को होने वाली क्षति की परवाह नहीं करती। अतः यह तर्क दिया जाता है कि शीत युद्ध के बाद वैश्वीकरण के कारण परस्पर आर्थिक निर्भरता बढ़ने से भी उदीयमान शक्ति और पहले से मौजूद महाशक्ति के बीच युद्ध को नहीं रोका जा सकेगा। इस तर्क में बाजार वैश्वीकरण एवं दो देशों के बीच परस्पर निर्भरता की अनदेखी कर दी गई है। परस्पर आर्थिक निर्भरता में बाजार वैश्वीकरण के अंग शामिल नहीं होते। बाजार वैश्वीकरण ने ताकतवर देशों के लिए ऐसी उपयुक्त परिस्थितियां उत्पन्न कर दीं कि वे वैश्विक स्तर पर बाजार और प्राकृतिक संसाधनों पर नियंत्रण कर सकें। किन्तु दो देशों के बीच परस्पर निर्भरता अन्य देशों के बाजारों और प्राकृतिक संसाधनों पर नियंत्रण करने लायक उपयुक्त परिस्थितियां उत्पन्न नहीं कर सकती। सोवियत संघ के विघटन के बाद वैश्वीकरण और बाजारीकरण ने विश्व बाजार को दो तरह से खोल दिया। एक तो पारस्परिक आर्थिक सहायता परिषद के भंग हो जाने से पूर्वी और पश्चिमी अंतर्राष्ट्रीय बाजारों का एकीकरण हो गया और दूसरे बाजारीकरण ने अनेक देशों के भीतरी बाजारों के बंद दरवाजे खोल दिए। उत्तर कोरिया, क्यूबा और ऐसे ही कुछ अन्य देशों को छोड़ दें तो समूचा विश्व एक परस्पर जुड़ा हुआ बाजार बन गया। विदेशी व्यापार और विदेशों में निवेश इस समय चीन और अमेरिका के लिए विदेशी बाजारों और प्राकृतिक संसाधनों को हासिल

करने के दो सबसे कारगर साधन बन गए हैं। यह दोनों ही युद्ध की तुलना में अधिक लाभकारी हैं।

2023 तक इस बात की बहुत संभावना है कि विश्व में दो ध्रुवीय व्यवस्था स्थापित हो जाएगी, किन्तु यह शीत युद्ध जैसी नहीं बल्कि नए प्रकार की सामरिक प्रतिद्वंद्विता होगी। चीन और अमेरिका के बीच समग्र शक्ति विसंगति में कमी आने के साथ ही इस बात की संभावना बहुत बढ़ जाएगी कि दोनों देश अगले दस वर्ष में हर क्षेत्र में एक-दूसरे के प्रतिद्वंद्वी हो जाएंगे। 2023 तक चीन-अमेरिकी सामरिक प्रतिद्वंद्विता और शीत युद्ध के दौरान हुई अमेरिकी सोवियत सामरिक प्रतिद्वंद्विता की प्रकृति समान रहनी चाहिए। दोनों का ही उद्देश्य दो महाशक्तियों के बीच अंतर्राष्ट्रीय वर्चस्व की होड़ है। किन्तु स्वरूप एवं साधनों की दृष्टि से चीन-अमेरिकी सामरिक प्रतिद्वंद्विता और अमेरिकी सोवियत सामरिक प्रतिद्वंद्विता के बीच भिन्नता रहेगी। शीत युद्ध का आधार वैचारिक टकराव था जो एक प्रकार स्थिर और घोषित टकराव रहा। किन्तु अगले दशक में चीन और अमेरिका के बीच अस्थिर और अघोषित सामरिक प्रतिद्वंद्विता होगी। शीत युद्ध की विशेषता यह थी कि दोनों पक्षों ने सार्वजनिक रूप से घोषणा कर रखी थी कि दूसरा पक्ष सामरिक प्रतिद्वंद्वी है, दोनों सार्वजनिक रूप से एक-दूसरे की निंदा करते थे और छद्म युद्ध के सहारे विश्व पर वर्चस्व रखने की होड़ लगी रहती थी। किन्तु अगले दशक में चीन और अमेरिका अपनी सामरिक प्रतिद्वंद्विता में हमेशा एक-दूसरे से सहयोग के इच्छुक रहेंगे और लंबे समय तक कहते रहेंगे कि वे न एक-दूसरे के मित्र हैं और न ही शत्रु हैं। स्पर्धा तेज होने पर प्रत्येक पक्ष अपनी ओर से सहयोग की तत्परता दिखाएगा जिससे दोनों पक्षों के बीच टकराव चरम पर नहीं पहुंच सकेगा। अमेरिका और सोवियत संघ के बीच सामरिक प्रतिद्वंद्विता का मूल आधार सैन्य शक्ति थी, किन्तु अब चीन और अमेरिका के बीच सामरिक प्रतिद्वंद्विता, आर्थिक, तकनीकी, राजनीतिक और सेना सहित विभिन्न क्षेत्रों तक फैली रहेगी, अर्थात यह समग्र शक्ति की प्रतिद्वंद्विता होगी। अमेरिका और सोवियत संघ उस समय छद्म युद्ध के सहारे अपने मोहरे खड़े करते थे या उन्हें सैनिक समर्थन दिया करते थे। किन्तु भविष्य में चीन और अमेरिका की सामरिक प्रतिद्वंद्विता के हथियार आर्थिक समर्थन, तकनीकी स्पर्धा, सुरक्षा कवच के आश्वासन होंगे। वे अपने सामरिक प्रभुत्व का दायरा बढ़ाने के लिए नैतिक रूप से एक-दूसरे से महान दिखने की होड़ करेंगे। इस प्रकार की समग्र शक्ति स्पर्धा का सबसे बड़ा लक्ष्य अन्य देशों के आचरण पर नियंत्रण करना नहीं, बल्कि अधिक से अधिक देशों का राजनीतिक समर्थन हासिल करना होगा। चीन और अमेरिका के बीच सामरिक स्पर्धा का उद्देश्य अधिक से अधिक अंतर्राष्ट्रीय समर्थन जुटाना है, इसलिए यह टीम युद्ध होगा। ऐसी स्थिति में प्रतिद्वंद्विता के लिए गठबंधन बनाना ज़रूरी हो सकता है। *गुआंज़ि* में ठीक ऐसा ही कहा गया है: "विश्व में बहुमत हासिल करने में जो समर्थ होगा; वहीं मानवीय अधिनायक बनेगा जो उनमें से आधे से अधिक जीत लेगा; उसी का वर्चस्व होगा।"[26]

---

26 यान शुएतोंग और शु जिन, *झोंग्गुओ शियानचिन गुओजिया जियान झेंगझि सिशियांग शुआनदु* (चीन में चिन पूर्व काल में अंतर-राज्यीय राजनीतिक चिंतन से उद्धरण) (शंघाई: फुदान यूनिवर्सिटी प्रेस, 2008), 2

चीन–अमेरिका टकराव में तेजी

1990 के दशक के अंत से चीन और अमेरिका के बीच एक तरह का "शत्रु-मित्रता" संबंध स्थापित हो गया है। राजनीतिक जीवन में बहुत सी बातों का दोहरा चरित्र होता है जिसका प्रमुख उदाहरण हैं "सत्ता" और "सम्पदा।" यह लक्ष्य तो हैं ही लेकिन बहुत सारे लक्ष्यों को हासिल करने के साधन भी हैं। अंतर्राष्ट्रीय पर सत्ता और सम्पदा के साथ कुछ और चीजों का चरित्र भी दोहरा होता है। उदाहरण के लिए, "सत्ता संतुलन" और "शत्रु-मित्रता" के चरित्र और चाल दोनों में दोहरापन होता है। चरित्र की दृष्टि से देखें तो सत्ता संतुलन बताता है कि दोनों प्रतिद्वंद्वियों की शक्ति लगभग बराबर है; किन्तु चाल की दृष्टि से यह अपनी शक्ति बढ़ाकर या गठबंधनों के जरिए प्रतिद्वंद्वी के बराबर शक्ति पाने के लक्ष्य की ओर संकेत है। इसी तरह चरित्र की दृष्टि से देखें तो "शत्रु-मित्रता" का अर्थ है कि दोनों पक्षों के बीच दिखावे की मित्रता है क्योंकि उनके हितों में समानता से अधिक टकराव होता है; चाल की दृष्टि से "शत्रु-मित्रता" हितों में निरंतर बढ़ते टकराव को और उभारने के लिए सद्भावना की आड़ लेने का तरीका है।

1998 में बिल क्लिंटन की चीन यात्रा के बाद से चीन और अमेरिका आपसी संबंधों को ऐतिहासिक शिखर पर पहुंचा हुआ बताते रहे हैं। किन्तु सच यह है कि 1980 के दशक में रोनाल्ड रीगन के प्रशासन का दौर चीन-अमेरिका संबंधों में सबसे अच्छा दौर था। उस समय आपसी सामरिक संबंधों में अर्ध-गठबंधन का पुट था। सोवियत संघ की तरफ से सामरिक खतरे का सामना करने की खातिर चीन और अमेरिका के बीच बहुत हद तक सैन्य सहयोग रहा। अमेरिका ने चीन को ब्लैकहॉक हथियारबंद हैलीकॉप्टर भेजे और ताइवान के लिए हथियारों की बिक्री कम करने का वायदा भी निभाया। किन्तु 1989 से अमेरिका ने न सिर्फ चीन के लिए हथियारों का निर्यात रोक दिया, बल्कि हथियार भेजने पर पूर्ण प्रतिबंध लगाकर ताइवान के लिए हथियारों की बिक्री फिर शुरू कर दी। 2009 में चीन यात्रा के दौरान भी राष्ट्रपति बराक ओबामा ने चीन-अमेरिका संबंधों को ऐतिहासिक शिखर पर बताया किन्तु 2012 में दोबारा चुने जाने तक उन्होंने चीन के लिए हथियार प्रतिबंध नीति जारी रखी और ताइवान के लिए हथियारों का निर्यात बढ़ाते रहे। अगले दशक में चीन और अमेरिका के लिए शत्रु-मित्रता की यह नीति जारी रखना मुश्किल होगा। दोनों पक्ष इसमें कुछ संशोधन कर सकते हैं और स्पष्ट रूप से कह सकते हैं कि उनके बीच सामरिक संबंध मुख्य रूप से स्पर्धा के हैं जिनमें सहयोग की गुंजाइश है। किन्तु वे सहयोग बढ़ा-चढ़ाकर पेश करने और स्पर्धा को दबाकर रखने की अपनी मूल रणनीति छोड़ने वाले नहीं हैं। इस तरह की चालों से चीन और अमेरिका के बीच सामरिक प्रतिद्वंद्विता की तीव्रता शीत युद्ध के दौरान अमेरिका और रूस के बीच रही प्रतिद्वंद्विता से कम हो सकती है, किन्तु ये चालें इस प्रतिद्वंद्विता की स्थिरता में भारी कमी कर सकती है।

2012 में दक्षिण चीन सागर में द्वीपों और समुद्री संपदा के उपयोग को लेकर फ़िलीपीन्स और

वियतनाम के साथ चीन का विवाद हुआ। उधर जापान के साथ दिआओयू/सेनकाकु द्वीपों को लेकर चीन का विवाद हुआ। अमेरिकी सरकार ने वैसे तो स्पष्ट रूप से इन विवादों के समाधान में किसी का पक्ष नहीं लिया, लेकिन वास्तव में फ़िलीपीन्स और जापान के समर्थन में काम किया। उस समय की विदेश मंत्री हिलेरी क्लिंटन ने फ़िलीपीन्स यात्रा के दौरान जो बयान दिया उसमें जानबूझकर "पश्चिम-फ़िलीपीन्स सागर" कहा, जबकि इस सागर का अंतर्राष्ट्रीय स्तर पर नाम "दक्षिण चीन सागर" है। इससे साफ जाहिर है कि वे "दक्षिण चीन सागर" को "पश्चिम फ़िलीपीन्स सागर" नाम देने की फ़िलीपीन्स सरकार की नीति का समर्थन कर रही थीं। चीन के विदेश प्रभाग के प्रवक्ता ने सानषा सिटी के निर्माण की चीन की नीति की तरफ सार्वजनिक रूप से संकेत करते हुए कहा था कि उसके कारण दक्षिण चीन सागर में टकराव बढ़ा है। अमेरिका के विदेश विभाग के ही प्रवक्ता ने एक पत्रकार सम्मेलन में जानबूझकर "सेनकाकु द्वीप" शब्दों का प्रयोग किया ताकि जापान के लिए राजनीतिक समर्थन उजागर किया जा सके। चीन के विरोध में जापान और फ़िलीपीन्स के लिए समर्थन की अमेरिकी नीति से चीन और अमेरिका के संबंध और खराब हुए। अमेरिका ने जब यह नीतियां अपनाईं उसके बाद बहुत जल्दी ही दोनों देशों के बीच सितम्बर, 2012 में हिलेरी क्लिंटन की चीन यात्रा पर सहमति हो गई। चीन के राष्ट्रपति, प्रधानमंत्री और उप-प्रधानमंत्री ने आपसी संबंधों के बारे में उनके साथ चर्चा की। दोनों पक्ष भली-भांति जानते थे कि इस यात्रा से आपसी संबंध सुधारने में कोई मदद नहीं मिलेगी। लेकिन दोनों चाहते थे कि "शत्रु-मित्रता" का दिखावा करके कुछ समय के लिए बिगड़ते संबंधों से थोड़ी राहत ली जाए। उस समय चीन और अमेरिका के संबंध जॉर्ज डब्ल्यू. बुश के दूसरे कार्यकाल की स्थिति से बहुत भिन्न थे, फिर भी 5 सितम्बर को हिलेरी क्लिंटन ने पत्रकार सम्मेलन में कहा था, "राष्ट्रपति और मैं जैसा कि कई बार कह चुके हैं कि अमेरिका एक सशक्त, स्थिर और संपन्न चीन का स्वागत करता है जो अपने आकार के अनुरूप वैश्विक मंच पर अपनी भूमिका निभाए और विश्व व्यवस्था को आकार देने तथा कायम रखने में मदद करे। हमारा पक्का मानना है कि क्षेत्रीय और वैश्विक स्तर पर सुरक्षा और शांति, स्थिरता और संपन्नता के लिए शक्ति के रूप में चीन की महत्वपूर्ण भूमिका है। इसलिए शेष अंतर्राष्ट्रीय समुदाय के साथ अमेरिका हमारी अनेक साझी वैश्विक चुनौतियों के समाधान में चीन के नेतृत्व की ओर आशा से देख रहा है।"[27]

अगले दशक में चीन और अमेरिका की समग्र शक्ति में अंतर घटने के साथ-साथ दोनों के बीच हितों के टकराव के क्षेत्रों का विस्तार होता जाएगा और टकराव की आवृत्ति तथा प्रकृति बढ़ते-बढ़ते निरंतर गंभीर होती जाएगी। इसके साथ ही साथ हितों में टकराव की तुलना में चीन और अमेरिका के बीच साझे हितों अथवा पूरक हितों की वृद्धि दर कम होती जाएगी। कुछ क्षेत्रों में तो साझे हित समाप्त हो जाएंगे। उदाहरण के लिए जब चीन का बड़ा यात्री विमान बाजार में आ जाएगा तो

---

27 "चीन के विदेश मंत्री यांग जि इची के साथ टिप्पणी", *आर्काइव डाक्यूमेंट*, 19 सितंबर, 2012 https://2009-2017. state.gov/secretary/20092013clinton/rm/2012/09/197343.htm

वह अमेरिका के बोइंग से टक्कर लेगा और चीन से लड़ाकू विमानों के निर्यात में वृद्धि होने पर हथियारों के निर्यात में अमेरिका के साथ स्पर्धा होगी। 2014 में जब अमेरिका अफगानिस्तान से कुछ सेनाएं हटा लेगा तो आतंकवाद के विरोध में चीन और अमेरिका की खुफिया एजेंसियों के बीच सहयोग समाप्त हो जाएगा। चीन की नौसेना के आधुनिकीकरण के प्रयासों को अमेरिका निश्चय ही एशिया-प्रशांत क्षेत्र में अपने सैनिक वर्चस्व के लिए चुनौती मानेगा। इसका तात्पर्य यह भी है कि अगले दस वर्ष में चीन और अमेरिका के बीच शत्रु-मित्रता संबंध का चरित्र यह तय करेगा उनके संबंध के मुख्य आयाम टकराव और स्पर्धा होंगे।

किन्तु हितों में अनेक प्रकार के टकराव के कारण बिगड़ते आपसी संबंधों के बीच भी इस बिगड़ाव को युद्ध का रूप लेने से रोकने के लिए दोनों पक्ष शत्रु-मित्रता की चाल चलेंगे। आपसी संबंध बिगड़ने पर हमेशा कोई भी पक्ष इस तरकीब को अपनाने की पहल कर सकता है। संबंध बिगाड़ने के काम करने वाला पक्ष अपनी ओर से संबंध सुधारने के लिए शत्रु-मित्रता की चाल पहले चल सकता है अथवा जब दोनों पक्ष पीछे हटने को तैयार न हों तो कुछ समय बाद उनमें से कोई एक संबंध सुधारने के लिए यह चाल चल सकता है। चीन-अमेरिका संबंधों को प्रभावित करने के लिए शत्रु-मित्रता के चरित्र और चाल को बारी-बारी से अपनाया जा सकता है जिससे पता चलता है कि इन संबंधों में उतार-चढ़ाव आता रहेगा।

अगले दशक में, चीन और अमेरिका के संबंधों में अस्थिरता बढ़ती जाएगी क्योंकि एक तरफ दोनों देशों की शक्ति में अंतर कम होता रहेगा और दूसरी तरफ दोनों पक्ष शत्रु-मित्रता की चालें चलते रहेंगे जिससे संरचनात्मक टकराव और बढ़ जाएगा। कुछ लोगों का मानना है कि शीत युद्ध के 20 वर्ष बाद खाड़ी युद्ध, सोमालिया युद्ध, अफगान युद्ध और इराक युद्ध ने अमेरिका की सामरिक शक्ति को खपा लिया है, इसलिए चीन और अमेरिका के बीच टकराव तेज नहीं होगा। यह भी कहा जा सकता है कि अरब वसंत और *द इनोसेंस ऑफ मुसलिम्स* (पैगम्बर मुहम्मद साहब को अपमानित करने वाली घटिया फिल्म) से भड़की अमेरिका विरोधी लहर भी चीन-अमेरिका सामरिक संबंधों को भड़कने से रोक सकती है। हालांकि यह सिर्फ एक दूर की आशा है। 2010 में अमेरिका ने एशिया-प्रशांत पुनर्संतुलन की जो नीति अपनाई थी वह मध्य-पूर्व में सफलता या विफलता से नहीं, बल्कि उसकी सापेक्ष गिरावट से तय हुई थी। चीन और अमेरिका के बीच शक्ति का अंतर कम होने के साथ-साथ मध्य-पूर्व में अमेरिका को जितना अधिक नुकसान उठाना पड़ेगा उसकी नीति मध्य-पूर्व में उतनी अधिक केन्द्रित नहीं होगी। इसके विपरीत वह मध्य-पूर्व से तेजी से हटता जाएगा और अपनी सारी शक्ति एशिया-प्रशांत में झोंक देगा ताकि उसे चीन के प्रभाव से बचा सके। 2023 तक चीन-अमेरिका संबंधों में सहयोग से ज्यादा प्रतिद्वंद्विता होगी, जो और अधिक खुलकर जगजाहिर हो जाएगा। अगले दशक में दोनों देशों के बीच टकराव मुख्य रूप से पूर्व एशिया में होगा और उसके अन्य क्षेत्रों में फैलने की संभावना बहुत कम है, जबकि अमेरिकी-सोवियत शीत युद्ध विश्व के हर कोने में फैल गया था।

2023 तक चीन–अमेरिका संबंध

1990 के दशक के उत्तरार्द्ध में अमेरिकी कांग्रेस ने हर वर्ष इस बात पर चर्चा की कि चीन को "सबसे अधिक पंसदीदा देश" का दर्जा जारी रखा जाए या नहीं। उस समय अमेरिकी राष्ट्रपति रिचर्ड निक्सन ने चीन के साथ संबंधों के द्वार खोले थे और उनका तर्क था कि, "चीन में आर्थिक स्वतंत्रता से राजनीतिक स्वतंत्रता आएगी, इसलिए हमें चीन का सबसे पंसदीदा देश का दर्जा समाप्त नहीं करना चाहिए। चीन की आर्थिक शक्ति के सामने नैतिकता और मानव अधिकारों के अमेरिका के उपदेश बेतुके प्रतीत होते हैं। एक दशक के भीतर ये उन्हें अप्रासंगिक कर देगा और दो दशक के भीतर लोग इस पर हंसने लगेंगे।"[28] उस समय अंतर्राष्ट्रीय मीडिया ने निक्सन के इस बयान की कड़ी आलोचना की थी। तब से 20 वर्ष बीत चुके हैं चीन ने एक बार भी अमेरिका को "सबसे पसंदीदा देश" दर्जा देने या न देने पर चर्चा नहीं की, लेकिन वह अमेरिका को सबसे अधिक ऋण देने वाला देश बन गया। चीन के बाहर मीडिया में इस बात पर चर्चा हो रही है कि चीन-अमेरिका से बदला लेने के लिए उसे ऋण सहायता घटाने की तरकीब अपनाएगा या नहीं। अगले दस वर्ष में चीन-अमेरिकी संबंधों में शक्ति का अंतर कम होगा और दोनों की हैसियत लगभग बराबर होती जाएगी।

2023 तक चीन और अमेरिका एक-दूसरे के सबसे बड़े आर्थिक साझेदार होंगे, किन्तु परस्पर निर्भरता के मामले में अमेरिका का प्रभुत्व समाप्त हो जाएगा। बिल क्लिंटन के दूसरे कार्यकाल से लेकर अमेरिका के सभी राष्ट्रपतियों ने चीन के प्रति दोहरी नीति अपनाई अर्थात आर्थिक क्षेत्र में सहयोग लेकिन सुरक्षा के क्षेत्र में चीन को दूर रखना। जूनियर बुश और ओबामा दोनों ने चीन के प्रति नीति में इस सिद्धांत में कोई बदलाव नहीं किया। 2003 में अमेरिकी विदेशी मंत्री कोलिन पॉवेल ने कहा था कि चीन और अमेरिका महत्वपूर्ण आर्थिक साझीदार हैं; 2012 में हिलेरी क्लिंटन ने भी यही कहा। अगले दस वर्ष में न केवल ओबामा बल्कि उनके बाद आने वाले अमेरिकी राष्ट्रपति भी चीन के साथ आर्थिक सहयोग बढ़ाते रहने की नीति में कोई बदलाव नहीं करेंगे। चीन और अमेरिका विश्व के दो सबसे बड़े आर्थिक और वाणिज्यिक देश हैं तो वैश्वीकरणकी परिस्थितियों में बाजार तंत्र सहज ही उनके बीच आर्थिक सहयोग को बढ़ावा देगा। जब तक दोनों सरकारें आर्थिक संपर्क बंद नहीं करती, तब तक उनके आर्थिक संबंधों में दूरी की बजाय निकटता आती रहेगी। 2023 तक हर क्षेत्र में चीन-अमेरिकी आर्थिक संबंध वर्तमान स्थिति से अधिक बड़े होने चाहिए क्योंकि दोनों पक्ष एक-दूसरे के सबसे बड़े व्यापारिक साझेदार होंगे। 2023 तक चीन और अमेरिका के बीच परस्पर निर्भरता संतुलित हो जाएगी; यह भी हो सकता है कि अमेरिका पर चीन की निर्भरता की बजाय चीन पर अमेरिकी अर्थव्यवस्था की निर्भरता बढ़ जाए। आपसी आर्थिक एवं वाणिज्यिक संवाद में अमेरिका अपना वर्चस्व खो देगा। वह फिर कभी चीन से एकतरफा मांगें नहीं कर सकेगा, लेकिन

---

28 क्रिस्टोफर लेहमन-हॉप्ट, "निक्सन्स लास्ट वर्ड ऑन द वर्ल्ड", *न्यूयॉर्क टाइम्स*, 5 मई, 1994, https://archive. nytimes.com/www.nytimes.com/books/98/06/14/specials/nixon- peace.html.

दोनों एक-दूसरे से आदान-प्रदान करते रहेंगे।

2023 में चीन और अमेरिका विश्व में सबसे बड़े सैनिक प्रतिद्वंद्वी होंगे और उनके बीच आपसी सैन्य सहयोग की मुख्य भूमिका निवारक होगी। 1989 से अमेरिका ने चीन पर जो हथियार प्रतिबंध लगा रखा है उसे 24 साल बीत चुके हैं और इस बात की बहुत संभावना है कि यह 2023 तक भी जारी रहेगा। उस समय अमेरिका सैन्य मामलों में चीन के प्रति आशंकित दृष्टि की अपनी नीति को चीन-अमेरिका सामरिक प्रतिद्वंद्विता का मूल आधार मान लेगा जिसके कारण तनाव में शिथिलता की बजाय वृद्धि होगी। हथियारों के खरीददार देशों के लिए अमेरिका और चीन के बीच स्पर्धा होगी, लेकिन उसका लक्ष्य आर्थिक लाभ कमाना नहीं, बल्कि सामरिक साझीदार जुटाना होगा। इसके कारण वियतनाम के लिए अमेरिकी हथियारों की बिक्री की संभावना से इंकार नहीं किया जा सकता। अमेरिका अगले दस वर्ष में भी ताइवान को हथियार बेचता रहेगा, किन्तु जब चीन की नौसेना के पास तीन या चार विमानवाहक आ जाएंगे तो सैन्य टकराव का जोखिम कम करने की कोशिश में उसमें कुछ कमी आ सकती है। चीन और अमेरिका परस्पर संबंध बढ़ाने के लिए गैर-पारंपरिक सुरक्षा क्षेत्र में कुछ सैन्य सहयोग दिखाएंगे। किन्तु उस सहयोग का लक्ष्य सैन्य क्षमता बढ़ाना नहीं बल्कि एक-दूसरे के साथ राजनीतिक गलतफहमी कम करना होगा।

2023 में चीन और अमेरिका के बीच राजनीतिक विरोध मूल रूप से अंतर्राष्ट्रीय राजनीतिक मुद्दों में झलकेंगे, राजनीतिक प्रणालियों अथवा विचाराधाराओं में नहीं। दोनों पक्षों की शक्ति लगभग बराबर होते जाने पर 2023 तक विचारधाराओं और राजनीतिक संस्थाओं पर विवाद कम हो जाएंगे और यह भी हो सकता है कि दोनों पक्ष मानव अधिकारों को लेकर एक-दूसरे की आलोचना में शोध पत्र निकालना बंद कर दें। उनके राजनीतिक विवाद और विरोधाभास घरेलू मुद्दों की बजाय अंतर्राष्ट्रीय राजनीतिक मुद्दों पर अधिक केन्द्रित होंगे। 2023 तक कुछ क्षेत्रों में चीन की शक्ति अमेरिका से अधिक हो जाएगी, इसलिए नए अंतर्राष्ट्रीय नियम बनाने में दोनों के बीच अक्सर भिड़ंत होगी। एकमात्र महाशक्ति की हैसियत और विशेषकर अनेक क्षेत्रों में मुखिया की हैसियत खो देने के कारण अमेरिका उन अंतर्राष्ट्रीय नियमों को बदलने की मांग करेगा जो अभी शक्तिशाली पक्ष को फायदा पहुंचाते हैं। उदाहरण के लिए, अमेरिका मुक्त व्यापार के अंतर्राष्ट्रीय सिद्धांत की हिमायत करने की बजाय उसका विरोध करने लगेगा, जबकि चीन मुक्त व्यापार के सिद्धांत को जारी रखने पर अड़ेगा। चीन का अपना राजनीतिक मॉडल शेष विश्व पर लादने का कोई इरादा नहीं है, इसलिए चीन-अमेरिकी राजनीतिक विरोध पूर्व एशिया में केन्द्रित रहेंगे। दुनिया के हर कोने तक उनके फैलने की कोई आशंका नहीं है। 2023 में पूर्व एशिया में चीन-अमेरिकी राजनीतिक टकराव का संबंध क्षेत्रीय सहयोग से होगा। अमेरिका पूर्व एशिया में क्षेत्रीय सहयोग बढ़ाने के चीन के प्रयासों में रुकावट डालेगा और चीन नई क्षेत्रीय व्यवस्था स्थापित करने का प्रयास करेगा। इस बात की बहुत संभावना है कि ताइवान का मुद्दा चीन और अमेरिका के बीच राजनीतिक टकराव का एक प्रमुख कारण रहेगा।

2023 तक चीन और अमेरिका के बीच सामाजिक एवं सांस्कृतिक संबंधों के कारण अमेरिका पर चीन का प्रभाव जग जाहिर हो जाएगा। 1980 के दशक में चीन में सुधार और उदारीकरण की प्रक्रिया शुरू होने के बाद से हमेशा अमेरिका ने चीन की सामाजिक संस्कृति को प्रभावित किया है, जबकि अमेरिकी समाज और संस्कृति पर चीन का प्रभाव नगण्य रहा है। 2023 तक अमेरिकी संस्कृति पर चीन का प्रभाव उतना बड़ा तो नहीं होगा जितना यूरोप और लैटिन अमेरिका का है, किन्तु बढ़ता प्रभाव साफ दिखने लगेगा। 2023 तक विदेशी भाषा पढ़ने के इच्छुक अमेरिका के अधिकतर कॉलेज विद्यार्थी चीनी भाषा पाठ्यक्रम को चुनेंगे, आदान-प्रदान कार्यक्रम के तहत अमेरिका के विद्यार्थी किसी भी अन्य देश की तुलना में अधिक संख्या में चीन जाएंगे। अमेरिका में चीनी फिल्मों का आयात बढ़ेगा और अमेरिकी राजनीति में विदेशों में जन्मे चीनी मूल के लोगों की संख्या बढ़ेगी। अमेरिका की शिक्षा व्यवस्था पर चीन के इस विचार का प्रभाव दिखने लगेगा कि अच्छे विद्वान उत्कृष्ट लोक अधिकारी होते हैं। लोग उच्च स्तरीय मिडिल स्कूलों या हाईस्कूलों वाले रिहायशी इलाकों में जाकर रहने लगेंगे। मिडिल स्तर तक शिक्षा में प्राकृतिक विज्ञान पढ़ाने पर ज़ोर दिया जाएगा। हो सकता है कि 2023 तक अमेरिका के निवासी फिर पारिवारिक बचत पर ध्यान देने लगें। इन तमाम संभावनाओं का अर्थ यही है कि चीन के उदय की उपलब्धियां एक-दूसरे के बारे में अमेरिका और चीन का नजरिया एक साथ बदल देंगी। चीन में अमेरिका भक्त जनसंख्या आज की तुलना में कम हो जाएगी, जबकि अमेरिका में चीन को संस्कृति के प्रशंसकों की संख्या आज की तुलना में बड़ी हो जाएगी। सामाजिक-सांस्कृतिक प्रभाव का एक तरफ झुका हुआ पलड़ा संतुलित हो जाएगा। हालांकि तब भी चीन पर अमेरिका का प्रभाव अमेरिका पर चीन के प्रभाव से अधिक रहेगा, किन्तु अमेरिकी संस्कृति पर चीन का प्रभाव नगण्य रहने की बजाय बहुत जाहिर हो जाएगा।

2023 में चीन-अमेरिका संबंधों के बारे में इस अध्याय के अंत में दो निष्कर्ष निकलते हैं। पहला यह कि चीन-अमेरिकी समग्र शक्ति बराबर हो जाएगी, विश्व में दो महाशक्तियों की स्थापना होगी और अमेरिका चीन पर अपना परम वर्चस्व खो देगा। दूसरा निष्कर्ष यह है कि चीन और अमेरिका के बीच सामरिक प्रतिद्वंद्विता का स्वरूप अमेरिकी-सोवियत सामरिक प्रतिद्वंद्विता से बहुत भिन्न होगा। चीन और अमेरिका आर्थिक एवं सांस्कृतिक क्षेत्रों में सहयोग करते रहेंगे, जबकि राजनीतिक और सैन्य क्षेत्रों में टकराव होता रहेगा।

अध्याय दो

शक्ति केन्द्र में परिवर्तन : 2023 तक पूर्व एशिया का दर्जा

स्वर्ग के अंतर्गत सब कुछ आत्मावत है और उसे बलात प्राप्त नहीं किया जा सकता, विजेता ही इसका संहारक होगा; नियंता ही इसे खो देगा।

– अध्याय 29, *लाओजि*

विश्व के केन्द्र में बदलाव इस बात का संकेत है कि किसी एक देश का वर्चस्व सदैव नहीं रह सकता। जैसे-जैसे एक से दूसरा देश विश्व में अग्रणी शक्ति होता जाता है अग्रणी देशों की भौगोलिक स्थिति बदलती रहती है और इस प्रकार विश्व के शक्ति केन्द्रों की जगह बदलती रहती है। शक्ति की अंतर वृद्धि का नियम विश्व के केन्द्र में बदलाव का अमूर्त कारण है, किन्तु प्रत्येक ऐतिहासिक युग और देश के लिए उसके विशिष्ट कारण विभिन्न हैं। लोग हमेशा समय से पहले जानने को आतुर रहते हैं कि कौन सा देश अगला विश्व नेता होगा और विश्व का केन्द्र कहां जाएगा। दुनिया के बड़े देश अपनी रणनीतियां जिस ढंग से तैयार करते हैं उस दृष्टिकोण से देखें तो विश्व के केन्द्र में बदलाव को पहले से भांप लेने का वास्तव में बहुत महत्व है क्योंकि यह अपने हितों के संरक्षण के लिए तटस्थ यथार्थवादी नजरिए से रणनीति तैयार करने में मददगार साबित होता है। किन्तु इस प्रकार के पूर्वानुमान पर अपनी पसंद-नापसंद का प्रभाव बहुत आसानी से हो जाता है। हर व्यक्ति विश्व के केन्द्र में रहना चाहता, इसलिए हो सकता है कि वे लोग अपनी आशा के अनुरूप पूर्वानुमान करने लगें। उदाहरण के लिए 1980 के दशक के आरंभ में पूर्व एशिया के कुछ विद्वानों का मानना था कि 20वीं शताब्दी के अंत में विश्व का केन्द्र यूरोप से खिसककर एशिया

प्रशांत में आ जाएगा और उनकी इस मान्यता का मुख्य आधार जापान और एशिया के चार लघु ड्रैगन देशों में आर्थिक वृद्धि की अंधाधुंध रफ्तार था। इस समय यह मत रखने वाले कुछ विद्वान अब नहीं रहे जो अपने जीवन के शेष वर्षों में एशिया-प्रशांत को विश्व का केन्द्र होते नहीं देख पाए।

2010 के बाद जब चीन ने जापान को पछाड़कर विश्व की दूसरी सबसे बड़ी अर्थव्यस्था की मान्यता हासिल कर ली, तब विश्व के केन्द्र का स्थान बदलने का विषय राजनीतिक और अध्ययन से जुड़े क्षेत्रों में ही नहीं मीडिया में भी बहुत अधिक चर्चा में आ गया। किन्तु इस बारे में मतभेद बहुत गहरे हैं कि विश्व के केन्द्र में बदलाव होगा या नहीं और अगर होगा तो यह कहां जाएगा। अर्जेंटीना के कुछ विद्वानों का मानना है कि विश्व का केन्द्र पश्चिम से पूर्व और उत्तर से दक्षिण में जाएगा,[1] जबकि चीन के कुछ विद्वान मानते हैं कि विश्व की अर्थव्यवस्था का केन्द्र अब पूर्व में आता जा रहा है।[2] चीन के विदेश मंत्री यांग जी इचि ने 2010 में मैक्सिको में एक पत्रकार सम्मेलन में कहा था, "विश्व भर में अब यह धारणा वास्तव में पनप रही है कि विश्व का शक्ति केन्द्र पश्चिम से पूर्व की ओर सरकने लगा है। मै, इस धारणा से बिल्कुल सहमत नहीं हूं। मेरा मानना है कि विश्व में इस समय स्थिति यह है कि अंतर्राष्ट्रीय शक्ति धीरे-धीरे अपेक्षाकृत संतुलित होने की दिशा में बढ़ रही है।"[3] यह लेखक इस निष्कर्ष का समर्थन करता है कि विश्व के केन्द्र की स्थिति तो बदलेगी। इसी बात को ध्यान में रखते हुए इस अध्याय में यह अनुमान लगाया जाएगा कि कौन सी शक्ति विश्व के केन्द्र की स्थिति में बदलाव लाएगी और 2023 में विश्व में शक्ति का केन्द्र कहां होगा और क्या केन्द्र की स्थिति में यह परिवर्तन वर्तमान अंतर्राष्ट्रीय व्यवस्था का स्वरूप बदल देगा।

पूर्व एशिया : विश्व का नया केन्द्र

पूर्व एशिया 2023 तक विश्व का केन्द्र बन सकता है। इसके दो प्रमुख कारण हैं। एक तो यह कि उस समय की दोनों महाशक्तियां चीन और अमेरिका, विश्व का नेतृत्व करने के लिए पूर्व एशिया को आधार मानेंगी यानी इस क्षेत्र का सामरिक महत्व सबसे अधिक होगा। दूसरे, दोनों ही पक्षों के पास इस क्षेत्र में एक-दूसरे को संतुलित करने की शक्ति होगी यानी किसी का भी इस क्षेत्र पर पूर्ण वर्चस्व नहीं होगा। 2023 तक दोनों महाशक्तियों के बीच स्पर्धा के साथ पूर्व एशिया की स्थिति वैसी

---

1 झांग कानलि, संपादित, "एजेंटिंग बाओ चेंग शिजिए चुजई शिजि लुकोउ शिजिए छुआनलि झोंगशिन झुआनयि" (अर्जेंटीना के एक अखबार ने घोषणा की है कि विश्व एक दोराहे पर खड़ा है: विश्व का शक्ति केन्द्र जगह बदल रहा है), *शिनहुआ*, 22 जनवरी, 2011 http://news.eastday.com/w/20110122/u1a5685146.html.

2 शियोंग शिन, लि मुजि, "छुआनछियु जिंगजि जुइसी छुआनलि झोंगशिन झुआनयि बुके बिमियन" (विश्व की आर्थिक निर्णायक शक्ति की स्थिति में बदलाव होकर रहेगा), *सिक्युरिटीज डेली*, 18 सितम्बर, 2010, http://news.hexun.com/2010-09-08/124834325.html.

3 "झोंगगुओ वेईझांग बु रेनतोंग 'शिजिए छुआनलि झोंगशिन दोंगयि लुन'" (चीन के विदेश मंत्री इस धारणा से सहमत नहीं हैं कि विश्व का शक्ति केन्द्र पूर्व की तरफ सरक रहा है) चाइना न्यूज डॉट कॉम, 31 जुलाई, 2010, http://www.chinanews.com/gn/2010/07-31/2438006.shtml.

ही हो जाएगी जैसी शीत युद्ध के दौरान यूरोप की थी। हालांकि, इसका निश्चित प्रारूप कुछ भिन्न होगा। 2023 तक अमेरिका इस क्षेत्र में अपने आपसी छतरी जैसे गठबंधन कायम रखेगा, किन्तु चीन वारसा संधि जैसा कोई बहुपक्षीय गठबंधन नहीं जोड़ पाएगा। पूर्व एशियाई देशों के आपसी विरोधों को देखते हुए इस क्षेत्र में बहुपक्षीय गठबंधन जोड़ पाना अत्यंत कठिन है जिसके कारण चीन न तो अमेरिका की नकल कर पाएगा और न स्वयं को आपसी छतरी गठबंधन का केन्द्र बना पाएगा।

विश्व का केन्द्र बनने की शर्तें

अंतर्राष्ट्रीय राजनीति के भौगोलिक केन्द्र का निर्धारण उसकी भौगोलिक स्थिति से नहीं, बल्कि उस क्षेत्र के देशों की शक्ति से होता है। अंग्रेज विद्वान हाल्फर्ड मैकाइंडर का विश्व के केन्द्र के बारे में एक कथन इतना प्रसिद्ध है कि लोगों ने चाहे उनकी पुस्तकें पढ़ी हो या नहीं पढ़ी हो फिर भी सब विश्व के केन्द्र का निर्धारण उनके तर्क से ही करते हैं। मैकाइंडर ने प्रथम महायुद्ध के अनुभव को देखते हुए अपनी पुस्तक *डेमोक्रेटिक आइडियल्स एंड रिएलिटी* में लिखा था, "जो पूर्वी यूरोप पर शासन करेगा उसका ही भीतरी क्षेत्रों पर नियंत्रण होगा; जो भीतरी क्षेत्रों पर शासन करेगा विश्व-द्वीप पर उसका नियंत्रण होगा; विश्व-द्वीप का शासक ही विश्व का नियंता होगा।"[4] यह पंक्तियां प्रसिद्ध तो बहुत हुईं किन्तु इतिहास इस परिकल्पना का समर्थन नहीं करता।

दूसरे महायुद्ध के दौरान एक जमाने में पूर्वी यूरोप पर नात्ज़ी जर्मनी का नियंत्रण था किन्तु वह विश्व नियंता नहीं बन सका और जर्मनी के दो टुकड़े हो गए, पूर्वी एवं पश्चिमी जर्मनी। शीत युद्ध के दौरान सोवियत संघ का पूर्वी यूरोप पर नियंत्रण रहा फिर भी वह विश्व का नियंता नहीं हो सका और 15 देशों में विभाजित हो गया। शीत युद्ध के बाद यूरोपीय संघ ने पूर्व एशियाई देशों को एकजुट तो कर लिया किन्तु विश्व पर नियंत्रण नहीं कर सका और आखिरकार उसकी एकीकरण की प्रक्रिया जहां की तहां रुक गई। इसके साथ ही विश्व का केन्द्र यूरोप से खिसककर दूसरे क्षेत्रों की तरफ जाने लगा। शीत युद्ध की समाप्ति के बाद पूर्वी देशों की तरफ नाटो का विस्तार होने से पूर्वी यूरोप पर अमेरिका का प्रभाव कुछ हद तक बढ़ गया, किन्तु अमेरिका का विश्व की एकमात्र महाशक्ति बनने का कारण पूर्वी यूरोप का नाटो में शामिल होना नहीं, बल्कि सोवियत संघ का टूटना था। सोवियत संघ का विघटन होने के कारण शीत युद्ध के बाद विश्व में एकध्रुवीय व्यवस्था स्थापित हो पाई। यदि सोवियत संघ न बिखरता और उसका महाशक्ति का दर्जा कायम रहता तो पूर्वी यूरोप के देशों के नाटो में शामिल होने के बावजूद विश्व में अमेरिकी नेतृत्व में एकध्रुवीय व्यवस्था शायद स्थापित न हो पाती।

किसी भी क्षेत्र को विश्व का केन्द्र बनाने के लिए दो शर्तों का पालन ज़रूरी है। एक तो उस क्षेत्र में ऐसे देश शामिल होने चाहिए जिनका विश्व में सर्वाधिक प्रभाव हो, जिनके पास विश्व स्तरीय

---

4 हैल्फर्ड जॉन मैकाइंडर, *डेमोक्रेटिक आइडियल्स एंड रिएलिटी* (लंदनः नेशनल डिफेंस यूनिवर्सिटी, 1942), 106

भौतिक शक्ति, विशेषकर सैन्य शक्ति तथा राजनीतिक शक्ति (विशेषकर वैचारिक सामर्थ्य हो) और ऐसे देश अन्य देशों के लिए अनुकरणीय आदर्श बन जाएं। दूसरे, विश्व का केन्द्र ऐसे क्षेत्र में होना चाहिए जिनमें अंतर्राष्ट्रीय विरोधों की सघनता सबसे अधिक हो। ये विरोध मूल रूप से प्रमुख देशों की सामरिक स्पर्धा के रूप में प्रकट होते हैं जो उसी क्षेत्र अथवा अन्य क्षेत्रों में हो सकती है। ऐतिहासिक दृष्टि से देखें तो विश्व के केन्द्र के दो स्वरूप होते हैं। एक स्वरूप यह कि देशों की सामरिक स्पर्धा का मूल आधार उसी क्षेत्र में केन्द्रित हो और दूसरे यह आधार मूल देशों से बाहर की तरफ आस-पास के देशों तक फैलाया जाए। जब मूल देशों की सामरिक स्पर्धा उनके निवास के क्षेत्र पर केन्द्रित होती है तो विश्व के केन्द्र के रूप में उनका दर्जा अधिक स्पष्ट हो जाता है। इन दोनों शर्तों के अनुसार वैश्विक प्रभाव वाले देश का अस्तित्व यह तय करता है कि वह क्षेत्र विश्व का केन्द्र बन सकता है या नहीं।

18वीं शताब्दी की औद्योगिक क्रांति से लेकर दूसरे महायुद्ध तक यूरोप को विश्व का केन्द्र माना जाता रहा क्योंकि बहुत पहले से यूरोप परस्पर विरोधी पक्षों और उनकी सामरिक प्रतिद्वंद्विता का अखाड़ा बना रहा।[5] उपनिवेशवाद के निरंतर फैलाव से यूरोपीय शक्तियों की सामरिक प्रतिद्वंद्विता यूरोप के देशों से बाहर फैलने लगी, फिर भी यूरोप आदि से अंत तक उनकी प्रतिद्वंद्विता का मुख्य अखाड़ा बना रहा। ठीक इसी कारण से दूसरे महायुद्ध से पहले अंतर्राष्ट्रीय संबंधों के समूचे इतिहास में यूरोप विश्व का केन्द्र था।

दूसरे महायुद्ध के अंत से लेकर शीत युद्ध का अंत होने तक अमेरिका और सोवियत संघ विश्व में दो सबसे शक्तिशाली देश थे और दोनों ही अंतर्राष्ट्रीय मंच पर दो मुख्य सामरिक प्रतिद्वंद्वी थे। दो ध्रुवों में से एक ध्रुव सोवियत संघ यूरोप में था और साथ ही अमेरिकी-सोवियत प्रतिद्वंद्विता का केन्द्र भी यूरोप में ही था, इसलिए शीत युद्ध के दौरान यूरोप को ही विश्व का केन्द्र माना जाता रहा। 1946 में विंस्टन चर्चिल ने अपने फुलटन भाषण में कहा था, "बालटिक में स्टैटिन से लेकर एड्रियाटिक में ट्रिअस्टे तक समूचे महाद्वीप पर लोहे का पर्दा पड़ा हुआ था।"[6] विद्वानों की राय में यही भाषण शीत युद्ध के सूत्रपात का संकेत था। अमेरिका और सोवियत संघ ने सामरिक प्रतिद्वंद्विता का केन्द्र यूरोप में रखा था इसीलिए "लोहे का पर्दा" समूचे विश्व की बजाय समूचे यूरोप पर पड़ा रहा। इतना ही नहीं यूरोप के पश्चिम और पूर्व में स्थापित दो गुटों उत्तर अटलांटिक संघ संगठन-नाटो और वारसा संधि के सदस्य यूरोप में ही केन्द्रित थे। केवल अमेरिका और कनाडा इसके अपवाद थे। यह यूरोप में अमेरिकी सोवियत प्रतिद्वंद्विता का सीधा परिणाम था।

5 उदाहरण के लिए, लुई XIV के नेतृत्व में फ्रांस "प्राकृतिक सीमाओं" की तलाश; रूस, प्रुसिया और ऑस्ट्रेया द्वारा पोलैंड का विभाजन; नेपालियन साम्राज्य का यूरोपीय महाद्वीप में विस्तार; क्रिमियाई युद्ध की जड़ बालकान प्रायद्वीप पर नियंत्रण के लिए इंग्लैंड, फ्रांस और रूस आदि के बीच स्पर्धा; हिटलर के जर्मनी का यूरोप में विस्तार; आदि-आदि

6 फांग लियानछिंग, वांग बिंगयुआन और लियु जिनझी, संपादक, *गोओजि गुआनशि शिः झानहोउ जुआन* (हिस्ट्री ऑफ इंटरनेशनल रिलेशन्सः पोस्टवार वाल्यूम) (बीजिंगः पेकिंग यूनिवर्सिटी प्रेस, 2006), 47

वास्तव में प्रथम महायुद्ध के आरंभ से ही अमेरिका विश्व का एक प्रमुख सामरिक प्रतिद्वंद्वी बनकर उभर चुका था। दूसरे महायुद्ध के बाद वह विश्व का सबसे शक्तिशाली सामरिक प्रतिद्वंद्वी हो गया और शीत युद्ध के बाद तो वह एकमात्र सामरिक प्रतिद्वंद्वी बन बैठा। किन्तु अमेरिका भौगोलिक रूप से उत्तर अमेरिका में है और इस क्षेत्र पर उसका पूरा दबदबा है। प्रथम महायुद्ध से लेकर अब तक इस क्षेत्र में किसी प्रकार की सामरिक प्रतिद्वंद्विता नहीं हुई। विश्व का सबसे ताकतवर सामरिक प्रतिद्वंद्वी भौतिक रूप से उत्तर अमेरिका में अवस्थित होने के बावजूद उत्तर अमेरिका सामरिक प्रतिद्वंद्विता का अखाड़ा नहीं बना, इसलिए किसी ने उसे विश्व का केन्द्र नहीं माना।

"एशिया-प्रशांत" और "पूर्व"

अब तक किए गए विश्लेषण के आधार पर जब हम यह अनुमान लगाते हैं कि विश्व का केन्द्र सरक कर किस क्षेत्र में जाएगा तो सबसे पहले हमें यह देखना चाहिए कि किस क्षेत्र में ऐसे शक्तिशाली देश उभर रहे हैं जिनके पास वैश्विक स्पर्धा की सामर्थ्य है। एक बार जब यह पता लग जाएगा कि इस प्रकार के उभरते हुए देश किस क्षेत्र में हैं तो हम जान जाएंगे कि विश्व का केन्द्र किस क्षेत्र में जा सकता है। इसकी विपरीत स्थिति यह है कि जब लोगों को यह नहीं मालूम होगा कि अब किन देशों में वैश्विक स्पर्धा की सामर्थ्य आने वाली है तो वे किसी भी तरह से इस निष्कर्ष पर नहीं पहुंच सकेंगे। जिन विद्वानों का मानना है कि विश्व का केन्द्र एशिया-प्रशांत अथवा पूर्व के क्षेत्र में आएगा, उनमें से बहुत हद तक विद्वानों को सही-सही नहीं मालूम कि किस इलाके में आएगा।

"एशिया-प्रशांत" और "पूर्व" दोनों ही अवधारणाएं बहुत अस्पष्ट और धुंधली हैं क्योंकि इन दोनों ही क्षेत्रों की कोई स्पष्ट भौगोलिक सीमा रेखाएं नहीं हैं। जब हम "यूरोपीय महाद्वीप" का नाम लेते हैं तो एक महाद्वीप और उसमें बसे देशों की भौगोलिक स्थिति एकदम स्पष्ट रहती है। यह समूचा क्षेत्र 101.8 लाख वर्ग किलोमीटर में फैला है। इसका पश्चिमी छोर अटलांटिक और उत्तरी छोर आर्कटिक महासागर को छूता है, जबकि दक्षिणी छोर भूमध्य सागर में जिबराल्टर जलडमरूमध्य से लगा अफ्रीका के सामने है और पूर्वी छोर एशिया महाद्वीप से जुड़ा हुआ है। यूरोप में इस समय 45 देश और क्षेत्र हैं जिनकी 73.9 करोड़ की आबादी का विश्व की कुल आबादी में हिस्सा 10.5 प्रतिशत है।[7] किन्तु "एशिया-प्रशांत" (एशिया और प्रशांत महासागर क्षेत्र) की अवधारणा का भौगोलिक दायरा और उसमें शामिल देशों की संख्या निश्चित रूप से बता पाना असंभव है। बाइदु इंसाइक्लोपीडिया में इसका वर्णन "'एशिया-प्रशांत' से संबद्ध क्षेत्र के रूप में है जिसमें शामिल देशों और क्षेत्रीय सीमाओं को लेकर अलग-अलग मत हैं।"[8] "एशिया-प्रशांत" की अवधारणा में प्रशांत महासागर के अलावा चार महाद्वीप यानी एशिया, उत्तर अमेरिका, दक्षिण अमेरिका और ओशेनिया

---

7 "यूरोप", बाइदु बाइके (बाइदु इंसाइक्लोपीडिया)

8 "एशिया-प्रशांत", बाइदु बाइके (बाइदु इंसाइक्लोपीडिया) http://baike.baidu.com/view/3622.htm.

शामिल हैं जो पृथ्वी के दो-तिहाई हिस्से पर फैला है और 71 प्रतिशत आबादी को समेटे हुए हैं। जब कोई राजनीतिक भौगोलिक केन्द्र पूरे मानचित्र के दो-तिहाई अथवा उससे बड़े क्षेत्र तक फैला हो तो तथाकथित "केन्द्र" और "समूचे" जैसे शब्दों में कोई गुणात्मक अंतर नहीं रह जाता।

1980 के दशक में पूर्व एशियाई विद्वानों ने तर्क दिया कि जब विश्व का केन्द्र एशिया प्रशांत क्षेत्र की तरफ सरक रहा था तो पूर्व एशिया में कोई ऐसे देश अथवा अंतर्राष्ट्रीय संगठन नहीं थे जो बहुत कम समय में वैश्विक सामरिक प्रतिद्वंद्विता में हिस्सा लेने में समर्थ हो सकें। उस समय तक जापान विश्व की दूसरी सबसे बड़ी अर्थव्यवस्था बन चुका था फिर भी उसकी समग्र शक्ति उतनी अधिक नहीं थी और उसमें इतनी सामर्थ्य भी नहीं थी कि वह वैश्विक सामरिक स्पर्धा में हिस्सा ले सके अथवा विश्व की राजनीति पर बहुत अधिक प्रभाव डाल सके।[9] किंतु उस समय तक, यूरोप में स्थित सोवियत संघ का विश्व की महाशक्ति के रूप में दबदबा कायम था। पूर्व एशियाई विद्वान एक तरफ तो यह उम्मीद लगाए बैठे थे कि उनका अपना क्षेत्र विश्व का केन्द्र बन सकता है और दूसरी तरफ वे पूर्व एशिया में एक भी देश ऐसा नहीं खोज पा रहे थे जिसमें विश्व स्तरीय प्रभाव की संभावना हो। अतः उनके सामने अपने तर्क को बचाने के लिए "एशिया-प्रशांत" की अवधारणा प्रचारित करने के सिवाय कोई विकल्प नहीं था जिसका दायरा बहुत विस्तृत था। "एशिया-प्रशांत" की इस अवधारणा को प्रचारित करने का एक लाभ यह था कि इसमें अमेरिका को शामिल किया जा सकता था जिसकी विश्व स्तरीय शक्ति और प्रभाव संदेह से परे हैं। किन्तु ऐसा करने से यह बताना और भी कठिन होगा कि विश्व का केन्द्र किस दिशा में सरक रहा है। प्रथम महायुद्ध के बाद से अमेरिका विश्व का एक प्रधान सामरिक प्रतिद्वंद्वी रहा है और यदि अमेरिका को विश्व के केन्द्र में शामिल कर लिया जाए तो कहा जा सकता है कि प्रथम महायुद्ध के बाद से विश्व का केन्द्र यूरोप नहीं, बल्कि ट्रांस, अटलांटिक यूरोप और उत्तर अमेरिका है। "एशिया-प्रशांत" की तरह ही हम "यूरो-अटलांटिक" शब्दों का प्रयोग कर सकते हैं और कह सकते हैं कि विश्व का केन्द्र "यूरो-अटलांटिक" से "एशिया-प्रशांत" की तरफ सरक रहा है।

किन्तु, "यूरो-अटलांटिक" का सिक्का जमाना कठिन है क्योंकि अमेरिका की भौगोलिक स्थिति बदलने का तो प्रश्न नहीं है और वैश्विक सामरिक प्रतिद्वंद्वी की उसकी हैसियत भी नहीं बदलने वाली है। अमेरिका एक अकेली अंतर्राष्ट्रीय इकाई है, इसलिए विश्व का केन्द्र अमेरिका के पूर्वी तट

---

9 बैरी बुजान, *रेन, गुओजिया यु कोनजियु – होउ लेंगझान शिदाई द गुओजि एनछुआन यानजियु यिचेंग* (पीपुल, स्टेट्स, एंड फीयरः एन एजेंडा फॉर इंटरनेशनल सिक्योरिटी स्टडीज़ इन द पोस्ट-कोल्ड वार इरा), अनुवाद यान जियान और लि जियान (बीजिंगः सेंट्रल कंपाइलेशन एंड ट्रांसलेशन प्रेस, 2009), 160, http://baike.baidu.com/view/398058.htm.

से सरककर पश्चिमी तट पर जाने का प्रश्न ही नहीं है और इसी तथ्य को देखते हुए इसके यूरोप से अमेरिका जाने की संभावना और भी कम है। अतीत, वर्तमान और भविष्य में अमेरिका हर हालत में वैश्विक सामरिक प्रतिद्वंद्वी था, है और रहेगा और उसकी भौगोलिक स्थिति भी बदलने वाली नहीं है। अतः अमेरिका को विश्व के केन्द्र का हिस्सा मानने का नतीजा यह होगा कि हम यह नहीं तय कर पाएंगे कि विश्व का केन्द्र यूरोप से किस तरफ जाएगा।

"पूर्व" की अवधारणा भी भौगोलिक क्षेत्रफल और उसमें शामिल देशों की दृष्टि से धुंधली और अस्पष्ट है। शीत युद्ध के दौर में "पूर्व" का मतलब समाजवादी विचारधारा वाले देशों का समूह था और शीत युद्ध के बाद से इसका अर्थ प्राच्य संस्कृति वाले देशों से लगाया जाने लगा। किन्तु प्राच्य संस्कृति वाले देशों की सटीक परिभाषा कर पाना कठिन है। इसकी संपूर्ण परिभाषा में पूर्व एशिया के देश ही शामिल हो सकते हैं जिनमें कन्फ्यूशीवादी संस्कृति है और अगर उस परिभाषा का दायरा बढ़ाएं तो उसमें मध्य-पूर्व से लेकर पूर्व एशिया तक का समूचा क्षेत्र समा जाएगा जिसमें पश्चिम, मध्य, दक्षिण, दक्षिण-पूर्व और पूर्व एशिया के देश शामिल हैं। यह कल्पना कर पाना भी कठिन है कि इतनी अधिक राजनीतिक, आर्थिक और सांस्कृतिक भिन्नता वाले क्षेत्र मिलकर विश्व का केन्द्र हो सकते हैं।

"विश्व का केन्द्र पूर्व की तरफ सरक रहा है", इस तरह का बयान पहली बार 2009 में मॉस्को में ब्राजील, रूस, भारत और चीन के बीच पहले ब्रिक शिखर सम्मेलन से उभरकर सामने आया। शिखर सम्मेलन ने "येकातेरिनबर्ग, रूस में ब्रिक देशों का संयुक्त वक्तव्य" जारी किया और यह तय हुआ कि शिखर सम्मेलन हर वर्ष हुआ करेगा। सांस्कृतिक दृष्टि से चीन और भारत प्राच्य देश हैं जबकि ब्राजील और रूस नहीं हैं। चीन और भारत की कुल आबादी विश्व की एक-तिहाई हो जाती है। 2010 में चीन विश्व की दूसरी सबसे बड़ी अर्थव्यवस्था बन गया और भारत की आर्थिक वृद्धि दर वर्षों से ऊंची है। 2008 के आर्थिक संकट के बाद से अमेरिका और यूरोप की सापेक्ष गिरावट जगजाहिर है। इस स्थिति को देखते हुए ब्रिक सदस्यों के सामूहिक उदय का सपना देखने वाले कुछ लोगों ने यह तर्क दिया कि विश्व का केन्द्र पूर्व की ओर सरक रहा है। यहां "पूर्व" कोई भौगोलिक इकाई नहीं है, बल्कि राजनीतिक और सांस्कृतिक इकाइयों का मिश्रण है। राजनीतिक दृष्टि से देखा जाए तो ब्रिक सदस्यों में चीन अकेला पूर्वी देश है अन्य कोई नहीं। सांस्कृतिक दृष्टि से चीन और भारत दोनों प्राच्य देश हैं लेकिन बाकी दोनों बिल्कुल नहीं। इस संदर्भ में "विश्व का केन्द्र पूर्व की तरफ सरक रहा है" कहना इस तर्क से अधिक निराधार है कि "विश्व का केन्द्र एशिया-प्रशांत की ओर सरक रहा है।"

विश्व के केन्द्र की भौगोलिक स्थिति बदलने में अमेरिका की भूमिका

अमेरिका की भौगोलिक स्थिति अडिग है वह प्रशांत और अटलांटिक दोनों क्षेत्रों का देश है। इसलिए जब तक अमेरिका में विश्व स्तरीय सामरिक प्रतिद्वंद्वी होने की सामर्थ्य रहेगी, तब तक वह विश्व का केन्द्र बदलने वाली मुख्य शक्ति नहीं हो सकता। दूसरे महायुद्ध से लेकर आज तक अमेरिका हमेशा विश्व स्तरीय सामरिक प्रतिद्वंद्वी रहा है। 2023 तक भी अमेरिका की यह हैसियत कायम रहेगी, इसलिए यह नहीं माना जा सकता कि वह विश्व के केन्द्र में बदलाव में किसी तरह की भूमिका निभाएगा। अगर इस तर्क को आज की वास्तविक परिस्थितियों से मिलाकर देखा जाए तो हम कह सकते हैं कि अगले दशक में विश्व के केन्द्र की भौगोलिक स्थिति में बदलाव का निर्धारण मुख्य रूप से यूरोप और अमेरिका के बीच शक्ति संतुलन में बदलाव की बजाय यूरोप और पूर्व एशिया के बीच शक्ति संतुलन में बदलाव से होगा।

2008 के वित्तीय संकट के बाद से यूरोप के विकसित देशों और अमेरिका सबकी शक्ति में कुछ न कुछ कमी आई है। किन्तु इन दोनों की शक्ति में गिरावट का चरित्र एक जैसा नहीं है, इसलिए विश्व के केन्द्र की भौगोलिक स्थिति में बदलाव पर उनके प्रभाव का स्तर भी एक समान नहीं है। अगले एक दशक में अमेरिका की स्थिति में गिरावट के बावजूद महाशक्ति की उसकी हैसियत नहीं बदलेगी यानी गिरावट कुछ हद तक ही होगी। 2023 तक भी उसकी गिनती विश्व के उन देशों में होती रहेगी जिनमें सामरिक स्पर्धा की सामर्थ्य सबसे प्रबल है। अमेरिका की स्पर्धा क्षमता तब भी पूर्व एशिया के किसी भी एक देश से ज्यादा होगी भले ही समूचे क्षेत्र की तुलना में अधिक न हो। किन्तु 2023 तक यूरोप में सापेक्ष गिरावट आने से उसका प्रभाव पूर्व एशिया की तुलना में कम हो जाएगा और पूर्व एशिया विश्व के केन्द्र के अंग के रूप में यूरोप का स्थान ले लेगा। रूस समेत समूचे यूरोप की सापेक्ष गिरावट विश्व के केन्द्र में वर्तमान बदलाव लाने वाला एक प्रमुख कारक है। 2023 तक यूरोप की जगह पूर्व एशिया के विश्व के केन्द्र में आ जाने का मूल कारण यह है कि यूरोप में कोई महाशक्ति नहीं बचेगी जबकि पूर्व एशिया में स्थित चीन विश्व स्तरीय प्रभाव वाली महाशक्ति हो सकता है। संक्षेप में कहें तो विश्व के केन्द्र की भौगोलिक स्थति में आसन्न बदलाव यूरोप और पूर्व एशिया की शक्ति के स्तर में बदलाव से संचालित होगा, अमेरिका की सापेक्ष गिरावट से नहीं। यदि अमेरिका की शक्ति यूरोप और पूर्व एशिया की शक्ति से भी कम हो जाए और यूरोप अपनी वैश्विक सामरिक स्पर्धा क्षमता तब भी पूर्व एशिया से ऊपर रखता है, उस स्थिति में विश्व के केन्द्र की भौगोलिक स्थिति नहीं बदलेगी और यूरोप अपनी हैसियत ज्यों की त्यों रख सकेगा।

अमेरिका की शक्ति में सापेक्ष गिरावट का प्रभाव अगले दशक में विश्व के केन्द्र की भौगोलिक स्थिति बदलने की गति तक सीमित रहेगा, उसकी दिशा को प्रभावित नहीं करेगा। यहां एक बात पर विशेष ध्यान देना होगा कि अगले दस वर्ष में अमेरिका की सापेक्ष गिरावट और संपूर्ण गिरावट पूरी तरह भिन्न अवस्थाएं हैं। अगले एक दशक में अमेरिका की संपूर्ण समग्र शक्ति उसकी अपनी

तुलना में तो बढ़ती ही रहेगी किन्तु चीन की समग्र शक्ति की वृद्धि दर अमेरिका से ऊंची रहने के कारण दोनों देशों के बीच शक्ति का अंतर कम होता जाएगा। अमेरिका की शक्ति में गिरावट की दर चीन की तीव्र गति से वृद्धि के सापेक्ष है। इस गिरावट के बावजूद अमेरिका 2023 तक अपना महाशक्ति का दर्जा खोने वाला नहीं है। इसका सीधा सा अर्थ है कि अमेरिका की सापेक्ष गिरावट से विश्व के केन्द्र की भौगोलिक स्थिति में बदलाव की दिशा तय नहीं होगी। अमेरिका की सापेक्ष गिरावट से न तो इस बदलाव का आरंभ (यूरोप) और न अंत (पूर्व एशिया) बदल सकेगा। उसकी गिरावट का अर्थ यह है कि वह एकमात्र महाशक्ति होने की अपनी मौजूदा हैसियत को कायम नहीं रख पाएगा क्योंकि ऐसा होने पर दोनों देशों के बीच शक्ति का अंतर कम करने की चीन की गति बढ़ जाएगी यानी चीन अधिक फुर्ती से महाशक्ति होने की तरफ कदम बढ़ाएगा और विश्व में दो महाशक्तियों का उदय जल्दी होगा। विश्व एक की बजाय दो महाशक्तियों की व्यवस्था जितनी तेजी से अपनाएगा उतनी ही तेजी से विश्व का केन्द्र पूर्व एशिया की तरफ सरकेगा।

विश्व का केन्द्र यूरोप की बजाय पूर्व एशिया

विश्व का केन्द्र कहीं भी हो दुनिया पर उसके प्रभाव का आधार उस क्षेत्र की सैनिक शक्ति होती है। पूर्व एशिया की सैनिक शक्ति का यूरोप से अधिक मजबूत हो जाना इस बात का एक महत्वपूर्ण संकेत होगा कि उसने विश्व केन्द्र के रूप में यूरोप की जगह ले ली है। एसआईपीआरआई के आंकड़ों के अनुसार 2011 में पूर्व एशिया का राष्ट्रीय रक्षा व्यय 243 अरब डॉलर[10] का था जो यूरोप के 407 अरब डॉलर के रक्षा व्यय के 59.7 प्रतिशत के बराबर था। यूरोप के विकसित देशों के 2008 से वित्तीय संकट से उबर पाने में असफल रहने के कारण 2010 में यूरोप विश्व का एकमात्र क्षेत्र रहा जिसका रक्षा व्यय बढ़ने की बजाय घट गया। 2009 की तुलना में उसमें 2.8 प्रतिशत की गिरावट आई।[11] अगले दस वर्ष में आर्थिक वृद्धि के मामले में पूर्व एशिया की विश्व में प्रधानता होगी और उसके साथ ही साथ इस क्षेत्र में समुद्री टकराव तथा सामरिक प्रतिद्वंद्विता में भी बढ़ोतरी होगी। इन दोनों कारणों के मिलने से पूर्व एशिया का सैनिक व्यय बढ़ेगा। किन्तु अगले दस वर्ष में यूरोप के सैनिक व्यय में बदलाव के तीन चरण होंगे। पहला इसमें गिरावट आएगी, फिर कोई बदलाव नहीं होगा और अंत में बढ़ोतरी होगी। यदि अगले दस वर्ष में यूरोपीय क्षेत्र का वार्षिक सैन्य व्यय एक प्रतिशत बढ़ा लेकिन पूर्व एशिया में यह वृद्धि 7.8 प्रतिशत हुई तो 2023 तक पूर्व एशिया का सैन्य व्यय यूरोप से अधिक हो जाएगा।

---

10 स्टॉकहोम इंटरनेशनल पीस रिसर्च इंस्टीच्यूट, *एसआईपीआरआई इयरबुक 2012: आर्मामेंट्स, डिस्आर्मामेंट्स एंड इंटरनेशनल सिक्यूरिटी* (ऑक्सफोर्डः ऑक्सफोर्ड यूनिवर्सिटी प्रेस, 2012), 150

11 स्टॉकहोम इंटरनेशनल पीस रिसर्च इंस्टीच्यूट, *एसआईपीआरआई इयरबुक 2011: आर्मामेंट्स, डिस्आर्मामेंट्स एंड इंटरनेशनल सिक्यूरिटी* (ऑक्सफोर्डः ऑक्सफोर्ड यूनिवर्सिटी प्रेस, 2011), 157

पूर्व एशिया के विश्व का केन्द्र बनने या न बनने का एक महत्वपूर्ण संकेत यह भी हो सकता है कि उसकी आर्थिक शक्ति यूरोप से अधिक होगी या नहीं। 2011 में पश्चिमी यूरोप का सकल घरेलू उत्पाद 173 खरब डॉलर, पूर्वी यूरोप एवं नव स्वतंत्र देशों के राष्ट्रीय कुल का 39 खरब डॉलर और समूचे यूरोप का सकल घरेलू उत्पाद 212 खरब डॉलर था। इसी वर्ष पूर्व एशिया का सकल घरेलू उत्पाद यूरोप की तुलना में 62 खरब डॉलर कम यानी 150 खरब डॉलर था। अगले दशक में यूरोप की आर्थिक वृद्धि मुख्य रूप से जर्मनी और पूर्व एशिया की आर्थिक वृद्धि मुख्य रूप से चीन पर निर्भर होगी। इस समय चीन का सकल घरेलू उत्पाद 83.7 खरब डॉलर और जर्मनी का 36 खराब डॉलर है। मतलब चीन का सकल घरेलू उत्पाद जर्मनी से दो गुना है। अगले 10 वर्ष में यदि चीन की औसत वार्षिक वृद्धि दर 8 प्रतिशत रही और जर्मनी की दर 2.5 प्रतिशत तो वर्तमान दर के अनुसार चीन का सकल घरेलू उत्पाद करीब 180 खरब डॉलर और जर्मनी का 46 खरब डॉलर होगा। इन दोनों देशों के सकल घरेलू उत्पाद में 86 खरब डॉलर का अंतर होने का अर्थ यह है कि यदि चीन को छोड़कर बाकी पूर्व एशियाई देश और जर्मनी को छोड़कर बाकी यूरोपीय देश चीन और जर्मनी के साथ अपने सकल घरेलू उत्पाद में अंतर की वर्तमान दर जारी रखते हैं तो पूर्व एशिया के सकल घरेलू उत्पाद का आकार समूचे यूरोप की तुलना में 24 खरब डॉलर अधिक होगा। यदि आरएमबी के महंगा होने को भी एक कारण मान लिया जाए तो यह अंतर और बढ़ जाएगा। इस समय पूर्व एशिया के अनेक देशों में आर्थिक वृद्धि की गुंजाइश यूरोप के देशों से अधिक है और अगर यह सिलसिला दस वर्ष तक जारी रहा तो 2023 में पूर्व एशिया का सकल घरेलू उत्पाद समूचे यूरोप से आसानी से आगे निकल जाएगा।

2023 तक अंतर्राष्ट्रीय समुदाय विश्व प्रशासन के सभी पहलुओं में कितनी प्रगति कर पाता है यह बहुत हद तक इस बात पर निर्भर होगा कि चीन और अमेरिका के बीच सहयोग हो सकता है या नहीं। यूरोप के प्रभाव में गिरावट दिखेगी। 2023 तक चीन और अमेरिका ही ऐसे दो देश होंगे जिनमें सबसे अधिक कार्बन डाइऑक्साइड उत्सर्जन होगा, सबसे अधिक युद्धपोत होंगे, सबसे अधिक इंटरनेट उपभोक्ता होंगे, सबसे अधिक मोटरवाहन होंगे, विदेश यात्रा करने वाले सबसे अधिक सैलानी होंगे और नकद परिसंपत्तियां सबसे अधिक होंगी। चीन और अमेरिका के बीच सहयोग विश्व में जलवायु परिवर्तन, नेटवर्क निरापदता, विदेशों की सुरक्षा और वैश्विक वित्तीय संकटों की रोकथाम पर नियंत्रण जैसे क्षेत्रों में होगा। यूरोप वैश्विक प्रशासन के पहलुओं पर पहले की तरह प्रभाव डालता रह सकता है, किन्तु उसका स्तर चीन और अमेरिका के बराबर नहीं होगा। अगले दस वर्ष में न केवल यूरोपीय संघ की एकता को जारी रख पाना कठिन होगा, बल्कि यूरोप के भीतरी मतभेद बढ़ेंगे जिसके कारण वैश्विक प्रशासन में एकजुट संस्था के रूप में भागीदारी करने की उसकी सामर्थ्य और कम हो जाएगी। अधिक से अधिक यूरोपीय देश वैश्विक प्रशासन में भागीदारी करने या न करने का निर्णय लेते समय अपने हितों को प्रधानता देंगे, इसलिए चीन और अमेरिका के बीच भिन्नता पर उनका प्रभाव महत्वहीन हो जाएगा। वैश्विक प्रशासन के प्रत्येक पहलू पर चीन और अमेरिका के

प्रभाव की तुलना समूचे यूरोप से की जा सकेगी। चीन और अमेरिका वैश्विक प्रशासन की विशिष्ट गतिविधियों में हिस्सा लेंगे या नहीं इससे उनके बीच सहयोग की संभावना का निर्धारण होगा। इस बात का कोई निर्णायक प्रभाव नहीं होगा कि यूरोप का प्रत्येक देश इसमें भागीदारी करेगा या नहीं। वैश्विक प्रशासन के मुद्दों पर चीन और जापान का दृष्टिकोण भले ही भिन्न हो, किन्तु दोनों पक्षों का प्रभाव साफ देखा जा सकता है। वैश्विक प्रशासन के पहलुओं पर यूरोपीय देशों के रुख में भिन्नता है, इसलिए चीन और जापान का कुल प्रभाव यूरोप को पीछे छोड़ देगा।

2023 तक मध्य-पूर्व और उत्तरी अफ्रीका के बाहर ओशेनिया, उप सहारीय अफ्रीका और लैटिन अमेरिका पर यूरोप का राजनीतिक प्रभाव पूर्व एशिया की तुलना में कम होगा। इस समय ओशेनिया पर चीन, जापान, दक्षिण कोरिया और आसियान के प्रभाव के स्तर यूरोप से कहीं ऊंचे हो चुके हैं। ओशेनिया के 89.7 करोड़ वर्ग किलोमीटर क्षेत्र में 2.9 करोड़ की आबादी रहती है जिसमें ऑस्ट्रेलिया 76.9 करोड़ वर्ग किलोमीटर में 227.9 करोड़ की आबादी के साथ ओशेनिया का 85.7 प्रतिशत क्षेत्रफल और जनसंख्या का 78.6 प्रतिशत हिस्से घेरे हुए हैं। ऑस्ट्रेलिया में वर्षों तक बहस चलती रहती है, किन्तु 21वीं शताब्दी के प्रारंभ में समाज में यह बुनियादी समझ आ गई थी कि ऑस्ट्रेलिया भले ही विश्व भूगोल में एक स्वतंत्र महाद्वीप है, किन्तु राजनीतिक और आर्थिक दृष्टि से वह एशिया का ही हिस्सा है। इससे पता चलता है कि ऑस्ट्रेलिया पर पूर्व एशिया का प्रभाव यूरोप से कहीं अधिक हो चुका है। इस समय ओशेनिया पर पूर्व एशिया और अमेरिका का प्रभाव लगभग बराबर है। अमेरिका का प्रभाव मूल रूप से सैनिक गतिविधियों के कारण है। अमेरिकी नौसेना और अमेरिका-ऑस्ट्रेलियाई सैन्य गठबंधन के कारण यह प्रभाव जारी है। किन्तु राजनीतिक एवं आर्थिक दृष्टि से देखें तो चीन, जापान, दक्षिण कोरिया और आसियान का सामूहिक प्रभाव अमेरिकी प्रभाव को पीछे छोड़ चुका है। चीन और अमेरिका की समग्र शक्ति के बीच घटते अंतर को देखते हुए कहा जा सकता है कि 2023 तक ओशेनिया पर पूर्व एशिया का समग्र प्रभाव अमेरिका से अधिक हो जाएगा। ऐसा होने पर संभव है कि ऑस्ट्रेलिया स्वयं को पूर्व एशियाई देश घोषित कर दे और वह एशियाई देश की व्यापक परिभाषा से बाहर निकल आए।

2023 तक लैटिन अमेरिका में बाहरी शक्तियों के बीच सामरिक प्रतिद्वंद्विता चीन और अमेरिका के बीच सिमट जाएगी। इस समय लैटिन अमेरिका पर यूरोप के राजनीतिक प्रभाव का आधार स्पेनी और पुर्तगाली संस्कृति है। सांस्कृतिक प्रभाव विशेष रूप से लंबे समय तक चलता है, किन्तु यूरोप का राजनीतिक, आर्थिक और सुरक्षा संबंधी प्रभाव बहुत पहले अमेरिका से पिछड़ गया था और शीत युद्ध के दौरान तो सोवियत संघ के प्रभाव के बराबर भी नहीं रहा था। 2023 तक लैटिन अमेरिका पर सर्वाधिक प्रभाव डालने वाले बाहरी देश चीन और अमेरिका होंगे। 2010 में चीन ने लैटिन अमेरिका को 37 अरब डॉलर दिए जो उसी वर्ष विश्व बैंक और अमेरिकी विकास बैंक से उस क्षेत्र को मिली कुल राशि से अधिक है। चीन ने मूल रूप से वेनेजुएला, इक्वाडोर और अर्जेंटीना जैसे

देशों को ऋण दिए जिनके अमेरिका के साथ सामरिक संबंध खराब थे।[12] जापान ही ऐसा बाहरी देश है जिसका इस क्षेत्र पर सामरिक प्रभाव चीन और अमेरिका के बाद दूसरे स्थान पर है। 2023 तक समूचे लैटिन अमेरिका पर चीन और अमेरिका में से प्रत्येक का राजनीतिक एवं आर्थिक प्रभाव किसी भी यूरोपीय देश के प्रभाव की तुलना में अधिक हो जाएगा। लैटिन अमेरिका पर चीन और जापान का कुल प्रभाव भले ही अमेरिका से अधिक न हो पाए, किन्तु समूचे यूरोप से अधिक हो सकता है।

2023 तक उप-सहारीय अफ्रीका पर चीन का प्रभाव यूरोप के बराबर हो सकता है। इस समय अफ्रीका पर यूरोप का राजनीतिक प्रभाव मुख्य रूप से इंग्लैंड और फ्रांस के पारंपरिक प्रभाव एवं यूरोप की भौगोलिक निकटता पर निर्भर है। उत्तर अफ्रीकी देश इस्लाम को मानते हैं इसलिए मध्य-पूर्व के देशों के साथ उनमें बहुत समानता है। पूर्व एशियाई देशों में इस्लाम का भय हमेशा से है, इसलिए पूर्व एशियाई देश उत्तर अफ्रीकी देशों के साथ आर्थिक विकास के सहयोग को छोड़कर वहां की राजनीतिक, प्रतिरक्षा संबंधी अथवा सांस्कृतिक गतिविधियों में स्वतंत्र रूप से हिस्सा नहीं लेंगे। इस कारण 2023 तक उत्तर अफ्रीका में यूरोप का राजनीतिक प्रभाव पूर्व एशिया की तुलना में अधिक होगा। किन्तु भविष्य में उप-सहारीय अफ्रीका की क्षेत्रीय स्थिति कुछ भिन्न होगी। अगले दस वर्ष में चीन और जापान उप-सहारीय अफ्रीका में निवेश बढ़ाएंगे। चीन उसके लिए आर्थिक सहायता भी बढ़ाता रहेगा। हो सकता है कि 2023 तक चीन उप-सहारीय अफ्रीका का सबसे बड़ा व्यापारिक साझेदार और सबसे अधिक वित्तीय सहायता देने वाला देश हो जाए। 2012 में चीन-अफ्रीका शिखर सहयोग में चीन ने अफ्रीका को 20 अरब डॉलर की ऋण सुविधा देने, 180,000 विद्यार्थियों के लिए छात्रवृत्ति, 30,000 विशेषज्ञों के लिए निशुल्क प्रशिक्षण और अफ्रीका में मोतियाबिन्द का ऑपरेशन करने के लिए 1,500 चिकित्साकर्मी मुफ्त भेजने की पेशकश की थी। यह सभी प्रयास मूल रूप से उप-सहारीय अफ्रीका पर केन्द्रित हैं। यदि अगले दस वर्ष में अफ्रीका में जापान का प्रभाव वर्तमान स्तर पर ही रहा तो भी उप-सहारीय अफ्रीका में चीन का राजनीतिक प्रभाव उस स्तर तक पहुंच जाएगा जितना शीत युद्ध के दौरान सोवियत संघ का था। इसका सीधा सा अर्थ है कि इस क्षेत्र में पूर्व एशिया का राजनीतिक प्रभाव यूरोप को पीछे छोड़ देगा।

सत्ता संरचना में चीन की भूमिका

चीन के अनेक नीति-निर्माता और विद्वान मानते हैं कि प्रति व्यक्ति सकल घरेलू उत्पाद की दृष्टि से चीन का स्थान शीर्ष 100 से नीचे होने के कारण उसके महाशक्ति बनने की कोई आशा नहीं है। चीन की शक्ति के बारे में देश के भीतर बहुत से लोगों की समझ और अंतर्राष्ट्रीय लोगों की समझ में बड़ा भारी अंतर है। सितम्बर, 2012 में सिंगापुर के प्रधानमंत्री ली शिएन-लूंग ने एक मीडिया इंटरव्यू में चीन के बारे में कहा था कि, "कभी-कभी चीन को यह अहसास ही नहीं होता

---

12 जॉन पॉल राथबोन, "ग्लोबलाइजेशन चेंज्ड द मूवमेंट ऑफ कैपिटल फंड्स", फाइनेंशियल टाइम्स, 30 सितम्बर, 20212, http://www.ft.com/intl/cms/s/0/557bbdbc- 00b2-11e2-9dfc-00144feabdc0.html.

कि दूसरे देशों की नजर में वह कितना शक्तिशाली है। इसलिए इस अंतर को स्वीकार करने का अर्थ कभी-कभी यह होता है कि चीन और दूसरे देश इसे अलग-अलग नजरिए से देखते हैं। इस प्रवृत्ति को समाप्त होना चाहिए।"[13] चीन में आर्थिक कारकों का महत्व इतना अधिक बढ़ गया है कि उसने एक प्रकार की धारणा का रूप ले लिया है जिसके कारण चीन में बहुत से लोग प्रति व्यक्ति सकल घरेलू उत्पाद को देश के महाशक्ति हो जाने या न होने का पैमाना मान बैठे हैं। दुनिया जब "जी2" (चीन और अमेरिका) की बात करने लगी तो चीन के कुछ राजनीतिक चिंतक और विद्वान एक के बाद एक प्रति व्यक्ति सकल घरेलू उत्पाद की दृष्टि से चीन का स्थान शीर्ष 100 में न होने के आधार पर इस नजरिए को ठुकराने लगे। जी2 की इस परिकल्पना में कमी का कारण चीन के प्रति व्यक्ति घरेलू उत्पाद और अमेरिका के प्रति व्यक्ति घरेलू उत्पाद के बीच बड़ा भारी अंतर होना नहीं बल्कि यह है कि चीन और अमेरिका के संबंधों में सहयोग का अभाव है। उदाहरण के लिए शीत युद्ध के दौर में अमेरिकी-सोवियत समग्र शक्ति बराबरी पर थी और सोवियत संघ का प्रति व्यक्ति सकल घरेलू उत्पाद भी कम था, किन्तु दोनों देश प्रतिद्वंद्वी थे, इसलिए उनके संबंध की व्याख्या के लिए जी2 की परिकल्पना उपयुक्त नहीं है।

किसी भी देश की शक्ति मापने के लिए प्रति व्यक्ति सकल घरेलू उत्पाद का पैमाना अवैज्ञानिक है। प्रति व्यक्ति सकल घरेलू उत्पाद और देश की शक्ति अथवा अंतर्राष्ट्रीय मंच पर उसके प्रभाव के बीच कोई संबंध नहीं है। अंतर्राष्ट्रीय मुद्राकोष ने 2009 के प्रति व्यक्ति सकल घरेलू उत्पाद के जो आंकड़े जारी किए हैं उनसे पता चलता है कि इस पैमाने पर विश्व की आठ शेष अर्थव्यवस्थाओं में लग्जमबर्ग, नार्वे, कतर, स्विटजरलैंड, डेनमार्क, आयरलैंड, हॉलैंड और संयुक्त अरब अमीरात शामिल हैं। किन्तु, अंतर्राष्ट्रीय हैसियत की दृष्टि से इन देशों की, नौवें देश अमेरिका से ही नहीं बल्कि 137वें देश भारत से भी कोई तुलना नहीं है। इन आठ देशों का प्रति व्यक्ति सकल घरेलू उत्पाद 10,000 अमेरिकी डॉलर से 27,000 अमेरिकी डॉलर के बीच है, किन्तु अंतर्राष्ट्रीय मंचों पर उनका प्रभाव संयुक्त राष्ट्र सुरक्षा परिषद के पांच स्थायी सदस्यों में से किसी एक के भी प्रभाव के सामने कहीं नहीं टिकता जिनका प्रति व्यक्ति सकल घरेलू उत्पाद इन देशों की तुलना में बहुत कम है। इन देशों का प्रभाव इस्राइल (प्रति व्यक्ति सकल घरेलू उत्पाद 27,000 डॉलर), ईरान (प्रति व्यक्ति सकल घरेलू उत्पाद 4,460 डॉलर) और भारत (प्रति व्यक्ति सकल घरेलू उत्पाद 1031 डॉलर) से भी कमज़ोर है। इसी तरह 3,678 अमेरिकी डॉलर के प्रति व्यक्ति घरेलू उत्पाद के साथ चीन का अंतर्राष्ट्रीय मंचों पर प्रभाव 40,000 डॉलर प्रति व्यक्ति सकल घरेलू उत्पाद वाले जापान से कहीं अधिक है। प्रति व्यक्ति सकल घरेलू उत्पाद पर अंधविश्वास के अनेक कारण हैं जिनमें कुछ छद्म कारक भी शामिल हैं। "प्रति व्यक्ति सकल घरेलू उत्पाद" एक ऐसी परिकल्पना है जो महज

13 "लि शियानलोंगः झोंग्गुओ बु झिदाओ बेइगुओ यानझोंग जिजि दुओ छियांगदा" (शिएन-लूंग लीः चीन नहीं जानता कि दूसरों की नजरों में वह कितना शक्तिशाली है), *गुआनचाइझे* (ऑब्जर्वर), 3 सितम्बर, 2012, http://www.guancha.cn/Neighbors/2012_09_03_94989.shtml.

काल्पनिक है। वृद्धि की दृष्टि से यह वास्तविक नहीं है।

विश्व में किसी भी देश का प्रभाव उसकी समग्र शक्ति पर निर्भर है। यदि केवल आर्थिक दृष्टि से देखें तो यह उसके प्रति व्यक्ति सकल घरेलू उत्पाद की बजाय समग्र सकल घरेलू उत्पाद के आकार पर निर्भर है। सकल घरेलू उत्पाद किसी देश की संपन्नता के विस्तार का संकेत है। सकल घरेलू उत्पाद मापने की विधि देश की संपन्नता को सटीक ढंग से व्यक्त कर पाए या नहीं फिर भी देश की कुल संपन्नता का एक भौतिक अस्तित्व है। यदि पूर्व एशिया विश्व का केन्द्र बनना चाहता है तो उसे मिलकर यूरोप के शक्ति प्रभाव को मात देनी होगी। किन्तु शक्ति के असमान विकास का नियम कहता है कि पूर्व एशिया के सभी देश एक साथ प्रगति नहीं कर सकते। कुछ देशों का विकास धीमा होगा, कुछ में ठहराव भी होगा। अगले दस वर्ष में चीन पूर्व एशिया का अकेला देश होगा जो उस क्षेत्र को विश्व का केन्द्र बनाने की शक्ति बढ़ाने पर गहरा प्रभाव डालेगा। अन्य देशों को इस तरह का प्रभाव डालने में कठिनाई होगी। अगले दस वर्ष में जापान को बड़े पैमाने पर सुधार प्रक्रिया अपनाने में कठिनाई होगी, इसलिए जापान की कुल शक्ति में गिरावट का रुख रहेगा। दक्षिण कोरिया पूर्व एशिया की तीसरी सबसे बड़ी अर्थव्यवस्था है, किन्तु उसका सकल घरेलू उत्पाद जापान के 20वें हिस्से के बराबर भी नहीं है। इस कारण दक्षिण कोरिया और पूर्व एशिया के अन्य देशों की शक्ति बहुत छोटी रहेगी भले ही उनमें वृद्धि की दरें तुलनात्मक दृष्टि से बहुत ऊंची हों। इसलिए वे क्षेत्र की शक्ति बढ़ाने में बहुत मामूली असर ही डाल पाएंगे। उनकी तुलना में चीन की अर्थव्यवस्था का दायरा यूरोपीय संघ के 46 प्रतिशत के बराबर हो चुका है। अगले दस वर्ष में यूरोप की औसत वार्षिक आर्थिक वृद्धि दर शायद ही 2 प्रतिशत से अधिक होगी जबकि चीन की आर्थिक वृद्धि दर 7.5 प्रतिशत से ऊपर ही रहने की आशा है। इसका तात्पर्य यह हुआ कि 2023 तक चीन की अर्थव्यवस्था अकेले ही यूरोपीय संघ के सभी 27 सदस्य देशों के 80 प्रतिशत के बराबर हो सकती है। इसमें सबसे ऊपर जापान और उसके बाद दक्षिण कोरिया तथा अन्य पूर्व एशियाई देशों को जोड़ लिया जाए तो कुल मिलाकर पूर्व एशिया की आर्थिक शक्ति यूरोपीय संघ से बड़ी हो जाएगी।

चीन का उदय उसकी राष्ट्रीय समग्र शक्ति के विस्तार पर निर्भर है जिसे देखते हुए पूर्व एशिया के लिए विश्व का केन्द्र बनना संभव लगता है। 1980 के दशक में जापान और पूर्व एशिया के "चार लघु ड्रैगन" देशों में तीव्र गति से वृद्धि के बावजूद पूर्व एशिया की अंतर्राष्ट्रीय हैसियत यूरोप से अधिक नहीं हो पाई क्योंकि जापान समग्र शक्तिशाली देश नहीं था और वैश्विक सामरिक प्रतिद्वंद्वी नहीं बन सकता था, इसलिए पूर्व एशिया की शक्ति में सुधार नहीं कर सका। जापान 20 वर्ष तक विश्व की दूसरी सबसे बड़ी अर्थव्यवस्था रहा, किन्तु उसकी समग्र शक्ति कभी महाशक्ति के स्तर तक नहीं पहुंच सकी, जबकि सोवियत संघ आर्थिक शक्ति में जापान से मात खाने के बावजूद महाशक्ति के रूप में प्रभावशाली रहा। पूर्व एशिया के लिए विश्व का केन्द्र बनने की आशा का आधार यही है कि इस क्षेत्र से समग्र रूप से शक्तिशाली महाशक्ति का उदय होगा। 21वीं शताब्दी में

चीन का उदय पूर्व एशिया क्षेत्र में एक ऐसी महाशक्ति को खड़ा करेगा जिसके पास इस प्रकार की स्पर्धात्मक शक्ति है और जो 1970 और 1980 के दशक में जापान के आर्थिक उदय से भिन्न होगा। चीन के उदय की विशेषता यह होगी कि वह राजनीतिक, आर्थिक, सैन्य और सांस्कृतिक शक्ति में अमेरिका के साथ अंतर कम कर लेगा। चीन और अमेरिका के बीच संरचनात्मक विरोधाभासों से न सिर्फ आर्थिक क्षेत्र में स्पर्धा बल्कि चहुंमुखी सामरिक स्पर्धा की झलक मिलती है। इस कारण अमेरिका 21वीं शताब्दी में चीन को अपना प्रमुख सामरिक प्रतिद्वंद्वी बनने से नहीं रोक सकता। उसका सारा ज़ोर चीन का मुकाबला करने पर रहेगा जिससे विश्व का केन्द्र यूरोप से पूर्व एशिया की तरफ सरकने की गति तेज होकर रहेगी। 2023 तक, जब चीन ऐसी महाशक्ति बन जाएगा कि दुनिया पर उसका सामरिक प्रभाव अमेरिका के बाद दूसरे स्थान पर रहे तो पूर्व एशिया वैश्विक सामरिक प्रतिद्वंद्विता की सामर्थ्य हासिल कर लेगा। इसलिए भी कहा जा सकता है कि चीन का उदय होने के साथ ही विश्व का केन्द्र यूरोप से हटकर पूर्व एशिया में आ जाएगा।

चीन के उदय से पूर्व एशिया को न सिर्फ वैश्विक प्रतिद्वंद्विता की महाशक्ति मिलेगी, बल्कि पूर्व एशिया विश्व का प्रमुख सामरिक अखाड़ा भी बन जाएगा। अब तक यह चर्चा हो चुकी है कि किसी भी क्षेत्र के लिए विश्व का केन्द्र बनने की एक और महत्वपूर्ण शर्त ऐसा प्रधान क्षेत्र होने की है जिस पर विश्व की शक्तियां सामरिक रूप से दावा करें। एशिया-प्रशांत की ओर पुनर्संतुलन साधने की अमेरिकी रणनीति को देखते हुए पूर्व एशिया ऐसा क्षेत्र बनता जा रहा है, जहां अंतर्राष्ट्रीय राजनीति में टकराव होगा और वह महाशक्तियों के बीच प्रतिद्वंद्विता का केन्द्र बनेगा। पूर्व एशिया पर सामरिक दृष्टि से ध्यान केन्द्रित करने का अमेरिका का उद्देश्य विश्व के केन्द्र पर अपने प्रभाव और वर्चस्व की रक्षा करना है। अपनी शक्ति में सापेक्ष गिरावट को देखते हुए उभरती शक्ति की चुनौती का सामना करने के लिए अमेरिका निश्चय ही विश्व के केन्द्र पर सामरिक दृष्टि से ध्यान देगा। मध्य-पूर्व की बजाय पूर्व एशिया पर ध्यान देने की अमेरिकी नीति से पुष्टि होती है कि विश्व का नया केन्द्र यूरोप के बजाय पूर्व एशिया होगा।

पूर्व एशिया के विश्व का केन्द्र बन जाने पर अमेरिका की वैश्विक रणनीति निश्चय ही यह होगी कि वह इसे स्पर्धा का प्रमुख केन्द्र बनाने पर सबसे अधिक ध्यान दे। महासागर को दरकिनार कर दें तो इंग्लैंड और जापान, अमेरिका के पड़ोसी हो जाएंगे, जबकि यूरोप और पूर्व एशिया उसके दरवाजे पर होंगे। इन सब बातों के कारण ही अमेरिका खुद को पूर्व एशियाई देश बताने लगा है। भू-राजनीतिक दृष्टि से चीन और अमेरिका दोनों पूर्व एशिया में वैश्विक प्रतिद्वंद्वी हैं और यह क्षेत्र उनकी प्रतिद्वंद्विता का अखाड़ा बनेगा। अन्य क्षेत्रों की तुलना में यहां उनके बीच सामरिक घमासान अधिक भीषण होगा। पूर्व एशिया का इतिहास गवाह है कि यहां सत्तासीन राजवंश और उसे चुनौती देने वाली शक्ति के बीच सामरिक स्पर्धा हमेशा बहुत भीषण रही है। हान और हुन, सोंग और जिन अथवा मिंग और चिंग के बीच की सामरिक प्रतिद्वंद्विता इसके कुछ उदाहरण हैं। इसका सीधा सा अर्थ है कि अगले दस वर्ष में चीन और अमेरिका के बीच सामरिक प्रतिद्वंद्विता दूसरे क्षेत्रों में उनकी

सामरिक प्रतिद्वंद्विता से कहीं अधिक उग्र होगी। इस सामरिक प्रतिद्वंद्विता के मूल में शक्ति की होड़ है और शक्ति की होड़ का मूल राजनीतिक शक्ति के बीच मुकाबला है।

उप–क्षेत्र : लाभ या हानि?

1991 में कम्बोडिया युद्ध समाप्त होने के बाद से पूर्व एशिया में कोई बड़ा युद्ध नहीं हुआ है और अगले दशक में ऐसा युद्ध होने की संभावना बेहद कम है। मध्य–पूर्व, अफ्रीका, लैटिन अमेरिका और यूरोप, सब जगह युद्ध होने की संभावना पूर्व एशिया की तुलना में कहीं अधिक है। 2023 तक इन क्षेत्रों का सामरिक महत्व पूर्व एशिया के बराबर नहीं रह जाएगा। जहां तक चीन का प्रश्न है, पूर्व एशिया उसका प्रवेशद्वार है। प्रतिरक्षा, राजनीतिक, आर्थिक और किसी भी अन्य दृष्टि से पूर्व एशिया का महत्व चीन के लिए किसी भी अन्य क्षेत्र से अधिक होना चाहिए। इसका तात्पर्य यह है कि चीन किसी भी हालत में अमेरिका को यह अनुमति नहीं दे सकता कि वह पूर्व एशिया को चीन विरोधी क्षेत्र बना दे। अमेरिका की दृष्टि से देखें तो वह किसी भी हालत में चीन को यह अनुमति नहीं दे सकता कि वह पूर्व एशिया को अपना गढ़ बना ले अर्थात वह चीन को यहां ऐसा क्षेत्रीय आधार तैयार नहीं करने देगा कि वह अमेरिका को चुनौती दे सके। अमेरिका निश्चय ही यह चाहेगा कि चीन के विरुद्ध बहुत व्यापक संयुक्त मोर्चा स्थापित किया जाए।

परमाणु हथियारयुक्त उत्तर कोरिया और चीन से अलग ताइवान

पूर्व एशिया विश्व का केन्द्र बनेगा और पूर्वोत्तर एशिया विश्व के केन्द्र का गढ़ होगा। पूर्वोत्तर एशियाई क्षेत्र से सीधे जुड़े हुए देशों में से पांच, चीन, अमेरिका, रूस, जापान और दक्षिण कोरिया का पूर्व एशिया पर प्रभाव किसी भी दक्षिण पूर्वी एशियाई देश से अधिक है। अगर नकारात्मक प्रभाव की तुलना करें तो दक्षिण–पूर्व एशिया के किसी भी देश की तुलना में पूर्व एशिया पर उत्तर कोरिया का प्रभाव अधिक है। इसका अर्थ यह है कि पूर्वोत्तर एशिया में सामरिक संबंधों में बदलाव का विश्व के केन्द्र की भौगोलिक स्थिति में बदलाव पर निर्णायक प्रभाव पड़ता है। 2023 में पूर्व एशिया की क्षेत्रीय संरचना विश्व की दो ध्रुवीय संरचना के समान ही होगी। अगले दशक में प्रत्येक क्षेत्र के सत्ता समीकरणों के रुझान में कुछ भिन्नता होगी। मध्य–पूर्व, अफ्रीका और यूरोप में कई देशों में कांटे की टक्कर को देखते हुए बहुध्रुवीकरण की प्रवृत्ति दिखाई देगी, जबकि लैटिन अमेरिका, दक्षिण एशिया और ओशेनिया में कोई एक क्षेत्रीय शक्ति इतनी मजबूत हो सकती है कि वहां एक ध्रुवीय व्यवस्था स्थापित हो जाए। अगले दशक में जापान भले ही पूर्व एशिया की बड़ी शक्ति बना रहे, लेकिन उसकी अपनी कोई स्वतंत्र विदेश नीति न होने के कारण वह अमेरिका की सामरिक नीति का पालन करता है और पूर्व एशिया में एक अलग ध्रुव नहीं बन सकता। इसलिए जापान भले ही चीन और अमेरिका के बीच किसी एक का पक्ष ले या निष्पक्ष रहे, वह पूर्व एशिया में दो

ध्रुवीय व्यवस्था का बुनियादी स्वरूप नहीं बदल सकता।

प्रथम अध्याय में हम चीन और अमेरिका के बीच शक्ति में अंतर की विवेचना कर चुके हैं। अतः इस अध्याय में हम सामरिक संबंधों की दृष्टि से पूर्व एशिया में दो ध्रुवीय व्यवस्था की प्रवृत्ति का पूर्वानुमान ही लगाएंगे। इस समय पूर्व एशिया में सामरिक संबंधों के मामले में अमेरिका परम लाभ की स्थिति में है। एक तो जापान, दक्षिण कोरिया, थाइलैंड, फ़िलीपीन्स, सिंगापुर और ताइवान के साथ अमेरिका के सैन्य गठबंधन हैं; इनमें से जापान और दक्षिण कोरिया क्रमशः पूर्व एशिया की दूसरे और तीसरे नंबर की अर्थव्यवस्था हैं, अमेरिका की राजनीतिक संस्थाएं और विचारधारा उसके गठबंधन साथियों जैसी ही हैं, इसलिए वैचारिक भिन्नता के कारण सामरिक संबंधों में टूट की कोई आशंका नहीं है। 2023 तक अमेरिका यही स्थिति जारी रख सकता है, लेकिन सामरिक संबंधों में श्रेष्ठता वर्तमान स्तर तक नहीं रहेगी। अगले दशक में चीन, तीन पक्षों में अमेरिका के साथ सामरिक दूरी कम कर सकता है: पहले से मौजूद सैन्य सहयोग संबंधों में गहराई, नए सहयोग संबंधों का विस्तार और अमेरिका के सामरिक संबंधों में साझेदारी।

2023 तक जापान की विदेश नीति में अमेरिका के साथ गठबंधन पर निर्भरता तो जारी रहेगी लेकिन वह चीन और अमेरिका के बीच अपेक्षाकृत संतुलित नीति अपनाने की ओर प्रवृत्त होगा अर्थात आर्थिक दृष्टि से उसका झुकाव चीन की तरफ और प्रतिरक्षा के मामले में अमेरिका की तरफ होगा। दूसरे महायुद्ध के बाद जापान ने अपनी राष्ट्रीय प्रतिरक्षा अमेरिका को सौंप दी और उसे अमेरिका से सुरक्षा कवच मिल गया। अगले दशक में जापान के लिए अमेरिकी सुरक्षा कवच को बदल पाना कठिन होगा। इससे निष्कर्ष निकलता है कि जापान अमेरिकी प्रभाव से पूरी तरह मुक्त विदेश नीति नहीं अपना सकता। जापान के लिए चीन के बराबर समग्र शक्ति हासिल कर पाना कठिन है, इसलिए उसे क्षेत्र का एक ध्रुव हो पाने में कठिनाई होगी। चीन के उदय से बेचैन जापान अगले दो से तीन वर्ष में चीन का विरोध करने के लिए अमेरिका के साथ गठबंधन पर निर्भर रहेगा, किन्तु इस तरह का विरोध दस वर्ष तक नहीं चल सकता। जापान को यह समझना होगा कि चीन के साथ संबंधों में सुधार उसका विरोध करने से अधिक लाभकारी होगा। 2012 में चीन का 83.7 खरब डॉलर का सकल घरेलू उत्पाद जापान के 53 खरब डॉलर के सकल घरेलू उत्पाद की तुलना में 1.6 गुना था। यदि चीन की अर्थव्यवस्था की औसत वार्षिक वृद्धि दर 7.5 प्रतिशत रहे और जापान की औसत वार्षिक वृद्धि दर 2 प्रतिशत रहे तो 2016 के अंत तक चीन का सकल घरेलू उत्पाद 112 खरब डॉलर और जापान का 57 खरब डॉलर होगा। इसका सीधा सा अर्थ है कि चीन की अर्थव्यवस्था जापान से लगभग दो गुनी हो जाएगी। चीन के बाजार पर जापान की निर्भरता पूरी तरह स्पष्ट होगी और जापान के राजनेताओं को चीन के विरोध की नीति के हानि-लाभ पर दोबारा विचार करना ही होगा। जापान वैसे तो चीन और अमेरिका के बीच पूर्ण तटस्थता का रुख नहीं अपनाएगा, लेकिन 2016 के बाद वह अमेरिका पर पूर्ण निर्भरता की बजाय चीन और अमेरिका के मध्य किसी बीच के रास्ते की तरफ बढ़ेगा। 2023 तक चीन, जापान का

सबसे महत्वपूर्ण आर्थिक साझेदार होगा; प्रतिरक्षा के मामले में जापान अमेरिकी सुरक्षा कवच पर निर्भर तो रहेगा लेकिन पूर्व एशिया में युद्ध का कोई खतरा न होने के कारण वह राजनीतिक दृष्टि से चीन के साथ संबंधों पर अधिक बारीकी से ध्यान देगा। तब तक हो सकता है कि जापान के चीन के साथ घनिष्ठ आर्थिक संबंध और अमेरिका के साथ घनिष्ठ प्रतिरक्षा संबंध रहें तथा वह उन दोनों देशों के बीच अपेक्षाकृत निष्पक्ष राजनीतिक रुख अपनाए।

2023 तक हो सकता है कि दक्षिण कोरिया चीन और अमेरिका के बीच तटस्थता का रुख अपना ले। अगले दशक में उत्तरी कोरियाई परमाणु मिसाइल खतरे को छोड़कर अन्य प्रमुख कारक चीन-दक्षिण कोरियाई संबंध सुधारने के हित में होंगे। चीन पर दक्षिण कोरिया की आर्थिक निर्भरता घटने की बजाय बढ़ती ही रहेगी। उनके आपसी संबंधों में सुधार के भी अनेक कारण हैं जैसे दूसरे महायुद्ध में जापान के आक्रामक व्यवहार की वापसी से बचाव, पूर्व एशिया का आर्थिक एकीकरण, कोरियाई प्रायद्वीप में युद्ध भड़कने से रोकने की ज़रूरत, चीन और अमेरिका के बीच सैन्य टकराव होने की स्थिति में संरक्षण, उत्तर कोरिया में सुधार और उदारीकरण की प्रक्रिया को प्रोत्साहन आदि-आदि। पार्क ग्युन-हे ने राष्ट्रपति चुने जाने के बाद ऐतिहासिक परंपरा को तोड़ते हुए विशेष दूतों का पहला दल अमेरिका की बजाय चीन भेजा। चीन के साथ संबंध सुधारने पर ध्यान देने की उनकी नीति से अच्छे परिणाम मिलेंगे। किन्तु उत्तर कोरिया परमाणु एवं मिसाइल परीक्षण करता रहेगा और दक्षिण कोरिया शिकायत करता रहेगा कि चीन, उत्तर कोरिया की परमाणु नीति पर असरदार ढंग से लगाम नहीं रख पा रहा है जिसके कारण असंतोष पैदा होगा। उत्तर कोरिया की परमाणु और मिसाइल नीति का दक्षिण कोरिया और चीन के संबंधों में सुधार पर कुछ विपरीत असर तो पड़ेगा किन्तु यह नुकसान सीमित रहेगा। 2023 तक चीन न सिर्फ दक्षिण कोरिया का सबसे बड़ा आर्थिक साझीदार होगा, बल्कि इस बात की भी पूरी संभावना है कि राजनीतिक दृष्टि से दोनों देशों के संबंध किम दाई-जुंग और रोह म्यो-हुन के दौर जितने ही घनिष्ठ हो जाएं। दक्षिण कोरिया, अमेरिका के साथ सैन्य गठबंधन जारी रखते हुए चीन के साथ सैन्य सहयोग का कोई कार्यक्रम चलाएगा। अगले दशक में किम जोंग-उन की सुधार नीति से उनके शासन को मजबूती भले ही मिल जाए फिर भी उत्तर कोरिया अपनी मिसाइल क्षमता में निरंतर सुधार करता रहेगा जिसके कारण अगले दशक में उत्तर और दक्षिण कोरिया के संबंध सामान्य कर पाना कठिन होगा।

उत्तर कोरिया सामरिक दृष्टि से चीन पर बिल्कुल भरोसा नहीं करता, फिर भी चीन उसका सबसे अच्छा सामरिक साझेदार है। 2023 तक उत्तर कोरिया दुनिया से पूरी तरह कटा हुआ देश नहीं रहेगा। किम जोंग-उन का शासन अधिक सामाजिक सुधार अपनाएगा और उत्तर कोरिया में सामाजिक स्वतंत्रता में कुछ तो सुधार होगा। सुधारों की यह प्रक्रिया न तो पश्चिम की अपेक्षा के अनुसार पश्चिमी लोकतांत्रिक देशों जैसी होगी न ही चीन या वियतनाम की तरह बहुलतावादी सामाजिक सुधार अपनाए जाएंगे। उत्तर कोरिया वर्तमान राजनीतिक शासन में अपनी आर्थिक

व्यवस्था में सुधार अपनाएगा अर्थात सर्वोच्च नेता के व्यक्तिगत आभामंडल के आधार पर निजीकरण और बाजारीकरण की प्रक्रिया अपनाई जाएगी। इतिहास में सभी सामंती शासन निजी अर्थव्यवस्था के दम पर चलते रहे, इसलिए उत्तर कोरिया वर्तमान राजनीतिक शासन में परिवर्तन किए बिना अपनी आर्थिक व्यवस्था में सुधार कर लेगा। उत्तर कोरिया में इस प्रकार के घरेलू सुधार पड़ोसियों के साथ संबंध सुधारने में सहायक तो होंगे, लेकिन उसकी परमाणु हथियार नीति बाधक रहेगी। अपने परमाणु हथियारों का आकार घटाने के लिए उत्तर कोरिया परमाणु परीक्षण करता रहेगा। ऐसा अनुमान है कि उसका यह काम 2016 से पहले ही पूरा हो जाएगा। इसका तात्पर्य यह है कि उत्तर कोरिया में किसी भी परमाणु हमले के खतरे का सामना करने की सामर्थ्य होगी जो उसकी राष्ट्रीय प्रतिरक्षा को बुनियादी कवच प्रदान करेगी। ऐसी स्थिति आने के बाद भारत और पाकिस्तान की तरह उत्तर कोरिया को भी परमाणु परीक्षण करने की आवश्यकता नहीं रहेगी। परमाणु परीक्षण बंद करने के बाद पड़ोसियों के साथ उत्तर कोरिया के संबंधों में कुछ सुधार तो होगा किन्तु मिसाइल परीक्षणों के कारण इन संबंधों की स्थिरता पर आशंका के बादल मंडाराते रहेंगे। 2023 तक उत्तर और दक्षिण कोरिया के संबंध मौजूदा स्तर से बेहतर होंगे क्योंकि तब तक दक्षिण कोरिया इस सच्चाई को स्वीकार कर लेगा कि उत्तर कोरिया परमाणु हथियार संपन्न देश है और अपने लिए उत्तर कोरिया की ओर से सामरिक खतरे की आशंका कम करने की खातिर आपसी संबंध सुधारने के प्रयास करेगा। किन्तु अमेरिका और जापान के साथ उत्तर कोरिया के संबंध सामान्य होने की संभावना कम है क्योंकि अमेरिका और जापान के लिए उसकी तरफ से कोई सैन्य खतरा नहीं है। तब तक उत्तर कोरिया चीन का सैन्य सहयोगी भले ही न रहे फिर भी सामरिक दृष्टि से वह अमेरिका की बजाय चीन पर ही निर्भर रह सकता है क्योंकि अमेरिका उसके साथ सामान्य राजनयिक संबंध स्थापित करने को तैयार नहीं होगा।

2023 तक अमेरिका और ताइवान के बीच सैन्य गठबंधन और घनिष्ठ होगा और चीन के लिए शांति से एकीकरण कर पाना कठिन होगा। चीन सरकार ने 1981 में शांतिपूर्ण एकीकरण (शांतिपूर्ण पुनर्मिलन की नौ शर्तें) की जिस नीति का औपचारिक प्रस्ताव किया था उसे 32 वर्ष बीत चुके हैं, किन्तु एकीकरण की दिशा में कोई प्रगति नहीं हुई है। अगले दशक में दोनों पक्षों के संबंधों में राजनीतिक दृष्टि से ठंडक और आर्थिक दृष्टि से गर्मी का दौर चलता रहेगा। 2023 तक ताइवान में स्वतंत्रता की हिमायती डेमोक्रेटिव प्रोग्रेसिव पार्टी को 2016 और 2020 में आम चुनावों में उतरने के मौके मिलेंगे। इसका सीधा सा अर्थ है कि 2023 में डेमोक्रेटिव प्रोग्रेसिव पार्टी के सत्ता में रहने की संभावना नेशनलिस्ट पार्टी की तुलना में अधिक है। 1949 से ताइवान में चीन से आने वालों की संख्या में निरंतर गिरावट के कारण 2012 में खुद को ताइवानी की बजाय चीनी मानने वाले लोगों की संख्या ताइवान की कुल आबादी में सिर्फ 3 प्रतिशत रह गई थी, जबकि खुद को चीनी की बजाय ताइवानी मानने वालों का अनुपात 54 प्रतिशत था। खुद को चीनी और ताइवानी दोनों

मानने वालों का अनुपात 40 प्रतिशत था।[14] वर्तमान रुझान को देखते हुए कहा जा सकता है कि 2023 में उन लोगों का अनुपात 1 प्रतिशत भी नहीं रहेगा जो खुद को ताइवानी नहीं, बल्कि चीनी मानते हैं, जबकि खुद को चीनी नहीं ताइवानी मानने वालों का अनुपात 70 प्रतिशत और चीनी तथा ताइवानी दोनों मानने वालों का अनुपात करीब 20 प्रतिशत रहेगा। राजनीतिक जनसंख्या के अनुपात में यह बदलाव ताइवान को अपनी मौजूदा राजनीतिक हैसियत के संरक्षण के लिए अमेरिकी सैन्य संरक्षण पर और अधिक निर्भर कर देगा। अमेरिकी सुरक्षा कवच की विश्वसनीयता की गारंटी पाने के लिए ताइवान के नेता मुख्य भूमि चीन के साथ अमैत्रीपूर्ण राजनीतिक संबंध रखेंगे या उनके बीच दूरी और बढ़ जाएगी। ताइवान के मुद्दे पर सैन्य टकराव का खतरा कम करने के लिए ताइवान के नेता "वैध स्वतंत्रता" पाने की कोशिश में फैले अंतर्राष्ट्रीय फलक का उपयोग करेंगे। 2023 तक ताइवान का मुद्दा चीन और अमेरिका के सामरिक संबंधों में एक नुकीला कांटा बन जाएगा। इससे जापान की वर्तमान समस्या की तुलना में कहीं अधिक नुकसान होगा।

आसियान सदस्यों के बीच असंगठित संबंध

2023 तक दक्षिण-पूर्व एशिया में सुरक्षा सहयोग में आसियान की भूमिका अब की तुलना में बहुत कम रह जाएगी। आसियान की स्थापना का मूल उद्देश्य दक्षिण-पूर्व एशिया में महाशक्तियों के प्रभाव का सामना करना था। इसकी स्थापना 1967 में पांच सदस्यों - फ़िलीपीन्स, इंडोनेशिया, मलेशिया, थाइलैंड और सिंगापुर - के साथ हुई थी। फिर ब्रुनेई, वियतनाम, म्यांमार, लाओस और कम्बोडिया को शामिल करके सदस्यों की संख्या दस हो गई। दक्षिण-पूर्व एशिया में महाशक्तियों के बढ़ते प्रभाव को कमज़ोर करने और क्षेत्रीय प्रतिरक्षा के मुद्दों में आसियान की भूमिका बढ़ाने के लिए आसियान देशों ने 1994 में आसियान क्षेत्रीय मंच की स्थापना की और उसमें भागीदारी के लिए सभी क्षेत्रीय शक्तियों को आमंत्रित किया। क्षेत्रीय सुरक्षा के मुद्दों पर सीधे टकराव कम करने की खातिर चीन और अमेरिका दोनों यह देखकर खुश हैं कि आसियान प्रतिरक्षा संबंधी अनेक मुद्दों से निपट रहा है। इस प्रकार क्षेत्रीय प्रतिरक्षा का यह तंत्र उस छोटे घोड़े की तरह है जो एक बड़ी गाडी को खींच रहा है। 20 वर्ष से इसकी यही स्थिति है। अगले दस वर्ष में आसियान के लिए इस भूमिका को निभाते रह पाना बहुत कठिन हो जाएगा। पूर्व एशिया में चीन और अमेरिका की दो ध्रुवीय व्यवस्था स्थापित होने का अर्थ यह होगा कि दोनों देश प्रतिरक्षा तंत्र पर साझा नियंत्रण चाहेंगे। इस बीच आसियान के वर्चस्व वाला आसियान क्षेत्रीय मंच इन दोनों महाशक्तियों के बीच प्रतिरक्षा संबंधी विगंतियों को दूर करने में असमर्थ हो जाएगा। आसियान की चीन और जापान, उत्तर कोरिया और दक्षिण कोरिया या जापान और रूस के बीच क्षेत्रीय विवादों अथवा प्रतिरक्षा संबंधी झगड़ों में शामिल होने में कोई दिलचस्पी नहीं है। इसलिए आसियान, पूर्वोत्तर एशिया में

14 टीवीबीएस सर्वेक्षण केन्द्र, "यिगुओ लियांगछु यु तोंगदु, गुओजु रेनतोंग मिनदियाआ" (एक देश, दो क्षेत्र, पुनर्एकीकरण और स्वतंत्रता, राष्ट्र पहचान का सर्वेक्षण) *टीवीबीएस*, 26-27 मार्च, 2021।

प्रतिरक्षा संबंधी विवादों से बचने की नीति अपनाएगा जिसके कारण आसियान क्षेत्रीय मंच का प्रभाव दक्षिण-पूर्व एशिया तक सीमित रह जाएगा। 2023 तक दक्षिण-पूर्व एशियाई देशों की आर्थिक शक्ति जापान जैसी हो जाएगी जिसके कारण आर्थिक रूप से चीन पर और प्रतिरक्षा की दृष्टि से अमेरिका पर निर्भरता की नीति जारी रख पाना कठिन होगा। चीन दोस्ताना आसियान देशों को बड़े पैमाने पर आर्थिक सहायता देगा जबकि अमेरिका दक्षिण-पूर्व एशियाई देशों को मुफ्त में सुरक्षा कवच देने का इच्छुक नहीं होगा। आसियान के सदस्यों को एक जैसी आर्थिक और प्रतिरक्षा नीतियां अपनानी होंगी। उनके बीच असहमतियां बढ़ेंगी और नीतियों में समानता घटेगी जिसका परिणाम यह होगा कि क्षेत्रीय प्रतिरक्षा के मुद्दों पर उनके प्रभाव में कमी आएगी।

2023 तक आसियान के एकीकरण की कोई स्पष्ट दिशा नहीं रह जाएगी। आसियान देशों में कुछ जानकार इसके विकास के लिए यूरोपीय संघ को आदर्श माना करते थे किन्तु आसियान की स्थापना के बाद से ही यूरोपीय संघ जैसा आर्थिक विकास हासिल नहीं किया जा सका। आसियान के दस देशों के पास कुल 44.4 करोड़ वर्ग किलोमीटर क्षेत्र में 57.6 करोड़ की जनसंख्या है, किन्तु उनका कुल सकल घरेलू उत्पाद जापान की तुलना में केवल एक-चौथाई है। आसियान देशों ने अपने संयुक्त वक्तव्यों में कई बार एकीकरण को और मजबूत करने की बात कही है, किन्तु वे आज तक एक सीमा शुल्क, एक वीजा या एक मुद्रा की व्यवस्था नहीं अपना पाए। इस तरह के एकीकरण और ठोस प्रगति को हासिल कर पाने में आसियान की सबसे बड़ी कठिनाई सदस्य देशों की अर्थव्यवस्था या राजनीतिक संस्थाओं में बहुत अधिक भिन्नता नहीं, बल्कि आसियान में राजनीतिक नेतृत्व के अभाव की है। फ्रांस और जर्मनी, यूरोपीय संघ को मजबूत राजनीतिक नेतृत्व प्रदान करते हैं और इसी तरह अमेरिका नाफ्टा को मजबूत राजनीतिक नेतृत्व प्रदान करता है। इसी कारण यूरोप और उत्तर अमेरिका के आर्थिक एकीकरण में बहुत अधिक प्रगति हुई है। इंडोनेशिया 23.7 करोड़ यानी कुल आसियान की 41 प्रतिशत आबादी के साथ सबसे बड़ा सदस्य है। किन्तु उसकी अर्थव्यवस्था कमज़ोर है। उसका सकल घरेलू उत्पाद 800 अरब डॉलर से कुछ ही अधिक है। आसियान में सबसे विकसित अर्थव्यवस्था सिंगापुर की है, किन्तु वह केवल 53 लाख की आबादी के साथ नगर राष्ट्र है। आसियान के आर्थिक एकीकरण के लिए राजनीतिक नेतृत्व प्रदान करने में समर्थ किसी देश के अभाव में कई दशक बाद भी आसियान एक आर्थिक नहीं बल्कि मूल रूप से राजनीतिक संगठन है। आसियान में राजनीतिक नेतृत्व के अभाव की समस्या को अगले दशक में सुलझा पाना कठिन होगा। इसके अलावा फ़िलीपीन्स और वियतनाम की बढ़ती शक्ति आसियान के आर्थिक एकीकरण में बाधक होगी। अतः 2023 तक भी आसियान ऐसा संगठन होगा जिसकी प्राथमिकता राजनीतिक-प्रतिरक्षा सहयोग तक सीमित रहेगी और उसके मूल में आर्थिक सहयोग का होना शायद ही संभव होगा।

2023 तक आसियान को पूर्व एशिया के क्षेत्रीयकरण और एशिया-प्रशांत के क्षेत्रीयकरण में से किसी एक को चुनने का फैसला करना होगा। मलेशिया के पूर्व प्रधानमंत्री महाथिर मोहम्मद ने 1991 में

पूर्व एशिया में एक साझा बाजार की स्थापना का प्रस्ताव रखा था जिससे अमेरिका को चिंता हो गई कि पूर्व एशिया के आर्थिक एकीकरण से यूरोपीय संघ का एशियाई संस्करण तैयार हो जाएगा और वह एक शक्तिशाली आर्थिक प्रतिद्वंद्वी बन जाएगा। अमेरिका ने खुलेपन की व्यवस्था की आड़ लेकर तर्क दिया कि पूर्व एशियाई सहयोग में क्षेत्र से बाहर के उद्देश्यों को शामिल होने से नहीं रोका जाना चाहिए। इस तरह यह प्रस्ताव खारिज हो गया। पूर्व एशिया के क्षेत्रीय आर्थिक गुट के विकास में रोड़ा अटकाने के लिए अमेरिका ने 1993 में एशिया-प्रशांत आर्थिक सहयोग समूह (एपेक) का गठन किया जिसमें ऑस्ट्रेलिया, कनाडा, जापान, दक्षिण कोरिया, न्यूजीलैंड और छह आसियान देश शामिल थे। तथा सदस्यों की कुल संख्या 21 रखी गई। इसके साथ ही पूर्व एशिया शिखर सम्मेलन (ईएएस) की सदस्यता का विस्तार और ट्रांस-प्रशांत भागीदारी समझौते (टीपीपी) पर हस्ताक्षर के जरिए अमेरिका ने एशिया आसियान और चीन (10+1) और आसियान के साथ चीन, जापान और दक्षिण कोरिया (10+3) के क्षेत्रीय आर्थिक सहयोग तंत्रों की स्थापना के चीन के प्रयासों में रुकावट डाल दी। चीन अगले दशक में पूर्व एशिया के एकीकरण की दिशा में प्रयत्नशील रहेगा जिसमें अमेरिका शामिल न हो सके और अमेरिका खुलेपन की नीति की आड़ में पूर्व एशिया के आर्थिक एकीकरण में रोड़े अटकाता रहेगा। आसियान 10+1 के विकास में ज़ोर लगाता रहेगा, लेकिन 10+3 के मामले में असमर्थ रहेगा। चीन और जापान के संबंधों में कड़वाहट के कारण अगले पांच वर्ष में 10+3 के प्रस्ताव को आगे बढ़ाने में दिक्कत होगी। किन्तु पांच वर्ष के बाद चीन के बाजार से मिलने वाले तमाम आर्थिक फायदों को देखते हुए यह संभावना उत्पन्न हो जाएगी कि जापान फिर पूर्व एशियाई क्षेत्रीय सहयोग का अंग बन जाए। इसके परिणामस्वरूप चीन-जापान-दक्षिण कोरियाई मुक्त व्यापार क्षेत्र के प्रति नकारात्मक रुख में बदलाव आ सकता है। 2023 तक चीन पूर्व एशिया के प्रत्येक देश का सबसे बड़ा आर्थिक सहयोग साझीदार बन सकता है और तब संभव है कि आसियान, दक्षिण कोरिया और जापान पूर्व एशियाई आर्थिक एकीकरण की दिशा में फिर सक्रिय हो जाएं। यदि अगले दशक में चीन, दक्षिण कोरिया को आगे बढ़कर 10+2 मुक्त व्यापार क्षेत्र की स्थापना करने पर राजी कर लेता है तो पूर्व एशिया के आर्थिक एकीकरण की दिशा में बहुत प्रगति हो सकती है। ऐपेक और टीपीपी फिर भी खोखले ढोल ही साबित होंगे और वे पूर्व एशिया के आर्थिक एकीकरण के विकास में रुकावट नहीं बन सकेंगे भले ही इसकी गति को कुछ धीमा कर दें।

दक्षिण चीन सागर में समुद्री विवादों में नरमी

2023 तक पूर्व एशियाई क्षेत्र के समुद्री विवाद उतने प्रबल नहीं रहेंगे जितने आज हैं। पूर्व एशियाई आपसी संबंधों पर उनका प्रभाव भी कमज़ोर हो जाएगा। दूसरे महायुद्ध के बाद से पूर्व एशिया के द्वीपों को लेकर विवाद इतने गंभीर कभी नहीं रहे कि युद्ध भड़क सकें। असल में तो ये विवाद लंबे समय तक शांत रहे और पिछले कुछ समय से ही टकराव की स्थिति उत्पन्न हुई है। अतीत में सीमा

विवाद को लेकर भड़के टकरावों की संख्या बहुत कम रही है, किन्तु सीमा विवाद की आड़ लेकर कई टकराव हुए हैं। पूर्व एशिया में टकराव पैदा करने के लिए 2010 से द्वीपों पर विवाद को बहाना तो बनाया गया है, लेकिन वे टकरावों की जड़ कभी नहीं रहे। यदि ऐसा नहीं होता तो इन विवादों के रहते हुए भी 2010 से पहले लंबे समय तक शांति भंग करने की कोई घटना क्यों नहीं हुई। बहुत से लोगों का मानना है कि समुद्री सम्पदा के दोहन की टैक्नॉलॉजी में उन्नति ने गहरे समुद्री संसाधनों के दोहन की संभावना पैदा कर दी है जिसके कारण द्वीपों पर नियंत्रण को लेकर पूर्व एशियाई देशों में स्पर्धा होने लगी है। किन्तु यह तर्क ज्ञान अर्थव्यवस्था के युग में आर्थिक कसौटी पर खरा नहीं उतरता। ज्ञान अर्थव्यवस्था के युग में बड़े देश प्राकृतिक संसाधनों पर कब्जा जमाने की बजाय बौद्धिक नवोन्मेष के माध्यम से दौलत कमाने का तरीका अपनाते हैं। विश्व की तीन सबसे बड़ी अर्थव्यवस्थाओं, अमेरिका, चीन और जापान को अपनी-अपनी अर्थव्यवस्थाओं को आगे बढ़ाने के लिए नए-नए तरीके खोजने होंगे। वह रूस की तरह अपने प्राकृतिक संसाधनों के निर्यात पर निर्भर नहीं रह सकते। पूर्व एशियाई द्वीपों पर विवादों के पीछे चीन, अमेरिका और जापान का असली उद्देश्य समुद्री संसाधनों पर नियंत्रण नहीं, बल्कि क्षेत्रीय वर्चस्व हासिल करना है। अमेरिका पूर्व एशियाई द्वीपों पर विवाद का फायदा उठाकर अपने सुरक्षा कवच के सहारे सामरिक सहयोगियों की निर्भरता को अधिकतम स्तर तक मजबूत कर लेना चाहता है। चीन को उदीयमान शक्ति के नाते समुद्री अधिकारों के संरक्षण की शक्ति बढ़ाने की आवश्यकता है, जबकि जापान द्वीप संबंधी विवादों को हथियार बनाकर अपनी अंतर्राष्ट्रीय हैसियत में गिरावट की गति को थामना चाहता है।

2010 से पूर्व एशिया के द्वीपों पर विवाद उठने के दो बुनियादी कारण हैं। एक जापान की सापेक्ष गिरावट और दूसरा चीन-आसियान मुक्त व्यापार क्षेत्रीय समझौते पर संपूर्ण अमल। 2010 में जापान ने विश्व में दूसरी सबसे बड़ी अर्थव्यवस्था की हैसियत गंवा दी और जापान के लोगों के लिए इस कड़ी सच्चाई को निगलना कठिन हो गया। जापान सरकार के प्रति बढ़ते असंतोष ने देश में दक्षिणपंथी ताकतों में जान डाल दी, किन्तु जापान के नेता बहुत कम समय में आर्थिक गिरावट का रुख पलटने में असमर्थ रहे। किन्तु दक्षिणपंथी ताकतों के बढ़ते कदम रोकने के लिए सरकार ने द्वीप विवाद पर कठोर नीति अपना ली ताकि जनता का समर्थन जीता जा सके। इसी कारण जापान और रूस के बीच दक्षिण कुरील द्वीपों/चार उत्तरी द्वीपों के मुद्दे पर, जापान और दक्षिण कोरिया के बीच दोकदो/ताकेशिमा को लेकर और जापान तथा चीन के बीच दिआओयू/सेनकाकू द्वीपों को लेकर विवाद भड़क उठा। यदि जापान सरकार को अपनी विदेश नीति में कठोरता दिखाने के लिए द्वीप विवादों की आड़ नहीं लेनी थी तो भला वह रूस, दक्षिण कोरिया और चीन के साथ एक साथ टकराव क्यों मोल लेता क्योंकि रूस, दक्षिण कोरिया और चीन की तरफ से जापान के साथ एक साथ विवाद शुरू करने की कोई संभावना है ही नहीं। हम यह नहीं मान सकते कि एक साथ विवाद के तीन मोर्चे खोलना जापान सरकार की समझदारी की कमी है। हमें तो लगता है कि यह उसके लिए जन समर्थन पाने का आखिरी सहारा है। जापान सरकार अपनी अंतर्राष्ट्रीय

हैसियत में गिरावट की गति मंद करने के लिए क्षेत्रीय विवादों पर कड़ा रुख अपनाने से बेहतर कोई रास्ता नहीं खोज पाई।

दक्षिण चीन सागर के द्वीपों पर विवाद तो तभी से चला आ रहा है, जब संयुक्त राष्ट्र ने 1970 के दशक में सागर कानून पारित किया था। किन्तु इन विवादों के कारण टकराव यदा-कदा ही हुए हैं। नवम्बर, 2002 में चीन और आसियान ने चीन-आसियान समग्र आर्थिक सहयोग फ्रेमवर्क समझौते पर हस्ताक्षर किए, 2010 में चीन-आसियान मुक्त व्यापार क्षेत्र की स्थापना का निर्णय हुआ और क्षेत्र की स्थापना की प्रक्रिया औपचारिक रूप से शुरू हो गई। इस समझौते के अनुसार 1 जनवरी, 2010 को मुक्त व्यापार क्षेत्र सभी प्रकार से खोल दिया गया। चीन और आसियान के छह सदस्यों, ब्रुनेई, फ़िलीपीन्स, इंडोनेशिया, मलेशिया, थाइलैंड और सिगापुर के बीच 90 प्रतिशत से अधिक उत्पादों के व्यापार पर शुल्क शून्य कर दिया गया; आसियान की तरफ चीन का औसत शुल्क उस समय 9.8 प्रतिशत से घटकर 0.1 प्रतिशत[15] रह गया और उपरोक्त छह आसियान देशों का चीन की तरफ औसत शुल्क 12.8 प्रतिशत से घटाकर 0.6 प्रतिशत कर दिया गया। आसियान के बाकी चार सदस्य वियतनाम, लाओस, कम्बोडिया और म्यांमार 2015 तक चीन के 90 प्रतिशत उत्पादों पर शुल्क शून्य कर देंगे।[16] 2010 में इस मुक्त व्यापार क्षेत्र की स्थापना के लिए चीन ने शुल्क घटाने की पहल की फिर आसियान देशों को शिकायत कैसे हो सकती थी। किन्तु 2010 में ही जब समझौते की शर्तों के अनुसार आसियान देशों को अपने शुल्क घटाने पड़े तब उन्हें महसूस हुआ कि चीन में बने बेहतर उत्पाद उनकी अर्थव्यवस्थाओं को भारी चोट दे रहे हैं। इसी धारणा के आधार पर वियतनाम और फ़िलीपीन्स ने द्वीप विवादों पर चीन से बगावत कर दी।

2023 तक पूर्व एशियाई द्वीपों के विवाद सुलझने वाले नहीं हैं, किन्तु उनके कारण आपसी संबंध सुधारने में कोई बड़ी बाधा नहीं आएगी। तब तक जापान में बहुत से लोग इस सच्चाई को स्वीकारने लगेंगे कि जापान दुनिया का दोयम दर्जे का देश हो गया है और उसके पतन को लेकर असंतुष्टि उतनी ज्यादा नहीं रह जाएगी। जापान सरकार ने जिस तरह द्वीप विवाद का फायदा उठाया है उससे साबित होता है कि उसकी कट्टर विदेश नीति से उसकी क्षेत्रीय अखंडता का विस्तार तो नहीं हुआ, बल्कि उसके आस-पास का माहौल और खराब हो जाएगा। अगले दशक में जापान को पूर्वोत्तर एशिया में जिस अंतर्राष्ट्रीय माहौल का सामना करना पड़ेगा वह न सिर्फ चीन से कमतर होगा, बल्कि हो सकता है कि पूर्वोत्तर एशिया में उत्तर कोरिया के बाद वह दूसरा अलग-थलग

---

15 "यि शियाओझुनः यियुए यिरि छि झोगगुओ दुई दोंगमेंग दि पिंगजुन गुआनशुई जियांगदाओ 0.1 प्रतिशत" (यि शियाओझुनः 1 जनवरी से चीन आसियान की तरफ अपने शुल्क घटाकर 0.1 प्रतिशत कर देगा), *शिनहुआ*, 7 जनवरी, 2010, http://news.163.com/10/0107/09/5SDS8O3K000120GU.html.

16 वांग जुनवेई और चेंग छुन, "झोंगगुओ-दोंगमेंग जिमाओछु 2010 नियान झेंगशि छिदोंग बुरु लिंग गुआनशुई शिदाई" (चीन-आसियान एफटीए ने शून्य शुल्क युग शुरू करके उसमें प्रवेश किया) *शिनहुआ समाचार एजेंसी*, 31 दिसम्बर, 2009, http://www.gov.cn/jrzg/2009-12/31/content_1500907.htm.

देश हो जाए। जापान सरकार और वहां की जनता अगले दस वर्ष तक इस प्रकार की नीति पर नहीं चल सकते। इसलिए 2023 तक जापान पड़ोसियों के साथ टकराव के लिए द्वीप विवादों की आड़ लेने में समर्थ नहीं रहेगा और पूर्वोत्तर एशिया के द्वीप विवाद इतिहास में इतने गहरे दफन हो जाएंगे कि किसी को उनका ध्यान नहीं रहेगा। 2010 से 2012 तक दक्षिण चीन सागर के द्वीपों पर उठे विवादों ने आसियान देशों को यह अहसास करा दिया है कि चीन को भड़काने के लिए द्वीप विवादों का सहारा लेने से उनका कुछ भला नहीं होने वाला। 2012 के अंत में फ़िलीपीन्स ने वियतनाम, मलेशिया और ब्रुनेई के साथ एक बैठक आयोजित कर चीन के विरुद्ध साझी रणनीति पर चर्चा करने की योजना बनाई। किन्तु किसी भी देश ने उसके निमंत्रण का उत्तर नहीं दिया। चीन अगले दशक में यह सीख जाएगा कि बड़ी शक्ति की तरह कैसे व्यवहार करना है, बड़ी शक्ति के अंतर्राष्ट्रीय दायित्व कैसे निभाने हैं और आस-पास के मझौले-छोटे देशों के साथ संबंध कैसे निभाने हैं। 2023 में दक्षिण चीन सागर में द्वीप विवाद तो रहेंगे, किन्तु चीन और आसियान के सदस्य इन विवादों को निपटाने के लिए कोई तंत्र स्थापित कर लेंगे और ये विवाद चीन-आसियान सहयोग में कोई बड़ी बाधा नहीं रह जाएंगे।

अंतर्राष्ट्रीय व्यवस्था : आमूल अथवा साधारण परिवर्तन ?

विश्व के केन्द्र की भौगोलिक स्थिति में परिवर्तन से जुड़ा एक अकादमिक प्रश्न अंतर्राष्ट्रीय व्यवस्था में आमूल परिवर्तन का है। 21वीं शताब्दी में विश्व के केन्द्र की स्थिति बदलने के वर्तमान रुख को देखते हुए कुछ लोग मानने लगे हैं कि अंतर्राष्ट्रीय व्यवस्था में आमूल परिवर्तन शुरू हो गया है। कुछ लोग तो इसे "पांच सौ वर्ष में तीसरा बड़ा भारी आमूल परिवर्तन" कहने लगे हैं।[17]

अंतर्राष्ट्रीय व्यवस्था के स्वरूप में कोई परिवर्तन हुआ है या नहीं इसकी विवेचना के लिए हमें उसके मुख्य अंगों को स्पष्ट रूप से परिभाषित करके तय करना होगा कि व्यवस्था और उसके इन अंगों के बीच किस प्रकार का संबंध है। हमें विशेष रूप से यह स्पष्ट करना होगा कि: क्या वास्तव में किसी एक अंग में परिवर्तन से व्यवस्था के प्रकार में परिवर्तन आएगा, अथवा क्या यह आवश्यक है कि अंगों में एक साथ परिवर्तन आना आवश्यक है उसके बाद ही वे व्यवस्था के प्रकार में परिवर्तन ला सकते हैं? वर्तमान अंतर्राष्ट्रीय व्यवस्था के कौन से प्रमुख अंगों में परिवर्तन आया है यह जानने के लिए इस कसौटी को अपनाते हुए हम तय कर पाएंगे कि वर्तमान व्यवस्था में आमूल परिवर्तन होगा या नहीं।

---

17 झाओगुआचेंग और फु रुइहोंग, "गुओजि तिशि दि जिएगोउशिंग बियानहुआ शिलुन" (अंतर्राष्ट्रीय व्यवस्था में संरचनात्मक परिवर्तनों की विवेचना), *शियानदाई गुओजि गुआनशि* (समकालीन अंतर्राष्ट्रीय संबंध), संख्या 8 (2011): 31

व्यवस्था में आमूल परिवर्तन की कसौटी

आमतौर पर अंतर्राष्ट्रीय व्यवस्था के तीन अंग होते हैं: अंतर्राष्ट्रीय कर्ता, अंतर्राष्ट्रीय संरचना एवं अंतर्राष्ट्रीय नियम। किन्तु अभी तक विद्वानों ने यह तय नहीं किया है कि इन तीन अंगों में से किस अंग में परिवर्तन, व्यवस्था में आमूल परिवर्तन की कसौटी हो सकता है। अब तक अंतर्राष्ट्रीय व्यवस्था के विकास पर अधिकतर शोध पत्रों में वास्तव में अंतर्राष्ट्रीय संरचना में परिवर्तनों की चर्चा की गई है। उदाहरण के लिए कुछ लोगों का मानना है कि शीत युद्ध के दौरान और शीत युद्ध के बाद दो अलग-अलग प्रकार की अंतर्राष्ट्रीय व्यवस्थाएं थीं। वास्तव में शीत युद्ध के काल से लेकर उसकी समाप्ति के बाद के काल तक अंतर्राष्ट्रीय व्यवस्था में मुख्य कर्ता सभी सदस्य राष्ट्र थे और अंतर्राष्ट्रीय नियमों का मुख्य आधार संयुक्त राष्ट्र चार्टर ही था। केवल इतना परिवर्तन हुआ था कि अंतर्राष्ट्रीय संरचना दो ध्रुवीय से एक ध्रुवीय हो गई। इसका तात्पर्य यह भी है कि अंतर्राष्ट्रीय व्यवस्था के तीन अंगों में से केवल एक यानी अंतर्राष्ट्रीय संरचना में परिवर्तन हुआ था। किन्तु यदि हम अंतर्राष्ट्रीय संरचना में परिवर्तन को ही अंतर्राष्ट्रीय व्यवस्था में परिवर्तन मान लें तो बाकी दो अंग अपना महत्व खो देंगे।

तार्किक दृष्टि से देखें तो अंतर्राष्ट्रीय व्यवस्था के तीनों अंगों में एक साथ परिवर्तन होता है जिससे व्यवस्था के प्रकार में आमूल परिवर्तन होना निश्चित है। अनुभव के आधार पर कहा जा सकता है कि जब तीन में से दो अंगों में परिवर्तन होता है तो व्यवस्था में आमूल परिवर्तन की संभावना बहुत बढ़ जाती है। उदाहरण के लिए *स्प्रिंग एंड ऑटम* काल से लेकर *वॉरिंग स्टेट्स* काल तक व्यवस्था के नियमों में इतना परिवर्तन आया कि एकाधिकार के विस्तार की बजाय हड़पने की होड़ लग गई। कर्ता भी बदल गए। अब स्वर्ग के पुत्रों से अधिकार प्राप्त करने वाले शासकों की बजाय स्वायत्त अधिकार वाले राजघराने उभरने लगे। दूसरे महायुद्ध के अंत के बाद विश्व व्यवस्था में बहुत गहरा आमूल परिवर्तन हुआ। वरसाई-वाशिंगटन व्यवस्था की जगह याल्टा व्यवस्था ने ले ली। व्यवस्था में आमूल परिवर्तन की इस प्रक्रिया के दौरान अंतर्राष्ट्रीय संरचना बहुध्रुवीय से बदलकर अमेरिका और सोवियत संघ के बीच टकराव की दो ध्रुवीय व्यवस्था हो गई और अंतर्राष्ट्रीय नियमों में यह बदलाव हुआ कि पहले कब्जे अथवा हड़पने के सिद्धांत की जगह अनुलंघनीय क्षेत्रीय अखंडता का सिद्धांत लागू हो गया। 14वीं शताब्दी के इस्लामिक जगत में भी अंतर्राष्ट्रीय व्यवस्था में इसी तरह का आमूल परिवर्तन हुआ था। आठवीं शताब्दी के मध्य में अरब साम्राज्य का पतन शुरू हुआ और वह कई रियासतों में बंट गया। इस्लामिक जगत बहुध्रुवीय हो गया। 14वीं शताब्दी के उत्तरार्द्ध में ऑटमन साम्राज्य का उदय होने तक प्रमुख अंतर्राष्ट्रीय कर्ता की भूमिका रियासतों की बजाय साम्राज्यों ने ले ली (इसके बाद फारस में साफाविद साम्राज्य और भारत में मुगल साम्राज्य फिर उभरने लगे), और अंतर्राष्ट्रीय संरचना बहुध्रुवीय की बजाय एक ध्रुवीय हो गई।[18] किन्तु केवल एक अंग में परिवर्तन को हमें अंतर्राष्ट्रीय व्यवस्था में आमूल परिवर्तन नहीं मान लेना चाहिए क्योंकि ऐसा

18 लियु देबिन, संपादित, *गुओजि गुआनशि शि* (अंतर्राष्ट्रीय संबंधों का इतिहास) (बीजिंग: हॉयर एजुकेशन प्रेस, 2003), 24-25

करने पर समष्टि के अंगों को बराबर स्थान देने का निर्णय गलत हो सकता है। हम एक अंग को संपूर्ण व्यवस्था और कुछ हद तक परिवर्तन को किस्म में परिवर्तन मानने की भूल कर सकते हैं। इसका एक प्रमुख उदाहरण यह है कि 20वीं शताब्दी के अंतिम दौर में सोवियत संघ के विघटन से केवल अंतर्राष्ट्रीय संरचना दो ध्रुवीय से बदलकर एक ध्रुवीय हुई, किन्तु अंतर्राष्ट्रीय कर्ताओं और नियमों के प्रकार में कोई परिवर्तन नहीं आया। इसीलिए अनेक विद्वान अंतर्राष्ट्रीय राजनीतिक परिवर्तन के इस युग को "अंतर्राष्ट्रीय संरचना में परिवर्तन" कहते हैं और कुछ गिने-चुने लोग ही इसे "अंतर्राष्ट्रीय व्यवस्था में परिवर्तन" की संज्ञा देते हैं। अंतर्राष्ट्रीय मामले में चीन और अमेरिका दोनों तोक्यो ट्रायल को न्याय से वंचित रखने की शिंजो आबे सरकार की नीति का विरोध करते हैं और दोनों की जिद है कि याल्टा व्यवस्था को अस्वीकार नहीं किया जाना चाहिए। इसका तात्पर्य यह भी है कि शीत युद्ध के दौरान और शीत युद्ध के उपरान्त की अंतर्राष्ट्रीय व्यवस्था का चरित्र एक जैसा है, क्योंकि दोनों याल्टा व्यवस्था हैं।

सांस्कृतिक अवधारणाओं की महत्वपूर्ण भूमिका

21वीं शताब्दी में विश्व के केन्द्र की भौगोलिक स्थिति में यह परिवर्तन अंतर्राष्ट्रीय व्यवस्था के चरित्र में बदलाव ला सकता है या नहीं यह इस बात पर निर्भर है कि अंतर्राष्ट्रीय नियम बदलेंगे या नहीं। विश्व के केन्द्र की स्थिति बदलने पर अंतर्राष्ट्रीय संरचना में परिवर्तन तो होकर रहेगा। यह परिवर्तन कैसा होगा इस पर बहुत मतभेद हैं अर्थात अमेरिका के वर्चस्व वाली एक ध्रुवीय संरचना की जगह दो ध्रुवीय संरचना होगी अथवा बहुध्रुवीय सरंचना स्थापित होगी। बहुध्रुवीय संरचना की संभावना देखने वाले विद्वानों का मानना है कि यूरोपीय संघ भारत, ब्राजील, रूस और अंतर्राष्ट्रीय संगठनों की प्रबल भूमिका होगी। उन्हें विश्वास है कि 20 वर्ष के भीतर यह संगठन अथवा देश विश्व पर अमेरिका जितना प्रभाव डालने में समर्थ हो जाएंगे। दूसरी तरफ विश्व में दो ध्रुवीय संरचना की संभावना देखने वाले विद्वानों का मानना है कि अगले दस-पंन्द्रह वर्ष के भीतर चीन को छोड़कर कोई भी अन्य देश अमेरिका के साथ अपनी समग्र शक्ति में अंतर कम नहीं कर पाएगा, जबकि अमेरिका और चीन अन्य बड़ी ताकतों तथा अपने बीच समग्र शक्ति के अंतर को बढ़ाते रहेंगे। इस लेखक का भी यही विचार है।[19] किन्तु यह आमूल परिवर्तन बहुध्रवीय संरचना का हो अथवा दो ध्रुवीय, विद्वानों के बीच इस बात पर कोई असहमति नहीं है कि विश्व के केन्द्र की स्थिति बदलने पर अंतर्राष्ट्रीय व्यवस्था में परिवर्तन होकर रहेगा।

21वीं शताब्दी में विश्व के केन्द्र की भौगोलिक स्थिति बदलेगी, किन्तु प्रमुख अंतर्राष्ट्रीय कर्ताओं के चरित्र में परिवर्तन हो पाना कठिन है। शीत युद्ध की समाप्ति का दौर शुरू होने पर कुछ विद्वानों,

---

19 यान शुएतोंग, "'यि चाओ दुओ छियांग' काइशि शियांग 'लियांग चाओ दुओ छियांग' यानबियान" ("एक महाशक्ति और अनेक प्रमुख शक्तियां" "दो महाशक्तियों और अनेक प्रमुख शक्तियों" का रूप लेने लगी हैं), *हुआनछियु शिबाओ (ग्लोबल टाइम्स)*, 30 दिसम्बर, 2011

विशेषकर यूरोप और चीन के कुछ उदारवादी चिंतकों को संदेह था कि इसके साथ ही प्रमुख अंतर्राष्ट्रीय कर्ताओं का चरित्र बदल जाएगा। वे चीन की आलोचना करते रहे कि वह प्रभुसत्ता की दकियानूसी अवधारणा में जकड़ा हुआ है और स्वयं को बदल नहीं रहा है। उन्हें विश्वास था कि यूरोपीय संघ जैसे अंतर्राष्ट्रीय संगठन प्रभुसत्ता संपन्न देशों की जगह लेकर प्रमुख अंतर्राष्ट्रीय कर्ता हो जाएंगे। किन्तु पिछले 20 वर्ष का इतिहास उनकी इस सोच का समर्थन नहीं करता। विश्व भर में अंतर्राष्ट्रीय संगठनों की संख्या 20,000 से कुछ अधिक से बढ़ते-बढ़ते 50,000 के पार हो गई है फिर भी अंतर्राष्ट्रीय व्यवस्था में प्रमुख भूमिका प्रभुसत्ता संपन्न देशों की ही है। अंतर्राष्ट्रीय संगठनों में गैर-सरकारी संगठनों की संख्या विशेष रूप से ऐसी बढ़ी है जैसे बरसात के बाद नई कोपलें फूटती हैं।[20]

अंतर्राष्ट्रीय कर्ताओं के चरित्र में बदलाव न आने पर प्रश्न यह उठता है कि 21वीं शताब्दी में विश्व के केन्द्र की भौगोलिक स्थिति में परिवर्तन से व्यवस्था में परिवर्तन होगा या नहीं और अंतर्राष्ट्रीय नियमों में कोई परिवर्तन होगा या नहीं। इस प्रश्न का उत्तर खोजने के लिए और गहराई से अध्ययन करना होगा। हम जानते हैं कि चीन का उदय विश्व के केन्द्र में परिवर्तन लाने वाली मुख्य शक्ति होगा, किन्तु यह भी स्पष्ट नहीं है कि चीन के उदय से विश्व में वैचारिक परिवर्तन आ सकता है या नहीं। वर्तमान अंतर्राष्ट्रीय नियम पश्चिम की उदारवादी सोच पर आधारित हैं जिसके कारण पश्चिमी देशों के लिए इन नियमों में परिवर्तन की पहल कर पाना कठिन है। इस समय चीन का उदय मुख्य रूप से भौतिक शक्ति के रूप में प्रकट हो रहा है। भौतिक शक्ति बढ़ने से अंतर्राष्ट्रीय संरचना और शक्ति समीकरण में परिवर्तन तो आ सकता है, किन्तु यह आवश्यक नहीं है कि अंतर्राष्ट्रीय नियमों में परिवर्तन होगा। अभी यह तय कर पाना कठिन है कि चीन विश्व को ऐसी नई विचारधारा दे पाएगा जिससे नए प्रकार के अंतर्राष्ट्रीय नियम स्थापित हो सकेंगे।

चीन के उदय में जिस तरह से अर्थव्यवस्था की प्रधानता है उससे यह निश्चित हो गया है कि विश्व के केन्द्र में परिवर्तन की प्रक्रिया में सामरिक प्रतिद्वंद्विता सबसे पहले टुकड़ों-टुकड़ों में आर्थिक क्षेत्र में दिखाई दे रही है। इसके बाद सैनिक क्षेत्र में प्रतिद्वंद्विता सामने आएगी और सबसे अंत में चिंतन के क्षेत्र में प्रतिद्वंद्विता होगी। विश्व का केन्द्र ऐसा क्षेत्र होगा जो बाहरी क्षेत्रों पर निश्चय ही बहुत भारी वैचारिक प्रभाव डालेगा। इस क्षेत्र के देशों के पास न केवल विश्वस्तरीय भौतिक शक्ति होगी, बल्कि विश्वस्तरीय सांस्कृतिक शक्ति होगी जो वैचारिक प्रभाव डाल सके। इसी कारण से अक्सर विश्व का केन्द्र परिधि के देशों के लिए अनुकरणीय आदर्श बन जाता है। विश्व के केन्द्र में प्रमुख कर्ता होने के नाते अमेरिका की विचारधारा का विश्व पर गहरा प्रभाव रहा है। फिलहाल चिंतन के स्तर पर विश्व में चीन का प्रभाव अमेरिका की बराबरी नहीं कर सकता, किन्तु वह दिखाई तो देने

20 झु लिछुन, व अन्य, *झोंगगुओ यु गुओजि तिशि जिनचेंग यु शिजियान* (चाइना एंड द इंटरनेशनल सिस्टमः प्रोसेस एंड प्रेक्टिस) (बीजिंगः वर्ल्ड इंटेलीजेंस प्रेस, 2012), 19

लगा है। उदाहरण के लिए विदेशी विद्वान लाओजि, कन्फ्यूशियस, जेंग गुओफान, लियांग छियाओ, माओ जेदोंग, देंग शियाओपिंग जैसी चीन की पुरानी हस्तियों पर शोध और अध्ययन तक सीमित रहने की बजाय वर्तमान काल में जीवित चीनी विचारकों पर भी ध्यान देने लगे हैं। अंग्रेज विद्वान मार्क लिओनार्ड ने 2008 में पुस्तक प्रकाशित की *व्हाट डज चाइना थिंक?*[21] यह 21वीं शताब्दी में इस विदेशी विद्वान की पहली रचना है जिसमें आज के युग के चीनी विचारकों के सामरिक चिंतन की विवेचना की गई है। इस पुस्तक का 17 भाषाओं में अनुवाद हुआ है। इसी तरह की एक और रचना 2010 में दक्षिण कोरिया के विद्वान मून चुंग-इन की थी, *द ग्रेट स्ट्रैटजी ऑफ चाइनाज राइज–इन–डैप्थ डॉयलाग विद लीडिंग चाइनीज इंटेलेक्चुअल*।[22] जब विदेशी विद्वान किसी देश के जीवित विचारकों के चिंतन की विवेचना करने लगे तो समझ लेना चाहिए कि विश्व पर उस देश का कुछ वैचारिक प्रभाव पड़ने लगा है। इसका कारण यह है कि किसी उदीयमान शक्ति की सफलता अथवा असफलता बहुत हद तक जीवित चिंतक पर निर्भर करती है अतीत के चिंतकों पर नहीं।

इस बात के थोड़े बहुत संकेत मिलने लगे हैं कि चीन सरकार ने चीन की पारंपरिक संस्कृति के मार्गदर्शन में स्पष्ट रूप से अपनी वृहद रणनीति तैयार कर ली है। चीन सरकार ने 2011 में एक श्वेत पत्र प्रकाशित किया था *चाइनाज पीसफुल डेवलेपमेंट।* इसमें चीन के शांतिपूर्ण विकास के तीन प्रमुख अंगों में पारंपरिक चीनी संस्कृति को एक अंग माना गया है।[23] इस लेखक का चीन सरकार से यह भी आग्रह है कि वह अपनी विदेश नीति में चीन के प्राचीन राजनीतिक चिंतन को भी अपनाए और चीन के उदय की मार्गदर्शक नीति के रूप में "मानवीय सत्ता" (*वांगदाओ*) के विचार को अपनाए ताकि उसके आधार पर नए अंतर्राष्ट्रीय नियमों की रचना की जा सके।[24] चीन के अनेक विद्वान मानते हैं कि चीन के उदय के साथ-साथ उसकी सांस्कृतिक शक्ति को भी बढ़ाया जाना चाहिए। हालांकि यह इस बात का पर्याप्त प्रमाण नहीं है कि चीन के उदय से अंतर्राष्ट्रीय नियमों में कोई ठोस बदलाव आएगा। जब राष्ट्र राज्य ही प्रमुख अंतर्राष्ट्रीय कर्ता हैं और अंतर्राष्ट्रीय नियमों में कोई ठोस परिवर्तन नहीं होता तो हम कह सकते हैं कि मात्र अंतर्राष्ट्रीय संरचना में परिवर्तन अंतर्राष्ट्रीय व्यवस्था के प्रकार में परिवर्तन लाने के लिए पर्याप्त नहीं है।

इसके बावजूद इस बात की संभावना है कि पूर्व एशिया विश्व का केन्द्र बनेगा और अंतर्राष्ट्रीय व्यवस्था के प्रकार में परिवर्तन ला सकेगा। इसका मूल कारण यह है कि पूर्व एशियाई देशों की प्रकृति कन्फ्यूशीवादी संस्कृति से मिलती-जुलती है। कन्फ्यूशीवादी संस्कृति केवल चीन की ही नहीं,

---

21 मार्क लिओनार्ड, *व्हाट डज चाइना थिंक?* (लंदनः फोर्थ एस्टेट, 2008)

22 चुंग-इन मून, *झोंग्गुओ जुएछि दाझानलुए–यु झोंग्गुओ झिशि जिंगयिंग दि शेनचेंग दुइहुआ* (*द ग्रेट स्ट्रैटजी ऑफ चाइनाज राइज–इन–डैप्थ डॉयलाग विद लीडिंग चाइनीज इंटेलेक्चुअल्स*), अनुवादक लि चुनफु (बीजिंगः वर्ल्ड इंटेलीजेंस प्रेस, 2011)

23 चीन जनवादी गणराज्य का राज्य परिषद सूचना कार्यालय, *झोंग्गुओ द हेपिंग फझान* (चाइनाज पीसफुल राइज) (बीजिंगः पीपुल्स प्रेस, 2011), 24-25

24 यान शुएतोंग, *एन्शियंट चाइनीज थॉट, मॉर्डन चाइनीज पावर* (प्रिंसटनः प्रिंसटन यूनिवर्सिटी प्रेस, 2011)

बल्कि जापान, दक्षिण व उत्तर कोरिया, सिंगापुर, थाइलैंड, वियतनाम, लाओस व कई अन्य देशों की भी पारंपरिक संस्कृति है। कन्फ्यूशीवादी संस्कृति और यूरोप की ईसाई संस्कृति में बहुत भिन्नताएं हैं। पूर्व एशिया जब विश्व का केन्द्र बन जाएगा तो कन्फ्यूशीवादी संस्कृति निश्चय ही विश्व की सर्वाधिक प्रभावशाली संस्कृतियों में से एक हो जाएगी और नए प्रकार के अंतर्राष्ट्रीय नियमों की रचना पर उसका प्रभाव पड़ना अवश्यंभावी है। 2023 तक पूर्व एशिया विश्व का केन्द्र बनेगा या नहीं यह तो बहुत हद तक उसकी भौतिक शक्ति पर निर्भर होगा, किन्तु अंतर्राष्ट्रीय व्यवस्था में परिवर्तन लाने के लिए पूर्व एशियाई संस्कृति को ऐसा प्रभाव दिखाना होगा जो नए प्रकार के अंतर्राष्ट्रीय नियमों की रचना कर सके। अंतर्राष्ट्रीय व्यवस्था में इस प्रकार का बदलाव संभव करने में 2023 के बाद 10 या 20 वर्ष और लग सकते हैं।

आगामी दशक में पूर्व एशिया का प्रभाव

यह स्पष्ट रूप से तय कर पाना अब भी कठिन है कि विश्व का केन्द्र जब यूरोप से निकलकर पूर्व एशिया में आ जाएगा तो उससे अंतर्राष्ट्रीय नियमों का स्वरूप कुछ बदलेगा। फिर भी हम यह देख सकते हैं कि कुछ महत्वपूर्ण अंतर्राष्ट्रीय नियमों में अलग-अलग हद तक परिवर्तन शुरू हो चुका है। संभव है कि ये नियम विकसित होते-होते एक दशक बाद प्रधानता हासिल कर लें।

अगले दशक में घरेलू मामलों में हस्तक्षेप के नियम में सहअस्तित्व का पुट आएगा और घरेलू मामले में हस्तक्षेप न करने का नियम स्थापित हो जाएगा। कुछ विकासशील देशों ने हस्तक्षेप संबंधी नियम तय करना और अपनाना शुरू कर दिया है। दिसम्बर, 2011 में 33 लैटिन अमेरिकी और कैरेबियन देशों ने लैटिन अमेरिकी व कैरेबियन देश समुदाय के अनुच्छेद पारित किए और उनमें "लोकतांत्रिक एवं संवैधानिक प्रक्रिया सरंक्षण" की धारा शामिल कर दी जिससे सदस्य देशों के लिए सैनिक विद्रोह वाले देशों में हस्तक्षेप के नियम तय हो गए। मार्च, 2011 में 22 देशों की अरब लीग ने पश्चिमी देशों से मांग की कि वे लीबिया में उड़ान वर्जित क्षेत्र घोषित करें ताकि विद्रोही सेनाओं को मदद मिल सके। इसी वर्ष नवम्बर में विरोधी गुटों के हिंसक दमन की सीरिया सरकार की नीति को देखते हुए अरब लीग ने सीरिया को निष्कासित कर दिया और दिसम्बर में सीरिया पर आर्थिक प्रतिबंध लगा दिए। चीन ने सीरिया पर प्रतिबंध लगाने के संयुक्त राष्ट्र सुरक्षा परिषद के फैसले पर सहमति दी और लीबिया में उड़ान वर्जित क्षेत्र की घोषणा का भी विरोध नहीं किया। चीन ने सीरिया को निष्कासित करने और उससे संबद्ध नीतियों पर अरब लीग के फैसले को भी समझा।

बहुत से लोगों का मानना है कि विश्व में हस्तक्षेप के नहीं बल्कि हस्तक्षेप न करने के ही नियम हैं, जबकि वास्तव में ऐसा नहीं है। प्राचीन काल से ही हस्तक्षेप के बारे में अंतर्राष्ट्रीय नियम मौजूद हैं और लंबे समय तक उनकी प्रधानता रही है। 2,600 वर्ष से भी पहले कुई-छियु गठबंधन ने सदस्यों के घरेलू मामलों में हस्तक्षेप के नियम बनाए थे और यह भी तय किया था कि उन

पर हस्ताक्षर करने वाले देश न तो राजा की रानियों के पुत्रों की जगह उनकी संगनियों के पुत्रों को दे सकेंगे, न संगनियों को पत्नी बना सकेंगे और न ही शासन में महिलाओं को भागीदारी दे सकेंगे। हस्तक्षेप न करने के नियम वेस्टफालियन व्यवस्था में आए जिसकी स्थापना 1648 में हुई थी। संयुक्त राष्ट्र की स्थापना के बाद धीरे-धीरे यह एक प्रमुख अंतर्राष्ट्रीय नियम बन गया। दो ध्रुवीय व्यवस्था की तरफ रुझान का अर्थ यह है कि एकाधिकारवादी प्रभाव घट रहा है जिसमें क्षेत्रीय संगठनों को क्षेत्रीय मामलों में हस्तक्षेप करने की जगह मिल जाती है। इसीलिए विकासशील क्षेत्रों में बड़ी शक्तियां और विकासशील देशों के क्षेत्रीय संगठन सत्ता में इन शून्यों को भरने लगे हैं। इसका सीधा सा अर्थ है कि हस्तक्षेप के नियमों का चलन बढ़ रहा है। अब से हस्तक्षेप करने और न करने के दोनों नियम लंबे समय तक साथ-साथ अपनाने की प्रक्रिया जारी रहेगी। 1945 में संयुक्त राष्ट्र की स्थापना के बाद से देशों के एकीकरण और जनता के आत्मनिर्णय के अधिकार, दोनों को संरक्षण देने के परस्पर विरोधी नियम साथ-साथ चलते रहे हैं और इन अंतर्राष्ट्रीय सिद्धांतों का सदस्य देशों ने पालन किया है।

अगले दशक में अंतर्राष्ट्रीय संगठनों की खोखली बातों का सिलसिला गंभीर होता जाएगा। विश्व के मामलों को संभालने की अंतर्राष्ट्रीय संगठनों की क्षमता में गिरावट आ रही है। अंतर्राष्ट्रीय मंच पर अनेक प्रकार के कर्ता हैं जिनमें अंतर्राष्ट्रीय संगठनों का महत्व देशों के बाद आता है। दूसरे महायुद्ध के बाद स्थापित अंतर्राष्ट्रीय संगठनों ने अग्रणी सदस्यों की आजीवन व्यवस्था अपनाई अर्थात सदस्य देशों के बीच शक्ति समीकरणों में कुछ भी बदलाव हो जाए अंतर्राष्ट्रीय संगठनों के अग्रणी सदस्य नहीं बदलेंगे। संयुक्त राष्ट्र सुरक्षा परिषद के स्थायी सदस्यों को नहीं बदला जाएगा, विश्व बैंक के अध्यक्ष का चयन केवल अमेरिका करेगा और अंतर्राष्ट्रीय मुद्राकोष के महानिदेशक का पद केवल किसी यूरोपीय व्यक्ति को ही दिया जाएगा। बड़ी शक्तियों के शक्ति समीकरण में हो रहे परिवर्तन को देखते हुए अग्रणी सदस्यों की आजीवन व्यवस्था के परिणामस्वरूप अग्रणी सदस्यों की शक्ति और दायित्वों के बीच असंतुलन हो गया है। अग्रणी कहलाने वाले देशों में नेतृत्व प्रदान करने की सामर्थ्य नहीं रही है और जिन देशों में यह सामर्थ्य है उनके पास नेतृत्व करने का अधिकार नहीं है। इस कारण अंतर्राष्ट्रीय संगठन, अंतर्राष्ट्रीय व्यवस्था को संरक्षण और अंतर्राष्ट्रीय सहयोग को प्रोत्साहन देने में कारगर नेतृत्व प्रदान करने में अशक्त हो गए हैं। शीत युद्ध की दो ध्रुवीय व्यवस्था के दौर में सुरक्षा परिषद के स्थायी सदस्य बार-बार वीटो के अधिकार का उपयोग करते थे और उसकी आवृत्ति शीत युद्ध के बाद के दौर की तुलना में बहुत अधिक थी। अब एक ध्रुवीय की जगह दो ध्रुवीय व्यवस्था फिर आने पर हो सकता है कि वीटो के अधिकार का उपयोग एक बार फिर बढ़ जाए।

चूंकि अंतर्राष्ट्रीय संगठन हर संकट में केवल खोखली बातें ही कर सकते हैं और सदस्य देशों की अपेक्षित भूमिका बताने में असफल रहते हैं, इसलिए संकटों के समाधान के लिए नई संस्थाओं की स्थापना का चलन बढ़ता जा रहा है। उदाहरण के लिए जब जी8 विश्व की आर्थिक समस्याएं नहीं

सुलझा सका तो जी20 का गठन हो गया। पूर्व एशिया में आर्थिक सहयोग जुटाने में चुनौतियों का सामना होने पर अनेक क्षेत्रीय सहकारी संगठन और तंत्र, जैसे ऐपेक, 10+1, 10+1 और 10+8 बना लिए गए। अंतर्राष्ट्रीय संस्थाओं के प्रसार के साथ-साथ अंतर्राष्ट्रीय शिखर बैठकों का सिलसिला भी नाटकीय स्तर तक बढ़ने लगा और सम्मेलनों से जारी घोषणाओं की लंबाई भी बढ़ती गई। इसका कारण यह है कि अंतर्राष्ट्रीय तंत्रों में कुशल प्रबंधन का अभाव है, इसलिए गुणवत्ता की जगह मात्रा बढ़ा दी जाती है। गुणवत्ता की जगह मात्रा पर बल दिए जाने का परिणाम यह है कि हर बार सम्मेलनों में सहयोग बढ़ाने की आपसी समझ तो दोहराई जाती है, लेकिन उसके बाद सहयोग को आगे बढ़ाने की कोई कार्रवाई नहीं होती। अंतर्राष्ट्रीय संस्थाओं में समस्याएं सुलझाने की बजाय भिन्न-भिन्न मत व्यक्त करने का सिलसिला बढ़ता जा रहा है। अगले दशक में निष्पक्षता और न्याय की विचारधारा में प्रगति की संभावना है। निष्पक्षता के सिद्धांत को स्वतंत्रता के सिद्धांत का मुकाबला करना होगा। शीत युद्ध की समाप्ति के बाद उदारवादी व्यवस्था अंतर्राष्ट्रीय राजनीतिक सोच की मुख्यधारा का अंग बन गई। किन्तु हाल के वर्षों में निष्पक्षता की विचाराधारा उदारवादी व्यवस्था की प्रधानता को चुनौती देने लगी है। व्यापार में भारी पलड़े के हल्का होते जाने के कारण अमेरिका और यूरोप अब निष्पक्ष व्यापार की दुहाई देने लगे हैं और मुक्त व्यापार की श्रेष्ठता पर चर्चा करने से भी बच रहे हैं। दुनिया भर में बढ़ते कार्बन डाइऑक्साइड उत्सर्जन में कमी के लिए बढ़ते दबाव के सामने नई अर्थव्यवस्थाओं ने उत्सर्जन में कमी के लिए साझे, किन्तु भिन्न-भिन्न दायित्वों का प्रस्ताव रखा जो उत्सर्जन में कमी में निष्पक्षता का सिद्धांत है। देश चाहते हैं कि अपने आर्थिक विकास के अलग-अलग स्तर के अनुसार उत्सर्जन में कमी के अलग-अलग दायित्व निभाएं। कुछ विकासशील देशों ने उत्सर्जन में कमी में निष्पक्षता के सिद्धांत की ऐतिहासिक दृष्टि से वकालत की है। उनका तर्क है कि विकसित देशों ने औद्योगीकरण के दौर में पिछले 60 वर्ष में विश्व की केवल 17 प्रतिशत जनसंख्या के साथ 70 प्रतिशत वैश्विक कार्बन डाइऑक्साइड उत्सर्जन किया, जबकि विकासशील देशों ने 83 प्रतिशत जनसंख्या के साथ केवल 30 प्रतिशत उत्सर्जन किया। अतः उत्सर्जन कम करने में विकसित देशों की जिम्मेदारी विकासशील देशों से अधिक होनी चाहिए क्योंकि यही एक मात्र तरीका है। निष्पक्षता वास्तव में भिन्नता के सिद्धांत से प्रकट होती है, जबकि स्वतंत्रता स्पर्धा में बराबरी के सिद्धांत से परिलक्षित होती है।

न्यायसंगत व्यवस्था अपनाने का विचार आर्थिक विकास में प्रबल प्रभुत्व को चुनौती देने लगा है। मानव की भौतिक उत्पादन क्षमता पहले से ही उसकी खपत की आवश्यकताओं से कहीं अधिक है जिसके कारण वैश्विक अधिशेष हो रहा है। किन्तु आवंटन बराबर न होने के कारण निर्धनता और लाचारी की समस्याएं नहीं सुलझ पाई हैं। वैश्वीकरण से ध्रुवीकरण बढ़ता है क्योंकि मानव की उत्पादकता बढ़ती है। उसका एक परिणाम यह है कि विकसित देशों और विकासशील देशों में सामाजिक न्याय के लिए जन आवश्यकताएं, आर्थिक विकास के लिए जन आवश्यकताओं की तुलना में कहीं अधिक है। लोगों के जीवन में भौतिक उन्नति के बाद सामाजिक न्याय के प्रति

असहनशीलता, अरब वसंत, वॉल स्ट्रीट पर कब्जे का आंदोलन और यूरोपीय किफायत विरोधी आंदोलन तथा चुनाव में धोखाधड़ी पर रूस में जन प्रतिरोध, सब इस बात के उदाहरण हैं कि सामाजिक न्याय के लिए जनता की मांग आर्थिक विकास की तुलना में अधिक प्रबल है। इसके साथ ही साथ दो ध्रुवीय व्यवस्था के रुझान ने अमेरिका की अग्रणी अंतर्राष्ट्रीय हैसियत को कमज़ोर करना शुरू कर दिया है। स्वतंत्रता एवं समानता के मूल आदर्श वाली पारंपरिक अमेरिकी विचारधारा को देश और विदेश दोनों जगह निष्पक्षता और न्याय की मांग से चुनौती मिलने लगी है। 2023 तक आग्नेय अस्त्र नियंत्रण कानून को पारित न होने देने की अमेरिकी कांग्रेस की कोशिश को मीडिया में सुर्खी मिलेगी "न्याय विहीन।"

विश्व का केन्द्र पूर्व एशिया में स्थापित होने के बारे में इस अध्याय में किए गए पूर्वानुमान के दो मूल बिन्दु हैं। एक तो चीन का उदय विश्व के केन्द्र की भौगोलिक स्थिति में बदलाव लाने वाली मुख्य शक्ति होगा। चीन का उदय नहीं हुआ तो पूर्व एशिया अगले दस वर्ष के भीतर विश्व का केन्द्र नहीं बन पाएगा। दूसरा बिन्दु यह है कि अंतर्राष्ट्रीय व्यवस्था पर चीन के उदय का प्रभाव केवल चीन और अमेरिका के बीच शक्ति का अंतर कम होने पर ही नहीं, बल्कि इस बात पर भी निर्भर होगा कि चीन वर्तमान अंतर्राष्ट्रीय नियमों में बदलाव के लिए विश्व को अंतर्राष्ट्रीय नेतृत्व का नया मॉडल प्रदान कर सकता है या नहीं। अंतर्राष्ट्रीय व्यवस्था के प्रसार में परिवर्तन के लिए उसके कम से कम दो अंगों के स्वरूप में बदलाव आवश्यक है। यदि चीन के उदय से केवल अंतर्राष्ट्रीय संरचना में बदलाव होता है किन्तु वह अंतर्राष्ट्रीय नियमों में परिवर्तन नहीं ला सकता तो अंतर्राष्ट्रीय व्यवस्था का स्वरूप नहीं बदलेगा। यदि चीन अंतर्राष्ट्रीय नियमों का नया मॉडल प्रस्तुत कर सकता है तो पूर्व एशिया के देशों का नया केन्द्र बनने के बाद अंतर्राष्ट्रीय व्यवस्था के स्वरूप में बदलाव कर पाना उसके लिए संभव होगा।

अध्याय तीन

——◆◆◆——

अतीत की बड़ी शक्तियां :
रूस, जापान और यूरोप 2023 तक

यदि राष्ट्र महान हो किन्तु शासन कमज़ोर हो तो वह भी उतना ही कमज़ोर हो जाएगा।

– *"नेतृत्व के संदर्भ में" गुआंज़ि* में

1990 के दशक में यह धारणा बलवती हो रही थी कि विश्व बहुध्रुवीकरण की ओर बढ़ेगा और रूस, जापान तथा यूरोप एक-एक ध्रुव होंगे। 1990 के दशक में देंग शियाओपिंग ने कहा था, "भविष्य में विश्व में जब तीन, चार या पांच ध्रुव होंगे तो सोवियत संघ चाहे कितना ही कमज़ोर हो जाए और चाहे कुछ गणराज्य उससे अलग हो जाएं फिर भी वह उन सब में से एक ध्रुव रहेगा। इस तथाकथित बहुध्रुवीय विश्व में एक ध्रुव चीन को माना जाएगा।"[1] यूरोप और जापान 1990 के दशक में तीन बड़ी आर्थिक शक्तियों के रूप में अमेरिका के साथ खड़े दिखाई देते थे। पूर्व एशिया की अर्थव्यवस्था की "वी" आकृति में जापान खुद को सबसे अग्रणी माना करता था और पश्चिमी यूरोपीय देश समाज कल्याण में ऊंची व्यवस्था वाले तंत्रों के रूप में अमेरिका और जापान से श्रेष्ठ होने का दावा किया करते थे। किन्तु पिछले 20 वर्ष के इतिहास ने दिखा दिया है कि रूस विश्व शक्ति से गिरकर क्षेत्रीय शक्ति रह गया है और उसके फिर महाशक्ति होने की संभावना जापान की तरह ही कम से कमतर होती जा रही है। जापान की अर्थव्यवस्था में लंबे समय से ठहराव रहा है। वह

---

1 *देंग शियाओपिंग वेनशियान–दिसान जुआन* (देंग शियाओपिंग की चुनी हुई रचनाएं - तीसरा खंड) (बीजिंग: पीपुल्स प्रेस, 1993), 353

विश्व की दूसरी सबसे बड़ी अर्थव्यवस्था और सबसे बड़े विदेशी मुद्रा भंडार वाले देश का दर्जा खो चुका है। यूरोप का ऋण संकट बहुत बढ़ गया है वहां बड़े पैमाने पर सामाजिक असंतोष चल रहा है और समाज कल्याण की ऊंची व्यवस्थाएं उसके लिए गंभीर रोग बन गई हैं। इतिहास की जड़ता के सिद्धांत के अनुसार रूस, जापान और यूरोप में अगले दशक के दौरान धीरे-धीरे गिरावट आती रहेगी। 2023 तक रूस, जापान और यूरोप का अंतर्राष्ट्रीय दर्जा वर्तमान स्तर से भी नीचे होगा और उनका अंतर्राष्ट्रीय प्रभाव घटते-घटते अपने क्षेत्रों तक सिमट जाएगा। विश्व के मामलों पर उनका प्रभाव नाममात्र का रह जाएगा। रूस, जापान और यूरोप तीनों के लिए विश्व व्यवस्था का ध्रुव होने की कोई संभावना नहीं है।

रूस – पुनः महाशक्ति बनने में असमर्थ

इतिहास की जड़ता को तोड़ना कठिन होता है। 1992 में विदेश में पढ़ाई पूरी करके चीन लौटने पर मैंने रूस के विषय में अनेक गोष्ठियों में हिस्सा लिया। सोवियत संघ के विघटन के बाद की स्थिति में रूस से संबद्ध लगभग सभी विशेषज्ञ सोच रहे थे कि रूस बहुत जल्द अपना खोया हुआ वैभव वापस पा लेगा। उनकी इन आशाओं के तीन कारण थेः रूस के पास उन्नत बुनियादी ढांचा और टैक्नॉलॉजी उपलब्ध थे, बहुत उत्तम उच्च शिक्षा व्यवस्था एवं अत्यंत गुणवान वैज्ञानिक तकनीशियन थे और प्राकृतिक संसाधनों का प्रचुर भंडार था। किन्तु पिछले 20 वर्ष का इतिहास बताता है कि रूस भी इतिहास की जड़ता के इस नियम को नहीं तोड़ पाया कि कोई ऐसा साम्राज्य नहीं है जो अपने पतन के बाद एक शताब्दी से कम समय में फिर उठ खड़ा हुआ हो। पिछले 20 वर्ष में रूस के मूल बुनियादी ढांचे में बड़े पैमाने पर सुधार नहीं हो सका और वह चीन की तुलना में बहुत पीछे रह गया है; रूस के अनेक वैज्ञानिक देश छोड़ गए हैं और उसके यहां शिक्षा की कुल गुणवत्ता चीन की बराबरी नहीं कर सकती; रूस जो कभी मैन्यूफैक्चरिंग उद्योग में विश्व शक्ति हुआ करता था, अब विश्व भर में प्राकृतिक संसाधनों का निर्यातक हो कर रह गया है।

सन् 2000 में राष्ट्रपति चुने जाने पर व्लादिमीर पुतिन ने पीटर महान की सौंगध खाकर रूस की जनता को भरोसा दिलाया था, "मुझे 20 वर्ष दे दो मैं आपको चमत्कारी रूस बनाकर दिखाऊंगा।" किन्तु, 13 वर्ष बाद भी पुतिन अपनी यह सौंगध दोहराने की हिम्मत नहीं जुटा पाए हैं। अगस्त 1999 में वे प्रधानमंत्री बने, फिर राष्ट्रपति बने, दो कार्यकाल राष्ट्रपति रहे और एक बार प्रधानमंत्री। 2012 में फिर राष्ट्रपति बन गए और अब 14 वर्ष से देश की सत्ता उनकी मुट्ठी में है। अब न पुतिन, न रूस की जनता, न पश्चिम और विकासशील देशों के विशेषज्ञों में से कोई यह मानता है कि रूस एक दशक के भीतर महाशक्ति का अपना वह दर्जा फिर हासिल कर पाएगा जो कभी ताकतवर सोवियत संघ का हुआ करता था।

चमत्कार होते हैं पर उनके लिए भी कुछ परिस्थितियां होती हैं। 1682 से 1725 तक शासन करने

वाले पीटर महान को 1689 में सत्ता पर कब्जा करने से लेकर 1721 में उत्तरी युद्ध जीतने तक एक शक्तिशाली यूरोपीय साम्राज्य के निर्माण में 32 वर्ष लगे। 1945 में दूसरा महायुद्ध समाप्त होने के 16 वर्ष बाद 1961 में सबसे पहले मानव को अंतरिक्ष में भेजने और उसके बाद 1972 तक जब विद्वानों ने उसे अमेरिका के समकक्ष विश्व की महाशक्ति कहना शुरू कर दिया, लंबे सफर में सोवियत संघ को 27 वर्ष लगे। इस तरह का चमत्कार केवल रूस में ही नहीं हुआ है। चीन के इतिहास में भी चिन शिहुआंग (247 ईसा पूर्व से 210 ईसा पूर्व तक सत्तासीन) ने 238 ईसा पूर्व में सत्तारूढ़ होने से लेकर 221 ईसा पूर्व में छह साम्राज्यों को एकजुट करने तक महान चिन साम्राज्य को खड़ा करने में 17 वर्ष लगाए। किन्तु इतिहास के ये चमत्कार नेताओं की विशेष राजनीतिक क्षमताओं से उत्पन्न परिस्थितियों की देन थे। पुतिन ने पिछले 13 वर्ष में रूस के पतन की चाल तो धीमी कर दी है, किन्तु अतीत के उन चमत्कारी राजनीतिक चरित्रों की तुलना में पुतिन ने वैसी असाधारण राजनीतिक क्षमता का परिचय बिल्कुल नहीं दिया है। यदि पुतिन दो और कार्यकाल के लिए राष्ट्रपति रहे और 2024 तक शासन करते रहे तो भी उनकी नेतृत्व क्षमता रूस को पुराने दिनों के सोवियत संघ का वैभव लौटाने के लिए पर्याप्त नहीं होगी। राजनीतिक नेतृत्व का मूल गुण सुधार प्रक्रिया को आगे बढ़ाने की महारथ है। पुतिन अगले दशक में जो भी सुधार कर पाएंगे उनका दायरा सीमित होगा।

पुतिन के अच्छे दिनों का अंत

पुतिन रूस में सामाजिक सुधारों के लिए सशक्त राजनीतिक नेतृत्व नहीं दे पाएंगे। 2012 के आम चुनाव में उनकी जीत भले ही हुई, किन्तु उनके प्रति समर्थन की दर 2000 से 2008 तक राष्ट्रपति के उनके कार्यकाल जितनी ऊंची नहीं थी। उन दिनों पुतिन के समर्थक गाया करते थे "महिलाएं पुतिन जैसा पति चाहती हैं", किन्तु 2012 में युवाओं का प्रिय गीत था "हे देवी, पुतिन से मुक्ति दिलाओ।" प्रारंभिक दौर में 80 प्रतिशत की समर्थन दर की तुलना में 2012 में पुतिन की व्यक्तिगत समर्थन दर 63 प्रतिशत रह गई। लेवादा सेंटर के आंकड़ों के अनुसार दमित्रि मेदवेदेव की सरकार के गठन के छह महीने बाद ही जो समर्थन दर मई, 2012 में 53 प्रतिशत पक्ष और 46 प्रतिशत विपक्ष में थी, नवम्बर में 40 प्रतिशत पक्ष और 59 प्रतिशत विपक्ष में हो गई।[2] केवल छह माह के भीतर विरोधियों का अनुपात 13 प्रतिशत बढ़ गया।

अपनी प्रतिष्ठा वापस पाने की पुतिन की इच्छा पूरी होने में अनेक कठिनाइयां हैं। उनमें से सबसे बड़ी कठिनाई असरदार सरकार के गठन के लिए संघर्ष करने की है। अपने 14 वर्ष के शासनकाल में पुतिन सरकारी भ्रष्टाचार पर असरदार ढंग से लगाम नहीं लगा पाए हैं और भविष्य में भी इस

---

2 "बु जियान झेंगजि दि बाननियान" (छह माह में कोई उपलब्धि नहीं), *इल्युओशी बाओझिवांग* (रसियन न्यूजपेपर नेट), 30 नवम्बर, 2021

समस्या को सुलझाना कठिन होगा। भ्रष्टाचार के विरोध में एक अंतर्राष्ट्रीय संगठन ट्रांसपेरेंसी इंटरनेशनल के शोध के अनुसार भ्रष्टाचार के मामले में रूस 180 देशों में से 146वें स्थान पर है (इस क्रम में जो देश जितना ऊपर होगा भ्रष्टाचार का असर उतना ही कम रहता है)। रूस की अपनी भ्रष्टाचार रोधी संस्था के आंकड़े बताते हैं कि सरकारी अधिकारियों ने कुल जितनी रिश्वत ली वह रूस के सकल घरेलू उत्पाद के आधे के बराबर थी।[3] जनता सरकारी नौकरशाही और भ्रष्टाचार से बुरी तरह तंग आ चुकी है किन्तु पुतिन अब इस सबके लिए अपने पूर्ववर्ती शासकों को जिम्मेदार नहीं ठहरा सकते। आम जनता, विपक्षी दल, सत्तारूढ़ दल के भीतर परस्पर विरोधी गुट और भ्रष्ट अधिकारी भी यह मानने को तैयार नहीं हैं कि पुतिन नौकरशाही के भ्रष्टाचार की समस्या से निपटने में समर्थ हैं क्योंकि अनेक भ्रष्ट अधिकारी अतीत में पुतिन के विश्वस्त अनुचर रहे हैं।

पुतिन के लिए इस कार्यकाल में अपने प्रति समर्थन बढ़ाना कठिन होगा, इसलिए 2018 में एक और चुनाव जीत पाने की संभावना उतनी अधिक नहीं है। उन्हें पक्का विश्वास है कि सत्ता का केन्द्रीकरण सरकार की कुशलता सुधार सकता है और उसके बल पर वह राष्ट्रपति की शक्ति बढ़ाने तथा विपक्ष को कुचलने में सफल होंगे। 2012 में चुने जाने के बाद पुतिन ने राष्ट्रपति कार्यालय में दो सहायक और एक सलाहकार नियुक्त कर कर्मचारियों का दायरा बढ़ाया। उन्होंने देश की संसद ड्यूमा से भी आग्रह किया कि विपक्ष की गतिविधियों पर अंकुश लगाया जाए और उन पर आपराधिक कार्रवाई की जाए। गैर-सरकारी संगठनों पर नियंत्रण के लिए गैर-मुनाफा संगठन अधिनियम में भी संशोधन की घोषणा की गई। स्थिरता रखने वाली इन नीतियों से सतही तौर पर सामाजिक स्थिरता स्थापित करने में मदद मिलती है किन्तु इनसे पुतिन के विरोधियों की सामाजिक शक्ति का विस्तार होना भी निश्चित है जिससे 2018 में फिर चुनाव की संभावनाओं को शक्ति नहीं मिलती। रूस में मध्यम वर्ग का जनसंख्या में अनुपात 20 प्रतिशत है। इस वर्ग में यह आम धारणा है कि पुतिन का तीन कार्यकाल तक राष्ट्रपति रहना अवैध है। ऐसी धारणा के कारण मध्यम वर्ग पुतिन की हर नीति का विरोध करेगा जिसमें भ्रष्टाचार पर लगाम लगाने के लिए सत्ता के केन्द्रीकरण की नीति शामिल है। पुतिन दुविधा में हैं। वे अपने विश्वस्तों पर जितना अधिक भरोसा करते हैं, भ्रष्टाचार पर लगाम लगाना उतना ही अधिक कठिन हो जाता है। भ्रष्टाचार पर लगाम लगाने में जितनी अधिक असफलता मिलती है उनकी सरकार की कुशलता उतनी ही कमज़ोर हो जाती है। इस तरह यह दुष्चक्र चलता ही रहता है। पुतिन की नेतृत्व क्षमता कमज़ोर होती जाएगी जिससे रूस में बड़े पैमाने पर सुधार अपनाए जाने की संभावना कम होगी अर्थात अपनी समग्र शक्ति तेजी से बढ़ा पाने की संभावना रूस के लिए बहुत कम रह जाएगी।

---

3 जियांग लि, "पुजिंग शिनझेंग पिंगशि" (पुतिन की नई सरकार की विवेचना), *शियानदाई गुओजि गुआनशि* (समकालीन अंतर्राष्ट्रीय संबंध), सं. 12 (2012): 24

रूस की मंद अर्थव्यवस्था के कारण

रूस में आर्थिक सुधार लागू करने के लिए असरदार सरकारी उपायों के अभाव में अगले दशक में रूस की औसत वार्षिक आर्थिक वृद्धि दर मुश्किल से 4 प्रतिशत से आगे बढ़ पाएगी। रूस की संसाधन आधारित अर्थव्यवस्था रूस सरकार को पहले जितना मजबूत वित्तीय समर्थन नहीं दे पाएगी। इस समय रूस सरकार का आधे से अधिक राजस्व गैस और तेल से आता है। गैस और तेल के लगातार बढ़ते दामों के सहारे रूस की अर्थव्यवस्था ने एक बार ऊंची वृद्धि का स्वाद चख लिया है किन्तु अगले दशक में भाग्य उसका इस तरह साथ नहीं देने वाला है। अगले दशक में पेट्रोलियम और प्राकृतिक गैस के दामों में गिरावट का रुख रहेगा। अमेरिका में शैल तेल और गैस के उत्पादन में बहुत वृद्धि होगी। 2023 तक अमेरिका न सिर्फ अपने लिए ऊर्जा स्वतंत्रता हासिल कर लेगा, बल्कि उसका निर्यातक भी बन जाएगा। कनाडा में रेत से तेल का उत्पादन लगातार बढ़ता जाएगा। यूरोपीय देश भी अपने शैल तेल भंडारों का उपयोग कर सकेंगे। कजाख्स्तान के कासागन तेल क्षेत्र से 2013 में तेल उत्पादन शुरू हो गया है और अगले दस वर्ष में वह उसका निर्यात कर सकेगा। हाल के वर्षों में अफ्रीका महाद्वीप में तेल भंडारों की खोज और उत्पादन में वृद्धि की गति तेज हुई है। अफ्रीका में ऊर्जा की अपनी ज़रूरत बहुत कम है, इसलिए अगले दशक में उसके तेल और गैस निर्यात में बहुत वृद्धि होगी; 2020 में प्राकृतिक गैस का निर्यात 2011 में हुए निर्यात की तुलना में 43 प्रतिशत अधिक रहने का अनुमान है।[4] लीबियाई युद्ध के बाद लीबिया ने प्राकृतिक गैस का उत्पादन फिर शुरू करके यूरोप को भेजना आरंभ कर दिया। इन सब बातों का तात्पर्य है कि ऊर्जा के निर्यात में रूस के प्रतिद्वंद्वी बढ़ते जाएंगे। फिलहाल स्थिति यह है कि 2012 में रूस से प्राकृतिक गैस का निर्यात 4–5 प्रतिशत घटा है और यूरोप के लिए निर्यातित गैस का दाम 10 प्रतिशत कम करने से बच नहीं सकता।[5] 2012 में उसकी आर्थिक वृद्धि दर 3.5 प्रतिशत थी।[6] अगले दशक में विश्व के ऊर्जा मूल्यों में गिरावट का रुख रहेगा और रूस 5 प्रतिशत या अधिक की आर्थिक वृद्धि दर रखने के लिए तेल व गैस के निर्यात पर निर्भर नहीं रह सकेगा।

पुतिन सरकार को अगले दशक में आने वाली आर्थिक समस्याओं का ज्ञान है, इसीलिए उसने आर्थिक सुधार के लिए सात बड़े उपायों का प्रस्ताव रखा है; किन्तु इन उपायों पर अमल बहुत अच्छे तरीके से नहीं हो रहा है।

पहला उपाय विमानन, अंतरिक्ष और औषधि उद्योग के विकास का है। लंबे समय तक विमानन और

4 वु लेई और वु शिजिंग, "फेइझुऊ नेंगयुआन शिंगशि फाझान बियानहुआ यु वेईलाई छियानजिंग" (अफ्रीका में ऊर्जा की बदलती स्थिति और भविष्य की संभावनाएं), *दांगदाई शिजिए* (समकालीन विश्व), सं. 3 (2013): 19

5 सरगेई पतिलोव, "रूस में प्राकृतिक गैस उत्पादन और निर्यात दोनों में गिरावट", न्यू इज्वेस्तिया, 4 दिसम्बर, 2012

6 चीन जनवादी गणराज्य के वाणिज्यिक सलाहकार का कार्यालय, "ई शुएझे युचि 2013 नियान इल्युओसि जीडीपी जेंगझांग 1.4 प्रतिशत" (रूसी विद्वानों का अनुमान है कि 2013 में रूस की जीडीपी दर 1.4 प्रतिशत होगी), *द नेट ऑफ कमर्शियल काउंसलर्स ऑफिस ऑफ द पीआरसी,* 31 जनवरी, 2013, http://ru.mofcom.gov.cn/article/jmxw/201301/20130100017764.shtml.

अंतरिक्ष उद्योगों में रूस श्रेष्ठ रहा है, किन्तु पिछले 14 वर्ष में पुतिन इन दोनों उद्योगों को बहुत आगे नहीं बढ़ा पाए हैं, इसलिए इन दोनों क्षेत्रों में पुतिन के लिए मनचाहे चमत्कार कर पाना बहुत कठिन होगा। औषधि उद्योग में उच्च तकनीक का इस्तेमाल होता है, इसलिए निवेश की लागत भी ऊंची रहती है। 1990 के दशक में अमेरिका ने जैव प्रौद्योगिकी में महत्वपूर्ण निवेश किया और यह उम्मीद लगाई कि इस उद्योग में तेजी से वृद्धि होगी और यह समूची अर्थव्यवस्था को गति देगा। किन्तु उसके नतीजे बहुत निराशाजनक रहे। अपने वैभवशाली दिनों में भी अमेरिका आर्थिक वृद्धि के लिए औषधि उद्योग पर भरोसा नहीं कर पाया था। इसलिए पर्याप्त तकनीशियन और अनुसंधान पूंजी के अभाव में रूस के लिए अपने औषधि उद्योग को विकसित कर पाना संभव नहीं लगता।

दूसरा उपाय अपनी अपार उत्तम उर्वरा भूमि के उपयोग का है जिस पर कृषि उद्योग का विकास किया जाएगा। रूस की शीत जलवायु खेतीबाड़ी के लिए उपयुक्त नहीं है और उसके लिए इंसानों को जिम्मेदार नहीं ठहराया जा सकता। सोवियत युग में खेती का विकास सही ढंग से नहीं हो सका और अक्सर खराब पैदावार के कारण कृषि मंत्री बर्खास्त होते रहे। शीत युद्ध समाप्त होने के 20 वर्ष बाद भी रूस में खेती की हालत नहीं सुधरी है। खेती के सहारे नई आर्थिक वृद्धि हासिल करने के लिए इंसानों को रूस में कुदरत पर जीत हासिल करनी होगी, किन्तु यह काम बहुत कठिन है और इसमें आर्थिक लाभ बहुत कम है।

तीसरा उपाय पूर्व से पश्चिम तक फैले विशाल क्षेत्र में अंतर-महाद्वीपीय परिवहन के विकास का है। शीत युद्ध की समाप्ति के बाद वैश्वीकरण का दौर आया और रूस के भीतर इस विषय पर चर्चा होने लगी। किन्तु 2013 तक कोई ठोस काम होता दिखाई नहीं दिया है। रूस की रेल लाइनों का जाल साइबेरिया से होकर गुजरता है लेकिन साथ लगे बंदरगाह, बिजलीघर, सहायक रेल लाइन, सड़कें और अन्य बुनियादी सुविधाएं खस्ता हालत में हैं। इस नेटवर्क को सुधारने के लिए बहुत भारी निवेश की आवश्यकता पड़ेगी। रूस सरकार के पास इतना पैसा नहीं है और वह अपने आप इतना निवेश जुटा पाएगा इसमें संदेह है। रेल मार्ग के विकास के लिए विदेशी निवेश आकर्षित कर पाना और भी जटिल काम है। एक प्रश्न यह भी है कि क्या बड़े पैमाने पर निवेश करने से बड़े पैमाने पर आर्थिक लाभ होगा। इस समय रूस के सुदूर पूर्वी क्षेत्र के रास्ते यूरोप के लिए परिवहन लागत समुद्री मार्ग की तुलना में दोगुनी है। इसे विदेशी ग्राहकों के लिए आकर्षक होने से पहले कम से कम समुद्री परिवहन की लागत तक लाना होगा। परिवहन की मात्रा भी इतनी बड़ी होनी चाहिए कि रूस के अंतर-महाद्वीपीय रेल मार्ग में सुधार की लागत निकल सके। रेल मार्ग के जरिए परिवहन को लाभकारी बनाने के लिए न सिर्फ बड़ा भारी निवेश ज़रूरी है, बल्कि वर्तमान प्रशासनिक व्यवस्था को भी सुधारना होगा। किन्तु प्रशासनिक व्यवस्था की इन समस्याओं को कुछ वर्ष के भीतर नहीं दूर किया जा सकता। संक्षेप में यह कहना मुश्किल है कि अंतर्राष्ट्रीय सड़क परिवहन के विकास की योजना का अगले दशक में रूस की आर्थिक वृद्धि पर अनुकूल प्रभाव पड़ेगा या नहीं।

चौथा उपाय रूस की तकनीकी दक्षता बढ़ाने के लिए विश्व स्तरीय विशेषज्ञों को आकर्षित करना है। आज की ज्ञान अर्थव्यवस्था में मानवीय प्रतिभा को पाने की होड़ बड़ी शक्तियों के बीच सामरिक स्पर्धा का महत्वपूर्ण अंग बन चुकी है। तकनीकी प्रतिभा को आकर्षित करना आवश्यक है पर क्या रूस में उच्च स्तरीय प्रतिभा को आकर्षित करने के लिए उपयुक्त परिस्थितियां मौजूद हैं इसे लेकर संदेह है। रूस सरकार ने विदेशों से विशेषज्ञ वैज्ञानिकों को आकर्षित करने के लिए जो मानक तय किए हैं उनमें 150,000 रूबल (4,840 अमेरिकी डॉलर) की मासिक व्यक्तिगत वृत्ति के अलावा आवास और प्रयोग के लिए मुफ्त सुविधाएं शामिल हैं। किन्तु यह वृत्ति चीन की एक-चौथाई के बराबर है। चीन प्रतिभाशाली लोगों को 20,000 अमेरिकी डॉलर की मासिक वृत्ति देता है और यह भी विश्व स्तर का मानक नहीं है। विकसित देशों की तुलना में चीन का यह स्तर विश्व मानक के बराबर नहीं कहा जा सकता, इसलिए विदेशी प्रतिभा को आकर्षित करने के मामले में रूस के पास सीमित धन की उपलब्धता को देखते हुए ठोस परिणाम हासिल कर पाना कठिन होगा। वास्तव में अगले दशक में रूस के सामने मानवीय प्रतिभा की असली समस्या विशेषज्ञता की कमी नहीं, बल्कि उपयुक्त वेतन मानकों के साथ अधिक गुणवान तकनीकी श्रमशक्ति के अभाव की है। रूस में सामान्य श्रमिकों के वेतन मानक चीन एवं दक्षिण-पूर्व एशिया की तुलना में ऊंचे हैं पर उनकी कठिनाई सहने की क्षमता इन देशों के श्रमिकों की तुलना में कमज़ोर है। इसलिए अपेक्षाकृत ऊंची श्रम लागत को देखते हुए दूसरे देश रूस में पूंजी निवेश करने को इच्छुक नहीं होंगे।

अन्य तीन उपाय कारोबारी माहौल में सुधार, श्रम उत्पादकता में सुधार और तकनीकी नवोन्मेष में भागीदारी के लिए युवाओं को आकर्षित करने के हैं। ये तीनों उपाय कुछ हद तक साधन नहीं लक्ष्य हैं। इन तीनों लक्ष्यों को हासिल करने के लिए आर्थिक प्रणाली में बहुत बड़े सुधार करने होंगे, किन्तु पुतिन सरकार के पास इसका कोई असरदार कार्यक्रम दिखाई नहीं देता। सच तो यह है कि यदि पुतिन की टीम के पास इन तीनों लक्ष्यों को हासिल करने के लिए सुधार कार्यक्रम लागू करने की सामर्थ्य होती तो अपने प्रधानमंत्री कार्यकाल के अंतिम चार वर्षों में उन्होंने बहुत बड़ी उपलब्धियां हासिल कर ली होती। ये तीनों लक्ष्य प्रधानमंत्री के अधिकार क्षेत्र में आते हैं और इनमें सुधार के रास्ते में राजनीतिक बाधाओं की कोई गुंजाइश नहीं है।

रूस अब दूसरी सैन्य शक्ति नहीं रहेगा

रूस का राष्ट्रीय रक्षा कवच को पर्याप्त धन के अभाव में कमज़ोर होगा और 2023 तक वह विश्व की दूसरी सैन्य शक्ति नहीं रहेगा। सोवियत संघ के विघटन के बाद रूस की सैन्य शक्ति बहुत कम हो गई थी फिर भी वह विश्व की दूसरी सबसे ताकतवर सेना की हैसियत कायम रखने में सफल रहा। किन्तु 2023 तक वह अपनी इस हैसियत को कायम नहीं रख पाएगा।

एसआईपीआरआई की गणना के अनुसार 2011 में रूस का 71.9 अरब डॉलर का रक्षा व्यय अमेरिका

के 711 अरब डॉलर के रक्षा व्यय का केवल 10 प्रतिशत और चीन के 14.3 अरब डॉलर के रक्षा व्यय का आधा है।[7] अगस्त, 2012 में पुतिन ने वायदा किया था कि अगले 10 वर्ष में कुल रक्षा व्यय 780 अरब डॉलर हो जाएगा जिसके लिए प्रतिवर्ष औसतन 78 अरब डॉलर का व्यय करना होगा जो पिछले वर्ष की तुलना में 8.5 प्रतिशत अधिक होगा।[8] प्रथम अध्याय के पूर्वानुमान के आधार पर कहा जा सकता है कि 2023 तक चीन का रक्षा व्यय 347.2 अरब डॉलर यानी अमेरिका के व्यय का 80 प्रतिशत अथवा उससे भी अधिक का होगा। इसका तात्पर्य यह है कि यदि रूस अगले दशक के लिए रक्षा व्यय के निर्धारित लक्ष्य को हासिल कर लेता है तो भी 2023 तक रूस का रक्षा व्यय चीन के व्यय से एक-चौथाई से भी कम और अमेरिका के व्यय से 20 प्रतिशत से भी कम होगा।

सोवियत संघ के विघटन के बाद धन के अभाव में रूस का रक्षा उद्योग अपने सैन्य उद्योग का उत्पादन सोवियत संघ के दिनों के स्तर पर वापस लाने में निरंतर असफल रहा। सैन्य उद्योग में आपूर्ति श्रृंखला टूट जाने के कारण रूस को अपने नौसैनिक जहाज सेवा से हटाने पड़े, बड़ी श्रेणियों के जहाज बनाने की सामर्थ्य खो देने के कारण रूस ने विशाल कीरोव श्रेणी के क्रूज जहाज बनाने की योजना छोड़ दी और 2,000 टन के हल्के फ्रिगेट एवं 5,000 टन के मध्य श्रेणी के सतही जहाज बनाने लगा। किन्तु इस परियोजना को भी ठीक ढंग से नहीं चला पाया और रूस की सेना के सामने अपने विशाल सैन्य अभियानों को सहारा देने के लिए 600 टन की मिसाइल नौकाओं और छोटे फ्रिगेट जहाजों का इस्तेमाल करने के सिवाय कोई विकल्प नहीं बचा। रूस के अधिकतर युद्धपोत एक दशक के भीतर सेवा से हटा दिए जाएंगे और उनकी जगह लेने के लिए नए जहाज उपलब्ध नहीं होंगे, जिसे देखते हुए रूस की नौसेना की शक्ति समाप्त होने की आशंका पैदा हो गई है। 2020 तक हो सकता है कि रूस छह सामरिक मिसाइल पनडुब्बी और नौ या उससे अधिक आधुनिक बनाई गई पनडुब्बियां ही अपने बेड़ों में जोड़ दे, किन्तु सैन्य शक्ति में वृद्धि की इस रफ्तार का चीन या अमेरिका की रफ्तार से मुकाबला नहीं किया जा सकता।

समग्र सैन्य शक्ति की तुलना करें तो 2023 तक अमेरिका के साथ सैन्य सामर्थ्य में रूस का अंतर बहुत बढ़ जाएगा और चीन के अनुपात में भी वह अपनी श्रेष्ठता खो देगा। अगले दशक में अमेरिका के सैन्य व्यय में भी कमी आएगी, किन्तु उसकी कुल सैन्य क्षमता रूस के मुकाबले करीब दस गुना ही रहेगी। इसे देखते हुए रूस अपने सैन्य खर्च में कितनी भी वृद्धि कर ले वह अमेरिका के साथ सैन्य शक्ति का अंतर घटाने में सफल नहीं होगा। रूस और अमेरिका के बीच सैन्य शक्ति की खाई चौड़ी होती जाएगी। अगले दशक में अगर चीन ने अपने परमाणु हथियारों की संख्या नहीं बढ़ाई तो रूस का परमाणु अस्त्र भंडार चीन की तुलना में बड़ा होगा। किन्तु 2023 तक दोनों

---

7 एसआईपीआरआई इयरबुक 2012ः आर्मामेंट्स, डिस्आर्मामेंट्स एंड इंटरनेशनल सिक्युरिटी, 152

8 "पुजिंग यु बिमियान चोंगदाओ सुलियान फुझे, चेंग इजुन काइझि यि दा जिशियान" (पुतिन ने सोवियत संघ को तबाही से बचाने की कोशिश में घोषणा कर दी कि रूस का सैनिक व्यय अपने अधिकतम स्तर तक पहुंच गया है), *शिनजिंगबाओ* (बीजिंग न्यूज), 12 दिसम्बर, 2012, *Xinjingbao* (Beijing news), December 12, 2012, http://news.sina.com.cn/w/2012-12-12/035125788117.shtml.

देशों में परमाणु हथियारों का तकनीकी स्तर लगभग बराबर हो जाएगा और हो सकता है कि चीन रूस से आगे निकल जाए। 2023 में चीन की नौसैनिक शक्ति रूस से कहीं अधिक हो जाने की पूरी संभावना है। इस समय चीन अनेक विमानवाहक पोतों का निर्माण कर रहा है, जबकि रूस में ऐसा एक भी पोत निर्माणाधीन नहीं है। 2023 तक चीन के विमानवाहक पोत बेड़ों की संख्या और सामर्थ्य रूस को मात दे देगी। चीन की एंटी बैलेस्टिक मिसाइल टैक्नॉलॉजी का विकास रूस के बाद शुरू हुआ, किन्तु पिछले दस वर्ष में उसके विकास की गति इतनी तेज रही कि वह 2023 तक रूस के तकनीकी स्तर की बराबरी कर सकती है अथवा उससे भी उन्नत हो सकती है। चीन की वायु सेना के पास हथियारों और साधनों का स्तर 2023 तक रूस को मात तो नहीं दे सकेगा किन्तु इस बात की बहुत संभावना है कि दोनों देशों के बीच वर्तमान अंतर बहुत कम हो जाएगा और दोनों के स्तर में बराबरी आ जाएगी।

चीन के सामरिक समर्थन पर निर्भरता

चीन और रूस के बीच समग्र शक्ति का अंतर बढ़ने से 2023 तक दोनों देशों के सामरिक संबंधों में घनिष्ठता आएगी। रूस के नेताओं और जनता को अब यह स्वीकार करने में मानसिक रूप से कोई कठिनाई नहीं होगी कि चीन की शक्ति रूस की तुलना में अधिक हो गई है। अतः कहा जा सकता है कि चीन और रूस के बीच शक्ति का अंतर जितना बढ़ेगा, रूस के हित चीन की तरफ उतने ही अधिक झुकेंगे। शीत युद्ध समाप्त होने के बाद शुरू में रूस के लिए चीन और रूस को शक्ति में बदलाव को स्वीकार करना संभव नहीं था। वह भावनात्मक दृष्टि से इस सच को स्वीकार नहीं कर पा रहा था कि उसका दर्जा बड़े भाई से घटकर छोटे का हो गया है। चीन से खतरे की आशंका का एक उदाहरण यही है कि एक बार रूस ने दावा किया कि चीन रूस के सुदूर पूर्व क्षेत्र में प्रवासी भेजकर उस पर कब्जा कर लेगा। 20 वर्ष बाद भी यह खतरा सच साबित नहीं हुआ, बल्कि रूस के सुदूर पूर्वी क्षेत्रों में चीन के लोगों की संख्या 70,000 से घटकर 30,000 रह गई है। इसका मुख्य कारण यह है कि वहां मजदूरी का स्तर चीन के पूर्वोत्तर क्षेत्रों की तुलना में कम था। चीन के लोगों की आबादी घटने से इस क्षेत्र की अर्थव्यवस्था की ताकत घटने लगी और लोगों को यह डर सताने लगा कि सभी चीनियों के जाने के बाद उनकी हालत कैसी हो जाएगी। 20 वर्ष या उससे भी अधिक समय तक चीन के खतरे का डर फैलाने वालों में से कुछ गुजर चुके हैं, लेकिन जो बचे हैं उनमें से अधिकतर अब इस खतरे को दोहराने की परवाह नहीं करते। अब 20 वर्ष बाद रूस के अधिकतर लोग मान चुके हैं कि चीन रूस से ज्यादा अमीर है। उन्होंने शीत युद्ध खत्म होने के तुरन्त बाद के दिनों की गैर-बराबरी की मानसिकता को भुला दिया है। 2023 तक रूस की राजनीति में इस विचार को स्वीकृति मिल जाएगी कि रूस के अपने विकास के लिए चीन की शक्ति का सहारा लिया जाए।

पश्चिमी खेमे में प्रवेश पाने के लिए वर्षों तक लगातार येलत्सिन की कोशिशों की असफलता से

पुतिन ने न सिर्फ सबक सीखा है बल्कि इतने वर्षों तक शासन चलाने के अपने अनुभव से यह भी समझ लिया है कि रूस कुछ भी सोचता रहे, अमेरिका और यूरोप के साथ सामरिक टकराव से नहीं बचा जा सकता। अगले दस वर्ष में रूस की वापसी में रोड़े अटकाने के लिए नाटो निश्चय ही मिसाइल भेदी प्रणालियां तैनात करेगा और रूस की ओर से सामरिक खतरे को कम करता रहेगा। राजनीतिक दृष्टि से कहा जाए तो पश्चिमी देश निश्चय ही नव-स्वतंत्र राष्ट्रों के समुदाय में प्रवेश करेंगे, जिन्हें रूस अपने प्रभाव क्षेत्र के भीतर मानता है, रूस के सामरिक दायित्व का दायरा सीमित करेंगे और रूस के भीतर विपक्षी दलों को सड़कों पर क्रांति का झंडा बुलंद करने के लिए समर्थन भी देंगे। रूस सरकार के प्रति अमेरिका का अमैत्रीपूर्ण व्यवहार चीन के प्रति उसके व्यवहार से अधिक कठोर है। दिसम्बर, 2012 में पुतिन ने नव-स्वतंत्र देशों के समुदाय के सामने प्रस्ताव रखा था कि वह "यूरेशियाई संघ" का गठन करे। इस पर हिलेरी क्लिंटन ने तत्काल प्रतिक्रिया दी कि अमेरिका सोवियत संघ से अलग हुए क्षेत्रों के "पुनः सोवियतकरण" की पुतिन की योजना में रुकावट डालेगा। शीत युद्ध के दौरान अमेरिका ने *द जैक्सन–वनिक अमेंडमेंट ऑफ द कमर्शियल रिफार्म बिल* तैयार किया था और उसे अमेरिकी कांग्रेस ने 1974 में पारित भी कर दिया था। इसमें प्रावधान था कि वाणिज्यिक गतिविधियों में सोवियत संघ और पूर्वी यूरोपीय देशों के साथ वरीयता का व्यवहार कभी नहीं किया जाएगा। 1994 के बाद अमेरिकी कांग्रेस ने इस बिल के प्रावधानों पर अमल स्थगित कर दिया था। 2012 में इस बिल की अवधि पूरी होने के बाद अमेरिकी कांग्रेस में *द मैगनेत्सिकी एक्ट* लाया गया जिसमें मानव अधिकारों का उल्लंघन करने वाले रूसी अधिकारियों को वीजा जारी करने पर रोक और उनकी अमेरिकी परिसंपत्तियों से लेनदेन बंद करने का प्रावधान था। अमेरिका ने चीन के अधिकारियों के प्रति ऐसी नीतियां कभी नहीं अपनाईं।

रूस सरकार के सामने असली चुनौती चीन के साथ अपनी समग्र शक्ति में अंतर बढ़ते रहने की नहीं, बल्कि यह होगी कि अमेरिका और यूरोप की तरफ से लगातार बढ़ते सामरिक दबाव का सामना कैसे किया जाए। अमेरिकी दबाव का सामना करने में असमर्थ हो जाने की स्थिति में रूस को चीन के साथ अपने सामरिक सहयोग की मदद लेनी पड़ेगी ताकि उस दबाव का सामना करने में वह अधिक समर्थ हो सके। चीन के साथ सामरिक सहयोग बढ़ाकर रूस अपने सुदूर पूर्वी क्षेत्र को सुरक्षित कर सकता है, अंतर्राष्ट्रीय मामलों में चीन का राजनीतिक समर्थन हासिल कर सकता है और आर्थिक वृद्धि के लिए चीन की तेज रफ्तार दौड़ में शामिल हो सकता है। अन्य कारकों को ध्यान में रखे बिना अगर सिर्फ शक्ति की दृष्टि से विवेचना करें तो कहा जा सकता है कि चीन और रूस के बीच अंतर जितना अधिक होगा चीन पर रूस की निर्भरता उतनी ही बढ़ेगी और रूस पर चीन की निर्भरता उतनी ही कम होगी। इसका तात्पर्य यह हुआ कि जब तक चीन रूस के साथ अपनी सामरिक भागीदारी को गहरा करने को तैयार है, तब तक रूस की दृष्टि से कोई नुकसान नहीं होने वाला। किन्तु चीन के उदय की दृष्टि से देखें तो चीन के लिए रूस के सामरिक समर्थन की ज़रूरत रूस को चीन की ज़रूरत से कहीं ज्यादा है।

2023 तक रूस यह समझ जाएगा कि शंघाई सहयोग संगठन के साथ सामरिक सहयोग को गहरा करना और उसके एकीकरण की रणनीति को बढ़ावा देना रूस के अपने हित में है। रूस मानता है कि मध्य एशियाई क्षेत्र में पूर्व सोवियत गणराज्य उसके राजनीतिक प्रभाव क्षेत्र के अंग हैं और नहीं चाहता कि इस क्षेत्र में दूसरे देश अपना प्रभाव बढ़ाएं। कम से कम सामान्य सामरिक धारणा यही है। इस समय रूस में औपचारिक चीन-रूस गठबंधन को लेकर कुछ आशंकाएं हैं क्योंकि उसे डर है कि चीन और रूस की शक्ति की बढ़ती खाई मध्य एशिया में उसकी अग्रणी हैसियत छीन लेगी। फ्रांस को भी एक जमाने में यही डर था कि जर्मनी आकर यूरोपीय संघ के मानस पर नियंत्रण कर लेगा। किन्तु अगले दस वर्ष में रूस और चीन के बीच शक्ति का अंतर, परिमाण का विषय होगा; रूस की तुलना में विश्व पर चीन का अधिक प्रभाव एक वास्तविकता होगी और मध्य एशिया में चीन का प्रभाव भी निरंतर बढ़ता रहेगा। इसलिए रूस की तमाम आशंकाओं का कोई अर्थ नहीं है। रूस के लिए सबसे लाभकारी नीति यही होगी कि वह चीन के साथ अपने सामरिक संबंध मजबूत करे और विशेष संबंधों के आधार पर अपने लिए वरीयता के व्यवहार को हासिल करे। 2011 में व्यापार के स्तर के मामले में चीन जर्मनी को पछाड़कर रूस का सबसे बड़ा व्यापारिक साझीदार बन गया था। अगले एक दशक में चीन अमेरिका के साथ सकल घरेलू उत्पाद का अंतर कम करने में प्रगति कर लेगा। जिसका सीधा सा अर्थ है कि वह न सिर्फ रूस का सबसे बड़ा व्यापारिक साझीदार बना रहेगा, बल्कि रूस के कुल विदेश व्यापार में अपनी हिस्सेदारी भी बढ़ाता रहेगा। रूस अपने विदेश व्यापार में विविधता लाना चाहता है, इसलिए चीन पर निर्भरता घटाना उसके लिए आवश्यक है। किन्तु रूस यह विविधता ला पाएगा या नहीं यह उसकी अर्थव्यवस्था के ढांचे और चीन से सामान आयात करने की आवश्यकता पर निर्भर होगा। अगले दशक में प्राकृतिक संसाधनों के उत्पादन पर निर्भरता की रूस की नीति में बदलाव होना कठिन है जिसके कारण चीन से सामान के आयात की आवश्यकता निरंतर बढ़ती ही रहेगी। इस कारण 2023 तक रूस और पूरी तरह समझ जाएगा कि मध्य एशिया में चीन के साथ सहयोग बढ़ाना चीन को उस क्षेत्र से बाहर रखने से कहीं ज्यादा लाभकारी होगा।

चीन और रूस की शक्ति के बीच निरंतर चौड़ी होती खाई को देखते हुए 2023 तक रूस मध्य एशिया में चीन के निरंतर बढ़ते प्रभाव का सच स्वीकार कर लेगा। मध्य एशियाई देश चीन और रूस के बीच तटस्थता की नीति अपनाते रहना चाहते हैं ताकि अधिक से अधिक सामरिक और भौतिक लाभ उठा सकें। मध्य एशियाई देशों के इस महत्वपूर्ण निर्णय से यह निष्कर्ष निकलता है कि अगले दशक में इस क्षेत्र में रूस के वर्चस्व को संतुलित करने के लिए चीन का और अधिक खुले दिल से स्वागत करेंगे। चीन और रूस की शक्ति के बीच खाई के निरंतर चौड़े होते रहने का अर्थ यह है कि इस क्षेत्र के देश रूस के साथ सहयोग के बजाय चीन पर आर्थिक दृष्टि से अधिक से अधिक निर्भर होते जाएंगे। इसके साथ-साथ शंघाई सहयोग संगठन के सदस्य देशों की परस्पर निर्भरता मजबूत होते रहने से चीन के साथ इन देशों के प्रतिरक्षा, राजनीतिक एवं

सांस्कृतिक संबंध मजबूत होंगे। पारंपरिक, सांस्कृतिक, राजनीतिक और सैन्य संबंधों के आधार पर इस समय रूस, मध्य एशियाई देशों पर सर्वाधिक प्रभाव वाली एक बड़ी शक्ति है, किन्तु 2023 तक मध्य एशियाई देशों पर रूस और चीन के प्रभाव के अंतर में कमी साफ दिखाई देने लगेगी। प्रभाव में इस अंतर को कम करने में नए रेल नेटवर्क और तेल पाइपलाइनों के निर्माण की महत्वपूर्ण भूमिका होगी। चीन-कजाख रेल लाइन का निर्माण हो चुका है जिससे चीन और कजाखिस्तान के बीच आवाजाही में दो दिन कम लगने लगे हैं। चीन, कजाखिस्तान और उज़्बेकिस्तान के साथ रेल संपर्क के निर्माण के लिए ऋण देने पर चर्चा शुरू कर चुका है और अगले पांच वर्ष में यह निर्माण कार्य शुरू हो सकता है। चीन को जॉर्जिया, अजरबेजान और तुर्की तक जोड़ने वाली रेल सेवा 2013 में शुरू हो गई थी।

2023 तक चीन और रूस एक-दूसरे के सबसे विश्वसनीय सामरिक सहयोगी रहेंगे। पारस्परिक सामरिक विश्वास, दीर्घकालिक सहयोग की शर्त नहीं, बल्कि उसका परिणाम है। अमेरिका के सामरिक दबाव का सामना करने के लिए चीन और रूस के सामने इसके सिवाय कोई विकल्प नहीं है कि आपसी विशेष सामरिक सहयोग और एक दशक तक जारी रखें। इसका अर्थ है कि दोनों पक्षों के बीच सामरिक विश्वास बढ़ेगा। इसके विपरीत अमेरिका, जापान और पश्चिमी यूरोप के साथ चीन और रूस दोनों की सामरिक प्रतिद्वंद्विता का अर्थ यह भी होगा कि चीन और रूस दोनों ही पश्चिमी देशों के साथ उतना आपसी विश्वास स्थापित नहीं कर पाएंगे जितना उन दोनों के बीच है। 2023 तक अन्य देशों के साथ रूस और चीन के आपसी सामरिक संबंध उनके बीच के घनिष्ठ सामरिक संबंधों के बराबर नहीं होंगे। इसका सीधा सा अर्थ है कि 2023 तक बड़ी शक्तियों के सामरिक संबंधों की संरचना में कोई बड़ा फेरबदल हो पाना कठिन है।

जापान – क्षेत्रीय शक्ति रह जाएगा

1980 के दशक में अंत में अमेरिका के बहुत से विद्वान यह मानने लगे थे कि जापान की शक्ति बहुत जल्द अमेरिका की शक्ति को पछाड़ देगी। पॉल कैनेडी की पुस्तक *द राइज एंड फाल ऑफ ग्रेट पावर्स* इस धारणा का सबसे प्रत्यक्ष उदाहरण है। जापान भी मानने लगा था कि वह अमेरिका को मात दे देगा। एक बार तो उसने पूर्व एशियाई उड़न हंस रणनीति भी बना ली थी जिसमें कहा गया था कि जापान पूर्व एशिया की अर्थव्यवस्था को उड़ान देगा और एशिया के चार लघु ड्रैगन उसके पीछे तथा चीन और आसियान उसकी पूंछ बनकर उड़ेंगे। जापान ने हाई-टैक उद्योग का विकास किया और तकनीकी उद्योगों को चार लघु ड्रैगन्स के लिए छोड़ दिया। चार लघु ड्रैगन्स ने श्रम की अधिक आवश्यकता वाले उद्योगों को चीन और दक्षिण-पूर्व एशियाई देशों के लिए छोड़ दिया। किन्तु समय का पहिया इस चाल से नहीं चला। जापान 20 वर्ष से अधिक समय तक विश्व की दूसरी सबसे बड़ी अर्थव्यवस्था तो रहा किन्तु न तो महाशक्ति बन पाया और न ही विश्व का एक

ध्रुव। इसके विपरीत 1990 के दशक से जापान की अर्थव्यवस्था में ठहराव का लंबा सिलसिला शुरू हुआ और 2010 में उसने विश्व की दूसरी सबसे बड़ी अर्थव्यवस्था का दर्जा भी गंवा दिया। जापान के लोगों में निराशा का सबसे बड़ा कारण यह दर्जा गंवाना नहीं, बल्कि अगले दशक में अर्थव्यवस्था में नई जान आने की कोई उम्मीद दिखाई न देना था। अंतर्राष्ट्रीय समुदाय की नजरों से जापान ओझल होता चला गया। जापान में नियुक्त विदेशी पत्रकारों की संख्या घटने लगी। 2023 तक जापान विश्व की तीसरी सबसे बड़ी अर्थव्यवस्था तो रहेगा, किन्तु दुनिया पर प्रभाव के मामले में अब वह विश्व शक्ति की बजाय पूर्व एशिया की शक्ति बनकर रह जाएगा। 1980 का दशक जापान की अर्थव्यवस्था का स्वर्ण युग था। उसका सकल घरेलू उत्पाद अमेरिका के दो-तिहाई के बराबर तक पहुंच गया। किन्तु 2011 तक आते-आते यह अनुपात सिर्फ 38 प्रतिशत रह गया। यदि जापान की अर्थव्यवस्था में ठहराव अगले दस वर्ष भी जारी रहा तो 2023 तक जापान का सकल घरेलू उत्पाद चीन के एक-तिहाई से भी कम रह जाएगा। अर्थात अर्थव्यवस्था की दृष्टि से जापान की गिनती अमेरिका और चीन के आस-पास भी नहीं होगी।

सामाजिक सुधारों का अभाव

जापान में लोग बहुत लंबे समय तक, शीत युद्ध के बाद के आर्थिक ठहराव के लिए 1985 के प्लाजा समझौते को देते रहे। अमेरिका, जापान, पश्चिम जर्मनी, फ्रांस और इंग्लैंड ने 22 सितम्बर, 1985 को न्यूयॉर्क के प्लाजा होटल में इस समझौते पर हस्ताक्षर किए थे जिससे विदेशी मुद्रा विनिमय बाजारों में हस्तक्षेप किया जा सके। समझौते पर हस्ताक्षर होने के बाद विदेशी मुद्रा विनिमय बाजारों में पांच देशों के हस्तक्षेप के कारण डॉलर का लगातार भारी अवमूल्यन हुआ। सितम्बर, 1985 में डॉलर और जापानी येन की विनिमय दर 1:250 के आस-पास थी। लेकिन समझौते को तीन महीने भी नहीं बीते थे कि यह अनुपात 1:200 रह गया यानी 20 प्रतिशत की गिरावट आई और 1987 तक यह विनिमय दर 1:120 रह गई। तीन वर्ष के भीतर जापानी येन की तुलना में डॉलर का 50 प्रतिशत या उससे भी अधिक अवमूल्यन हो गया। बहुत से लोग 1990 के दशक के बाद से जापान की अर्थव्यवस्था में गिरावट का असली दोष प्लाजा समझौते को देते हैं। 2008 में विश्व में वित्तीय संकट उत्पन्न होने के बाद अमेरिका ने चीन के युआन को महंगा कर दिया। चीन के प्रति दोस्ताना रुख रखने वाले जापान के अनेक विद्वानों ने चीन सरकार को आगाह किया कि प्लाजा समझौते के कारण जापान को हुए नुकसान से सबक ले।

यदि प्लाजा समझौते के कारण सचमुच जापान को 20 वर्ष तक नुकसान उठाना पड़ा तो हमें सोचना पड़ेगा कि 20 वर्ष तक इस समझौते के कारण हुए नुकसान को रोकने के उपाय अपनाने से जापान को किसने रोका था? प्लाजा समझौते के कारण जापान की अर्थव्यवस्था में 20 वर्ष तक ठहराव रहा हो या न रहा हो, इस ठहराव की असली वजह यह है कि जापान ने कोई असरदार राजनीतिक और आर्थिक सुधार नहीं अपनाए। शीत युद्ध की समाप्ति के बाद चली लोकतंत्र की

लहर जापान में लिबरल डेमोक्रेटिक पार्टी के एकदलीय शासन को नहीं उखाड़ सकी। 1993 में कुछ समय के लिए पार्टी को सत्ता से बेदखल होना पड़ा, लेकिन वास्तव में उसने 2009 में सत्ता गंवाई। इसका मतलब है कि शीत युद्ध की समाप्ति के बाद करीब 20 वर्ष तक जापान में एक दलीय राजनीतिक शासन रहा। 2009 में डेमोक्रेटिक पार्टी के सत्ता में आने पर जापान को समग्र सुधार अपनाने का एक अवसर मिला, किन्तु चुनाव व्यवस्था के कारण जल्दी-जल्दी राष्ट्रीय नेता बदलने से डेमोक्रेटिक पार्टी भी समग्र सुधार नहीं अपना सकी।

1885 के करार में हरोभुमि इतो के प्रधानमंत्री पद संभालने से लेकर 2012 के करार में शिंजो आबे के दूसरी बार प्रधानमंत्री चुने जाने तक 127 वर्ष में जापान में 96 आम चुनाव हुए और प्रधानमंत्री का प्रत्येक औसत कार्यकाल 1.3 वर्ष रहा। कुछ लोग मानते हैं कि जापान में इतनी जल्दी-जल्दी नेतृत्व का बदलना सामान्य बात है और उससे जापान के विकास को कोई नुकसान नहीं हुआ, बल्कि उसकी राजनीतिक व्यवस्था के लिए यह बदलाव लाभकारी सिद्ध हुआ। किन्तु जब हम जापान में नेतृत्व में बदलाव और उसके विकास की परिस्थितियों पर गहराई से नजर डालते हैं तो समझ में आता है कि जापान में एक-एक नेता के शासन का कार्यकाल का जापान के विकास से सीधा संबंध है।

1948 में शिगेरु योशिदा के दूसरी बार प्रधानमंत्री चुने जाने से लेकर 1987 में यासुहिरो नाकासोने के पद छोड़ने तक 39 वर्ष में जापान का आर्थिक विकास तेज गति से हुआ। इस दौरान केवल 13 लोग प्रधानमंत्री चुने गए जिनमें से प्रत्येक की सरकार का कार्यकाल औसतन तीन वर्ष रहा। ऐईसाकू सातो ने आठ वर्ष, शिगेरु योशिदा ने छह वर्ष, यासुहिरो नाकासोने ने पांच वर्ष, हयातो इकेदा ने चार वर्ष, नोबुसुके किषी ने तीन वर्ष और उसके बाद अन्य नौ प्रधानमंत्रियों में से प्रत्येक ने दो वर्ष या उससे भी कम शासन किया। 1989 के बाद स्थिति में बड़ा भारी बदलाव आया। 1989 से 2012 तक 23 वर्ष में जापन में 16 प्रधानमंत्री आते-जाते रहे जिनमें से प्रत्येक ने औसतन 1.4 वर्ष शासन किया जो शीत युद्ध के दौर में औसत कार्यकाल के आधे से भी कम है। इनमें से जुनइचिरो कोइजुमि का पांच वर्ष का कार्यकाल छोड़ दें तो बाकी 15 प्रधानमंत्रियों में से किसी का कार्यकाल दो वर्ष से अधिक नहीं रहा। उनमें से छह ने तो एक वर्ष भी पूरा नहीं किया। शीत युद्ध की समाप्ति के बाद 20 वर्ष में जापान की अर्थव्यवस्था में ठहराव रहा। इस अवधि में केवल जुनइचिरो कोइजुमि के कार्यकाल में जापान के आर्थिक विकास की गति अपेक्षाकृत अच्छी रही। इससे पता चल सकता है कि सामाजिक सुधार अपनाने में जापान सरकार की अक्षमता का मुख्य कारण यह है कि अधिकतर नेता दो वर्ष से भी कम समय तक प्रधानमंत्री रह पाए।

अगले दस वर्ष में जापान की घरेलू परिस्थितियों को देखते हुए कहा जा सकता है कि पहले पांच वर्ष में वहां बड़े सामाजिक सुधार अपनाए जाने की संभावना कम रहेगी। हालांकि उसके बाद के पांच वर्ष में समग्र सुधार अपनाए जाने की संभावना पहले से कुछ बेहतर होगी। जापान में सुधार अपनाने के प्रति उदासीनता के वैसे तो अनेक कारण हैं लेकिन दो कारण मुख्य हैं, एक तो जापान

के समाज में प्रचलित संतोष की मानसिकता। वह समाज अपने नेता के चुनाव की प्रणाली में सुधार करने को तैयार नहीं है। जापान में अधिकतर लोग अब भी मानते हैं कि इस प्रणाली में सुधार की आवश्यकता नहीं है। उन्होंने इस ओर ध्यान ही नहीं दिया है कि असरदार स्थिर राजनीतिक नेतृत्व प्रदान करने में असमर्थ यह प्रणाली जापान में आर्थिक ठहराव का मूल कारण है। वहां तो वास्तविक मान्यता यह है कि बार-बार नेता बदलने के बावजूद समाज की सामान्य ढंग से कामकाज करते रहने की क्षमता जापान की राजनीतिक व्यवस्था के लिए लाभकारी है। वे इसमें गर्व महसूस करते हैं। आत्म प्रशंसा जापान की संस्कृति की विशेषता है। जापान के विकास के कुछ मॉडल वैश्वीकरण के इस युग में अनुपयुक्त साबित हो चुके हैं फिर भी जापान के लोग उन पर गर्व करते हैं और बदलने को तैयार नहीं हैं। उदाहरण के लिए जापान में बने सैल्युलर फोन विदेशों में उपयोग नहीं किए जा सकते जिसके कारण अंतर्राष्ट्रीय बाजार में उनका प्रसार कठिन है फिर भी जापान की कंपनियां इसे बदलने को तैयार नहीं हैं। उन्हें तो अपने फोन में आवाज की सटीक गुणवत्ता और उसके आसानी से उपयोग करने की विशेषता पर गर्व है। जापान के लोग देश के नेताओं को बदलने के लिए तो बहुत तत्पर रहते हैं, लेकिन नेतृत्व की संस्था बदलने की उत्सुकता बहुत कमज़ोर है। जापान की राजनीतिक व्यवस्था में नेता बदलने की सुविधा तो है, लेकिन उन नेताओं के पास महत्वपूर्ण सुधार अपनाने का समय ही नहीं होता। अगले एक दशक में जापान ने अगर अपनी नेतृत्व संस्था में सुधार नहीं किया तो समग्र सुधार अपनाने की संभावना बहुत कम होती जाएगी और उसकी गिरावट का सिलसिला चलता रहेगा।

जापान में अगले दशक में राजनीतिक सुधार अपनाए जाने में बाधक दूसरा कारक उसकी निम्न जन्म दर और आबादी में वृद्धों का बढ़ता अनुपात है। विश्व में बूढ़ी होती आबादी की समस्या जापान में सबसे गंभीर है। 2011 में जापान की जनसंख्या में 65 वर्ष और उससे अधिक आयु का अनुपात 23 प्रतिशत था (अमेरिका में 13 प्रतिशत, यूरोप में 16 प्रतिशत)। यह अनुपात भविष्य में और बढ़ने ही वाला है। जनसंख्या में वृद्धों का अनुपात बढ़ने का अर्थ यह है कि राजनेता जो भी सुधार अपनाएं वह वृद्धों की आवश्यकताओं और सोच को पूरा करने वाला होना चाहिए अन्यथा वे चुने नहीं जा सकेंगे। अगले दशक में जापान का भीतरी और बाहरी माहौल 1970 और 1980 के दशक के माहौल से भिन्न होगा। किन्तु वृद्धजन तीन दशक पहले हासिल शानदार उपलब्धियों के मद में चूर रहेंगे। वे उन सुधारों को अपनाने में कठिनाई महसूस करेंगे जो उनकी मान्यता वाले सभी राजनीतिक सिद्धांतों और राजनीतिक व्यवस्था से अलग होंगे। जापान की राजनीति पर इस पीढ़ी का प्रभाव तब भी अधिक रहेगा और उनमें से कुछ संसद के सदस्य भी होंगे। 2020 के दशक से पहले जापान की राजनीतिक दिशा पर इस पीढ़ी का वर्चस्व खत्म होने वाला नहीं है। इसलिए जापान में बड़े पैमाने पर सामाजिक सुधार अपनाए जाने की संभावना 2010 के दशक की तुलना में 2020 के दशक में अधिक होगी।

अगले दशक में जनसंख्या की आयु बढ़ने की समस्या न केवल सोच की दृष्टि से जापान में गहन राजनीतिक सुधार अपनाए जाने में बाधक होगी, बल्कि वृद्धावस्था से जुड़ी सामाजिक समस्याएं जापान में सुधार प्रक्रिया को सीधे क्षति पहुंचाएंगी। आव्रजन नीति में सुधार नहीं किया गया तो जापान में श्रम शक्ति घटेगी जिससे जापान की अर्थव्यवस्था की जीवंतता कम होगी। 2010 से जापान की वार्षिक जन्म दर उसकी मृत्यु दर की तुलना में कम है। यह सिलसिला तीन वर्ष से चल रहा है। 2002-2012 से जापान की कुल जनसंख्या में 15 लाख की कमी हुई है। यह 12 करोड़ 75 लाख से घटकर 12 करोड़ 60 लाख रह गई। 2012 में कुल जनसंख्या में कमी 2,80,000 की हुई, जो 2011 की गिरावट से अधिक है। 2023 तक जापान की कुल जनसंख्या 30 लाख और कम होकर 12 करोड़ 30 लाख रह जाएगी। काम करने के लिए जितने कम लोग होंगे आर्थिक वृद्धि उतनी मंद होगी। लंबे समय तक जापान की आर्थिक वृद्धि दर 2 प्रतिशत भी नहीं हो पाई है। इस समय जापान सरकार पर बकाया कर्ज 90 खरब डॉलर तक पहुंच गया है जो यूरोज़ोन में 17 देशों के कर्ज (105 खरब डॉलर) की तुलना में 15 प्रतिशत कम है और जापान की जनसंख्या यूरोज़ोन की जनसंख्या की तुलना में एक-तिहाई भी नहीं है। इसका सीधा सा अर्थ है कि जापान में औसत प्रति व्यक्ति ऋण यूरोज़ोन में प्रति व्यक्ति ऋण की तुलना में करीब तीन गुना हो जाएगा। जापान पर अधिकतर ऋण घरेलू है। इस कारण अंतर्राष्ट्रीय स्तर पर जापान की ऋण पाने की योग्यता कुछ बेहतर है फिर भी सामाजिक विकास और आर्थिक वृद्धि की गति तेज करने के लिए जापान सरकार के पास धन की कमी की समस्या का समाधान नहीं हो पा रहे है।

कुल जनसंख्या घटने के साथ-साथ जनसंख्या में वृद्धजनों का अनुपात निरंतर बढ़ रहा है। इसका सीधा सा अर्थ है कि सरकार को स्वास्थ्य सेवा और सामाजिक सुरक्षा पर व्यय बढ़ाना होगा। इन दोनों मदों में व्यय 2012 के सरकारी बजट का 29.2 प्रतिशत हो चुका है जो सन् 2000 की तुलना में एक-तिहाई अधिक है। अगले दशक में जनसंख्या में वृद्धजनों का अनुपात बढ़ने की गति को देखते हुए इन दो मदों में व्यय का अनुपात भी बढ़ाना होगा जिससे अन्य मदों पर व्यय में कटौती करनी ही होगी। आवश्यक धन के अभाव में समग्र सुधार नहीं अपनाए जा सकेंगे। स्वास्थ्य सेवा और सामाजिक सुरक्षा पर व्यय की बढ़ती मांग को पूरा करने के लिए जापान सरकार शिक्षा, अनुसंधान और बुनियादी जन सुविधाओं के लिए धन में पहले ही कटौती करने लगी है। अगले दशक में भी यदि इन मदों में खर्च बढ़ाने की गति मंद रही तो जापान की आर्थिक वृद्धि की जान निकल जाएगी। 2012 में लोक निर्माण कार्यों पर जापान का व्यय सरकार के कुल बजट का केवल 5.1 प्रतिशत था, जबकि सन् 2000 में यह अनुपात 13 प्रतिशत था। अगले दशक में जनसंख्या में वृद्धजनों का अनुपात बढ़ने से जापान सरकार कोई बड़ा व्यवस्था संबंधी सुधार अपनाने और अपने राजस्व में भारी बढ़ोत्तरी करने के लिए जूझती रह जाएगी। आर्थिक वृद्धि को बढ़ाने की सरकार की कोशिश के नतीजों में गिरावट का रुख रहने की आशंका है।

पूर्व एशिया का "यूनाइटेड किंगडम"

किसी भी देश की भौतिक शक्ति उसकी अंतर्राष्ट्रीय हैसियत का आधार होती है फिर भी यह दोनों शक्तियां समकक्ष नहीं होती। इसका कारण यह है कि इस भौतिक शक्ति का उपयोग कर पाने की देश की सरकार की सामर्थ्य से उसका प्रभाव कई गुना बढ़ सकता है अथवा कमज़ोर हो सकता है। देश की विदेश नीति यदि उपयुक्त हो तो कम मेहनत में अधिक सफलता हासिल की जा सकती है और अधिक मेहनत से कम सफलता भी मिल सकती है। अगले दशक में जापान की अंतर्राष्ट्रीय हैसियत पर न सिर्फ उसकी आर्थिक एवं सैन्य शक्ति में बदलाव का प्रभाव पड़ेगा बल्कि उसकी विदेश नीति का भी बहुत प्रभाव होगा।

अगले दशक में जापान और पूर्व एशिया के बीच की राजनीतिक दूरी निरंतर बढ़ती जाएगी। जापान में मेइजि काल के विद्वान फुकुजावा युकिचि ने "एशिया से निकलकर यूरोप में प्रवेश करने" की सामरिक नीति का सुझाव दिया जिसमें मूल रूप से जापान में समग्र सुधार अपनाने की वकालत की गई थी। पश्चिमी शक्तियों को पूजने का अर्थ यह है कि एशिया से निकलकर यूरोप में प्रवेश करने के विचार का जापान के विद्वानों ने हमेशा जबर्दस्त स्वागत किया। शीत युद्ध की समाप्ति के बाद इस विचार का जापान की विदेश नीति पर सबसे बड़ा प्रभाव यह पड़ा कि जापान ने पूर्व एशियाई क्षेत्रीय सहयोग में शामिल होने से इंकार कर दिया। यूनाइटेड किंगडम भी इसी तरह की नीति अपनाता रहा है। यूरोपीय संघ में विलय को लेकर यूनाइटेड किंगडम और यूरोपीय महाद्वीप के देशों के बीच मतभेद हैं। यूनाइटेड किंगडम ने न तो शेनगेन समझौते पर हस्ताक्षर किए न यूरो मुद्रा को अपनाया। इस नीति के कारण यूनाइटेड किंगडम को अमेरिका के साथ विशेष संबंध रखने की छूट मिल गई, लेकिन वह यूरोपीय देशों से कट गया। जापान में दो तरह की सोच हमेशा रही है – "एशिया से निकलकर यूरोप में प्रवेश करना" और "एशिया में लौटना।" किन्तु जापान की अंतर्राष्ट्रीय हैसियत जिस तेजी से गिरी है उसे देखते हुए यूरोप में प्रवेश के विचार का प्रभाव बढ़ा है और एशिया में वापसी का विचार कमज़ोर हुआ है। 2009 में प्रधानमंत्री युकिओ हातोयामा ने अमेरिका से स्वतंत्र विदेश नीति अपनाने का सुझाव दिया, लेकिन उन्हें जल्द ही पद छोड़ना पड़ा। 2012 में दिआओयू/सेनकाकु द्वीपों पर स्वामित्व का विवाद छिड़ने के बाद जापान सरकार ने अमेरिका के साथ सैन्य गठबंधन मजबूत किया और जापान के विदेश मंत्री कोइचिरो गेम्बा ने इस विवाद में समर्थन जुटाने के लिए फ्रांस, इंग्लैंड और जर्मनी की यात्रा भी की। चीन के साथ द्वीप विवाद के समाधान के लिए जापान न आपसी कूटनीतिक संपर्क और न ही पूर्व एशियाई संगठनों पर भरोसा करता है। वह यूरोपीय देशों से समर्थन मांगता है यानी जापान की मान्यता है कि पूर्व एशियाई देशों के मुकाबले यूरोपीय देशों का महत्व उसके लिए अधिक है। दिआओयु/सेनकाकु द्वीपों संबंधी विवाद में यूरोपीय देशों का समर्थन हासिल न कर पाने के बावजूद पूर्व एशियाई सहयोग में भागीदारी के लिए जापान का उत्साह कम होता जाएगा और वह पूर्व एशिया का यूनाइटेड किंगडम बन जाएगा।

पूर्व एशियाई क्षेत्रीय गुट में भागीदारी से इंकार की अपनी रणनीति के कारण जापान गिरावट के मौजूदा रुख को पलट पाने में और भी अधिक असमर्थ हो जाएगा। वैश्वीकरण की चुनौती का सामना कर रहे हर देश को किसी न किसी क्षेत्रीय गुट में शामिल होने का फैसला करना ही होगा क्योंकि महाशक्ति अमेरिका सहित कोई भी देश इस चुनौती का अकेले सामना नहीं कर सकता। किन्तु चीन का विरोध करने की धुन में जापान पूर्व एशियाई क्षेत्रीय संगठन में शामिल होने से इंकार करता रहा है। जिसकी वजह से वह पूर्व एशिया में और अकेला हो जाएगा। पूर्वोत्तर एशिया में जापान उत्तर कोरिया के बाद दूसरा सबसे अधिक अलग-थलग देश होगा; पूर्वोत्तर एशिया में फ़िलीपीन्स और वियतनाम को छोड़कर मलेशिया, ब्रुनेई और इंडोनेशिया के साथ जापान के संबंध, इन देशों के साथ चीन के संबंध से बेहतर नहीं होंगे। इसी तरह चीन की तुलना में म्यांमार, लाओस, कम्बोडिया, थाइलैंड और सिंगापुर के साथ जापान के संबंध बेहतर नहीं होंगे। सिर्फ चीन का विरोध करने के लिए जापान की सरकार और उसके नेताओं ने एक बार फिर यासुकुनि श्राइन पर जाकर श्रद्धांजलि अर्पित की और दूसरे महायुद्ध में अपनी आक्रामक गतिविधियों को एक तरह से नजरअंदाज किया। किन्तु इस तरह की चालों से केवल चीन के साथ ही जापान के संबंध खराब नहीं होंगे, बल्कि पूर्व एशिया के उन देशों में भी असंतोष पैदा होगा जिन्हें दूसरे महायुद्ध के दौरान जापान के आक्रामक रुख का दंश सहना पड़ा था। इससे भी महत्वपूर्ण बात यह है कि 1998 में पूर्व एशियाई वित्तीय संकट और 2008 में वैश्विक वित्तीय संकट के शिकार हो चुके पूर्व एशियाई देश समझ गए हैं कि पूर्व एशियाई क्षेत्रीय सहयोग के बिना वह अगले दशक में होने वाले किसी और वित्तीय संकट का सामना नहीं कर पाएंगे। उन्हें पूर्व एशियाई क्षेत्रीय सहयोग को आगे बढ़ाने के लिए चीन की ज़रूरत है और वे इस क्षेत्रीय सहयोग में हिस्सा लेने से इंकार या उसमें बाधा डालने की जापान की नीति को नजरअंदाज नहीं करेंगे। 1998 के पूर्व एशियाई वित्तीय संकट के बाद आसियान देशों के साथ चीन के संबंध, जापान के साथ उसके संबंधों से कहीं अधिक मजबूत हो गए। इसका बड़ा कारण यह था कि जापान ने पूर्व एशियाई सहयोग में हिस्सा न लेकर पूर्व एशिया और वैश्विक स्तर पर अपने प्रभाव को कम होने दिया। जापान का अंतर्राष्ट्रीय सांस्कृतिक प्रभाव मूल रूप से पूर्व एशिया तक सीमित है। जापान जाकर पढ़ने वाले अंतर्राष्ट्रीय विद्यार्थियों की संख्या 2010 की तुलना में 2011 में 2.6 प्रतिशत कम हो गई।[9] जापान में पढ़ रहे विदेशी छात्रों की कुल संख्या में से 76 प्रतिशत इस समय चीन और दक्षिण कोरिया छात्र हैं। 2012 में चीन और दक्षिण कोरिया के साथ जापान के द्वीप विवादों के कारण अगले दस वर्ष में जापान में विदेशी छात्रों की संख्या लगातार गिरेगी।

---

9 जापान की स्वायत्त प्रशासनिक संस्था जापान स्टूडेंट सर्विसेज आर्गेनाइजेशन ने हाल ही में जापान में पढ़ रहे विदेशी छात्रों के बारे में एक सर्वेक्षण के नतीजे प्रकाशित किए: *जापान स्टूडेंट सर्विसेज आर्गेनाइजेशन*, http://www.jasso.go.jp/study_j/documents/sgtj2014chap03_chi.pdf.

अगले दशक में जापान-अमेरिकी गठबंधन मजबूत होगा किन्तु अमेरिका के अन्य पूर्व एशियाई सहयोगियों के साथ जापान के संबंधों में कोई सुधार दिखाई नहीं देगा। पूर्व एशिया में नाटो जैसा कोई बहुपक्षीय सैन्य गठबंधन खड़ा कर पाने में अमेरिकी असफलता का एक मूल कारण यह है कि अमेरिका के दूसरे सहयोगियों के साथ जापान के संबंध मैत्रीपूर्ण नहीं हैं। जापान ने दूसरे महायुद्ध में जिस तरह के अत्याचार किए थे उन्हें वह जर्मनी की तरह स्वीकार नहीं कर पाया है जिसके कारण उसके औपनिवेशिक शासन के शिकार हुए दक्षिण कोरिया, उत्तर कोरिया और अन्य पूर्व एशियाई देशों में वर्षों से मौजूद असंतोष को मिटा पाना कठिन है। चीन जिस तेजी से महाशक्ति के रूप में विकसित हो रहा है उसे देखते हुए पूर्व एशिया में अमेरिकी सहयोगी देश दक्षिण कोरिया, थाइलैंड और सिंगापुर साफ तौर पर समझ जाएंगे कि आपसी संबंधों में चीन का सामरिक महत्व जापान की तुलना में कहीं अधिक है।

सिंगापुर के प्रधानमंत्री लि-सिएन-लूंग जब जापान में "फ्यूचर ऑफ द एशिया" सम्मेलन में हिस्सा लेने गए थे तो किसी ने उनसे प्रश्न किया कि चीन की बढ़त रोकने के लिए क्या सिंगापुर को जापान के साथ सहयोग करना चाहिए? उनका उत्तर था, "पूर्व एशियाई देशों के बीच मौजूदा तनाव पर आज भी दूसरे महायुद्ध की ऐतिहासिक छाया मंडरा रही है क्योंकि जापान ने दूसरे महायुद्ध की घटनाओं पर जर्मनी जैसी प्रतिक्रिया नहीं दी है।" दक्षिण कोरिया में पार्क ग्युन-हे ने राष्ट्रपति चुने जाने के बाद दूसरे महायुद्ध के बाद से चली आ रही परपंरा को तोड़ते हुए जापान के राजदूत के साथ मुलाकात का समय चीन के राजदूत के साथ मुलाकात के बाद तय किया। इससे पूर्व एशियाई देशों की यह नई समझ कुछ हद तक स्पष्ट हो जाती है कि जापान या चीन में से किसका महत्व अधिक है। इसका तात्पर्य यह है कि जापान चीन से खुले टकराव में पूर्व एशियाई देशों को अपने साथ नहीं रख सकता और अगर उसने अकेले चीन का विरोध किया तो अन्य पूर्व एशियाई देशों के साथ उसके संबंधों पर असर ज़रूर पड़ेगा। अगले दशक में पूर्वोत्तर एशिया में उत्तर कोरिया के बाद जापान दूसरा सबसे अलग-थलग देश होगा। चीन, रूस और दक्षिण कोरिया की तुलना में पड़ोसियों के साथ जापान के आपसी संबंधी कहीं अधिक खराब होंगे।

2023 से पहले पूर्व एशिया के प्रति जापान की नीति के दो रास्ते हो सकते हैं: या तो वह पूर्व एशिया से अलग हो जाएगा या उसमें लौट आएगा। उसकी मौजूदा नीति बहुत हद तक इस मानसिक ग्रंथि से ग्रस्त है कि चीन की अर्थव्यवस्था को अपने से मजबूत होता देखना उसे स्वीकार्य नहीं है। किन्तु चीन और जापान की शक्ति के बीच अंतर जितना बढ़ता जाएगा, चीन के प्रति जापान का रुख उतना ही बदलेगा। यह वैसा ही है कि सोवियत संघ के विघटन के बाद रूस के लिए मानसिक रूप से यह स्वीकार करना कठिन था कि चीन उससे शक्तिशाली हो गया था। किन्तु जब शक्ति का अंतर बहुत बढ़ गया तो रूस ने इस सच्चाई को स्वीकार कर लिया। तीन वर्ष पहले चीन का सकल घरेलू उत्पाद जापान से बहुत थोड़ा ही अधिक था, किन्तु 2012 में वह 1.4 गुना

हो गया और अगर यही सिलसिला जारी रहा तो 2017 में चीन का सकल घरेलू उत्पाद जापान की तुलना में दो गुना हो जाएगा। आज की परिस्थिति में चीन के प्रति जापान के समाज की सोच बदलने की संभावना है। ऐसे लोगों की संख्या बढ़ेगी जिनके लिए जापान की तुलना में चीन का अधिक शक्तिशाली होना एकदम सामान्य बात होगी जिससे चीन के प्रति विरोध की भावना कमज़ोर पड़ती जाएगी। 2020 आते-आते स्थिति में और भी बड़ा परिवर्तन होगा। जापान में यह सोच प्रबल हो जाएगी कि चीन का विरोध करना अधिक भारी पड़ेगा। चीन और अमेरिका के बीच संतुलन रखना जापान के लिए सबसे अधिक लाभकारी होगा और इस व्यावहारिक सोच का असर उसकी विदेश नीति पर दिखाई दे सकता है। कहने का तात्पर्य यह भी है कि 2020 के दशक में चीन और जापान के राजनीतिक संबंधों में टकराव की जगह सहयोग को प्राथमिकता मिलने की संभावना है।

अलगाव की मानसिकता और क्षीण क्षमता

दूसरे महायुद्ध के बाद अंतर्राष्ट्रीय समुदाय के दबाव में पराजित देश जापान ने जो संविधान अपनाया उसमें युद्ध का अधिकार छोड़ दिया गया था। उस संविधान के नौवें अनुच्छेद में कहा गया है: "जापान की जनता न्याय एवं व्यवस्था पर आधारित अंतर्राष्ट्रीय शांति के लिए गंभीर आकांक्षा रखते हुए अंतर्राष्ट्रीय विवादों के समाधान के लिए युद्ध और शक्ति के प्रयोग अथवा उसकी धमकी के राष्ट्रीय अधिकार का सदा के लिए त्याग करती है। उपरोक्त लक्ष्य को प्राप्त करने के लिए थल, समुद्री और वायु सेनाओं तथा युद्ध की अन्य सेनाओं को नहीं रखा जाएगा और प्रतिरोध के अधिकार को मान्यता नहीं दी जाएगी।" इस नौवें अनुच्छेद को "शांति धारा" कहा जाता है और जापान का संविधान "शांतिवादी संविधान" माना जाता है। संविधान के नौवें अनुच्छेद के अनुसार जापान देश से बाहर सेना का इस्तेमाल नहीं कर सकता, केवल आत्मरक्षा में ही उसके उपयोग की अनुमति है। जापान नियमित सेना नहीं रख सकता, इसलिए उसकी सैन्य शक्ति को "आत्मरक्षा सेना" कहा जाता है। जापान का रक्षा व्यय सकल घरेलू उत्पाद का 1 प्रतिशत अथवा उससे भी कम है। शीत युद्ध की समाप्ति के बाद जापान के कुछ राजनेताओं ने प्रस्ताव रखा कि अब "सामान्य देश" की नीति अपनाई जाए अर्थात जापान युद्ध का अधिकार फिर हासिल कर ले। इस नीति का मुख्य उद्देश्य संविधान के अनुच्छेद नौ में संशोधन करना था। जापान की राजनीति में वामपंथी और दक्षिण पंथी गुटों के बीच इस संशोधन पर गहरी असहमति है। जापान के शांतिवादी संविधान के संशोधन की समर्थक ताकतें अगले दशक में निरंतर शक्तिशाली होती जाएंगी और सरकार "सामान्य देश" होने का महत्वपूर्ण लक्ष्य हासिल करने के लिए इस संशोधन की दिशा में अधिक दृढ़ता से काम करेगी। आगे चलकर जापान के अंतर्राष्ट्रीय क्षेत्र में गिरावट आने से सरकार के प्रति बढ़ता जन असंतोष दक्षिणपंथी तत्वों को शक्ति प्रदान करेगा। 1999 से लेकर लगातार चार कार्यकाल तक तोक्यिो के गवर्नर पद पर अति दक्षिणपंथी नेता इशिहारा जिनतारो का चुना जाना यह साबित करता है कि

21वीं शताब्दी के आरंभ से जापान में दक्षिणपंथी शक्तियां लगातार पनप रही हैं। 2012 में एक सर्वेक्षण से पता चला कि जापान की 66 प्रतिशत जनता दिआओयु/सेनकाकु द्वीपों को देश में मिलाने की समर्थक है।[10] चीन दक्षिण कोरिया और रूस के साथ द्वीपों को लेकर विवाद भड़कने के साथ ही जापान में दक्षिणपंथी ताकतों का दबदबा बढ़ने लगा। जापान का इतिहास गवाह है कि जब-जब समाज पर केन्द्र सरकार की पकड़ मजबूत नहीं रही, विस्तारवादी शक्तियां सिर उठाने लगीं। 1853 में जब अमेरिका के काले जहाजों ने जबरन जापान के बंद दरवाजे खुलवाए उसके बाद "विदेशों में विस्तारवादी प्रवृत्तियां" सिर उठाने लगीं और जापान ने अमेरिका, रूस, इंग्लैंड और अन्य देशों के साथ जिस तरह गैर-बराबरी की संधियों पर हस्ताक्षर किए यह उसका प्रमाण है। अगले दशक में जापान में दक्षिणपंथी ताकतों का उदय बहुत सीमित नहीं रहने वाला है, बल्कि वे देश भर में प्रबल हो जाएंगी। आधुनिक जापान में गर्व की भावना उसकी आर्थिक शक्ति की मजबूती पर आधारित है। अपनी आर्थिक बढ़त को खो देने का मतलब राष्ट्रीय गौरव का आधार खो देना है। जापान के भविष्य को लेकर इस तरह की निराशा उसके समूचे समाज को दक्षिणपंथी सोच की तरफ धकेलती है। जापान की उत्तरोत्तर गिरावट को रोकने के लिए उसकी अधिक से अधिक आबादी अपेक्षा करेगी कि सरकार सेना को मजबूत करे और कठोर विदेश नीति अपनाए। *कोरियन डेली न्यूज* और तोक्यो विश्वविद्यालय ने मिलकर 2012 की सर्दियों में एक सर्वेक्षण किया था जिसमें जापान की संसद की प्रतिनिधि सभा में 89 प्रतिशत सदस्यों ने संविधान में संशोधन और 79 प्रतिशत सदस्यों ने सामूहिक आत्मरक्षा के अधिकार के उपयोग का समर्थन किया था।[11] अगले दशक में जब पूरी आबादी का झुकाव दक्षिणपंथी ताकतों की ओर हो जाएगा तो जापानी संसद के लिए संविधान के नौवें अनुच्छेद में संशोधन करना आसान होगा।

अगले दशक में भी जापान को नौवें अनुच्छेद में संशोधन करने से रोकने में प्रमुख भूमिका अमेरिका की होगी। संशोधन करने या न करने का प्रश्न विशुद्ध रूप से घरेलू नहीं है, बल्कि वह दूसरे महायुद्ध के विजेता देशों के लिए उचित-अनुचित होने और पूर्व एशिया में अमेरिका की प्रधान हैसियत से भी जुड़ा है। जापान के शांतिवादी संविधान में संशोधन राजनीतिक दृष्टि से दूसरे महायुद्ध में अमेरिका की कार्रवाई को कुछ हद तक अनुचित सिद्ध कर देगा और विशेष रूप से युद्ध के बाद पूर्व एशिया में अमेरिका द्वारा व्यवस्था के औचित्य पर सवालिया निशान लगा देगा। इससे अमेरिका के हितों को नुकसान होगा, किन्तु समस्या की जड़ यह नहीं है। मूल समस्या यह है कि अगर जापान ने अपने शांतिवादी संविधान में संशोधन कर लिया तो हो सकता है कि वह पूर्ण राष्ट्रीय प्रभुसत्ता की मांग करे और अमेरिका को अपनी धरती पर सेना तैनात रखने की अनुमति

---

10 "41 प्रतिशत मिनझोंग रेनवेई अनबेई जियांग चेंगवेई शिया येरिन रिबेन शुऊशियांग" (41 प्रतिशत लोगों का मानना है कि आबे जापान के अगले प्रधानमंत्री होंगे), *निहोन केईजाई शिम्बुन*, 28 सितम्बर, 2012

11 "बाचेंग शिन दांगशुआन झोंगयियुआन झिचि शिंगशि जिति जिवेइछुआन" (80 प्रतिशत नव-निर्वाचित सांसद सामूहिक आत्मरक्षा के उपयोग के समर्थक हैं), असाहि शिम्बून, 8 दिसम्बर, 2012

न दे। जापान के लिए सामान्य देश होने का मुख्य मापदंड रक्षा व्यय सकल घरेलू उत्पाद के 1 प्रतिशत से अधिक कर पाना नहीं, बल्कि राष्ट्रीय प्रतिरक्षा का दायित्व किसी अन्य देश को सौंपे न रखने और कूटनीति तथा प्रतिरक्षा के मामले में एक स्वतंत्र और स्वायत्त राष्ट्र की तरह काम करने का है। अमेरिका चाहता है कि पूर्व एशिया में उसकी अग्रणी भूमिका कायम रहे। इसके लिए वह अपने सहयोगी देशों के राजनीतिक समर्थन की बजाय मुख्य रूप से सैनिक उपस्थिति पर निर्भर है। जापान में अपने सैनिक अड्डे गंवाने से बचने के लिए अमेरिका जापान को उसके शांतिवादी संविधान में संशोधन की अनुमति देने में आनाकानी करेगा। अमेरिका इस संशोधन में सहायक नहीं, बल्कि प्रमुख बाधा होगा। किन्तु जापान अपने शांतिवादी संविधान में संशोधन कर पाएगा या नहीं इसका निर्धारण मुख्य रूप से जापान की घरेलू राजनीति से होगा। 2023 तक अगर जापान नौवें अनुच्छेद से पूरी तरह मुक्ति नहीं पा सका तो भी इस बात की संभावना है कि वह आंशिक संशोधन तो ले ही आएगा।

2023 तक जापान एक असंतुष्ट और बेदम राष्ट्रीय शक्ति होगा। फरवरी, 2013 में अमेरिका यात्रा के दौरान जापान के प्रधानमंत्री शिन्जो आबे ने वाशिंगटन डीसी में सामरिक एवं अंतर्राष्ट्रीय अध्ययन केन्द्र में कहा था कि जापान कभी भी दोयम दर्जे का देश नहीं होगा और "जापान फिर सशक्त हो गया है।" इससे साफ जाहिर है कि जापान के नेताओं में देश की शक्ति के पतन और अशक्तता की समझ कितनी गहरी बैठ गई है क्योंकि निरंतर शक्तिशाली होते देश स्वयं को शक्तिशाली नहीं कहते। सिर्फ उन्हीं देशों को अपने शक्तिशाली होने का राग अलापना पड़ता है जिनकी ताकत लगातार घट रही होती है। जापान की अंतर्राष्ट्रीय हैसियत में बढ़ती गिरावट का अर्थ यह है कि विश्व के प्रतिरक्षा मामलों पर जापान का कोई बहुत बड़ा प्रभाव नहीं रहने वाला है और इन मामलों में उसकी अनुकूलता अधिक नहीं होगी। जापान की विदेश नीति मुख्यतः पूर्व एशिया पर केन्द्रित रहेगी। 2023 तक जापान क्षेत्रीय सहयोग में भागीदारी करने का सामरिक महत्व फिर समझ जाएगा और उसे बढ़ावा देने के लिए पहले से अधिक पहल करेगा। अनेक वर्ष के भीतर जापान की स्थिति पूर्व एशिया के यूनाइटेड किंगडम जैसी होती जाएगी, किन्तु 2020 के आते-आते वह पूर्व एशिया में अपना सिक्का फिर जमाने की कोशिश करेगा। 2023 तक जापान अपने संविधान में संशोधन करे या न करे, उसकी विदेश नीति का रुख चीन और अमेरिका के बीच संतुलन की दिशा में मुड़ता जाएगा। जापान चीन से पूरा टकराव मोल लेने में अमेरिका की अनिच्छा से असंतुष्ट रहेगा और इस बात को भुनभुनाएगा कि अमेरिका जापान की खातिर चीन का विरोध करने को तैयार नहीं है। जापान के लिए अमेरिकी विदेश नीति से स्वतंत्र होना आवश्यक हो जाएगा और वह समझ जाएगा कि चीन और अमेरिका के बीच संतुलन रखने से उसे अधिक सामरिक लाभ होगा और वह अधिक मोल-तोल कर पाएगा। दिआओयु/सेनकाकु द्वीपों पर चीन और जापान के बीच असहमति रहेगी, किन्तु उसके कारण भीषण टकराव नहीं होगा।

यूरोपीय संघ – अब विश्व का आदर्श नहीं

शीत युद्ध की समाप्ति के बाद बहुध्रुवीय विश्व व्यवस्था के प्रति आश्वस्त लोगों में आम धारणा यह थी कि यूरोपीय संघ विश्व का एक ध्रुव होगा। 2008 के वैश्विक वित्तीय संकट के आने तक भी बहुत से लोग यह नहीं समझ पा रहे थे कि उनकी यह धारणा सच्चाई से कोसों दूर है। इस विश्वास के पीछे एक मुख्य कारण यूरोपीय संघ को एक देश मानने की भूल थी। उदारवादी विचार वाले अनेक विद्वान यूरोपीय संघ को भविष्य में अंतर्राष्ट्रीय मंच पर प्रमुख कर्ताओं का प्रतिनिधि मानते हैं और उनका विश्वास है कि अंतर्राष्ट्रीय मंच पर अब किसी राष्ट्र को प्रधानता नहीं मिलेगी, बल्कि यूरोपीय संघ जैसे तमाम क्षेत्रीय गठबंधन अंतर्राष्ट्रीय राजनीति में प्रमुख भूमिका निभाएंगे। चीन में भी अनेक विद्वान प्रभुसत्ता की चीन सरकार की मान्यता को वेस्टफालियन युग की दकियानूसी सोच बताकर उसकी आलोचना कर रहे थे। उन्हें लगता था कि चीन सरकार इस ऐतिहासिक रुझान को नहीं देख पा रही कि क्षेत्रीय संगठन प्रभुसत्ता संपन्न देशों की जगह लेते जा रहे हैं। किन्तु शीत युद्ध की समाप्ति के 20 से भी अधिक वर्ष बाद यूरोपीय संघ अनेक संकटों का सामना कर रहा है। इसके कुछ सदस्य देशों ने यूरोज़ोन की स्थापना कर ली और कुछ सदस्य यूरो मुद्रा के दायरे से निकलना चाह रहे हैं। यूरोपीय संघ के कुछ सदस्य देशों में अलगाव की भावना ज़ोर पकड़ रही है और कुछ सदस्य देशों का ऋण संकट विकसित देशों में सबसे गंभीर हो गया है। यूरोपीय संघ अमेरिका की तरह विश्व का ध्रुव तो बन ही नहीं पाया, बल्कि अगले दशक में उसका प्रभाव भी कम से कमतर होता जाएगा।

2023 तक यूरोपीय संघ के कुछ वर्तमान सदस्य उससे अलग हो जाएंगे और उसका राजनीतिक एकीकरण आगे बढ़ना मुश्किल होगा। वह अंतर्राष्ट्रीय सहयोग का मॉडल नहीं रह पाएगा। उस समय यूरोपीय संघ यूरोपीय देशों की भूमिका का विकल्प नहीं रहेगा, बल्कि ऐसा क्षेत्रीय अंतर्राष्ट्रीय संगठन बनकर रह जाएगा जिसके जरिए जर्मनी यूरोप पर नियंत्रण करेगा। यूरोप में जर्मनी का वर्चस्व बढ़ने और यूनाइटेड किंगडम तथा फ्रांस का प्रभाव कम होते जाने के कारण 2023 तक अंतर्राष्ट्रीय मामलों में यूरोपीय संघ की बजाय जर्मनी के प्रभाव पर ध्यान दिया जाएगा। यह बिल्कुल वैसी ही स्थिति होगी जैसे सोवियत संघ के विघटन के बाद लोगों का ध्यान रूस के प्रभाव पर था, नव-स्वतंत्र देशों के राष्ट्र कुल पर नहीं। 2023 तक यूरोपीय संघ में जर्मनी पूरी तरह हावी होगा। जर्मनी ने क्षेत्रीय सहयोग के मुद्दे पर जापान से एकदम विपरीत नीति अपनाई है। उसने क्षेत्रीय सहयोग को आगे बढ़ाकर अंतर्राष्ट्रीय जगत में अपनी साख का सिक्का जमाया है, जबकि जापान क्षेत्रीय सहयोग से इंकार करने अथवा उसमें बाधा डालने की नीति अपनाता रहा है। 2023 तक जर्मनी का आर्थिक दायरा जापान से भले ही छोटा होगा, लेकिन यूरोपीय संघ का नेतृत्व करने के कारण उसके साथ यूरोपीय संघ की सामूहिक शक्ति होगी, इसलिए उसकी अंतर्राष्ट्रीय हैसियत और प्रभाव दोनों जापान से ऊपर होंगे। किन्तु यह भी सच है कि जर्मनी हो या यूरोपीय संघ, 2023 तक वह देश और संगठन विश्व स्तरीय नहीं, बल्कि क्षेत्रीय शक्ति होकर रह जाएंगे।

यूरोपीय संघ विश्व का कोई ध्रुव नहीं बन पाएगा, बल्कि हो सकता है कि समूचा यूरोप विश्व के केन्द्र का अपना दर्जा खो दे।

बंधनों में जकड़ा संघ

यूरोपीय संघ के पास अतिरिक्त मुद्रा छापने का निर्णय लेने का भी अधिकार नहीं है, इसलिए वह आर्थिक संकट से मुक्त होने की क्षमता से भी वंचित है। 2008 के वित्तीय संकट के बाद विश्व की सभी प्रमुख अर्थव्यवस्थाओं को गहरी वित्तीय क्षति उठानी पड़ी। चीन और अमेरिका को यूरोप से भी गहरी चोट सहनी पड़ी। चीन के शेयर बाजार का मूल्य 70 प्रतिशत या उससे भी नीचे और अमेरिका का करीब 50 प्रतिशत तक गिर गया था। तब भी यूरोपीय शेयर बाजार की स्थिति उनकी तुलना में बेहतर थी। किन्तु इस वित्तीय संकट से उबरने में चीन और अमेरिका को यूरोप की तुलना में कहीं अधिक सफलता मिली। इसका मुख्य कारण यह था कि चीन और अमेरिका ने बड़ी तेजी से बड़े पैमाने पर अतिरिक्त मुद्रा की छपाई की। बहुत बड़े पैमाने पर मुद्रा की छपाई से मुद्रास्फीति बढ़ती है और अर्थव्यवस्था की दीर्घकालिक वृद्धि में बहुत अनिश्चितता भी आती है, किन्तु इससे देश को संकट से फुर्ती से उबरने में मदद मिलती है और सामाजिक संघर्ष नहीं बढ़ पाते। इस बीच, स्थिर दीर्घकालिक विकास की नई योजना बनाने का अवसर मिल जाता है। यूरोपीय संघ एक अंतर्राष्ट्रीय संगठन है। इसमें जब सदस्य देशों के महत्वपूर्ण हितों से जुड़ा कोई महत्वपूर्ण संकट उभरता है तो हितों में भिन्नता के कारण सदस्य देशों को सहायता योजना पर झटपट सर्वसम्मत निर्णय लेने में कठिनाई होती है। इसीलिए यूरोज़ोन में अतिरिक्त मुद्रा की छपाई के फैसले पर तेजी से अमल नहीं हो सकता।

2008 के वैश्विक वित्तीय संकट के दौरान जर्मनी, फिनलैंड, ऑस्ट्रिया और स्थिर अर्थव्यवस्था वाले कुछ अन्य देशों पर संकट का उतना गंभीर प्रभाव नहीं पड़ा था, इसलिए उन्होंने दीर्घकालिक स्थिर वृद्धि को प्राथमिकता दी और मुद्रास्फीति को रोकने के लिए अतिरिक्त मुद्रा छापने के लिए तैयार नहीं हुए, जबकि गंभीर संकट में फंसे ग्रीस, स्पेन, फ्रांस और अन्य देश चाहते थे कि अपनी गंभीर समस्याओं के समाधान के लिए जल्दी से जल्दी अतिरिक्त मुद्रा की छपाई कर लें। गंभीर वित्तीय संकट से जूझते ये देश यूरोज़ोन में शामिल हो चुके थे, इसलिए स्वतंत्र रूप से मुद्रा छापने का अधिकार खो चुके थे। उधर यूरोज़ोन के देश कोई सर्वसम्मत निर्णय नहीं ले पा रहे थे, इसलिए यूरोपीय बैंक बड़े पैमाने पर अतिरिक्त मुद्रा की छपाई नहीं कर सका। इस बात का कोई महत्व नहीं रह गया था कि यूरोपीय संघ इन देशों को वित्तीय सहायता दे सकता था या नहीं। ये देश अपनी मदद करने की शक्ति खो चुके थे, इसलिए वित्तीय संकट में डूबे यूरोज़ोन के देश उतनी जल्दी इस संकट से नहीं उबर सके जितनी जल्दी चीन और अमेरिका संकट से निकल पाए। 2008 से 2012 तक चीन की औसत वार्षिक वृद्धि दर 9 प्रतिशत थी। अमेरिका ने भी किसी तरह 1 प्रतिशत की औसत वृद्धि दर हासिल कर ली, जबकि यूरोज़ोन में यह दर सिर्फ 0.1 प्रतिशत थी।

2010 में ग्रीस के राष्ट्रीय ऋण संकट के बाद जर्मनी लगातार इस बात पर अड़ा रहा कि यूरोपीय संघ के सदस्य देशों को सीधे वित्तीय सहायता देने के लिए कड़ी शर्तें लगाई जाएं। मुख्य शर्त यही थी कि संकट में फंसे देश अपने बजट में संतुलन लाने के कड़े लक्ष्य तय करें और ढांचागत सुधार अपनाएं। अनेक यूरोपीय विद्वानों का मानना है कि यूरोपीय संघ के अन्य सदस्यों पर किफायती मॉडल थोपने की जर्मनी की जिद के कारण ही ग्रीस का संकट यूरोज़ोन के अन्य देशों तक फैल गया। यूरोपीय देशों के दीर्घकालिक आर्थिक विकास की क्षमता फिर हासिल करने की दृष्टि से देखें तो जर्मनी की शर्तें उचित थीं, किन्तु यूरोपीय सदस्य के अन्य देशों में ढांचागत सुधार की क्षमता जर्मनी जैसी नहीं है। यूरोपीय जोन के कुछ देशों के सामने खतरा यह भी है कि गहरे सुधार अपनाने पर गंभीर सामाजिक-राजनीतिक असंतोष पैदा हो सकता है। तात्कालिक राहत और दीर्घकालिक वृद्धि के बीच परस्पर विरोधी परिस्थितियों में सरकार के हाथ में सारी ताकत सिमटने पर ही निर्णायक फैसले हो सकते हैं। किन्तु यूरोपीय संघ सदस्य देशों के बीच सर्वानुमति के सिद्धांत से बंधा एक अंतर्राष्ट्रीय संगठन है। इस कारण ही वह जल्दी से कड़े फैसले नहीं ले सकता। अंतर्राष्ट्रीय संगठनों की प्रकृति ऐसी ही होती है, इसलिए 2008 के वित्तीय संकट का सामना करने में उसकी असफलता भी पूरी तरह सामान्य है।

इस संगठन के रूप में यूरोपीय संघ की प्रकृति के अलावा वित्तीय संकट का सामना करने में उसकी असमर्थता का बड़ा कारण यह है कि राजनीतिक एकीकरण के मामले में जर्मनी और अन्य देशों के लक्ष्यों के बीच बहुत भिन्नता है। जर्मनी यूरोपीय संघ की जिन नीतियों का समर्थन करता है वह संगठन के एकीकरण के लिए लाभकारी हैं। विशेषकर आर्थिक एकीकरण से राजनीतिक एकीकरण की ओर बढ़ने में लाभकारी हैं। इस कारण यूरोपीय संघ की आर्थिक सहायता योजनाओं के बारे में जर्मनी की जिद उसके एकीकरण को आगे बढ़ाने में मददगार होती है। किन्तु संघ के अनेक सदस्य देशों को डर है कि एकीकरण से उनकी आर्थिक प्रभुसत्ता कमज़ोर होगी और एकीकरण उन्हें जर्मनी का प्रान्त अथवा स्वायत्त क्षेत्र बनाकर रख देगा। इसलिए वे आर्थिक नीतियों से उत्पन्न हो सकने वाले राजनीतिक एकीकरण के प्रभाव से खुद को बचाने की कोशिश करते रहते हैं। ब्रिटेन के पूर्व प्रधानमंत्री टोनी ब्लेयर ने एक बार संकेत दिया था कि यूरोज़ोन की स्थापना का उद्देश्य राजनीतिक था। उन्होंने कहा था कि एकीकृत मुद्रा की आड़ में राजनीतिक उद्देश्य छिपे हो सकते हैं, किन्तु उन्हें एक आर्थिक साधन के साथ सामने लाना होगा।[12] एकीकरण को लेकर फ्रांस और जर्मनी के विचार अलग-अलग हैं। जर्मनी सहायता के जरिए यूरोपीय संघ के सदस्य देशों की प्रभुसत्ता कमज़ोर करना चाहता है, जबकि फ्रांस सहायता के लिए राजनीतिक शर्तें लगाने को तैयार नहीं है।

अगले दशक में भी यूरोपीय संघ के सामने कोई न कोई आर्थिक संकट आता रहेगा और पहले की तरह ही वह झटपट उपयुक्त नीतियां नहीं अपना पाएगा। इसका तात्पर्य यह है कि एकीकृत संगठन

---

12 "झोंगजियु ओयुयुआन शि फेंगकुआंग दि रेनव" (यूरो को बचाना पागलपन है), डिए जेएट, 20 अगस्त, 2012

के रूप में उसकी आर्थिक वृद्धि की रफ्तार अमेरिका और चीन की तुलना में धीमी रहेगी। संकट के दौर में यूरोपीय संघ बार-बार असहाय सिद्ध हुआ है जिसके कारण अधिक से अधिक सदस्य देश अब यह सोचने पर मजबूर हो गए हैं कि उन्हें यूरोपीय संघ या यूरोज़ोन में रहना चाहिए या नहीं।

अंतर्राष्ट्रीय प्रभाव में कमी

अगले दशक में फ्रांस और जर्मनी के बीच शक्ति संतुलन में टकराव से यूरोपीय संघ में उनका साझा नेतृत्व कमज़ोर होगा। क्षेत्रीय सहयोग के विकास की दर इस बात पर निर्भर होती है कि क्षेत्रीय राजनीतिक सहयोग का नेतृत्व मजबूत है या नहीं। फ्रांस और जर्मनी के साझे नेतृत्व के बल पर यूरोपीय संघ विश्व में क्षेत्रीय सहयोग का सबसे सफल उदाहरण सिद्ध हुआ। फ्रांस और जर्मनी के आपसी संबंध ही यूरोपीय संघ को साझा नेतृत्व दे सके। उनके संबंधों का बुनियादी सिद्धांत है कि जब भी किसी नीति पर कोई असहमति होगी तो दोनों मिलजुलकर किसी सहमति तक पहुंचने का रास्ता निकालेंगे। फ्रांस और जर्मनी के संबंध इस सिद्धांत पर आधारित हैं कि उनकी समग्र शक्तियां लगभग बराबर हैं। फ्रांस यूरोप की बहुत बड़ी राजनीतिक शक्ति और जर्मनी बहुत बड़ी आर्थिक शक्ति है। दोनों देशों की अपनी-अपनी शक्तियां एक-दूसरे को ताकत देती हैं जिससे सहयोग की आवश्यकता और इच्छा उत्पन्न होती है। किन्तु अगले दशक में फ्रांस और जर्मनी के शक्ति समीकरणों में असंतुलन पैदा होगा। फ्रांस और जर्मनी के बीच आर्थिक विसंगति बढ़ती जाएगी। इस समय फ्रांस का सकल घरेलू उत्पाद जर्मनी के अनुपात में 77 प्रतिशत है, किन्तु 2023 तक यह घटकर 70 प्रतिशत से भी कम रह जाएगा। राजनीतिक दृष्टि से देखें तो विश्व मंच पर जर्मनी का प्रभाव अभी फ्रांस की तुलना में अधिक है। उदाहरण के लिए जलवायु परिवर्तन, चीन-यूरोपीय संबंध, रूस-यूरोपीय संबंध और अन्य विषयों में फ्रांस के मुकाबले जर्मनी की राय पर अधिक ध्यान दिया जाता है। 2023 तक जर्मनी यूरोपीय संघ का सार्वजनिक रूप से मान्य नेता हो जाएगा और फ्रांस पूरक नेतृत्व देगा। फ्रांस और जर्मनी के बीच शक्ति के बढ़ते अंतर को देखते हुए यूरोप में जर्मनी की जिम्मेदारी बढ़ेगी और फ्रांस की जिम्मेदारी कम होगी। इन दो देशों के बीच क्षेत्रीय दायित्वों में भारी अंतर उभरने पर जर्मनी के लिए फ्रांस के साथ पहले की तरह सुलह समझौता करते रहना मुश्किल होगा और फ्रांस भी अपने दायित्व में कमी के बाद अपने कुछ अधिकार छोड़ने का इच्छुक नहीं होगा। 2023 तक यूरोपीय संघ में फ्रांस और जर्मनी का साझा नेतृत्व असल में जर्मनी के वर्चस्व के लिए आड़ ही साबित होगा।

अगले दशक में फ्रांस और जर्मनी के बीच शक्ति के बढ़ते अंतर के कारण यूरोपीय एकीकरण की नीति पर उनकी असहमतियां गहरी होती जाएंगी। 2009 में जब से यूरोप का सरकारी ऋण संकट उभरा है तब से यूरोपीय संघ में जर्मनी की हैसियत ऊंची हुई है और फ्रांस की हैसियत कमज़ोर हुई है। जर्मनी यूरोप का सबसे बड़ा ऋणदाता हो गया है। यूरोप की वित्तीय स्थिरता तंत्रों की

कुल पूंजी में जर्मनी की हिस्सेदारी 27 प्रतिशत है।[13] यूरोपीय संघ में ऋण संकट से निपटने की नीतियां जर्मनी तय कर रहा है। जर्मनी भी इन उपायों का विरोध करता है। उन्हें यूरोपीय संघ और यूरोज़ोन की अनुमित नहीं मिल सकती। अन्य देशों को जर्मनी के फैसले स्वीकार करने पड़ते हैं। फ्रांस के प्रस्तावों को अगर जर्मनी ठुकरा दे तो स्वीकृति नहीं मिल सकती। उदाहरण के लिए यूरोपीय आयोग में फ्रांस और दक्षिणी यूरोपीय देशों ने यूरोज़ोन में एकीकृत बांड जारी रखने का प्रस्ताव रखा। इसे जर्मनी के विरोध के कारण स्वीकृति नहीं मिली। जर्मनी ने सहायता देने के लिए किफायती उपाय और वित्तीय प्रणाली में सुधार की शर्तों का प्रस्ताव रखा जो फ्रांस और दक्षिण यूरोपीय देशों के विरोध के बावजूद स्वीकार कर लिया गया। नए नियमों के अनुसार सदस्य देशों का ढांचागत घाटा सकल घरेलू उत्पाद के आधा प्रतिशत से अधिक नहीं हो सकता, उनकी सरकारों को बजट में संतुलन का वादा करना होगा और जिन सदस्य देशों का ऋण बोझ सकल घरेलू उत्पाद के 0.3 प्रतिशत से अधिक होगा उन्हें दंड दिया जाएगा।[14] यूरोज़ोन और यूरोपीय संघ के विकास की दिशा को लेकर भी फ्रांस और जर्मनी के बीच गहरे मतभेद हैं और दोनों के बीच शक्ति का अंतर जैसे-जैसे बढ़ेगा इस तरह के मतभेद बढ़ना स्वाभाविक है। जर्मनी का राजनीतिक लक्ष्य यूरोपीय संघ का संघीयकरण यानी वास्तव में जर्मनीकरण करना है। अर्थात जर्मनी को केन्द्र में रखकर यूरोपीय संयुक्त राज्य की स्थापना की जाए। नवम्बर, 2012 में जर्मनी की चांस्लर एंजेला मर्केल ने यूरोपीय सम्मेलन में सुझाव दिया कि अगले दशक में यूरोपीय संघ का संघीयकरण कर दिया जाए और यूरोपीय आयोग उसकी सरकार का रूप ले लेः यूरोपीय संघ परिषद उसका ऊपरी सदन हो और यूरोपीय संसद निचला सदन। किन्तु उनके अधिकार वर्तमान स्तर से अधिक होंगे। फ्रांस यूरोपीय संघ के इस संघीयकरण का विरोध करता है क्योंकि इसका सीधा सा अर्थ होगा फ्रांस की स्वतंत्र प्रभुसत्ता गंवाना और उसे एक स्वायत्त क्षेत्र तक सीमित कर देना। फ्रांस बिल्कुल तैयार नहीं है कि यूरोपीय संघ का राजनीतिक एकीकरण बहुत तेज गति से हो। फ्रांस में याक शिराक के राष्ट्रपति पद छोड़ने के बाद निकोला सारकोजी और फ्रांस्वा ओलांद ने यूरोपीय संघ के एकीकरण की दिशा में पहले की तरह खुलकर जर्मनी का साथ नहीं दिया। ओलांद ने 2012 में राष्ट्रपति पद संभालते ही नया राजनीतिक नारा दिया "वृद्धि बनाम किफायत।" इसका सीधा सा लक्ष्य जर्मनी की बढ़ती ताकत के विरुद्ध स्पेन, इटली और अन्य दक्षिण यूरोपीय देशों को लामबंद करना था।

अगले दशक में जर्मनी का विकास अन्य यूरोपीय देशों की तुलना में अधिक सहज होगा। पूर्व और पश्चिम जर्मनी के विलय के बाद देश की जनसंख्या 8 करोड़ हो गई और वह शीत युद्ध के बाद के काल में रूस के बाद यूरोप में सबसे बड़ी आबादी वाला देश हो गया। आबादी बढ़ने से शीत

13 आन्द्रे वाल्कर, "क्यू एंड एः यूरोपीयन स्टेबिलिटी मैक्निज्म", *बीबीसी न्यूज,* 8 अक्तूबर, 2012, http://www.bbc.co.uk/news/business-19870747.

14 झांग जियान, "ओउमेंग लिलियांग गेजु बियानहुआ यु ओयुझोउ यितिहुआ छियानजिंग" (यूरोपीय संघ की सत्ता संरचना में परिवर्तन और यूरोपीय एकीकरण की संभावनाएं), *शियानदाई गुओजि गुआनशि* (समकालीन अंतर्राष्ट्रीय संबंध), सं. 12 (2012): 17

युद्ध के बाद के काल में तेजी से विकास के लिए जर्मनी को न सिर्फ सस्ती दर पर काम करने वाले हाथ मिले, बल्कि सामाजिक-आर्थिक सुधारों को आगे बढ़ाने के लिए उपयुक्त परिस्थितियां भी मिलीं। जर्मनी के एकीकरण के शुरुआती दिनों में लोग सिर्फ इसे एकीकरण के आर्थिक लाभ देख रहे थे, किन्तु 2008 के वित्तीय संकट के बाद उन्हें समझ में आया कि दोनों जर्मनी के विलय से कितना लाभ हुआ है। जर्मनी की संघीय सरकार ने मार्च, 2003 में "2010 एजेंडा" नाम से एक योजना पेश की जिससे समग्र सुधारों को अपनाने का मार्ग प्रशस्त हुआ। इस योजना में पर्याप्त श्रम शक्ति के बल पर जर्मनी के उद्यमों की अंतर्राष्ट्रीय स्पर्धा क्षमता बढ़ाने, आर्थिक स्थिति बेहर करने और रोज़गार के अवसर बढ़ाने के लक्ष्य रखे गए। इसमें औद्योगिक ढांचे, चिकित्सा बीमा प्रणाली, बेरोज़गारी एवं सामाजिक लाभ प्रणाली, कर प्रणाली, क्षेत्रीय वित्तीय प्रणाली, दस्तकारी उद्योगों के नियमों और अन्य क्षेत्रों में सुधार अपनाने का भी वादा था। इन सुधारों के बल पर जर्मनी यूरोप के अन्य देशों की तुलना में अधिक फुर्ती से 2008 के वित्तीय संकट से मुक्त होने में सफल रहा। 2011 में जर्मनी में सकल घरेलू उत्पाद में उद्योगों का योगदान 24 प्रतिशत था जबकि यूनाइटेड किंगडम में 16 प्रतिशत और फ्रांस में 12 प्रतिशत था। 2012 में जर्मनी में 25 वर्ष से कम आयु के युवाओं में बेरोज़गारी दर 8 प्रतिशत से कम थी, जबकि स्पेन में 50 प्रतिशत से अधिक, इटली में 30 प्रतिशत से अधिक और फ्रांस में 20 प्रतिशत से अधिक थी। अपने मैन्यूफैक्चरिंग उद्योग की श्रेष्ठता के दम पर अगले दशक में जर्मनी की समग्र शक्ति में वृद्धि अन्य यूरोपीय देशों की तुलना में अधिक होगी। फिर भी समूचे यूरोपीय संघ के विकास को शक्ति देने की सामर्थ्य के लिए उसे जूझना पड़ेगा। यूरोप में दूसरी सबसे बड़ी आबादी वाला देश होने के बावजूद यूरोप की कुल आबादी में जर्मनी का हिस्सा केवल 6 प्रतिशत है। यूरोप में सबसे अधिक सकल घरेलू उत्पाद होने के बावजूद समूचे यूरोप के सकल घरेलू उत्पाद में उसका हिस्सा केवल 23 प्रतिशत है। जर्मनी न तो अकेला महाशक्ति बन सकता है और न विश्व का एक ध्रुव हो सकता है। इसी कारण उसे यूरोपीय संघ के आर्थिक एकीकरण का सहारा लेना होगा। किन्तु दूसरे महायुद्ध में जर्मनी के इतिहास को देखते हुए यूरोपीय संघ के अन्य सदस्य देश संगठन के राजनीतिक एकीकरण को आगे बढ़ाने की जर्मनी की कोशिशों को बहुत सावधानी और आशंका के साथ देख रहे हैं। यही कारण है कि जर्मनी यूरोपीय संघ की व्यवस्था में सुधार का जो भी प्रस्ताव रखता है, अन्य देश उसकी कड़ी राजनीतिक जांच-परख करते हैं। अन्य देश बहुत बारीकी से विचार करते हैं कि जर्मनी की हर योजना कहीं उन पर उसका नियंत्रण तो नहीं बढ़ाने वाली है। यूरोपीय संघ के अन्य सदस्य देशों के शक के दायरे से बाहर रहने के लिए जर्मनी कोई भी ऐसी सुधार योजना का प्रस्ताव रखने की हिम्मत नहीं जुटा पाता जो वास्तव में असरदार हो। जर्मनी की जनता में जिस प्रकार स्वयं को जर्मन मानने की प्रवृत्ति बढ़ गई है और अपनी यूरोपीय पहचान के प्रति आशक्ति कम हो रही है। इससे यूरोपीय संघ में सुधार के लिए जर्मनी का नेतृत्व देश के भीतर कमज़ोर होगा। जर्मनी में दूसरे देशों से आने वालों की संख्या बढ़ते-बढ़ते 1.06 करोड़ यानी कुल आबादी का 20 प्रतिशत हो चुकी है। जर्मनी की संस्कृति में खुलापन बहुत कम है और जर्मन लोगों में बाहर से आए लोगों के

प्रति अविश्वास बहुत अधिक है। इसका अर्थ यह है कि जर्मनी में विदेश से आए लोग सामाजिक विभाजन पैदा करते हैं और जर्मनी के निवासियों में यूरोपीय संघ के एकीकरण के प्रति उत्साह नहीं जगाते। अगले दशक में जर्मनी की कुल जनसंख्या में गिरावट यूरोपीय संघ में उसके नेतृत्व को मजबूत करने की गति सीमित कर देगी।

सुधार न अपनाए जाने से विश्व पर यूरोपीय संघ का प्रभाव कम होगा। यूरोपीय संघ का इतिहास गवाह है कि उसके प्रभाव में वृद्धि और सुधार प्रक्रिया अपनाने की सामर्थ्य के बीच सीधा संबंध है। यदि समय पर सुधार अपनाए जाते हैं तो यूरोपीय संघ का प्रभाव बढ़ता है। यदि सुधार नहीं अपनाए जाते तो प्रभाव घटता है। यूरोपीय संघ सहित सभी आधुनिक अंतर्राष्ट्रीय संगठनों का बुनियादी सिद्धांत समानता का है। किन्तु इसका अर्थ यह भी है कि नीतियां बहुत अधिक प्रभावी नहीं हो पाती। यूरोपीय संघ ने एक वोट वीटो प्रणाली अपनाई है जिसमें सभी सदस्यों को वीटो का अधिकार बराबर दिया गया है। इसलिए सुधार के सभी प्रमुख प्रस्तावों पर लंबी बहस के बाद ही सहमति हो पाती है जो अनेक परिस्थितियों में अर्थहीन साबित होती है। अगर आर्थिक विकास अपेक्षाकृत अच्छा हो और सदस्य देश अल्पकालिक हितों पर बहुत अधिक ध्यान न दें तो यूरोपीय संघ प्रमुख सुधारों को तेजी से अपना सकता है, किन्तु जब अर्थव्यवस्था संकट में हो और अल्पकालिक हितों एवं शासन के अस्तित्व के बीच सीधा संबंध हो तो सदस्य देशों के हितों के बीच असहमति से यूरोपीय संघ की सुधार प्रक्रिया में गंभीर बाधा आएगी। अगले दशक में यूरोपीय संघ को दीर्घकालिक आर्थिक कठिनाइयों से जूझना होगा, फ्रांस और जर्मनी का साझा नेतृत्व कमज़ोर होगा और जर्मनी अकेले सुधार के लिए मजबूत नेतृत्व प्रदान नहीं कर सकेगा। ऐसी परिस्थितियों में यूरोपीय संघ के लिए बड़े सुधारों को अपनाने की संभावना कम होगी। एक तरफ यूरोपीय संघ को बड़े पैमाने पर सुधार अपनाने में कठिनाइयों का सामना करना पड़ेगा और दूसरी तरफ उसके सामने मौजूद समूचा अंतर्राष्ट्रीय माहौल बहुत तेजी से बदलता रहेगा जिससे बाहरी माहौल के साथ उसकी वर्तमान नीतियों की असंगति बढ़ेगी और यूरोपीय संघ की शक्ति कमज़ोर होती जाएगी।

राजनीतिक एकीकरण का प्रतिगमन

2012 में यूरोपीय संघ की राजनीतिक एकीकरण की प्रक्रिया में ठहराव के साथ-साथ तीन बातों से प्रतिगमन के संकेत मिलने लगे थेः एक तो यूरोज़ोन में ग्रीस जैसे भारी ऋण संकट में फंसे देश उसके दायरे से इसलिए निकलना चाहते थे क्योंकि वे वित्तीय सहायता के लिए यूरोपीय संघ की किफायती नीतियों की शर्त मानने को तैयार नहीं थे; दूसरे, यूनाइटेड किंगडम ने यूरोपीय संघ से हटने का प्रस्ताव रख दिया; और तीसरे, संघ के सदस्य देशों के भीतर अलगाववादी ताकतों को नए प्राण मिल गए। यूरोपीय संघ के राजनीतिक एकीकरण में प्रतिगमन का सीधा सा कारण यह है कि उसने सदस्य देशों के ऋण संकट को दूर करने में असरदार भूमिका नहीं निभाई। ऐसा न कर पाने के अनेक कारणों में पूर्वमुखी विस्तार की शीत युद्ध उपरान्त की अनुपयुक्त नीति शामिल है।

यूरोपीय संघ के पुराने सदस्य देशों ने पूर्वी यूरोपीय देशों को शामिल करने के बाद सोचा कि नए सदस्यों और उनके बीच का अंतर बहुत जल्द कम करने में सफलता मिल जाएगी। किन्तु 20 वर्ष बाद दोनों प्रकार के देशों के बीच अंतर पहले से अधिक बढ़ गया है। क्षेत्रीय विकास का असंतुलन प्रकृति का सहज नियम है। प्रत्येक देश अथवा एक देश के भीतर प्रत्येक क्षेत्र का बराबर विकास हो पाना असंभव है। उदाहरण के लिए अमेरिका और चीन दोनों के भीतरी जमीनी क्षेत्र तटवर्ती क्षेत्रों से कम विकसित हैं। दोनों देशों में एकीकृत केन्द्रीय सरकारें हैं जो अपने देश के हर हिस्से में विकास का बराबर स्तर ला पाने में अब भी असमर्थ हैं। यूरोपीय संघ जैसा अंतर्राष्ट्रीय संगठन तो इस प्रकार का राजनीतिक लक्ष्य हासिल कर पाने में और भी असमर्थ है। पूर्वी यूरोपीय देशों को यूरोपीय संघ में शामिल किए जाने से सदस्यों के बीच असहमति बढ़ी और सर्वसम्मति घटी, लेकिन यूरोपीय संघ की शक्ति और एकीकरण को प्रोत्साहन पर उसका कोई असर नहीं हुआ। यूरोपीय संघ के सदस्य देशों के बीच तीन बड़े द्वंद्व दिखाई देने लगे हैं: बड़े और छोटे देशों के बीच, अमीर और गरीब देशों के बीच तथा उत्तरी और दक्षिणी देशों के बीच। अगले दशक में ये तीनों द्वंद्व कम होने या मिटने की बजाय बढ़ते ही जाएंगे।

अगले दशक में यूरोपीय देशों के बीच असहमतियों में भी निरंतर वृद्धि होगी। प्रभुसत्ता खोने की आशंका पुराने पश्चिमी यूरोपीय देशों के मुकाबले पूर्वी यूरोपीय सदस्य देशों को अधिक सताती है। सितम्बर, 2012 में जर्मनी के विदेश मंत्री गुइदो वेस्टरवेल के नेतृत्व में फ्रांस, बेल्जियम, डेनमार्क, इटली, लग्जमबर्ग, नीदरलैंड्स, ऑस्ट्रेया, पुर्तगाल, स्पेन और अन्य सदस्य देशों के विदेश मंत्रियों ने यूरोपीय आयोग के समक्ष संयुक्त प्रस्ताव में सिफारिश की कि सदस्य और अधिक दायित्व यूरोपीय संघ को सौंप दें और यूरोपीय संघ सदस्य देशों के बजट में हस्तक्षेप करे जिससे यूरोपीय संघ को सदस्य देशों के वित्तीय उपायों की देखरेख के लिए अधिक कारगर अधिकार मिल जाता। विशेषकर वह सदस्य देशों के बजट पर वीटो का अधिकार हासिल कर लेता। वे अंततः यूरोपीय सेना की स्थापना की दिशा में महाद्वीपीय सीमा रक्षक बल का गठन भी करना चाहते थे, किन्तु पोलैंड को छोड़कर किसी अन्य पूर्वी यूरोपीय देश ने इन सिफारिशों के समर्थन का संकेत नहीं दिया। यूरोज़ोन के भीतर ध्रुवीकरण गंभीर होता जाएगा। पूर्वी यूरोपीय देशों को जैसे-जैसे संघ की सदस्यता मिलती जाएगी, वैसे-वैसे सदस्य देशों के बीच आर्थिक ध्रुवीकरण यूरोपीय संघ के एकीकरण में बाधक होने लगेगा। अगले दस वर्ष में इस प्रकार का ध्रुवीकरण अधिक जटिल और अधिक गंभीर हो जाएगा। 2023 तक यूरोज़ोन के भीतर पूर्वी और पश्चिमी यूरोपीय देशों के बीच आर्थिक विषमता मौजूद रहेगी और पश्चिमी यूरोपीय देशों के भीतर जर्मनी, फिनलैंड तथा ऑस्ट्रिया जैसे आर्थिक स्थिरता वाले देशों और फ्रांस, इटली, स्पेन, आयरलैंड, ग्रीस और पुर्तगाल जैसे आर्थिक मंदी या ठहराव में उलझे देशों के बीच ध्रुवीकरण हो जाएगा। पश्चिमी यूरोपीय देशों के भीतर ध्रुवीकरण यूरोपीय संघ के सुधारों के प्रति सदस्य देशों के बीच विभाजन बढ़ाएगा और सुधारों को लागू करने में पहले से अधिक कठिनाई आएगी।

यदि हम विभिन्न देशों के महत्व के आधार पर विवेचना करें तो अगले दशक में एकीकरण के प्रति जर्मनी की जनता और फ्रेंच जनता का रुख सबसे महत्वपूर्ण कारक होगा। सितम्बर, 2012 में फ्रेंच जनमत संस्थान (आईएफओपी) के सर्वेक्षण के अनुसार फ्रांस में 60 प्रतिशत लोग एकीकरण में कमी चाहते थे।[15] जर्मनी में अधिकतर नेता तो यूरोपीय संघ में एकीकरण के पक्ष में थे, लेकिन जनता को इसका व्यापक समर्थन नहीं था क्योंकि उसने यूरोपीय संघ में आस्था खो दी थी। 2012 में बर्टल्समैन फाउंडेशन के एक अध्ययन से पता चला कि 65 प्रतिशत जर्मन मानते हैं कि दस वर्ष तक यूरो मुद्रा के चलन से देश की हालत खस्ता हो गई है।[16] 2013 के एक सर्वेक्षण से यह आश्चर्यजनक तथ्य उभरा कि जर्मनी की एक-चौथाई जनता यूरोज़ोन से हटने की समर्थक थी।[17] यदि जर्मनी और फ्रांस भी यूरोपीय संघ के एकीकरण के समर्थन से पीछे हट जाएंगे तो प्रतिगमन की आशंका को टाला नहीं जा सकता।

अगले दशक में यूरोपीय संघ के एकीकरण के प्रतिगमन को सहारा देने में यूनाइटेड किंगडम की प्रमुख भूमिका होगी। यूनाइटेड किंगडम का मानना है कि अमेरिका के साथ उसका विशेष संबंध यूरोपीय संघ के साथ उसके संबंधों से कहीं अधिक महत्वपूर्ण है। इसीलिए वह लंबे समय से यूरोपीय महाद्वीप से अधिक से अधिक दूरी रखने की नीतियां अपना रहा है। फ्रांस के पूर्व राष्ट्रपति चार्ल्स द गाल यूरोप के साथ असहमति और विद्वेष की यूनाइटेड किंगडम की मानसिकता को भलि-भांति समझते थे इसीलिए 1960 के दशक में उन्होंने यूरोपीय समुदाय में शामिल होने का यूनाइटेड किंगडम का आवेदन दो बार ठुकरा दिया था। यूनाइटेड किंगडम बहुत पहले से यूरोपीय संघ के एकीकरण को लेकर बहुत अधिक आशंकित रहा है। उसने साझी प्रतिरक्षा, कूटनीति और अर्थव्यवस्था तथा मुद्रा के मामलों में यूरोपीय संघ से स्वतंत्र रहने की नीति अपना रखी है। यूनाइटेड किंगडम ने शेनगेन समझौते एवं यूरोज़ोन में भागीदारी से इंकार कर दिया और यूरोपीय संघ के वित्तीय समझौते पर भी हस्ताक्षर नहीं किए। अक्तूबर, 2012 में यूनाइटेड किंगडम ने यूरोपीय संघ के साथ न्यायपालिका सहयोग भी खत्म कर दिया। फिनलैंड के विदेश मंत्री ने कहा था कि यूनाइटेड किंगडम यूरोपीय संघ से अपना नाता शांति से तोड़ रहा है। ब्रिटेन की जनता खुश है कि यूनाइटेड किंगडम ने यूरोज़ोन में भागीदारी नहीं की और वह यूरोपीय ऋण संकट में उलझने से बच गया। अगले दशक में यूनाइटेड किंगडम खुद को यूरोपीय संघ से और दूर करेगा। 2012 में *द ऑब्जर्वर* के एक सर्वेक्षण में ब्रिटेन की 34 प्रतिशत जनता यूरोपीय संघ से हटने के पक्ष में थी, 22 प्रतिशत का कहना था कि हटने के विकल्प पर विचार होना चाहिए यानी इसके समर्थक 56 प्रतिशत थे;

---

15 चार्ल्स जाइगु, "मेयु 20 नियान हुयु, फागुओरेन जेंगजिया हुआइयि ओउझोउ" (मास्ट्रिक्ट संधि के 20 वर्ष बाद भी फ्रांस की जनता संदेह में है), *लि फिगारो,* 17 सितम्बर, 2012

16 स्टिफानी बोल्ट, "देगुओरेन बुजाई शियांगशिन ओयुझोउ" (जर्मन जनता का यूरोप में भरोसा नहीं रहा), *दिए वेल्ट,* 17 सितम्बर, 2012

17 "मिनदियाओ शियानशि 1/4 देगुओरेन झिचि तुइचु ओयुयुआनछु" (सर्वेक्षण के अनुसार जर्मनी की 1/4 जनता यूरोज़ोन से हटने की समर्थक है), *कानकाओ शियाओशि* (रैफरेंस न्यूज), 13 मार्च, 2013

11 प्रतिशत यूरोपीय संघ में रहने के इच्छुक थे और 19 प्रतिशत यूरोपीय संघ में रहने पर विचार करने को तैयार थे यानी इनका कुल अनुपात 30 प्रतिशत था। शेष 14 प्रतिशत तय नहीं कर पा रहे थे कि किसका पक्ष लें।[18] ब्रिटेन की सरकार ने तो यहां तक सोचना शुरू कर दिया था कि यूरोपीय संघ में रहने या न रहने के मुद्दे पर देश में जनमत सर्वेक्षण कराए जाएं। जनवरी, 2013 में विश्व आर्थिक शिखर सम्मेलन में यूनाइटेड किंगडम की जनता के सामने मुख्य प्रश्न यह था कि यूरोपीय संघ से हटा जाए या नहीं। प्रधानमंत्री डेविड कैमरन ने जब अपने भाषण में यह कहा कि यूनाइटेड किंगडम यूरोपीय संघ में योगदान करेगा तो बीबीसी के संवाददाता ने उनसे प्रश्न किया कि अगर यूनाइटेड किंगडम यूरोपीय संघ से हटने वाला है तो उसमें योगदान कैसे करेगा? प्रश्न सुनते ही समूचे सभा कक्ष में ठहाके गूंज उठे।

जर्मनी पहले चाहता था कि यूनाइटेड किंगडम यूरोपीय संघ में ही रहे। उसकी इस चाहत का मुख्य कारण फ्रांस के प्रभाव को संतुलित करना था। शक्ति में परिवर्तन के रुझान को देखें तो इस समय जर्मनी यूरोपीय संघ का प्रमुख नेता है और फ्रांस की शक्ति निरंतर कमज़ोर हो रही है। अब फ्रांस के साथ संतुलन साधने के लिए जर्मनी को यूनाइटेड किंगडम की ज़रूरत नहीं रही। इतना ही नहीं यूरोपीय संघ के एकीकरण को यूनाइडेड किंगडम से होने वाला नुकसान बहुत गहरा होता जा रहा है जिसके कारण जर्मनी और उसके मुख्य सहयोगी मन से कामना करते हैं कि यूनाइटेड किंगडम हट जाए। उसका यह निर्णय यूरोपीय संघ के एकीकरण की दिशा में जर्मनी की कोशिशों के लिए अधिक लाभकारी होगा। अपने वित्तीय केन्द्रों के हितों के संरक्षण की यूनाइटेड किंगडम की मांग को स्वीकार करने से जर्मन प्रधानमंत्री अंगेला मर्कल ने अस्वीकार कर दिया। उन्होंने कह दिया था, "हर प्रकार के वित्तीय केन्द्रों और उत्पादों के मामले में विश्व में अब और रिक्त स्थान नहीं छोड़े जाने चाहिए।"[19] 2023 तक यूनाइटेड किंगडम संयुक्त राष्ट्र सुरक्षा परिषद का स्थायी सदस्य रहेगा, किन्तु यूरोपीय क्षेत्र में एक बड़ी शक्ति रहने के लिए उसे जूझना पड़ेगा। उसकी अर्थव्यवस्था का दायरा भारत से भी छोटा होगा, देश के भीतर अलगाववाद अधिक विकराल होगा और यूरोप का अनाथ कहलाएगा। जर्मनी और यूरोप के लिए इसका कोई महत्व नहीं होगा, बल्कि जर्मनी और अन्य देश तो और खुलकर यूनाइटेड किंगडम के यूरोपीय संघ से हटने के लिए काम करेंगे।

अगले दशक में यूरोपीय संघ के एकीकरण के सामने अलगाववाद की चुनौती भी होगी। आर्थिक संकट के कारण यूरोपीय संघ के साथ यूरोपीय जनता का लगाव कमज़ोर हुआ है और वे

---

18 वांग शियाओशिओंग, "दियाओचा शियानशि चाओगुओ बानशु यिंगगुओरेन झिचि तुओलि ओयुमेंग" (सर्वेक्षण के अनुसार ब्रिटेन की आधी से अधिक जनता यूरोपीय संघ छोड़ने की समर्थक है) *हुआनछियु शिबाओ* (ग्लोबल टाइम्स) 19 नवंबर, 2012, **http://news.sina.com.cn/w/2012-11-19/032225607204.shtml.**

19 मार्को इवर्स, "जर्मनी के प्रति ब्रिटेन का बढ़ता अविश्वास", *स्पीगल ऑनलाइन,* 19 दिसम्बर, 2011, **http://www.spiegel.de/international/europe/resentments-reawaken-britain-s-mounting-disturst-of-germany-a-804616.html.**

अपनी-अपनी राष्ट्रीय पहचान को अधिक महत्व देने लगे हैं। इससे यूरोप में अलगाववाद की भावना अधिक मुखर होगी। यूरोप के कुछ अधिक अमीर क्षेत्र मानते हैं कि कठिनाइयों में घिरे क्षेत्रों को वित्तीय सहायता देकर वे अपने पैरों पर कुल्हाड़ी मार रहे हैं। उत्तर में जर्मनी, फिनलैंड और ऑस्ट्रिया जैसे अमीर देशों की जनता संकटग्रस्त गरीब देशों को उबारने की इच्छुक नहीं है; वे ग्रीस, पुर्तगाल और स्पेन जैसे दक्षिणी देशों को मुश्किल वक्त से उबारने के लिए सहायता नहीं देना चाहते। राष्ट्रवादी फ्रेंच नेशनल फ्रंट और ग्रीक गोल्डन डॉन पार्टी के समर्थक बढ़ते जा रहे हैं।

कुछ यूरोपीय देशों के भीतर अमीर क्षेत्र भी संकट से जूझते क्षेत्रों की मदद करने के पक्ष में नहीं हैं। उदाहरण के लिए स्पेन के काटालोनिया स्वायत्त क्षेत्र के अध्यक्ष आरतूर मास ने 2012 में स्पेन से स्वतंत्रता पाने और यूरोपीय संघ में प्रभुसत्ता संपन्न स्वतंत्र देश का दर्जा लेने के लिए जनमत संग्रह की मांग की थी। यूनाइटेड किंगडम का स्कॉटलैंड 2014 के शरद में स्वतंत्रता के लिए जनमत संग्रह कराने वाला है। इटली के उत्तरी गठबंधन ने औद्योगिक रूप से विकसित उत्तर और मूल रूप से पिछड़े दक्षिणी क्षेत्र को अलग करके "पदानिया गणराज्य" की स्थापना की हिमायत की है। नवम्बर, 2008 में ग्रीनलैंड ने डेनमार्क से अलग होकर स्वायत्त शासन की मांग को लेकर जनमत संग्रह कराया और 75 प्रतिशत ने इसका समर्थन किया। फ्रांस में कोर्सिका और ब्रिटेनी क्षेत्र लगातार स्वतंत्रता की मांग करते रहे हैं। बेल्जियम फ्लान्डर्स स्वायत्त क्षेत्र को शिकायत है कि देश के वित्तीय साधनों में उसका योगदान बहुत अधिक है। पोलैंड का सिलेसियन समुदाय देश से अलग होना चाहता है। रोमानिया के जकेली लैंड क्षेत्र ने यूरोपीय सम्मेलन के एक कार्यक्रम में स्वतंत्र क्षेत्र के रूप में हिस्सा लेकर सबको चौंका दिया। इतना तो स्पष्ट है कि एकीकरण को लेकर यूरोप की जनता के बीच मतभेद प्रत्येक राष्ट्रीय सरकार के भीतर के मतभेदों से अधिक गहरे हैं। इसका सीधा सा अर्थ है कि यूरोपीय संघ के एकीकरण का सामाजिक आधार टूट रहा है।

अजीब बात यह है कि यूरोपीय संघ का मुख्यालय सदस्य देशों के भीतर उभरती अलगाववादी ताकतों का विरोध नहीं करता। यूरोपीय संघ के सभी वर्तमान सदस्य प्रभुसत्ता संपन्न राष्ट्र हैं और अपनी प्रभुसत्ता त्यागने के इच्छुक नहीं हैं। प्रबंधन की दृष्टि से जितने अधिक देशों के बीच समन्वय करना पड़े उसकी सफलता उतनी ही कठिन हो जाती है। फिर भी उससे यूरोपीय संघ की कुल ताकत तो बढ़ ही जाएगी। इसीलिए यूरोपीय संघ के मुख्यालय में कुछ लोगों की कामना है कि सदस्य देश 50 या अधिक राजनीतिक इकाइयों में बंट जाएंगे। कुछ लोगों की मान्यता तो यह भी है कि सदस्य देशों के भीतर अलगाव "संयुक्त राज्य यूरोप" की स्थापना में सहायक होगा। इस तरह ब्रसेल्स एक देश की राजधानी की बजाय समूचे यूरोप की राजधानी बन जाएगा। जर्मनी को अलगाववाद से कोई खतरा नहीं है, इसलिए वह यूरोपीय संघ के अन्य सदस्य देशों के टूटकर छोटे-छोटे देशों में बंटने की आस लगाए रहता है। इससे यूरोपीय संघ के भीतर जर्मनी का दबदबा बढ़ेगा। फ्रांस के टूटने से जर्मनी का दबदबा विशेष रूप से बढ़ जाएगा।

2023 तक यूरोपीय संघ क्षेत्रीय सहयोग के आदर्श का अपना मौजूदा रुतबा गंवा देगा। तब सबसे अधिक चर्चा यही होगी कि यूरोपीय संघ के ठहराव से क्या सबक लिया जा सकता है। यूरोपीय संघ का सकल घरेलू उत्पाद पूर्व एशिया या उत्तर अमेरिका की तुलना में कम हो जाएगा और विश्व अर्थव्यवस्था में उसकी हैसियत भी इतनी महत्वपूर्ण नहीं रह जाएगी। वह अधिकतम क्षेत्रीय सहयोग वाला अंतर्राष्ट्रीय संगठन तो रहेगा किन्तु उसकी भीतरी समस्याएं गंभीर होती जाएंगी और राजनीतिक एकीकरण की दिशा में उन्नति होती नहीं दिखाई देगी। भीतरी मतभेद बढ़ते जाने से वैश्विक मामलों में कूटनीतिक स्तर पर स्पष्ट आवाज में बोलने के लिए यूरोपीय संघ को जूझना पड़ेगा। उसकी राय इतनी महत्वपूर्ण नहीं रह जाएगी और प्रभाव क्षेत्र यूरोप के भीतर सिमट जाएगा। उदारवादी विचारक यूरोपीय संघ से निराश हो जाएंगे और यूरोपीय संघ के अनुकूल प्रभाव का अध्ययन बहुत कम हो जाएगा।

इस अध्याय में रूस, जापान और यूरोपीय संघ की स्थिति के रुझानों का अनुमान लगाया गया है। मूल बात यही है कि हस्तक्षेप करने वाले कारकों की परिस्थितियों को देखते हुए कहा जा सकता है कि इतिहास अपनी लीक पर चलेगा। अगले दशक में बड़ी शक्तियों के बीच शक्ति संतुलन में परिवर्तन की गति तेज होगी और यह परिवर्तन रूस, जापान और यूरोपीय संघ की शक्ति में वृद्धि की गति मंद होने के रूप में परिलक्षित होगा। अगले दशक में ये तीनों पक्ष असरदार राजनीतिक नेतृत्व देने में अक्षम होंगे और बड़े सुधार अपनाने के लिए जूझते रहेंगे जिससे वे धीरे-धीरे पतन के गर्त में गिरते जाएंगे। रूस जापान और यूरोपीय संघ जैसी तीन बड़ी शक्तियों के रुतबे में अपेक्षाकृत गिरावट आने के कारण लंबे समय से बहुध्रुवीकरण की आस लगाने वालों को हार का मुंह देखना पड़ेगा।

अध्याय चार

———•••———

ध्रुवीकरण :
2023 तक विकसित देश

मानव अपने जीवन में समुदायों के गठन से बच नहीं सकता। यदि इन समुदायों में सामाजिक
विभाजन नहीं होगा तो टकराव होगा। टकराव होगा तो अफरा-तफरी मचेगी, अफरा-तफरी होगी
तो समुदाय टूट जाएंगे। समुदाय टूट गए तो कमज़ोर हो जाएंगे। यदि वे कमज़ोर हो गए अपने
लक्ष्य प्राप्त नहीं कर पाएंगे।

– "राजा का शासन", शुंजि

अंतर्राष्ट्रीय व्यवस्था में अराजकता बहुत है; कौन इसके केन्द्र में होगा और कौन परिधि पर रहेगा
इसका फैसला देशों की अपनी-अपनी शक्तियों के आधार पर होता है। तीनों "दुनिया" के बीच
और उत्तर तथा दक्षिण के बीच विभाजन से ही केन्द्र और परिधि दोनों का निर्धारण होता है। देशों
की शक्ति में सापेक्ष वृद्धि अंतर्राष्ट्रीय संबंधों का सहज नियम है। यही असमानता शक्ति संतुलन
में परिवर्तन की संकेत है। इससे पूर्ण शक्ति में परिवर्तन दिखाई नहीं देते। विज्ञान और प्रौद्योगिकी
में प्रगति होने के साथ-साथ विकास तो सभी देशों का होगा चाहे वे कितने भी पिछड़े हुए हों।
उदाहरण के लिए अराजकता से भरे सोमालिया में लोग नए-नए मोबाइल फोन तो लेते ही रहेंगे।
सापेक्ष वृद्धि के नियम का अर्थ यह है कि जिन देशों की शक्ति में वृद्धि तेज गति से होगी वह
विश्व के केन्द्र में जगह ले लेंगे और जिनकी वृद्धि में अपेक्षाकृत गिरावट आएगी वे केन्द्र से हट
जाएंगे। इसी तरह से विकास की गति धीमी होने से विश्व की परिधि पर स्थित अधिकतर देशों
की हैसियत में कोई बदलाव नहीं आएगा। शीत युद्ध के बाद वैश्वीकरण ने अधिकतर विकासशील

देशों को विकसित देशों के बराबर आने में कोई मदद नहीं की है, बल्कि उसने ध्रुवीकरण को बढ़ावा दिया है। अगले दशक में दक्षिण एशिया, मध्य-पूर्व एशिया, अफ्रीका और लैटिन अमेरिका के देशों वाले क्षेत्रों के कुल आर्थिक स्तर में तो कुछ वृद्धि होगी पर इनके सापेक्ष स्तर नहीं बदलेंगे। इस कारण अंतर्राष्ट्रीय व्यवस्था में अधिकतर विकासशील देशों का महत्व बहुत अधिक नहीं बढ़ पाएगा। इस बात की भी संभावना है कि उनके और केन्द्र में स्थित देशों के बीच विसंगतियां और बढ़ जाएंगी। 2023 तक इन क्षेत्रों में राजनीतिक अस्थिरता, आर्थिक पिछड़ेपन और अक्सर सैन्य संघर्षों का बोलबाला रहेगा।

"ब्रिक्स" – अगले दस वर्ष में भुला दिया जाएगा

अक्तूबर, 2003 में गोल्डमैन सैश के अनुमान में दावा किया गया था कि 2050 तक विश्व की आर्थिक संरचना बदल जाएगी और चीन, अमेरिका, भारत, जापान, ब्राजील और रूस नई आर्थिक शक्तियां होंगी। ब्राजील, रूस, भारत और चीन के नामों के पहले अक्षर को मिलाकर गोल्डमैन सैश ने शब्द गढ़ा "ब्रिक" (यह अंग्रेजी शब्द "ब्रिक" यानी ईंट की ध्वनि देता है), और इस तरह चीनी भाषा में "सोने की ईंट वाले देशों" की परिकल्पना उभरी। शक्ति की सापेक्ष वृद्धि के नियम के प्रभाव से रूस, शीत युद्ध के दौर में विश्व की प्रथम शक्ति की अपनी हैसियत खोकर अब विकासशील देश हो गया है, इसलिए ब्रिक के सभी देश विकासशील हैं। एक समय अंतर्राष्ट्रीय मान्यता थी कि भविष्य में विश्व की अर्थव्यवस्था को गति विकासशील देशों से मिलेगी। अफ्रीका दुनिया में सबसे कम विकसित महाद्वीप है जिसमें 54 विकासशील देश हैं। यदि ब्रिक में किसी अफ्रीकी देश को शामिल न किया जाता तो यह विकासशील देशों का सच्चा प्रतिनिधि नहीं होता। इसलिए 2010 में दक्षिण अफ्रीका को ब्रिक देशों में जोड़ लिया गया। शीत युद्ध के दौर में दक्षिण अफ्रीका को अफ्रीका का एकमात्र विकसित देश माना जाता था, किन्तु शीत युद्ध की समाप्ति के बाद वह भी विकासशील देश हो गया। ब्रिक में दक्षिण अफ्रीका का "एस" जोड़ने से "ब्रिक्स" हो गया। मीडिया में जबर्दस्त प्रचार के साथ जी20 की बैठकों के दौरान इन पांच देशों की शिखर बैठकें भी होने लगीं। ब्रिक्स शिखर सम्मेलनों से लोगों में यह समझ गहरी होने लगी कि ये पांच देश वास्तव में हितों से बंधे समूह में एकजुट हुए हैं और दीर्घकाल में इनमें वृद्धि की बहुत संभावना है। इस प्रकार "विकासशील देशों के एक साथ उदय" का विचार सामने आया।

भ्रामक परिकल्पना

ब्रिक्स की काल्पनिक परिकल्पना ने लोगों में यह भ्रम फैला दिया कि विकासशील देशों में बड़े पैमाने पर एक साथ उन्नति होगी। इसके लिए "चीन के उदय की जगह" "विकासशील देशों के एक साथ उदय" के सिद्धांत का प्रसार किया गया। ब्रिक्स देशों में चीन को छोड़कर बाकी चार

के उदित होने के कोई संकेत नहीं दिखाई दे रहे। बड़ी शक्तियों के उदय का अर्थ यह है कि विश्व के सबसे शक्तिशाली देश के साथ शक्ति में अंतर कम किया जाए। किन्तु चीन को छोड़कर बाकी चारों देशों की शक्ति अमेरिका से कमतर होती जा रही है। गोल्डमैन सैश की रिपोर्ट पांच वर्ष पहले आई थी। 2008 के वित्तीय संकट के बाद के पांच वर्ष में चीन की वार्षिक वृद्धि दर तो लगातार 8 प्रतिशत से ऊपर रही है, किन्तु बाकी चार देशों की वृद्धि दरें ऊंची नहीं रहीं। 2012 में चीन के सकल घरेलू उत्पाद की वृद्धि दर 7.8 प्रतिशत थी, जबकि भारत की 5 प्रतिशत से भी कम, रूस की 4 प्रतिशत, ब्राजील की 2 प्रतिशत से भी कम और दक्षिण अफ्रीका की 3 प्रतिशत से भी कम थी। दक्षिण अफ्रीका को ब्रिक्स में शामिल किया जाना तर्क से परे है। 2010 में ब्रिक्स के अन्य सभी देशों का सकल घरेलू उत्पाद 10 खरब अमेरिकी डॉलर से ऊपर था जबकि दक्षिण अफ्रीका का 30 करोड़ डॉलर से कुछ ही अधिक था जो भारत या ब्राजील के सकल घरेलू उत्पाद का आधा भी नहीं था, अर्जेंटीना से कम और हांगकांग से केवल 6.2 प्रतिशत अधिक था। 1994 से अब तक दक्षिण अफ्रीका के सकल घरेलू उत्पाद की वार्षिक वृद्धि दर केवल 3 प्रतिशत रही है।[1]

अगले दशक में इस काल्पनिक आर्थिक समुदाय में चीन को छोड़कर बाकी चारों देश 5 प्रतिशत की औसत वार्षिक वृद्धि दर पाने के लिए भी जूझते रहेंगे। 2023 तक चीन ही ऐसा देश होगा जिसकी समग्र शक्ति एक महाशक्ति के स्तर पर होगी। उसे न सिर्फ विकासशील देशों की छाप लगाए रखने में दिक्कत होगी, बल्कि यह भी कहना मुश्किल होगा कि उसे उभरती अर्थव्यवस्था माना जाए या नहीं। किन्तु रूस, भारत, ब्राजील और दक्षिण अफ्रीका को तब भी उभरती अर्थव्यवस्थाओं की श्रेणी में रखा जाएगा क्योंकि वे विकसित देशों की श्रेणी में शामिल नहीं हो पाएंगे। इस बीच, उन अधिकतर विकासशील देशों की वर्तमान हैसियत भी नहीं बदल सकेगी जिनका प्रतिनिधित्व ये देश करते हैं। 2023 तक लोग गोल्डमैन सैश की ब्रिक्स की परिकल्पना की गंभीरता पर संदेह करने लगेंगे और पूछने लगेंगे कि आखिर "विकासशील देशों के एक साथ उदय" का विचार उन्हें कैसे सूझा, जबकि यह असमान विकास के नियम के विपरीत है।

ब्रिक्स सदस्यों में ध्रुवीकरण और भटकाव

2023 तक ब्रिक्स देशों में भिन्नता और बढ़ जाएगी। उनके साझे हित कम होते जाएंगे। ब्रिक्स देशों की स्थापना मूल रूप से इन पांच देशों की कल्पना में हुई थी। इन देशों में न तो कोई साझी विशेषताएं हैं और न ही साझे हित हैं। धर्म और संस्कृति की दृष्टि से देखें तो चीन मुख्य रूप से कन्फ्यूशीवादी और बौद्ध है, रूस मुख्य रूप से ईस्टर्न ऑर्थोडॉक्स (पूर्वी रूढ़िवादी चर्च), भारत मुख्य रूप से हिन्दू–मुस्लिम, ब्राजील मुख्य रूप से कैथोलिक और दक्षिण अफ्रीका प्रोटेस्टेंट कैथोलिक हैं। भौगोलिक दृष्टि से दक्षिण अफ्रीका तो अफ्रीका और ब्राजील, दक्षिण अमेरिका में है जिनका चीन,

1 *शिजिए झिजिश नियानजियान 2011/2012* (वर्ल्ड इंटेलीजेंस अलमनाक 2011/2012) (बीजिंगः वर्ल्ड इंटेलीजेंस प्रेस, 2012), 446

रूस और भारत से कोई भौगोलिक संबंध नहीं है। प्रतिरक्षा के क्षेत्र में केवल चीन और रूस के साझे सामरिक हित हैं, जबकि भारत, ब्राजील और दक्षिण अफ्रीका के न तो आपस में और न ही चीन या रूस के साथ कोई सामरिक हित जुड़े हैं। विचारधारा के स्तर पर भारत, ब्राजील और दक्षिण अफ्रीका पश्चिम शैली के लोकतंत्र हैं, जबकि चीन और रूस की शैली भिन्न है। आर्थिक दृष्टि से चीन की वृद्धि का आधार ऊर्जा, दक्षिण अफ्रीका का खनन उद्योग, चीन का मैन्यूफैक्चरिंग, भारत का सूचना सेवा और ब्राजील का मुख्य आधार संसाधनों का निर्यात है। इन पांचों देशों में केवल एक समानता है कि 2008 के वित्तीय संकट के बाद इनकी आर्थिक वृद्धि की गति कुछ समय के लिए पश्चिम के विकसित देशों की तुलना में अधिक थी।

अगले दशक में वे अपनी ये साझी विशेषता भी खो देंगे। असमान विकास के नियम के अनुसार ब्रिक्स देशों की शक्ति में वृद्धि की गति आने वाले दशक में भिन्न-भिन्न होगी। इस दौर में अनुमान है कि चीन की औसत वार्षिक वृद्धि 7 प्रतिशत या उससे अधिक रहेगी, किन्तु अन्य चार देश इसकी बराबरी की उम्मीद नहीं कर सके। भारत भले ही 4 प्रतिशत या उससे ऊपर तक चला जाए किन्तु रूस, ब्राजील और दक्षिण अफ्रीका को 4 प्रतिशत की वृद्धि पाने में कठिनाई होगी। 2023 तक चीन महाशक्ति संपन्न अर्थव्यवस्था होगा, किन्तु दक्षिण अफ्रीका का सकल घरेलू उत्पाद 10 खरब डॉलर तक भी नहीं पहुंच पाएगा। वह चीन का अंश मात्र होगा। 2023 तक इन पांच देशों के बीच न केवल आर्थिक अंतर बढ़ेगा, बल्कि सैन्य क्षमता, राजनीतिक प्रभाव और हितों में भिन्नता का अंतर भी बढ़ता जाएगा। यदि तब तक चीन उभरती अर्थव्यवस्था न रहा तो बाकी चार देशों के समूह का कोई अर्थ नहीं होगा। 2023 तक लोगों के लिए ब्रिक्स को हित साधक समूह मानना कठिन होगा।

2023 तक जी8 समूह की तरह ब्रिक्स का भी कोई नाम लेने वाला नहीं रहेगा। फ्रांस, अमेरिका, यूनाइटेड किंगडम, जर्मन संघीय गणराज्य, जापान और इटली ने 1975 में औद्योगिक देशों का समूह गठित किया था। 1976 में कनाडा और 1991 में रूस को इसमें शामिल करके 8 देशों का समूह यानी जी8 तैयार किया गया। सदस्य देशों की आर्थिक शक्ति में निरंतर गिरावट के साथ विश्व अर्थव्यवस्था पर जी8 का प्रभाव भी घटता गया और 1999 में जी20 की स्थापना कर दी गई। उसके बाद जी8 का नाम लोग भूल गए। इस समय जी8 और ब्रिक्स दोनों के सदस्य जी20 में शामिल हैं। जी20 में जी8 को मिटाने की सामर्थ्य है और हो सकता है कि भविष्य में ये ब्रिक्स के प्रभाव को भी निगल जाए। फिर भी जी8 के सदस्य देशों की एकता ब्रिक्स देशों से कहीं अधिक है।

भारत – चीन से भी पीछे

भारत को 1947 में स्वतत्रता मिली, जबकि चीन जनवादी गणराज्य की स्थापना 1949 में हुई; दोनों की जनसंख्या लगभग समान स्तर पर है। दोनों के आर्थिक विकास के स्तर में भी लंबे समय तक समानता रही। 1980 में प्रति व्यक्ति सकल घरेलू उत्पाद की दृष्टि से भी दोनों में बहुत मामूली अंतर था। 1980 के दशक में चीन के रणनीतिकारों को यह भय सताने लगा कि यदि भारत की आर्थिक विकास की गति चीन से अधिक रही तो इससे चीन की कम्युनिस्ट पार्टी के शासन की वैधता पर सवाल उठने लगेंगे। किन्तु 1990 के दशक के मध्य तक आते-आते यह भय गायब हो गया। आज अंतर्राष्ट्रीय समाज में कोई यह नहीं मानता भारत अगले दस वर्ष में चीन को मात दे सकता है, किन्तु यह मान्यता बहुत अधिक है कि चीन और भारत के बीच का अंतर बढ़ता ही जाएगा। दोनों देशों के बीच अंतर में वृद्धि, स्तर में नहीं, बल्कि स्वरूप में भी होगी। 2023 तक चीन और भारत के बीच शक्ति का अंतर वास्तव में एक महाशक्ति और विश्व के सबसे बड़े विकासशील देश के बीच का अंतर होगा। यह अंतर न सिर्फ आर्थिक क्षेत्र में झलकेगा, बल्कि सेना, विज्ञान, शिक्षा, संस्कृति और समाज के स्तर पर भी यह अंतर साफ दिखाई देगा।

अभिवृद्धित आर्थिक अंतर

इस समय भारत की अर्थव्यवस्था का कुल स्तर चीन से आठ वर्ष पीछे है। मुद्रा विनिमय दरों के आधार पर 2012 में भारत की अर्थव्यवस्था का कुल मूल्य 18 खरब डॉलर था जो चीन के एक-चौथाई के बराबर भी नहीं है। क्रय शक्ति समानता के अनुसार 2012 में भारत का प्रति व्यक्ति सकल घरेलू उत्पाद 3,620 डॉलर था और वहां प्रति व्यक्ति 12 कारें हुआ करती थीं जो चीन में 2004 के स्तर के बराबर है। भारत में अब भी गरीबों की संख्या सर्वाधिक है। कुल आबादी में उनका अनुपात करीब एक-तिहाई यानी 44.5 करोड़ है।[2]

भारत में लोकतंत्र का स्तर अमेरिका से ऊंचा है, किन्तु खुलेपन का स्तर बहुत नीचा है। भारत विदेशी उद्यमों के देश में प्रवेश पर कड़ा नियंत्रण रखता है। नियंत्रणों का सबसे प्रमुख उदाहरण उसकी वीजा व्यवस्था है अर्थात ये उद्यमी भारत में फैक्टरी अथवा उत्पादन सुविधाएं स्थापित करना चाहते हैं या विदेशी प्रतिभा को ले जाना चाहते हैं। उनके लिए सरकारी अनुमति लेना आवश्यक है। पूरी प्रक्रिया में हर चरण पर सरकारी अनुमति लेनी पड़ती है जिसके कारण लाइसेंस केन्द्रित नौकरशाही नियंत्रित सामाजिक नेटवर्क का चलन है। विदेशी उद्यमों को प्रवेश लेना हो तो इस तरह के नेटवर्क को पार कर पाना बेहद कठिन होता है। भारत के बाजार में प्रवेश करना हो अथवा प्रवेश करने के बाद उत्पादन का स्तर बढ़ाना हो, दोनों के लिए ही लाइसेंस प्राप्त करना बहुत

---

2 माइकल शुमैन, "व्हाट मस्ट इंडिया डू टू रिलाइज इट्स इकोनिमिक पोटेंशियल? थिंक बिग, एक्ट बोल्ड," *टाइम* (एशियन एडिशन), 29 अक्तूबर, 2012, http://content.time.com/time/magazine/article/0,9171,2127096,00.html.

कठिन है। उदाहरण के लिए मैकडॉनल्ड्स अपने आप यह तय नहीं कर सकता कि वह कहां और कितनी फ्रेंचाइजी खोले। भारत के विश्वविद्यालय में विदेशी प्रोफेसर विरले ही नियुक्त किए जाते हैं। 1991 में प्रधानमंत्री नरसिम्हा राव ने लाइसेंस व्यवस्था में कुछ सुधार लागू किए थे जिससे विदेशी निवेश लाने में कुछ सुविधा हुई थी। 1991 से 2011 तक भारत का सकल घरेलू उत्पाद 6.5 प्रतिशत होने के पीछे मुख्य कारण यही था।[3] किन्तु भारत की लाइसेंस देने की व्यवस्था में पूरी तरह से सुधार नहीं हो पाए और अब भी नियंत्रण बहुत अधिक है। भारत में विदेशी निवेश के प्रवेश पर प्रशासनिक नियंत्रण चीन की तुलना में बहुत अधिक है। यदि विदेशी निवेश को नियंत्रित करने के भारत के नियमों की कसौटी पर देखें तो माना जाएगा कि चीन की विदेशी निवेश नीति पर कोई नियंत्रण है ही नहीं। इस समय कराधान और जमीन खरीदने के बारे में भारत की नीतियां बहुत अधिक कठोर एवं जटिल हैं। विदेशी उद्यमों को बहुत बड़ी तादाद में जनशक्ति और समय खर्च करना पड़ता है। उसके बिना वह अपने उत्पादन का स्तर बढ़ाने की सोच भी नहीं सकते। भारत में एक बुनियादी ढांचागत परियोजना का निर्माण पूरा करने में चीन से दोगुना समय लगता है। उदाहरण के लिए चीन को बिजलीघर तैयार करने में पांच से छह वर्ष लगते हैं जबकि भारत में 10 से 12 वर्ष लगते हैं। विदेशी निवेश आकर्षित करने के लिए भारत और चीन की खुलेपन की नीतियों में भिन्नता के परिणामस्वरूप 2011 में चीन ने 124 अरब डॉलर की विदेशी पूंजी आकर्षित की जबकि भारत चीन की तुलना में एक-चौथाई यानी केवल 32 करोड़ डॉलर ही जुटा पाया।[4]

भारत सरकार जानती है कि विदेशी निवेश नीतियों में और सुधार करना लंबे समय तक भारतीय अर्थव्यवस्था की वृद्धि दर को ऊंचा रखने के लिए परम आवश्यक है, किन्तु सुधार प्रक्रिया को आगे बढ़ाने में वहां राजनीतिक बाधाएं बहुत बड़ी और अधिक हैं और यह बाधाएं भारत की अपनी लोकतांत्रिक व्यवस्था की देन हैं। भारतीय समाज जमींदारों की विकेन्द्रित व्यवस्था पर आधारित है, धार्मिक आस्था, जाति प्रथा, आदिवासी और गैर-आदिवासी क्षेत्रों पर आधारित हजारों अलग-अलग राजनीतिक दल, देश के भीतर लाइसेंस देने की व्यवस्थाएं, जम्मू-कश्मीर का विशेष दर्जा, सामंती व्यवस्था जैसी तमाम बाधाएं हैं। प्रत्येक सामाजिक समूह के बीच भिन्नता के कारण हितों में भीषण टकराव होता है। भारत में राजनीतिक दलों की संख्या इतनी ज्यादा है कि देश की संसद में किसी बात पर सहमति जुटाने में कठिनाई होती है। 2010 में भारत के प्रधानमंत्री मनमोहन सिंह ने खुदरा व्यापार को विदेशी पूंजी के लिए खोलने की कोशिश की लेकिन संसद के भीतर और छोटे व्यापारियों की ओर से उन्हें कड़े विरोध का सामना करना पड़ा। अनगिनत छोटे व्यापारी मानते थे कि वॉलमार्ट और कारफोर जैसे सुपर बाजारों को भारत में प्रवेश की अनुमति मिल गई तो उनकी आजीविका दिन जाएगी। संसद और जनता के इस भीषण विरोध के कारण सरकार को सुधार

---

3 माइकल शुमैन, "व्हाट मस्ट इंडिया डू टू रिलाइज इट्स इकोनिमिक पोटेंशियल? थिंक बिग, एक्ट बोल्ड," *टाइम* (एशियन एडिशन), 29 अक्तूबर, 2012, http://content.time.com/time/magazine/article/0,9171,2127096,00.html.

4 उपरोक्त

की यह योजना छोड़नी पड़ी। 2012 में भारत की आर्थिक वृद्धि दर 5 प्रतिशत से भी कम रहने से कुछ हद तक यह जाहिर हो जाता है कि उसके खुलेपन की पिछली आर्थिक नीति की यही अंतिम सीमा थी। अगर भारत ने अपना बाजार खोलने के लिए अगला कदम नहीं उठाया तो उसे ऊंची आर्थिक वृद्धि कायम रखने में बहुत कठिनाई होगी।

मनमोहन सिंह सरकार ने बाजार और खोलने की कोशिश छोड़ी नहीं है, किन्तु उसमें सफल हो पाने की संभावना बहुत कम है। 2012 के उत्तरार्द्ध में भारत सरकार ने खुदरा व्यापार, विमानन और बीमा उद्योगों को विदेशी पूंजी के लिए खोलने की योजना बनाई। किन्तु दुर्भाग्यवश इसे संसद की अनुमति नहीं मिल पाई। 2014 में भारत में आम चुनाव होंगे, इसलिए स्वाभाविक है कि 2013 में राजनीतिक दलों के बीच और अधिक घमासान होगा। इस वर्ष राजनीतिक दलों के अपने हित आर्थिक सुधारों पर भारी पड़ेंगे और सांसद हर निर्णय चुनाव की दृष्टि से करेंगे, आर्थिक व्यावहारिकता की दृष्टि से नहीं। इस तरह के माहौल में यह गुंजाइश बहुत कम है कि भारत सरकार सुधार प्रक्रिया को आगे बढ़ाने में सफल होगी।

समाज कल्याण की बढ़ती राजनीतिक आवश्यकता भारत को और अधिक खोलने में एक और बाधा होगी। पूर्व प्रधानमंत्री नरसिम्हा राव के समर्थन से वर्तमान प्रधानमंत्री मनमोहन सिंह ने "वृद्धि पहले, वितरण बाद में" की तथाकथित नीति अपनाई जिसमें पहले कुछ गिने-चुने लोग संपन्न होते हैं। इस नीति से हासिल आर्थिक वृद्धि का आधार ध्रुवीकरण होता है। अर्थात गरीब मजदूरों का शोषण किए बिना भारत को तीव्र गति से आर्थिक संपन्नता हासिल करने में कठिनाई होगी। अगले दशक में भारत की सुधार नीति को आगे बढ़ाने के लिए कांग्रेस पार्टी की नेता सोनिया गांधी के समर्थन की ज़रूरत होगी। किन्तु सोनिया गांधी ने एक बार फिर लोक लुभावन नीतियों पर ध्यान देना शुरू कर दिया है। वह भारत की वर्तमान आर्थिक उपलब्धियों के आधार पर जन कल्याणकारी राज्य की स्थापना करना चाहती हैं। भारत के पूर्ण लोकतांत्रिक समाज में गरीब लोगों की विशाल आबादी को देखते हुए ऐसी हर नीति को व्यापक जन समर्थन मिलना स्वाभाविक है जिसमें समाज कल्याण पर ज़ोर हो। किन्तु उसका असर आर्थिक वृद्धि पर पड़ना अवश्यंभावी है। डॉ. मनमोहन सिंह की आयु 2013 में 82 वर्ष हो गई है, अब बहुत अधिक जटिल व्यवस्थागत सुधारों को लागू करने के लिए उनका स्वास्थ्य और शक्ति इजाजत नहीं देंगे। पीईडब्ल्यू कंपनी ने एक जन सर्वेक्षण किया था जिससे पता चला कि सरकार के प्रबंधन से संतुष्ट भारतीयों का जो अनुपात 2011 में 51 प्रतिशत था वह 2012 में गिरकर 38 प्रतिशत रह गया था।[5] समाज के निचले वर्गों में सरकार के प्रति व्यापक असंतोष, विभिन्न राजनीतिक दलों की परस्पर विरोधी नीतियां, सोनिया गांधी की जनकल्याणकारी समाज की आकांक्षा और मनमोहन सिंह की वृद्धावस्था, इन चार कारणों को मिलाकर देखें तो इस बात की संभावना बहुत कम है कि भारत कोई ठोस आर्थिक सुधार लागू कर पाएगा।

---

5 आकाश कपूर, "इन सर्च ऑफ ए न्यू इंडिया", *टाइम (एशियन एडिशन)*, 29 अक्तूबर, 2012, http://content.time. com/time/magazine/article/0,9171,2127156,00.html.

अगले दशक में मनमोहन सिंह प्रधानमंत्री रहे या न रहें भारत के नीति निर्माताओं को आर्थिक वृद्धि और समाज कल्याण के बीच बहुत संघर्ष करना होगा। भारत सरकार ने सूचना प्रौद्योगिकी सेवाओं के विकास को वरीयता देने की नीति तो अपनाई है, किन्तु ऐसा करते समय वास्तविक अर्थव्यवस्था और बुनियादी ढांचागत क्षेत्र पर इतना ध्यान नहीं दिया है। अगले दस वर्ष में भारत को वास्तविक अर्थव्यवस्था की कमजोरियों और बुनियादी ढांचागत सुविधाओं की कमी जैसी समस्याओं का सामना करना पड़ेगा। सरकार को बुनियादी ढांचागत सुविधाओं के निर्माण और बहुत बड़ी औद्योगिक परियोजनाओं में अधिक धन खर्च करना होगा। इसके साथ-साथ आर्थिक उपलब्धियां बढ़ने पर समाज कल्याण उपायों में सुधार की मांग ज़ोर पकड़ती जाएगी। अंतर्राष्ट्रीय भ्रष्टाचार धारणा सूचकांक में भारत जाम्बिया के बाद 95वें स्थान पर है। सामाजिक ध्रुवीकरण के विरुद्ध जितनी ज़ोर-शोर से आवाजें उठेंगी, समाज के निचले वर्गों के कल्याण के उपाय बढ़ाने की मांग उतनी ही अधिक मुखर होगी। अगले दशक में भारत सरकार के सामने दुविधा यह होगी कि वह बुनियादी ढांचागत सुविधाओं पर खर्च करे अथवा समाज कल्याण पर। दोनों के बीच संतुलन रखते हुए सुधार प्रक्रिया को तेजी से आगे बढ़ा पाना संभव नहीं होगा और यदि सुधारों की गति एवं प्रबलता तेज न हुई तो ऊंची आर्थिक वृद्धि को सहारा नहीं दिया जा सकेगा।

भारत की तुलना में चीन में शि जिनपिंग के नेतृत्व में नई सरकार ने अपने अनुभव और राजनीतिक संकल्प के आधार पर सुधार प्रक्रिया को आगे बढ़ाने का जोखिम उठाने का सहास दिखाया है। भारत और चीन दोनों ही जगह सुधारों के सामने भ्रष्टाचार एक प्रमुख बाधा है। चीन में नई सरकार ने अस्तित्व में आते ही भ्रष्टाचार पर लगाम कसने की जो नीतियां अपनाई उनके परिणाम दिखने लगे हैं। अपने ऐशो-आराम पर सरकारी धन के अपव्यय का सिलसिला दशकों से बेरोक-टोक चल रहा था, उस पर अब लगाम लग गई है। भारत में प्रधानमंत्री मनमोहन सिंह बिल्कुल भ्रष्ट नहीं है, फिर भी भारत सरकार बड़े पैमाने पर भ्रष्टाचार पर अंकुश लगाने में अशक्त है। भारत सरकार के सामने समाज कल्याण सेवाओं में सुधार और बुनियादी ढांचागत सुविधाओं में निवेश बढ़ाने की दुविधा है, जबकि चीन सरकार गांवों से 50 करोड़ किसान मजदूरों को शहरों में लाने की योजना अपना रही है जिससे न केवल उनका जीवन स्तर सुधरेगा, बल्कि चीन की आर्थिक वृद्धि में नई जान आएगी। उदाहरण के लिए चीन के नए नेताओं ने तीन मदों में सरकारी खर्च (अधिकारियों की विदेश यात्राओं, सरकारी वाहनों एवं विदेशी अतिथियों के स्वागत) पर अंकुश लगाने से बचाए गए धन से तंग बस्तियों में सुधार की योजना लागू कर दी है।

अनेक लोगों का मानना है कि भारत के लिए श्रम शक्ति का लाभ चीन की तुलना में अधिक है क्योंकि चीन का समाज जल्दी वृद्ध हो रहा है, जबकि भारत में युवाओं का अनुपात बहुत बड़ा है। किन्तु ज्ञान अर्थव्यवस्था के इस युग में जनसंख्या से मिलने वाला लाभ केवल आयु से नहीं, बल्कि आयु और ज्ञान दोनों को मिलाकर निर्धारित होता है। अकुशल और अशिक्षित श्रम शक्ति किसी भी तरह से उपयोगी श्रम शक्ति साबित नहीं हो सकती क्योंकि बहुत से काम ऐसे हैं जिनके लिए

बुनियादी ज्ञान का होना आवश्यक है। भारत में वयस्क साक्षरता दर केवल 63 प्रतिशत है और महिलाओं में तो 50 प्रतिशत भी नहीं है, जबकि चीन में उच्च शिक्षा के मामले में स्त्री-पुरुष के बीच समानता आने लगी है। अगले दशक में चीन की सांस्कृतिक विकास रणनीति, ज्ञान अर्थव्यवस्था को चीन की आर्थिक वृद्धि का प्रमुख अंग बना देगी। श्रम की अधिक आवश्यकता वाले उद्योगों की तुलना में उसमें मुनाफे की गुंजाइश बहुत बढ़ जाएगी। चीन की श्रम शक्ति में शिक्षा का स्तर सुधरने से चीन और भारत की श्रम शक्तियों के बीच औसत उत्पादकता का अंतर और बढ़ जाएगा। इससे चीन की वृद्ध होती आबादी के कारण कुल जनसंख्या में श्रम शक्ति के घटते अनुपात की भरपाई बहुत हद तक हो जाएगी।

अधिक व्यापक सामाजिक एवं सैन्य विसंगतियां

अगले दशक में भारत में चीन विरोधी शक्तियां चीन की तरफ से खतरे का भय फैलाती रहेंगी और उसकी आड़ में भारत अपनी सैन्य शक्ति का विस्तार करता रहेगा। किन्तु इसके बावजूद चीन और भारत के बीच सैन्य शक्ति के बढ़ते अंतर को कम कर पाना आसान नहीं होगा। 2023 तक चीन और भारत की सैन्य शक्ति का स्तर बहुत अलग-अलग आयाम तक पहुंच जाएगा। चीन की प्रतिरक्षा क्षमताएं अमेरिका के बाद दूसरे स्थान पर होंगी, जबकि भारत अपनी प्रतिरक्षा सामर्थ्य सुधारने के लिए तब भी हथियारों के आयात पर निर्भर होगा। एआईपीआरआई के आंकड़ों के अनुसार 2007 से 2011 तक भारत विश्व में हथियारों का सबसे बड़ा आयातक था। अपने सैन्य साजो-सामान में सुधार के लिए आयात पर निर्भरता का सीधा सा अर्थ है कि भारत के पास विश्व में सबसे उन्नत हथियार और सैन्य सामान हो ही नहीं सकते क्योंकि अमेरिका और रूस अपने सबसे उन्नत हथियार कभी किसी देश को नहीं देंगे। इससे भी अधिक महत्वपूर्ण बात यह है कि हथियारों के आयात पर निर्भरता के कारण कोई भी देश अपनी सैन्य सामर्थ्य बढ़ाने की गति स्वयं तय नहीं कर सकता। उदाहरण के लिए 2004 में भारत और रूस ने रूसी विमानवाहक पोत *एडमिरल गोर्शकोव* को *चन्द्रगुप्त द्वितीय* के नाम से नया रूप देने का समझौता किया। इसे 2008 में भारत को सौंपा जाना था, लेकिन 2012 तक भी ऐसा नहीं हो सका। इस बीच इसकी लागत 75 करोड़ डॉलर से बढ़कर 2.3 अरब डॉलर हो गई। भारतीय नौसेना का हथियार खरीद व्यय तो बढ़ा है लेकिन जहाज निर्माण क्षमता में अभी तक कोई सुधार नहीं हुआ है।

भारत की सैन्य शक्ति सिर्फ संसाधनों की खपत करती है, आर्थिक विकास में उसका कोई योगदान नहीं है, जो चीन के प्रतिरक्षा ढांचे से एकदम भिन्न है। भारत अपनी सैन्य शक्ति में सुधार के लिए विदेशों से उन्नत उपकरण मंगाता है यानी उसके सैन्य व्यय का बहुत बड़ा हिस्सा उत्पादन पर नहीं, खरीदने पर खर्च होता है। भारत के प्रतिरक्षा तंत्र की वैज्ञानिक उन्नति और आर्थिक विकास में भूमिका चीन की तुलना में बहुत कम है। चीन का प्रतिरक्षा तंत्र अपने रक्षा उद्योग के विकास पर आधारित है। विदेशी सैन्य प्रौद्योगिकी और उपकरणों को अपनाने का उद्देश्य घरेलू प्रतिरक्षा

उद्योग का स्तर सुधारना है। रक्षा तंत्रों की इन दो अलग-अलग नीतियों से दस वर्ष में परिणाम भी अलग-अलग मिलेंगे। चीन के पास विश्व स्तर का व्यवस्थित प्रतिरक्षा उद्योग होगा और वह हथियारों की प्रौद्योगिकी का आयात करने की बजाय उसका निर्यात करने लगेगा। किन्तु भारत तब भी अपनी सैन्य शक्ति बढ़ाने के लिए हथियारों के आयात पर ही निर्भर रहेगा।

अगले दशक में भारत की अर्थव्यवस्था की वृद्धि दर चीन से धीमी रहने के कारण उसका रक्षा व्यय भी चीन के बराबर नहीं हो पाएगा। एसआईपीआरआई की कसौटियों के अनुसार 2011 में भारत का रक्षा व्यय 48.9 अरब डॉलर यानी चीन के 143 अरब डॉलर के रक्षा व्यय की तुलना में करीब एक-तिहाई था।[6] भारत सरकार 2012 से 2022 के दशक में अपने सैन्य व्यय में कुल 100 अरब डॉलर की वृद्धि करना चाहती है अर्थात केवल 10 अरब डॉलर की वार्षिक वृद्धि होगी। यदि चीन अपने रक्षा व्यय में औसतन 10 प्रतिशत की वार्षिक वृद्धि करता रहेगा तो 2023 तक भारत का रक्षा व्यय चीन की तुलना में केवल छठे या सातवें हिस्से के बराबर होगा।

अगले दशक में भारत और चीन में सामाजिक विकास के बीच अंतर भी बढ़ेगा। इस समय भारत में सामाजिक विकास चीन की तुलना में 15 से 20 वर्ष पीछे है। भारत में शहरी जनसंख्या का अनुपात 31 प्रतिशत है जो चीन के 1995 के स्तर के बराबर है। भारत में व्यक्तिगत स्वच्छता की परिस्थितियां चीन से 17 वर्ष पीछे हैं। भारत में 2012 में बाल मृत्यु दर चीन के 1978 के स्तर के बराबर थी, जब वहां सुधार और उदारीकरण की प्रक्रिया शुरू भी नहीं हुई थी। भारत सरकार की सामाजिक प्रबंधन सामर्थ्य बहुत कमज़ोर है। 30 और 31 जुलाई, 2012 को लगातार दो दिन तक देश के बड़े हिस्से में बिजली न रहने से क्रमशः 36 करोड़ और 68 करोड़ लोग अंधेरे में रहने पर मजबूर हुए। आधुनिक प्रौद्योगिकी के इस युग में ऐसा होना बहुत कठिन है। भारत के वैज्ञानिकों, डॉक्टरों और सैन्य अधिकारियों में व्यक्तिगत सामर्थ्य बहुत अधिक होने के बावजूद भारत सरकार उन्हें कारगर नेतृत्व दे पाने में असमर्थ रही है, जिसके कारण वे सामूहिक भूमिका नहीं निभा पाते। समाज के प्रबुद्ध वर्ग को असरदार नेतृत्व दे पाने में भारत सरकार की असफलता खेल के मैदान में और भी अधिक उजागर हो जाती है। ओलिम्पिक खेलों में भारत के स्वर्ण पदक गिने-चुने हैं। चीन को उम्मीद है कि 2023 तक वह प्रत्येक खेल में स्वर्ण पदक जीतने के मामले में विश्व में अपना दूसरा स्थान तो कायम रखेगा ही, बल्कि फिर पहला स्थान पाने की कोशिश करेगा, जबकि भारत को पहले पांच देशों में स्थान पाने की उम्मीद के लिए भी संघर्ष करना पड़ेगा। वैज्ञानिक अनुसंधान एवं अध्ययन के क्षेत्रों में भी यही स्थिति है। अंतर्राष्ट्रीय संबंधों में चीन और भारत के अनुसंधान को उदाहरण मानें तो चीन नए-नए वैज्ञानिक सिद्धांतों का प्रतिपादन करने लगा है, जबकि भारत अब भी पारंपरिक विवेचना और विदेशी अध्ययन की अवस्था में उलझा हुआ है। 2023 तक चीन के अंतर्राष्ट्रीय अध्ययनों में वैज्ञानिक विधियों और मात्रात्मक विवेचना की प्रमुख भूमिका

---

6 एआईपीआरआई इयरबुक 2012: आर्मामेंट्स, डिस्आर्मामेंट्स एंड इंटरनेशनल सिक्युरिटी, 152

होगी और अंतर्राष्ट्रीय संबंधों में उसके कुछ सिद्धांतों को अंतर्राष्ट्रीय मान्यता मिलने लगेगी, जबकि भारत गुणात्मक विवेचना और विदेशों की सैद्धांतिक उपलब्धियों के सार संकलन में ही लगा रहेगा। 2023 तक चीन में चिंतन व्यवस्था अमेरिका के बाद दूसरे स्थान पर होगी, जबकि भारत में चिंतन संस्थाओं की संख्या गिनी-चुनी रहेगी।

युद्ध की आशंका रहित सैन्य टकराव

अगले दशक में भारत और चीन के बीच सीमा विवाद का पूर्ण समाधान तो नहीं होगा, किन्तु सीमा विवादों के कारण आपसी संबंधों पर बहुत बुरा असर भी नहीं पड़ेगा। 1993 में भारत-चीन सीमा की वास्तविक नियंत्रण रेखा पर शांति रखने का जो आपसी समझौता हुआ था उसके बाद से पारस्परिक सामरिक संबंधों में कुल मिलाकर स्थिरता है। 1998 में भारत के परमाणु परीक्षणों के बावजूद चीन के साथ उसके संबंधों को कोई गंभीर क्षति नहीं हुई थी। भारत अच्छी तरह जानता है कि वह अपनी ताकत के बल पर सीमा विवादों का समाधान नहीं कर सकता। लंबे समय तक भारत के समर्थक रहे यूनाइटेड किंगडम ने भी चीन-भारत सीमा विवाद पर अपना रुख 2008 में बदल दिया था। उस समय यूनाइटेड किंगडम के विदेश मंत्री डेविड मिलिबैंड ने कहा था, "यूरोपीय संघ के अन्य सदस्य देशों और अमेरिका की तरह हम भी तिब्बत को चीन का अंग मानते हैं।" इससे साफ जाहिर है कि यूनाइटेड किंगडम ने स्वीकार कर लिया कि तिब्बत पर चीन का आधिपत्य नहीं है, बल्कि वह उसकी प्रभुसत्ता का अंग है। उसने इस बारे में यूनाइटेड किंगडम के पिछले रुख को "भारी भूल" भी माना था। भारत जानता है कि वह चीन-भारत सीमा पर यथास्थिति नहीं बदल सकता, इसलिए अगले दशक में सीमा विवादों पर उसका रुख व्यावहारिक रहेगा। चीन और भारत के बीच सीमा विवाद सुलझाने के लिए "तीन चरणों" पर परस्पर सहमति है: इस मुद्दे के अंतिम समाधान पर सहमत होने से पहले वे सीमावर्ती क्षेत्रों में शांति और सुरक्षा रखेंगे, सीमा विवाद सुलझाने के लिए अनुकूल माहौल एवं परिस्थितियां उत्पन्न करेंगे और यह भी सुनिश्चित करेंगे कि आपसी संबंधों के सार्थक विकास पर सीमा विवाद का कोई असर न पड़े।

अगले दशक में भारत, चीन की सैन्य उन्नति से चिंतित तो रहेगा, किन्तु सैन्य शक्ति में बढ़ते अंतर को देखते हुए भारत के सामरिक क्षेत्र में सारा ध्यान आपसी सामरिक संबंधों की स्थिरता पर रहेगा। भारत के रणनीतिकार बहुत स्पष्ट रूप से समझते हैं कि सामरिक खतरा सैन्य शक्ति में अंतर और आक्रामक अथवा महत्वपूर्ण संबंधों के मेल से तय होता है। जब तक आपसी राजनीतिक संबंधों में मित्रता रहेगी केवल सैन्य शक्ति में अंतर से सुरक्षा को कोई खतरा नहीं होगा। इसीलिए अमेरिका भारत के बजाय ईरान के परमाणु हथियार कार्यक्रम से चिंतित रहता है। जॉर्ज डब्ल्यू बुश के राष्ट्रपति बनने के बाद उनकी सरकार ने भारत के साथ सैन्य सहयोग विकसित किया जिससे भारत के रणनीतिकारों में यह चर्चा गर्म हो गई कि भारत को गुटनिरपेक्षता की नीति पर चलते रहना चाहिए ताकि महाशक्तियों के बीच उसके समर्थन की होड़ लगी रहे अथवा अमेरिका समर्थक

रणनीति अपनाकर चीन पर लगाम कसने के लिए अमेरिका के साथ तालमेल किया जाए। यह बहस बुश का दूसरा कार्यकाल समाप्त होने तक जारी रही और अंततः गुटनिरपेक्षता के समर्थक जीत गए। भारत के रणनीतिकारों के बीच एक नए मध्य मार्ग पर सहमति हुई कि चीन और अमेरिका के बीच संतुलन रखना एकतरफा नीति अपनाने की बजाय भारत के लिए अधिक हितकारी होगा। अगले दशक में भारत के रणनीतिकार इसी प्रकार की सोच को मुख्य रूप से अपनाते रहेंगे जो चीन-भारत संबंधों में स्थिरता के लिए लाभकारी होगा। भारत की सामरिक नीति का लक्ष्य विश्व पर नहीं, बल्कि केवल दक्षिण एशिया क्षेत्र पर आधिपत्य है, जबकि चीन दक्षिण एशिया में प्रधानता नहीं चाहता। इसलिए राजनीतिक दृष्टि से दोनों के बीच कोई भीषण सामरिक टकराव नहीं है। दोनों के सामरिक संबंधों में केवल प्रतिरक्षा संबंधी रुकावटें हैं। अमेरिका की एशिया प्रशांत में वापसी के सामरिक दबाव का सामना करने के लिए चीन को दीर्घावधि में भारत के साथ शत्रुता की बजाय बेहतर संबंधों की आवश्यकता होगी। अगले दशक में यदि चीन और भारत अपने प्रतिरक्षा संबंधी विवादों का प्रबंधन असरदार ढंग से करते रहे तो उनके सामरिक संबंधों में स्थिरता रहेगी, बल्कि आपसी सामरिक संबंधों में थोड़ा बहुत सुधार होने की संभावना भी है।

अगले दशक में आर्थिक एवं सांस्कृतिक विषयों में चीन और भारत के आपसी हितों में वृद्धि होगी जिससे आपसी संबंधी और सुधरेंगे। 2011 में चीन के साथ भारत का व्यापार केवल 73 अरब डॉलर था जो आसियान के साथ चीन के 340 अरब डॉलर के व्यापार के एक-चौथाई से भी कम है।[7] इसका अर्थ यह हुआ कि आपसी आर्थिक सहयोग बढ़ाने की बड़ी भारी गुंजाइश है। अगले दशक में हो सकता है कि चीन विश्व का सबसे बड़ा व्यापारी होने का दर्जा कायम रख सके। इसका सीधा सा अर्थ है कि 2023 तक वह भारत का सबसे बड़ा व्यापारिक साझीदार हो सकता है। इस समय चीन-भारत सांस्कृतिक संपर्क बहुत सीमित है। चीन जैसे-जैसे आगे बढ़ते हुए महाशक्ति होता जाएगा, भारत के लोगों में चीनी भाषा पढ़ने की ललक बढ़ेगी और दोनों देशों के बीच सांस्कृतिक आदान-प्रदान में सुधार होगा। चीन और भारत दोनों प्राचीन सभ्यताएं हैं और दोनों के बीच सांस्कृतिक एवं ऐतिहासिक संसाधनों के आदान-प्रदान की अपार संभावनाएं हैं। अगले दशक में दोनों देशों के वाणिज्यिक संबंधों का विस्तार होता रहेगा जिससे सांस्कृतिक आदान-प्रदान को प्रोत्साहित करने के लिए उपयुक्त आर्थिक कारक उत्पन्न होंगे। चीन और भारत की शक्ति में अंतर बढ़ने के साथ-साथ भारत के राजनीतिक नेतृत्व में चीन के साथ सांस्कृतिक आदान-प्रदान बढ़ाने की तत्परता में भी वृद्धि होगी।

---

7 "झोंग यिन जुएलि हाइयांग अनबाओ" (जहाजरानी सुरक्षा के लिए चीन और भारत के बीच होड़), *निहोन केईजाई शिम्बुन,* 16 नवम्बर, 2012।

मध्य-पूर्व – क्षेत्रीय सामरिक प्रतिद्वंद्विता

अगले दशक में चीन और अमेरिका दोनों मध्य-पूर्व के राजनीतिक विवादों में बहुत अधिक उलझते जाएंगे और यूरोपीय शक्तियां इस स्पर्धा में हिस्सा लेने में असमर्थ होंगी। मध्य-पूर्व के सैन्य मामले में उलझने से बचने की बाहरी ताकतों की नीति के कारण चार क्षेत्रीय ताकतों तुर्की, मिस्र, ईरान और सऊदी अरब को क्षेत्रीय वर्चस्व के लिए आपस में होड़ लेने की जगह मिल जाएगी।

भू-राजनीतिक महत्व में कमी

1960 के दशक में यूरोप में रोम क्लब ने मानव विकास की चरम सीमाओं के बारे में एक रिपोर्ट प्रकाशित की थी। इसमें तर्क दिया गया था कि दुनिया में पेट्रोलियम पदार्थों का भंडार केवल 20 वर्ष के लिए पर्याप्त होगा। 1980 के दशक में इसने फिर भविष्यवाणी की कि विश्व का तेल भंडार केवल 20 वर्ष और चलेगा। 21वीं शताब्दी में इसने फिर कोई अनुमान नहीं लगाया कि धरती के तेल भंडारों को कब तक इस्तेमाल किया जा सकता है। 2003 से भंडार और उत्पादन का अनुपात यानी दोहन के लिए उपलब्ध पेट्रोलियम पदार्थों और दोहन की वार्षिक मात्रा के बीच का अनुपात और बढ़ गया है। पेट्रोलियम और प्राकृतिक गैस की वार्षिक खपत इसकी खोजी गई मात्रा के अनुपात में बहुत कम है। 21वीं शताब्दी में भी मीडिया और विशेषज्ञता न रखने वाले लोगों में यह मान्यता प्रबल है कि पेट्रोलियम पदार्थों का भंडार समाप्त हो जाएगा। किन्तु कोई विशेषज्ञ अब इस बात पर भरोसा नहीं करता। मानव के संपूर्ण इतिहास में ऊर्जा संसाधनों की कमी के कारण आर्थिक संकुचन का एक भी उदाहरण नहीं है। इंसान अब ईंधन के लिए घास और पेड़ों का इस्तेमाल नहीं करता। इसकी वजह यह नहीं है कि वनस्पति से मिलने वाले ईंधन की मात्रा पर्याप्त नहीं है, बल्कि इंसान ने कोयले की खोज और उसके उपयोग की प्रौद्योगिकी में महारथ हासिल कर ली है तथा कोयले के इस्तेमाल की लागत और लाभ वनस्पति ईंधन की तुलना में बहुत अधिक फायदेमंद है। मानव ने कोयले की जगह पेट्रोलियम और प्राकृतिक गैस का इस्तेमाल भी इसी कारण से शुरू किया है। ऊर्जा प्रौद्योगिकी में निरंतर उन्नति के बल पर ही इंसान और भी कम लागत तथा और भी अधिक लाभ देने वाली ऊर्जा टैक्नॉलॉजी की खोज करने में समर्थ हुआ। हाल के वर्षों में अमेरिका में शैल तेल और गैस टैक्नॉलॉजी के सफल रहने से जीवाश्म ईंधन के दोहन की गुंजाइश बहुत बढ़ गई और मध्य-पूर्व के तेल भंडारों का सामरिक महत्व भी घट गया।

अमेरिकी सरकार के आंकड़ों के अनुसार देश में कच्चे तेल और अन्य तरल पेट्रोलियम पदार्थों का दैनिक उत्पादन 2012 में 1.09 करोड़ बैरल तक पहुंच गया था और 2013 में 1.14 करोड़ बैरल हो जाने का अनुमान था जो सऊदी अरब के 1.16 करोड बैरल़ के दैनिक उत्पादन के लगभग बराबर था। सिटी बैंक का अनुमान है कि 2020 तक अमेरिका में पेट्रोलियम पदार्थों और तरलीकृत

प्राकृतिक गैस का उत्पादन 1.3-1.5 करोड़ बैरल तक पहुंच जाएगा।[8] अमेरिका का अपना तेल और गैस उत्पादन निरंतर बढ़ते जाने के कारण उसका तेल आयात 2005 में कुल खपत के 60 प्रतिशत से घटते-घटते 2012 में 42 प्रतिशत रह गया।[9] अमेरिका ने 2012 में केवल 80 लाख बैरल तेल का आयात किया जो पिछले 10 वर्ष में सबसे कम था।[10] 2012 में अमेरिका की कोनोको फिलिप्स नाम की अंतर्राष्ट्रीय तेल कंपनी ने अनुमान लगाया कि 2020 के दशक के मध्य तक अमेरिका को तेल आयात करने की ज़रूरत नहीं रहेगी। अंतर्राष्ट्रीय ऊर्जा एजेंसी का अनुमान है कि 2020 तक अमेरिका सऊदी अरब को पीछे छोड़कर विश्व का सबसे बड़ा ऊर्जा उत्पादक हो जाएगा।[11] 2023 तक अमेरिका में प्राकृतिक गैस का उत्पादन घरेलू मांग से अधिक हो जाने का अनुमान है तब अमेरिका को उत्पादन बढ़ाने की बजाय निर्यात बाजार का विस्तार करना होगा।

पेट्रोलियम पदार्थों की खोज के वर्तमान प्रयासों के परिणामों के अनुसार विश्व भर में दोहन योग्य शैल तेल भंडार 79 करोड़ टन होने का अनुमान है जिसमें से 90 प्रतिशत मध्य-पूर्व से बाहर होंगे। इतना ही नहीं शैल तेल के दोहन की टैक्नॉलॉजी में सुधार तथा लागत में निरंतर गिरावट होना निश्चित है। इस समय एक बैरल पेट्रोलियम निकालने की लागत मध्य-पूर्व में 28 डॉलर और अन्य क्षेत्रों में 39 डॉलर होगी। अगले दशक में यदि एक बैरल शैल तेल निकालने की लागत 50 डॉलर से अधिक नहीं होती तो मध्य-पूर्व के तेल का कोई सामरिक महत्व नहीं रह जाएगा। वह केवल वाणिज्यिक महत्व की वस्तु होगा। उसका यह भी तात्पर्य है कि विश्व में तेल की आपूर्ति प्रचुर मात्रा में होगी और प्रश्न केवल दाम का होगा। यदि शैल तेल निकालने की टैक्नॉलॉजी उन्नत होने से उसकी लागत मध्य-पूर्व में पेट्रोलियम निकालने की लागत के आस-पास पहुंच गई तो तेल के सामरिक महत्व की दृष्टि से अमेरिका, कनाडा, ऑस्ट्रेलिया, वेनेज़ुएला और अंगोला मध्य-पूर्व के देशों की जगह ले लेंगे। इस समय चीन में जमीन के नीचे शैल गैस का शुद्ध भंडार 13.4 अरब घन मीटर का है जो अमेरिका की तुलना में डेढ़ गुना अधिक है।[12] किन्तु चीन में शैल गैस के अनेक भंडार जल की कमी वाले क्षेत्रों में हैं, इसलिए उनके दोहन की लागत अमेरिका से ऊंची है और वह जल प्रदूषण रोकने की चुनौती का सामना भी कर रहा है। किन्तु निवेशकों और तकनीकी विशेषज्ञों का मानना है कि इन तकनीकी समस्याओं का समाधान अगले दशक में किया जा सकता है। 2023 तक अगर चीन अपने संसाधनों से शैल तेल निकालने लगा तो उसके

---

8 "यू.एस. में सून बिकम वर्ल्ड टॉप ऑयल प्रोड्यूसर," *द एसोसिएटिड प्रेस,* 23 अक्तूबर, 2012, https://www.cbsnews.com/news/us-may-soon-become-worlds-top-oil-producer/.

9 डैनियल येरगिन, "यूएस एनर्जी इज चेंजिंग द वर्ल्ड अगेन," *द फाइनेंशियल टाइम्स,* 16 नवम्बर, 2012, http://www.ft.com/intl/cms/s/0/b2202a8a-2e57-11e2-8f7a-00144feabdc0.html.

10 टॉम स्टीवेन्सन, "अमेरिकाज़ सालवेशन इज एन इंडस्ट्रियल रेनेसां," *द टेलीग्राफ,* 17 नवम्बर, 2012, http://www.telegraph.co.uk/finance/comment/tom-stevenson/9684173/Americas-salvation-is-an-industrial-renaissance.html.

11 येरगिन, "यूएस एनर्जी इज चेंजिंग द वर्ल्ड अगेन"

12 आंन्द्रेई अजारिन, "चाइनाज शैल गैस रिवोल्यूशन," *इंडिपेंडेंट,* 9 अक्तूबर, 2010

तेल आयात में बड़ी भारी कमी आ जाएगी। यदि विश्व की दो सबसे बड़ी अर्थव्यवस्थाएं चीन और अमेरिका अपना तेल आयात कम कर देंगी तो यह न सिर्फ मध्य-पूर्व बल्कि सभी तेल निर्यातक देशों के लिए बुरी खबर होगी।

अगले दशक में चीन और अमेरिका दोनों के लिए ही मध्य-पूर्व का सामरिक महत्व कम हो जाएगा। सबसे पहली बात तो यह है कि अमेरिका मध्य-पूर्व से तेल आयात कम करेगा और चीन भी दूसरे क्षेत्रों से तेल आयात कर सकेगा। मध्य-पूर्व के तेल पर निर्भरता कम होने से निश्चय ही इस क्षेत्र में दोनों देशों की सामरिक दिलचस्पी कम हो जाएगी। अमेरिका की शक्ति में सापेक्ष गिरावट के रुख का अर्थ यह है कि वह एशिया-पूर्व को अधिक सामरिक महत्व देने लगेगा और मध्य-पूर्व में अपना प्रभुत्व छोड़ देगा। 2014 में अफगानिस्तान से हटने के अमेरिकी फैसले के पीछे प्रमुख कारण यही था। चीन के पास धार्मिक मसलों से निपटने का अनुभव नहीं है। उसने हजारों वर्ष की धर्मनिरपेक्ष शासन की परम्परा में धार्मिक समूहों से दूरी रखी है और वह धार्मिक विवादों में नहीं उलझता। मध्य-पूर्व में जिस प्रकार के जटिल धार्मिक विवाद और टकराव हैं उन्हें देखते हुए अमेरिका वहां से हटने के बाद चाहे किसी भी प्रकार का राजनीतिक शून्य छोड़ जाए चीन के नेता इस क्षेत्र में उलझना नहीं चाहेंगे। जब अमेरिका और चीन दोनों की दिलचस्पी मध्य-पूर्व में नहीं रहेगी तो इस क्षेत्र में महाशक्तियों की होड़ खत्म हो जाएगी। यह भी सच है कि रूस, जर्मनी, फ्रांस, यूनाइटेड किंगडम और जापान जैसी दूसरे दर्जे की शक्तियां समूचे मध्य-पूर्व में सामरिक स्पर्धा करने में असमर्थ होंगी। सीरियाई युद्ध को लगभग तीन वर्ष पूरे हो रहे हैं और इनमें से कोई भी देश वहां सैनिक हस्तक्षेप करने को इच्छुक नहीं है। अगले दशक में मध्य-पूर्व के मामलों में बड़ी शक्तियों के सैनिक हस्तक्षेप की आवृत्ति कम होती जाएगी, जब बाहरी ताकतें मध्य-पूर्व के संघर्षों में उलझने से बचने लगेंगी तो विश्व के लिए इस क्षेत्र का कोई सामरिक महत्व नहीं रह जाएगा और यह केवल क्षेत्रीय शक्ति ही रह पाएगा।

क्षेत्रीय सामरिक प्रतिद्वंद्वी

अगले दशक में बाहरी शक्तियां विभिन्न कारणों से मध्य-पूर्व में सैन्य हस्तक्षेप करने से बचेंगी जिससे चार क्षेत्रीय शक्तियों, तुर्की, मिस्र, ईरान और सऊदी अरब के बीच इस क्षेत्र में वर्चस्व के लिए प्रतिद्वंद्विता हो सकती है।

इस बात की संभावना सबसे अधिक है कि 2023 तक मध्य-पूर्व में तुर्की का प्रभाव सबसे अधिक होगा। तुर्की की 7 करोड़ से अधिक आबादी मिस्र और ईरान के लगभग समकक्ष है और सऊदी अरब से 2.7 गुना अधिक है। तुर्की का सकल घरेलू उत्पाद ईरान और सऊदी अरब की तुलना में 1.6 गुना और मिस्र की तुलना में 3.7 गुना है। उसकी सेना के आधुनिकीकरण का स्तर ईरान के लगभग बराबर किन्तु मिस्र एवं सऊदी अरब की तुलना में बहुत अधिक श्रेष्ठ है। अगले दशक में तुर्की की समग्र शक्ति में वृद्धि की दर बाकी तीनों देशों की तुलना में ऊंची हो सकती है। तुर्की

की सरकार का यह भी मानना है कि वक्त ने उसे विश्व की अग्रणी शक्तियों में शामिल होने का एक मौका दिया है और इसीलिए वह अंतर्राष्ट्रीय व्यवस्था में एक अहम किरदार निभाने की कोशिश कर रहा है। अगले दशक में अन्य मध्य-पूर्वी देशों की तुलना में तुर्की की न सिर्फ भौतिक शक्ति अधिक होगी, बल्कि उसके राजनीतिक मॉडल का समूचे क्षेत्र में फैलाव जबर्दस्त प्रभाव डालेगा। तुर्की मध्य-पूर्व का एक ऐसा देश है जिसने धर्मनिरपेक्ष लोकतंत्र में धर्म के सम्मिश्रण में सबसे अधिक सफलता हासिल की है। मिस्र और अरब वसंत के माध्यम से सत्ता पाने वाले इस क्षेत्र के अन्य शासकों ने उसके सामाजिक विकास को मुस्लिम देशों के लिए विकास का मॉडल मानना शुरू कर दिया है। इस मॉडल में एक तरफ जहां इस्लाम को आधुनिक समाज से जोड़ा गया है, वहीं धर्म की विशेषताओं को लोकतांत्रिक संस्थाओं से भी जोड़ा गया है। इस प्रकार के मॉडल का आकर्षण तुर्की को मध्य-पूर्व में वर्चस्व कायम करने में मदद देगा।

तुर्की की सरकार में मध्य-पूर्व में अपना वर्चस्व कायम करने की लालसा भी बहुत प्रबल है। तुर्की के प्रधानमंत्री रिसेफ तैय्यफ एर्दोगन मानते हैं कि मध्य-पूर्व से हटने के अमेरिकी फैसले ने तुर्की को ऑटमन साम्राज्य के दिनों की अपनी हैसियत वापस पा लेने का अवसर दिया है। नवम्बर, 2011 में उन्होंने कहा था, "हम उसी जोश के साथ आगे बढ़ रहे हैं जिसके बल पर ऑटमन साम्राज्य की स्थापना हुई थी . . . हमें उस हर जगह पर जाना है जहां तक हमारे पूर्वज गए थे।" उनका इशारा उत्तर में कैसपियन सागर पर स्थित सर्बिया से लेकर दक्षिण में अरब प्रायद्वीप पर स्थित यमन और पश्चिम में उत्तर अफ्रीका में स्थित अल्जीरिया तक फैले समूचे भू-भाग की तरफ है। वह अपने भाषणों में ईसाई देशों पर अतीत में सेना को मिली जीत का भी अक्सर उल्लेख करते हैं और युवाओं से आग्रह करते हैं कि अरसलान को अपना आदर्श माने।[13] अरसलान वास्तव में 1063 से 1072 तक सेलयुक तुर्कों के सुल्तान थे जिन्होंने 1071 में बैजनतीन साम्राज्य के साथ युद्ध में अपनी सेना को निर्णायक जीत दिलाई थी। पश्चिमी मीडिया आमतौर पर तुर्की की वर्तमान विदेश नीति को "नव-ऑटमन विदेश नीति" की संज्ञा देता है।

तुर्की, सीरिया में चल रहे गृह युद्ध का फायदा उठाकर मध्य-पूर्व में वर्चस्व कायम करना चाहता है। शिया शासन के धुर विरोधी तुर्की, मिस्र और सऊदी अरब आपस में एकजुट हो गए हैं और मिलकर सीरिया की ईरान समर्थित शिया सरकार के विरोध में खड़े हैं। सीरियाई गृह युद्ध में मिस्र विरोधी सेनाओं को केवल राजनीतिक समर्थन दे सकता है और सऊदी अरब केवल पैसा दे सकता है, जबकि सैनिक समर्थन कुर्बान करने की सामर्थ्य केवल तुर्की में है। तुर्की ने सीरिया सरकार विरोधी सेनाओं को न सिर्फ एक ठिकाना, साजो-सामान और प्रशिक्षण दिया है, बल्कि उसके लड़ाकू विमानों ने सीरिया सरकार के सैन्य ठिकानों पर बम बरसाकर विरोधी सेना को आगे बढ़ने के लिए आड़ भी दी है। इस समय मिस्र और सऊदी अरब के साथ गठबंधन का नेतृत्व तुर्की के हाथ में है।

---

13 डाइटरिच अलेक्जेंडर, "एर्दोगन्स ड्रीमः बिल्डिंग ए न्यू ऑटमन एम्पायर," *डाई वेल्ट*, 26, नवम्बर, 2011

2012 में एक पूर्ण बैठक में मिस्र के राष्ट्रपति मोहम्मद मोर्सी ने अतीत में दिए गए समर्थन के लिए तुर्की की जनता और सरकार का आभार प्रकट करते हुए आशा व्यक्त की थी कि भविष्य में भी समर्थन मिलता रहेगा। "फलस्तीन में हमास के नेता खालिद मेशाल ने एर्दोगन से कहा था, आप न सिर्फ तुर्की के बल्कि अब समूचे मुस्लिम जगत के नेता हैं।" उनके ऐसा कहते ही वहां उपस्थित हर व्यक्ति ने खड़े होकर करतल ध्वनि से एर्दोगन का अभिनंदन किया।

2023 तक ईरान मध्य-पूर्व में तुर्की के बाद दूसरी बड़ी शक्ति होगा। उसके पास तुर्की से भी 40 प्रतिशत अधिक यानी 9 लाख सैनिक हैं, 7 करोड़ की आबादी है और सकल घरेलू उत्पाद सऊदी अरब के बराबर है। ईरान के लोग अरबी मूल के नहीं, बल्कि फारसी हैं और यही बात ईरान के पक्ष में नहीं है। किन्तु शिया देश होने के कारण ईरान मध्य-पूर्व की शिया सरकारों और जनता का मुख्य संरक्षक बन गया है। इराक युद्ध के बाद वहां शिया शासन था जिसके कारण इराक ईरान का शत्रु होने की बजाय मित्र हो गया। गृह युद्ध में उलझा सीरिया ईरान का एक सबसे घनिष्ठ मित्र है। इस गृह युद्ध ने ईरान को अपनी ताकत दिखाने का मंच दे दिया है।

अगले दशक में सुन्नी देश मध्य-पूर्व में ईरान की अहमियत को अनदेखा करने का साहस नहीं जुटा सकेंगे। अरब वसंत एक राजनीतिक आंदोलन है जिसके जन्म का श्रेय लोकतांत्रिकरण एवं इस्लामीकरण को जाता है। इस दृष्टि से ईरान एक मात्र देश है जहां इस्लाम और लोकतंत्र का मिलन असरदार ढंग से हुआ है। इसी कारण ईरान न केवल मध्य-पूर्व में हर देश में शियाओं का समर्थक है, बल्कि उसके विकास मॉडल का प्रभाव भी अनुकरणीय है। खाड़ी देशों में शिया समुदाय ईरान की मदद से अपने यहां की सुन्नी सरकारों को उखाड़ फेंकना चाहता है। तटस्थ दृष्टि से देखें तो ईरान का विरोध करने से सुन्नी सरकारों को कोई लाभ नहीं हो सकता। मिस्र के राष्ट्रपति मोर्सी मध्य-पूर्व में ईरान का महत्व भली-भांति समझते थे और मानते थे कि ईरान के साथ संबंध सामान्य रखना बहुत महत्वपूर्ण है। इसीलिए पद संभालते ही उन्होंने अगस्त, 2012 में ईरान की राजधानी तेहरान में गुटनिरपेक्ष आंदोलन के 16वें सम्मेलन में हिस्सा लिया। 1979 के बाद से मिस्र के किसी राष्ट्रपति की यह पहली ईरान यात्रा थी और उसने दोनों देशों के बीच संबंध सामान्य करने का आधार तैयार किया।

अगले दशक में ईरान का मूल उद्देश्य मध्य-पूर्व में अपना प्रभाव बढ़ाना होगा। अगले दस वर्ष में अगर ईरान के पास परमाणु हथियार आ गए तो उसकी भौतिक शक्ति बढ़ जाएगी। अगर इस्राइल ने ईरान के परमाणु ठिकानों पर बम बरसाए तो ईरान निश्चय ही मुस्लिम जगत की इस्राइल विरोधी मुहिम का नायक होगा और मध्य-पूर्व के अन्य देश इस्राइल के खिलाफ एकजुट खड़े होने पर बाध्य हो जाएंगे। ईरान के मूल उद्देश्य का राजनीतिक प्रभाव इतना गहरा है कि पश्चिमी प्रतिबंधों के बावजूद ईरान इससे पीछे नहीं हटेगा।

2023 तक मिस्र भी मध्य-पूर्व में अपनी वर्तमान हैसियत को कायम रखने की कोशिश करेगा, लेकिन

उसके लिए मुबारक युग की हैसियत वापस पाना आसान नहीं होगा। मध्य-पूर्व में मिस्र की 8 करोड़ की आबादी सबसे विशाल है, किन्तु उसकी अर्थव्यवस्था अविकसित है। उसकी अर्थव्यवस्था का परिमाण तुर्की की तुलना में 30 प्रतिशत या ईरान अथवा सऊदी अरब की तुलना में 45 प्रतिशत से भी कम है। अगले दशक में मिस्र को तुर्की, ईरान और सऊदी अरब के साथ अपनी आर्थिक शक्ति का अंतर कम करने के लिए संघर्ष करना होगा। मिस्र का विकास सरकार की सुधार नीति पर निर्भर होगा, किन्तु मुस्लिम ब्रदरहुड को देश के भीतर अन्य सम्प्रदायों के विरोध तथा भीतरी नरमपंथी और चरमपंथी सम्प्रदायों के बीच असहमति का सामना करना होगा। हुसनी मुबारक के सत्ता से हटने के बाद मिस्र में लगातार उथल-पुथल का दौर रहा है और यह स्थिति लंबे समय तक जारी रह सकती है। इसका सीधा सा अर्थ है कि मिस्र की अर्थव्यवस्था के सामान्य विकास में कठिनाई आने वाली है। 2023 तक मिस्र आर्थिक विकास के लिए विदेशी सहायता पर निर्भर देश ही रहने वाला है।

अगले दशक में अगर मिस्र मध्य-पूर्व में अपने मौजूदा प्रभाव को घटने न दे तो वही उसके लिए सबसे अच्छी स्थिति होगी। अतीत में मध्य-पूर्व में मिस्र का प्रभाव बहुत हद तक इस्राइल के साथ युद्ध में उसके जवाबी हमलों और अरब देशों तथा इस्राइल के बीच संघर्षों में मध्यस्थ के रूप में उसकी उपलब्धियों की देन था। मिस्र और इस्राइल के बीच अपेक्षाकृत अच्छे संबंधों को देखते हुए पश्चिमी देशों को मध्य-पूर्व के देशों और इस्राइल अथवा पश्चिमी देशों के बीच टकराव में मध्यस्थता के लिए मिस्र की मदद लेनी पड़ती है जिसके कारण मध्य-पूर्व में मिस्र की हैसियत विशिष्ट रही है। मुस्लिम ब्रदरहुड के शासनकाल में मिस्र की सरकार इस्राइल के साथ यह विशेष दर्जा कायम नहीं रख पाई और मध्यस्थ के रूप में उसका प्रभाव समाप्त हो गया। राष्ट्रपति मोर्सी जानते थे कि मिस्र की हैसियत विदेश संबंधों के बल पर है, शक्ति के दम पर नहीं। इसीलिए उन्होंने ईरान के साथ संबंध सुधारने की कोशिश की और अक्तूबर, 2012 में सीरिया के मसले पर चर्चा के लिए काहिरा में मिस्र, सऊदी अरब, ईरान और तुर्की का शिखर सम्मेलन बुलाने का प्रस्ताव रखा जिसे सऊदी अरब ने अस्वीकार कर दिया। उधर मिस्र और ईरान ने हाथ मिला लिया जिसका सीधा सा अर्थ था कि मध्य-पूर्व के सबसे बड़े सुन्नी देश और सबसे बड़े शिया देश के बीच सुलह हो गई थी। इस तरह की सुलह से ऐसी आशंका उत्पन्न हो गई कि सऊदी जनता के असंतोष ने धार्मिक सम्प्रदायों के बीच विवाद की बजाय सरकार के विरोध का रूप ले लिया। इससे सऊदी अरब में भी अरब वसंत के बादल मंडराने लगे। यही कारण था कि सऊदी अरब ने मिस्र और ईरान के बीच सुलह को स्वीकार नहीं किया।

2023 तक मध्य-पूर्व में सऊदी अरब का प्रभाव वर्तमान की तुलना में कम हो जाएगा। चार क्षेत्रीय शक्तियों में से सऊदी अरब की समग्र शक्ति सबसे कमज़ोर है। उसकी केवल 2.7 करोड़ की आबादी अन्य तीन देशों की आबादी की तुलना में एक-तिहाई से कुछ ही अधिक है; उसके 160,000 सैनिक ईरान की तुलना में 12 प्रतिशत, तुर्की की तुलना में 20 प्रतिशत और मिस्र की तुलना में 23 प्रतिशत हैं। 2011 में अरब वसंत की उथल-पुथल से सऊदी अरब बहुत हद तक सिर्फ चार कारणों

के मिले-जुले प्रभाव के कारण बच पायाः अमेरिका का समर्थन, तेल की कमाई, शाही परिवार की स्वीकार्यता और जनता की वफादारी। अगले दशक में इन चारों में कमज़ोरी आ सकती है। इस दौरान शैल तेल टैक्नॉलॉजी के निरंतर विकास के कारण तेल के दाम निरंतर घटते जाएंगे जिससे सऊदी अरब की कमाई गिरेगी। तेल की कमाई घटने से सऊदी अरब के पास जनता की वफादारी खरीदने के लिए आवश्यक धन की कमी हो जाएगी और उधर अमेरिका के लिए उसका सामरिक महत्व कम होता चला जाएगा। अगले दशक में अमेरिका और सऊदी अरब की घनिष्ठता में कमी आती जाएगी। 2011 में अरब वसंत आंदोलन के दौरान अमेरिका ने दोहरे मानदंड अपनाए और खाड़ी देशों को शरण दी। किन्तु अगले दस वर्ष में अपनी लोकतांत्रिक छवि धूमिल होने के कारण जब सऊदी अरब के भीतर लोकतांत्रिक आंदोलन सिर उठाएगा तो उसे कुचलने की सऊदी सरकार की कोशिशों का खुलेआम समर्थन करना अमेरिका के लिए मुश्किल होगा। विशेषकर जब धार्मिक आस्था से जन्मे इन लोकतांत्रिक आंदोलनों का सामना करना असंभव हो जाएगा तो अमेरिका सऊदी शासकों का साथ भी वैसे ही छोड़ सकता है जैसे उसने अपने बरसों के साथी मिस्र के राष्ट्रपति हुसनी मुबारक को अधर में छोड़ दिया था।

सऊदी शाही परिवार के शासन की स्वीकार्यता मुख्य रूप से इस्लाम के वहाबी सम्प्रदाय के समर्थन पर टिकी है। किन्तु अब यह सम्प्रदाय धीरे-धीरे जनता का विश्वास खोता जा रहा है। सऊदी अरब के शाह अब्दुल्ला बिन अब्दुल अजीज अल सऊद करीब 90 वर्ष के हो चुके हैं और बीमारियों से घिरे हुए हैं। युवराज सलमान 76 वर्ष के हो चुके हैं। सऊदी सिंहासन के उत्तराधिकार के नियमों के अनुसार राजगद्दी पुत्र की बजाय छोटे भाई को मिला करती है, लेकिन सलमान के भाई भी 70 के हो रहे हैं। इसका सीधा सा अर्थ है शाह अब्दुल्ला के उत्तराधिकारी के पास न तो राजनीतिक सुधारों के लिए कोई जोश बचेगा और न ही देश में शिक्षा के निचले स्तर, ऊंची बेरोज़गारी, प्रशासनिक भ्रष्टाचार और आर्थिक ठहराव जैसी समस्याओं को सुलझाने की सामर्थ्य होगी। शाही परिवार के प्रति सऊदी जनता की वफादारी कम होती जा रही है। इंटरनेट ने उनके सामने बाहरी दुनिया को देखने-समझने की खिड़की खोल दी है जिससे सामाजिक असमानता के प्रति असंतोष पनप रहा है। 60 प्रतिशत सऊदी आबादी की आयु 20 वर्ष अथवा उससे भी कम है। इसका सीधा सा संकेत है कि राजनीतिक संस्थाओं में सुधार के लिए क्रांति अथवा हिंसा के मार्ग के प्रति झुकाव रखने वाली जनसंख्या का प्रतिशत बहुत बढ़ जाएगा। सऊदी शासन की स्थिरता शायद 2023 तक नहीं रहेगी।

युद्धों और संघर्षों का कोप

शीत युद्ध के दौरान ऐसा माना जाता था कि मध्य-पूर्व पर आधिपत्य के लिए अमेरिका और सोवियत संघ के बीच प्रतिद्वंद्विता के कारण यह क्षेत्र निरंतर युद्ध की आग में जलता रहता है। शीत युद्ध के बाद विश्व पर अमेरिका हावी हो गया और मध्य-पूर्व महाशक्तियों के बीच सामरिक प्रतिद्वंद्विता का अखाड़ा नहीं रहा फिर भी युद्धों से उस क्षेत्र को मुक्ति नहीं मिली। अगले दशक में मध्य-पूर्व

में युद्ध के अनेक कारण होंगे। राजनीतिक सुधार, सम्प्रदायों के बीच शत्रुता, फलस्तीन-इस्राइल संघर्ष और ईरान के परमाणु कार्यक्रम जैसे चार कारकों का मेल मध्य-पूर्व में क्षेत्रीय संघर्ष जारी रखने के लिए पर्याप्त हैं।

2023 तक मध्य-पूर्व में युद्धों का मुख्य कारण सम्प्रदायों के बीच टकराव होगा। 2011 में सीरिया में गृह युद्ध छिड़ने पर बहुत से लोगों का मानना था कि यह अधिनायकवाद के खिलाफ लोकतांत्रिक संघर्ष है। अक्तूबर, 2012 में जब अल-कायदा के मुखिया अयमान अल-जवाहिरी ने अपने सदस्यों को सीरिया जाकर असद सरकार का तख्ता पलटने के लिए विरोधी सेनाओं के साथ लड़ने का आदेश दिया, तब दुनिया को यह अहसास हुआ कि असल में यह लोकतंत्र के झंडे की आड़ में एक धार्मिक युद्ध था। जब सरकार के सीरियन विक्टरी फ्रंट ने खुलेआम अल-जवाहिरी के प्रति वफादारी की घोषणा कर दी तब सीरिया में विपक्ष समर्थक विदेशी सेनाओं के सामने दुविधा खड़ी हो गई। बशर अल-असद से अल-कायदा की दुश्मनी की वजह उनका अधिनायकवादी होना नहीं, बल्कि उनके शासन का धर्मनिरपेक्ष होना था। पश्चिम के सैन्य हस्तक्षेप के बिना मध्य-पूर्व के देशों के लिए केवल अपने भरोसे बहुत जल्दी इस युद्ध को समाप्त करा पाना कठिन होगा। किन्तु यह युद्ध चाहे लंबा चले अथवा एक वर्ष के भीतर समाप्त हो जाए यह सीरिया के पड़ोसी और मध्य-पूर्व के अन्य क्षेत्रों तक अवश्य फैलेगा जिसके कारण मध्य-पूर्व में साम्प्रदायिक संघर्ष और भड़केंगे।

अरब वसंत के बल पर सत्ता में आए अनेक शासक धार्मिक दृष्टि से अधिक कट्टर सम्प्रदायों के हैं और उनके शासनकाल में धर्मनिरपेक्षता को समाप्त करने की जो नीतियां अपनाई जा रही हैं उनसे इस्लाम के विभिन्न सम्प्रदायों के बीच टकराव और बढ़ने की आशंका है। ये साम्प्रदायिक टकराव सशस्त्र संघर्षों का रूप भी ले सकता है। जब साम्प्रदायिक विभेद और राष्ट्रीय विभेद मिल जाते हैं तो देश के भीतर के सैन्य संघर्ष अंतर्राष्ट्रीय संघर्षों का रूप ले सकते हैं। हमने देखा है कि लीबिया युद्ध ने किस तरह यूरोपीय देशों और सीरियाई युद्ध ने तुर्की व ईरान को उलझा लिया। 2023 तक सुन्नी और शिया सम्प्रदायों की शक्ति बराबर हो जाएगी। इराक युद्ध के बाद इराक में शिया सम्प्रदाय सत्ता में आया और उसने अपनी ताकत मध्य-पूर्व में फैला ली। अब तक दबे-कुचले मुस्लिम ब्रदरहुड ने 2011 के अरब वसंत के दम पर कुछ देशों में सत्ता हासिल कर ली जिसका प्रभाव समूचे मध्य-पूर्व की राजनीति पर पड़ेगा। उदाहरण के लिए अरब वसंत से पहले हमास गुट को ईरान, सीरिया और सऊदी अरब तीनों का समर्थन एक साथ मिल सकता था। किन्तु मुस्लिम ब्रदरहुड के नियंत्रण वाली मिस्र की सरकार ने फतह गुट का साथ छोड़कर हमास का दामन थाम लिया। हमास चाहता है कि इस्राइल के विरोध के साथ-साथ पश्चिमी तट क्षेत्र में फतह का नियंत्रण भी कम किया जाए और चूंकि हमास के नियंत्रण वाला क्षेत्र मिस्र से जुड़ा है इसलिए इस्राइल और फतह दोनों का एक साथ विरोध करने का दोहरा उद्देश्य हासिल करने के लिए हमास के सामने मिस्र से दोस्ती के सिवाय और कोई रास्ता नहीं है। यही कारण है कि सीरियाई युद्ध में हमास को मिस्र का साथ देना होगा और ईरान तथा सीरिया के विरोध में

खड़ा होना होगा। 2023 से पहले अरब वसंत आंदोलन मध्य-पूर्व में कुछ और सरकारों का तख्ता पलटेगा और सरकारों की अदला-बदली की यह प्रक्रिया लीबिया और सीरिया जैसे संघर्षों को भी जन्म दे सकती है। शीत युद्ध की समाप्ति के बाद दुनिया में लोकतंत्र की जो आंधी चली उसने पूर्वी यूरोप के देशों के कम्युनिस्ट तंत्र को उखाड़ फेंका, किन्तु मध्य-पूर्व के तानाशाह शासकों का बाल भी बांका नहीं कर सकी। इसका मुख्य कारण यह था कि पूर्वी यूरोप की कम्युनिस्ट सरकारें सोवियत सैन्य समर्थन पर टिकी हुई थीं, जबकि मध्य-पूर्व के अधिकतर तानाशाह शासकों को अमेरिकी सैन्य समर्थन हासिल था। सोवियत सैन्य समर्थन कमज़ोर होने से पूर्वी यूरोपीय सरकारों के पांव लोकतंत्र की आंधी में उखड़ गए। किन्तु महाशक्ति के रूप में अमेरिका की बढ़ती ताकत ने मध्य-पूर्व के तानाशाह शासकों को लोकतंत्र की आंधी के सामने पैर जमाए रखने की शक्ति दे दी। अमेरिका की शक्ति में सापेक्ष गिरावट आने पर मध्य-पूर्व के तानाशाह शासकों को मिलने वाला अमेरिकी समर्थन कमज़ोर होने लगा। अमेरिका ने जब इराक और अफगानिस्तान से सेना हटाने का निर्णय लिया, उसके बाद 2011 में मध्य-पूर्व में अरब वसंत की बयार चल निकली। अगले दशक में अरब वसंत की बयार कुछ और देशों को लुभा लेगी और इस बात की पूरी संभावना है कि उसके कारण गृह युद्ध भड़केंगे।

मुस्लिम जगत में अमेरिका विरोधी भावनाएं लंबे समय से सुलग रही हैं। इस्राइल के साथ-साथ मध्य-पूर्व के तानाशाह शासकों को लंबे समय से जारी अमेरिकी समर्थन और 11 सितम्बर के आतंकी हमले के बाद इस्लाम को आतंकवाद का पर्याय बताने वाली उसकी रणनीति ने मध्य-पूर्व के मुसलमानों में अमेरिका समर्थित शासकों के विरोध की चिंगारी भड़का दी। उदाहरण के लिए अमेरिका ने जब विशेषकर मुस्लिम देशों के लोगों के लिए कड़े वीजा नियम अपनाए और इसी तरह की दूसरी भेदभावपूर्ण नीतियों का सहारा लिया तो मुस्लिम जगत में असंतोष बहुत बढ़ गया। अफगानिस्तान और इराक में हजारों की संख्या में मुसलमानों के मारे जाने से इस समुदाय के मन में अमेरिका के प्रति आक्रोश और विरोध बहुत बढ़ गया। इसी तरह यह भी बताया जा सकता है कि अरब वसंत आंदोलन को अमेरिकी समर्थन के बाद मध्य-पूर्व में अमेरिका विरोधी भावनाएं और अधिक क्यों भड़क उठीं। *द इनोसेंस ऑफ मुस्लिम्स* ने वर्षों से दबी हुई अमेरिका विरोधी भावनाओं को विस्फोट का कारण दे दिया। अगले दशक में मध्य-पूर्व में अमेरिका विरोधी भावनाएं फैलती रहेंगी जिससे इस्लामिक देशों की जनता को अमेरिका समर्थित तानाशाह शासकों के विरोध का सामाजिक आधार मिल जाएगा। इसके कारण मध्य-पूर्व के और भी अधिक देशों के भीतर सैन्य संघर्ष भड़केंगे।

2023 से पहले हो सकता है कि इस्राइल, ईरान के परमाणु प्रतिष्ठानों पर बम बरसाए। अगले दशक में अमेरिका की तरफ से सामरिक दबाव को देखते हुए ईरान के लिए अपना परमाण्विक कार्यक्रम त्यागना बहुत कठिन होगा। अतः यह कहना बहुत मुश्किल है कि इस्राइल इसे सहन करेगा या नहीं। अमेरिका ने उत्तर कोरिया के परमाणु विवाद में सैनिक हमले का विकल्प नहीं चुना, इसलिए वह भी ईरान के परमाणु प्रतिष्ठानों पर बमबारी का फैसला आसानी से नहीं ले पाएगा। किन्तु ईरान

के परमाण्विक कार्यक्रम पर युद्ध छेड़ने के लिए अनिच्छुक होने का अर्थ यह नहीं है कि अमेरिका इस्राइल को अकेले अपने दम पर ऐसा करने से रोक पाएगा। इसम्राइल को अमेरिका का सैनिक समर्थन चाहिए किन्तु वह अमेरिका पर भरोसा नहीं करता। मार्च, 2013 में जब राष्ट्रपति बराक ओबामा इस्राइल गए थे तो इस्राइल के *हारटेज* के एक सर्वेक्षण से पता चला था कि केवल 13.5 प्रतिशत इस्राइली मानते थे कि ओबामा इस्राइल के हितों की रक्षा करेंगे, जबकि 40 प्रतिशत को ऐसा कोई विश्वास नहीं था।[14] अगर इस्राइल ने ईरान पर हमला किया तो मिस्र सरकार इस्राइल के साथ शांति संधि तोड़ सकती है, जॉर्डन भी ऐसा ही कर सकता है, लेबनान का हिजबुल्ला गुट भी हमले करेगा जिससे भड़के अंतर्राष्ट्रीय युद्ध में अनेक देश उलझ जाएंगे। ईरान के परमाणु प्रतिष्ठानों पर इस्राइल की बमबारी के पीछे मुख्य कारण ईरान की तरफ से परमाणु हमले का डर नहीं, बल्कि ईरान को परमाणु प्रतिरोध की सामर्थ्य हासिल करने से रोकना है। 1945 में जब अमेरिका ने परमाणु बम जापान पर गिराए थे उसके बाद से किसी देश ने युद्ध में इन हथियारों का उपयोग नहीं किया है। अगर ईरान ने परमाणु बम बना लिया तो भी वह उसका इस्तेमाल इस्राइल पर नहीं करेगा। किन्तु इसके कारण ईरान की तुलना में इस्राइल की शक्ति दोगुनी हो जाएगी। परमाणु प्रतिरोध के साथ-साथ पारंपरिक प्रतिरोध में भी वह श्रेष्ठ हो जाएगा। ईरान के परमाणु प्रतिष्ठानों पर बमबारी करने का इस्राइल का एक और उद्देश्य मध्य-पूर्व में वर्तमान धार्मिक संतुलन बनाए रखना है। इस्राइल की चिंता यह है कि अगर ईरान ने परमाणु बम बना लिया तो मध्य-पूर्व में ईरान समर्थित शिया गुटों की शक्ति सुन्नी गुटों से अधिक हो जाएगी। तुलनात्मक दृष्टि से देखें तो सुन्नियों की तुलना में शिया गुटों की इस्राइल विरोधी नीति अधिक कट्टर है। अगले दशक में इस्राइल, ईरान के परमाणु प्रतिष्ठानों पर हमला कर सकेगा या नहीं यह इस बात पर निर्भर है कि उसके पास जमीन में गहरे दबे हुए परमाणु प्रतिष्ठानों को पूरी तरह नष्ट करने की कितना सामर्थ्य है। यदि वास्तव में इस्राइल में यह सामर्थ्य होगा तो वह उन्हें नष्ट करके रहेगा।

अगले दशक में इस्राइल की मिसाइल भेदी प्रणालियों का निरंतर उन्नयन उसे आसपास के अरब देशों पर सैनिक हमले करने के लिए उकसाएगा। 2012 में गजा में हमास के साथ सैनिक टकराव के दौरान इस्राइल की आयरन डोम मिसाइल भेदी रक्षा प्रणाली हमास की मिसाइलों को रोकने में बहुत अधिक सक्षम रही। हमास ने इस्राइल पर 1,500 से अधिक रॉकेट दागे। इसम्राइल ने खतरे की आशंका के हिसाब से चुन-चुनकर 400 रॉकेट बीच में ही नष्ट कर दिए। इसकी सफलता की दर 85 प्रतिशत रही।[15] इस्राइल की सेना ने संकेत दिया है कि अगले कुछ वर्ष में वह समूचे देश की रक्षा के लिए कम से कम 10 और आयरन डोम मिसाइल भेदी रक्षा प्रणालियां विकसित करेगी।

---

14 शियाओ दा और चेन केछिन, "ओबामा फांग यि 'मिशांग दा यिलांग'" (ओबामा ईरान पर हमले की गुप्त वार्ता के लिए इस्राइल गए), *हुआनछियु शिबाओ* (ग्लोबल टाइम्स), 20 मार्च, 2013

15 "फॉर इस्राइल, द आयरन डोम गाइडेड मिसाइल डिफेंस सिस्टम रिप्रजेंट्स ए ब्रेकथ्रू," *वाशिंगटन पोस्ट,* 3 दिसम्बर, 2012

इसके साथ ही इस्राइल ने लंबी दूरी की मिसाइलों को बीच में ही नष्ट करने के लिए "डेविड्स स्लिंग" नाम से एक पूरक प्रणाली डिजाइन करने के बारे में अमेरिका की रेथियन कंपनी के साथ सहयोग शुरू किया है। इस्राइल की मिसाइल भेदी प्रणालियां जितनी अधिक सक्षम होती जाएंगी उसे अरब पड़ोसियों की तरफ से जवाबी सैनिक कार्रवाई की चिंता उतनी ही कम सताएगी और इन देशों पर इस्राइली हमलों की संभावनाएं बढ़ती जाएंगी।

अफ्रीका – प्रचुर संसाधनों से अभिशप्त

अफ्रीका की वर्तमान परिस्थितियां स्पष्ट संकेत दे रही हैं कि अगले दशक में उसका विकास बिल्कुल सीमित होगा। अफ्रीका का भू क्षेत्र करीब 3.02 करोड़ वर्ग किलोमीटर में फैला है जो दुनिया की कुल जमीन का 20.2 प्रतिशत है। इसलिए यह एशिया के बाद विश्व का सबसे बड़ा महाद्वीप है। इसकी 1 अरब की आबादी दुनिया की कुल जनसंख्या में से 15 प्रतिशत है। अफ्रीका में प्राकृतिक संसाधनों का प्रचुर भंडार है और हाल के वर्षों में यहां तेल और गैस के विशाल भंडार भी मिले हैं। फिर भी अफ्रीका विश्व का सबसे निर्धन महाद्वीप है जिसमें कुल 54 देश हैं। किन्तु उनका कुल सकल घरेलू उत्पाद अकेले ब्राजील से भी कम और लगभग रूस के बराबर है। समूचे महाद्वीप की कुल वार्षिक व्यापार मात्रा विश्व में कुल व्यापार की केवल 1 प्रतिशत है। 2006 में *संयुक्त राष्ट्र की मानव विकास रिपोर्ट* के अनुसार मानव विकास संकेतकों की कसौटी पर सबसे निचले दर्जे के 23 देश (155–77) अफ्रीका महाद्वीप में थे। यूनेस्को के आंकड़ों के अनुसार अफ्रीका में जल संसाधन संकट के कारण हर वर्ष 6,000 से अधिक मौतें होती हैं। अगले दशक के भीतर अफ्रीका में कम से कम 40 करोड़ लोग जल संकट का सामना करेंगे। गरीबी के अतिरिक्त अफ्रीका महाद्वीप में औसत जीवन काल सबसे छोटा है। हिंसक घटनाओं की भरमार है और सामाजिक अस्थिरता का बोल-बाला है। अगले दशक में यह समस्याएं अफ्रीका को अंतर्राष्ट्रीय राजनीति में और अधिक हाशिए पर धकेल देंगी।

क्षेत्रीय संगठन का अभाव

राजनीतिक दृष्टि से कहें तो अफ्रीका ऐसे क्षेत्रों के बीच विभाजित है जिनमें परस्पर संवाद ही नहीं है। उत्तर अफ्रीका में अरबी भाषी देश इस्लाम के अनुयायी हैं और इस उप क्षेत्र का अग्रणी देश मिस्र है। मिस्र की सीमा अफ्रीका और एशिया दोनों महाद्वीपों को छूती है और इस उप क्षेत्र के राजनीतिक, आर्थिक, धार्मिक और जातीय संपर्क अफ्रीका में सहारा के दक्षिणी क्षेत्रों की तुलना में मध्य-पूर्व के साथ अधिक व्यापक हैं। इस कारण अनेक देशों के विदेश मंत्रालय पूर्वोत्तर अफ्रीका और मध्य-पूर्व के लिए एक ही कार्यालय रखते हैं। पश्चिमी अफ्रीकी देशों में भी अधिकांशतः इस्लाम का चलन है, किन्तु उनकी संस्कृतियां अफ्रीकी हैं, जातीय समूह अश्वेत हैं और उनमें से अधिकतर

फ्रेंच भाषी हैं। इस उप क्षेत्र के अग्रणी देश नाइजीरिया में मुख्य रूप से अंग्रेजी बोली जाती है। मध्य अफ्रीका में सबसे शक्तिशाली देश कांगो लोकतांत्रिक गणराज्य कैथोलिक और फ्रेंच भाषी है। पूर्वी और दक्षिण अफ्रीका के अधिकतर देश अंग्रेजी भाषी होने के साथ-साथ कैथोलिक अथवा ईसाई हैं। पूर्वी अफ्रीका में अग्रणी देश केन्या और दक्षिणी अफ्रीका में अग्रणी देश दक्षिण अफ्रीका है। राजनीतिक और आर्थिक दृष्टि से पांच उप-क्षेत्रों में विभाजित होने के कारण अफ्रीका के लिए अंतर्राष्ट्रीय राजनीति में एकीकृत शक्ति दिखा पाना कठिन है।

अगले दशक में समूचे अफ्रीका को एक क्षेत्रीय संगठन में बांधना कठिन होगा, किन्तु उप-क्षेत्रीय सहयोग पनपने की संभावना है। 1960 के दशक में अफ्रीका के नव-स्वतंत्र देशों ने एकता के रास्ते पर चलने की आशा में अफ्रीकी एकता संगठन की स्थापना की थी। किन्तु 20वीं शताब्दी का अंत आते-आते अफ्रीका को एक क्षेत्रीय सूत्र में बांधने के सपने की दिशा में कोई खास प्रगति नहीं हो सकी। 2002 में अफ्रीकी देशों ने अफ्रीकी एकता संगठन की जगह अफ्रीकी संघ बना लिया। दस वर्ष बाद अफ्रीकी संघ की क्षेत्रीय प्रतिरक्षा सामर्थ्य में कुछ सुधार तो हुआ लेकिन क्षेत्र में सैन्य संघर्षों की वर्तमान स्थिति को देखते हुए यह सुधार उल्लेखनीय नहीं है। 2008 से 2011 तक अफ्रीकी संघ की प्रतिरक्षा गतिविधियों की लागत का केवल 2 प्रतिशत हिस्सा अफ्रीकी देशों से मिला, शेष 98 प्रतिशत अफ्रीका के बाहर से अंतर्राष्ट्रीय समर्थन पर निर्भर रहा।[16] इस कारण 2011 में लीबियाई युद्ध का नेतृत्व पूरी तरह पश्चिमी देशों के हाथों में था और उसमें अफ्रीकी संघ की भूमिका न के बराबर थी। अफ्रीका के पांच उप क्षेत्रों के हितों में पर्याप्त समानता न होने के कारण एक इकाई के रूप में अफ्रीका के विकास में प्रगति नहीं हो पाई। फिलहाल हम देख रहे हैं कि पांच उप-क्षेत्रों के देश उप-क्षेत्रीय सहयोग की दिशा में प्रयास कर रहे हैं। उदाहरण के लिए पश्चिम अफ्रीकी देश अपने आर्थिक समुदाय का प्रभाव बढ़ाना चाहते हैं और 2001 में पूर्वी अफ्रीकी समुदाय के पुनर्गठन के बाद से पूर्वी अफ्रीकी देशों ने आपसी सहयोग निरंतर मजबूत किया है। तेल और गैस के भंडारों की पहले से अधिक खोज को देखते हुए उप-क्षेत्रीय आर्थिक सहयोग के बल पर समूचे अफ्रीकी महाद्वीप में कुछ विकास संभव लगता है।

राजनीतिक उथल-पुथल का दंश

अगले दशक में धार्मिक टकरावों के कारण उत्तर अफ्रीका और पश्चिम अफ्रीका में हमेशा राजनीतिक उथल-पुथल रहेगी। 2011 में उभरे अरब वसंत आंदोलन का प्रभाव अभी समाप्त नहीं हुआ है। मिस्र में हुसनी मुबारक का तख्ता पलटने के बाद 2012 में मुस्लिम ब्रदरहुड ने आम चुनाव तो जीत लिया है, लेकिन नए राष्ट्रपति मोर्सी देश में स्थिरता नहीं ला पाए जिसके कारण अक्सर पुलिस और नागरिकों के बीच भीषण मुठभेड़ और व्यापक विरोध गतिविधियां होती रहती हैं। 2011 में

---

16 जूडिथ फोरलाट, "द इम्बैलेंस ऑफ अफ्रीकन पीस एंड सिक्युरिटी इंफ्रास्ट्रक्चर," फंड फॉर साइंस एंड पॉलिटिक्स, अगस्त 2012

लीबियाई युद्ध में मुआमार गद्दाफी का शासन समाप्त हो गया। लेकिन लीबिया के भीतर अलगाव की आवाजें ज़ोर पकड़ने लगीं। लीबिया के पूर्व में सायेरिनाइका और दक्षिण में मिसुराता दोनों ने स्वतंत्रता या स्वायत्तता की मांग बुलंद कर दी। हर क्षेत्र की सेना गुटों में बंटी है और कबीलाई सरदारों के उदय तथा सोमालिया जैसी स्थिति उत्पन्न होने के खतरे दिखाई देने लगे हैं। लीबिया युद्ध के बाद इसमें शामिल रहे कुछ भाड़े के सैनिक पश्चिम अफ्रीकी देशों में फैल गए जिससे वहां सुरक्षा संबंधी नई समस्याएं खड़ी हो गईं। इसका असर सबसे पहले माली पर हुआ। एक जमाने में माली पश्चिम अफ्रीका में लोकतांत्रिक सुधारों का प्रणेता माना जाता था, किन्तु 21 वर्ष में पहली बार मार्च, 2012 में वहां सैनिक विद्रोह हुआ। इसका सीधा सा कारण उत्तर की सशस्त्र तुआरेग सेनाओं को कुचलने में सरकार की अक्षमता से सेना में पनपा असंतोष था। लीबिया युद्ध से आए बेहतर हथियारों से लैस 1,500 से 2,000 भाड़े के अनुभवी लड़ाकों के शामिल हो जाने से तुआरेग सशस्त्र सेनाओं की ताकत अचानक बढ़ गई। तुआरेग राष्ट्रीय अजावाद मुक्ति आंदोलन ने अप्रैल 2012 में अजावाद क्षेत्र को स्वतंत्र घोषित कर दिया।

अगले दशक में केवल माली में ही इस तरह की उथल-उथल नहीं रहेगी। अरब वसंत जनता की लोकतंत्र की मांग तक ही सीमित नहीं है, बल्कि उसका मुस्लिम सम्प्रदायों के आपसी झगड़ों तथा अल-कायदा से भी गहरा संबंध है। इस्लामी कट्टरपंथी गुट दुनिया पर पश्चिम के वर्चस्व की वर्तमान परिस्थितियों से खुश नहीं है और चाहते हैं कि इस्लामी देशों के शासक पश्चिमी नीतियों का अनुसरण बंद करें जिससे वहां धर्म से संचालित राजनीतिक व्यवस्था स्थापित हो सके। इस तरह का वैचारिक रुझान केवल मध्य-पूर्व और उत्तर अफ्रीका में ही नहीं पनप रहा है, बल्कि माली, नाइजर, बुर्किना फासो, मॉरीटानिया और नाइजीरिया जैसे कुछ पश्चिम अफ्रीकी देशों में भी फैल गया है। इस समय तीन अफ्रीकी इस्लामी उग्रवादी गुटों, उत्तर अफ्रीका में इस्लामिक मग़रिब में अल-कायदा, सोमालिया में यूथ पार्टी और नाइजीरिया में बोको हराम के बीच सहयोग के तार जुड़ चुके हैं। उनकी गतिविधियों का दायरा केवल उनके देशों तक सीमित नहीं है, बल्कि आसपास के देशों तक भी फैल रहा है। अगले दशक में उत्तर और पश्चिम अफ्रीका में आतंकवादी गतिविधियां बढ़ेंगी और उसके कारण सैनिक विद्रोह होंगे। मध्य अफ्रीका में भी सैनिक टकराव का खतरा कम नहीं है और यह मुख्य रूप से कबीलों के बीच सत्ता संघर्ष के रूप में मौजूद है।

अगले दशक में पूर्वी और दक्षिणी अफ्रीका में सुरक्षा की स्थिति उत्तर, पश्चिम और मध्य अफ्रीका की तुलना में कुछ बेहतर होगी, किन्तु वैश्वीकरण के कारण इन देशों में अमीर और गरीब के बीच की खाई और चौड़ी हो जाएगी और गबन तथा भ्रष्टाचार के कारण सरकारों की प्रबंध क्षमता कमज़ोर होती जाएगी जिसके कारण इन देशों में सामाजिक असंतोष के भीषण रूप लेते जाने का खतरा है। अफ्रीका की आबादी बहुत तेज गति से बढ़ रही है। आज अफ्रीका में 15 और 24 वर्ष के बीच की आयु की जनसंख्या 14 करोड़ है जो 2020 तक 25 करोड़ हो जाएगी। जो हाथ मजदूरी के लिए उपलब्ध है, वही सामाजिक असंतोष के भी मुख्य हथियार हैं। अफ्रीका में बेरोज़गारी दर 60

प्रतिशत है और सरकार से हताश अफ्रीकी युवा आसानी से हिंसा का रास्ता अपना लेते हैं। दक्षिण अफ्रीका इस पूरे महाद्वीप में सबसे अधिक आधुनिक देश है, फिर भी वहां बेरोज़गारी दर 25 प्रतिशत से अधिक है और हाल के वर्षों में गंभीर सामाजिक असंतोष का बोल-बाला रहा है।[17] 2012 में दक्षिण अफ्रीका में खनिकों, टैक्सी चालकों, सुरक्षा प्रहरियों, पुलिस और अन्य उद्योगों के कर्मचारियों ने एक के बाद एक बड़ी-बड़ी हड़तालें कीं। पुलिस और आम नागरिकों के बीच मुठभेड़ों में बड़ी संख्या में लोग हताहत हुए।

ऊर्जा संसाधनों के बावजूद अल्प विकास

पिछले कुछ वर्षों में यह धारणा पनपी कि अनेक अफ्रीकी देशों में तेल और गैस के नए भंडारों की खोज के बल पर अफ्रीका में लंबे समय तक आर्थिक वृद्धि दर ऊंची रहेगी। इस समय अफ्रीका में खोजे पेट्रोलियम भंडारों की हिस्सेदारी विश्व के कुल भंडारों में 10 प्रतिशत और प्राकृतिक गैस भंडारों की हिस्सेदारी 8 प्रतिशत है। इसलिए यह धारणा पनपी कि अगले दस वर्ष में अफ्रीकी महाद्वीप के सकल घरेलू उत्पाद की वृद्धि दर 7 प्रतिशत रह सकती है। यह संख्या देखने में बहुत आकर्षक है, किन्तु इससे अफ्रीका की सच्ची तस्वीर दिखाई नहीं देती। ऐसा नहीं है कि अफ्रीका में प्राकृतिक संसाधनों की प्रचुरता इसी वर्ष सामने आई है। 1960 के दशक में जब अफ्रीका के देश पहली बार स्वतंत्र हुए थे, तब भी सब इस सच्चाई से परिचित थे। उस समय अफ्रीकी अध्ययन के अनेक विशेषज्ञ मानते थे कि प्राकृतिक संसाधनों का प्रचुर भंडार नव-स्वतंत्र देशों में स्वतंत्रता लाएगा, किन्तु दशकों बाद भी अफ्रीका विश्व का सबसे निर्धन महाद्वीप है।

सामाजिक-आर्थिक विकास मानव की अपनी गतिविधियों की देन होता है, प्राकृतिक संसाधनों की प्रचुरता पर निर्भर नहीं होता। यदि प्राकृतिक संसाधनों का दोहन असरदार ढंग से न किया जाए तो "संसाधन अभिशप्तता" का असर दिखाई दे सकता है। "संसाधन अभिशप्तता" से संकेत मिलता है कि प्राकृतिक संसाधनों की प्रचुरता से समाज में गुटबंदी बढ़ती है और समाज में सम्पदा बढ़ने का उपयोग सतत् आर्थिक विकास के लिए नहीं किया जा सकता। नाइजीरिया इसका प्रमुख उदाहरण है। नाइजीरिया में पेट्रोलियम की खोज 1956 में हो गई थी। नाइजीरिया 1960 में स्वतंत्र हुआ और आज तेल निर्यात के मामले में अफ्रीका में सबसे पहले और विश्व में आठवें स्थान पर है। अमेरिका का 10 प्रतिशत और भारत का 20 प्रतिशत तेल आयात नाइजीरिया से होता है। किन्तु 1965 से 2004 तक नाइजीरिया के प्रति व्यक्ति राजस्व में बढ़ोत्तरी होने की बजाय गिरावट हुई और यह 250 डॉलर से घटकर 212 डॉलर रह गया। 1 डॉलर प्रतिदिन के खर्च पर निर्भर जनसंख्या का अनुपात 36 प्रतिशत से बढ़कर 70 प्रतिशत हो गया। नाइजीरिया प्राकृतिक गैस के लिए भी काला बाजारी पर निर्भर है। 2003 से 2012 तक नाइजीरिया की औसत वार्षिक आर्थिक वृद्धि दर 7.6 प्रतिशत

---

17 2001/2012 वर्ल्ड *इंटेलीजेंस अलमनाक*, 446

थी, फिर भी उसके विकास में कोई बदलाव दिखाई नहीं दिया और गुटबंदी ने अधिक भीषण रूप ले लिया। अगले दशक में अफ्रीका में संसाधन निर्यातक अनेक देशों के सामने नाइजीरिया जैसी साधन अभिशप्तता की स्थिति उत्पन्न हो गई। तेल और गैस से होने वाली कमाई व्यर्थ जाती रहेगी। तेल और गैस का उत्पादन बढ़ने से अफ्रीका में गरीबी की समस्या का समाधान नहीं हो सकेगा।

अगले दशक में सम्पदा में वृद्धि का उपयोग बुनियादी सुविधाओं के निर्माण में न किए जाने के कारण अफ्रीका में बुनियादी सुविधाओं की गंभीर कमी रहेगी। इस समय उप-सहारीय अफ्रीका में बुनियादी सुविधाओं के निर्माण के लिए 94 अरब डॉलर के निवेश की आवश्यकता होगी। किन्तु विश्व बैंक और अफ्रीकी विकास बैंक से मिलने वाली सारी राशि ऊंट के मुंह में जीरा साबित होगी और अन्य देशों से भी निवेश बहुत सीमित रहेगा। इससे भी बड़ा संकट यह है कि अफ्रीकी देशों के अमीर अपनी पूंजी का इस्तेमाल अपने यहां बुनियादी सुविधाओं के निर्माण में करने की बजाय विदेशों में निवेश के लिए करेंगे। कुछ अध्ययनों से पता चला है कि भ्रष्टाचार के कारण 1978 से 2008 के बीच करीब 10 अरब डॉलर की रकम को अवैध रूप से अफ्रीका के उप-सहारीय देशों से बाहर ले जाया गया।[18] बुनियादी सुविधाओं की आर्थिक स्थिति खराब होने के कारण अफ्रीका के आर्थिक स्तर पर कई तरह से असर पड़ा है। अगर जल की कमी का उदाहरण लें तो तेल क्षेत्रों के विकास के लिए विशेषकर रेगिस्तान के आस-पास के इलाकों में जल संसाधनों की ज़रूरत पड़ती है और इनमें से अनेक क्षेत्रों को पानी की सुविधा जुटाने में कठिनाई आती है। सिंचाई सुविधाओं के अभाव से अफ्रीका के आर्थिक विकास में गंभीर रुकावटें आएंगी।

अगले दशक में अफ्रीका के विकास के सामने बहुमुखी चुनौतियां होंगी। 2023 तक सैन्य संघर्षों, आतंकवाद, धार्मिक संघर्षों, अपर्याप्त निवेश, अपर्याप्त बुनियादी सुविधाओं, भ्रष्टाचार, गिरोहबंदी, शिक्षा की कमी, गंभीर बेरोज़गारी और अपर्याप्त जल संसाधनों की समस्याओं को शीघ्र सुलझा पाना कठिन होगा। अफ्रीका तब भी विश्व का सबसे कम विकसित क्षेत्र होगा।

चीन–अमेरिकी स्पर्धा का प्रभाव

अगले दशक में अफ्रीका में चीन और अमेरिका के बीच साम्प्रदायिक स्पर्धा से बच पाना असंभव है। दो ध्रुवीय व्यवस्था में उदीयमान शक्ति चीन महाशक्ति बनने की ओर अग्रसर है। वह अफ्रीका में अपने प्रभाव क्षेत्र का विस्तार करने से बाज़ नहीं आ सकता। उधर, अमेरिका भी इसे रोकने के लिए जी-जान लगा देगा। अगले दस वर्ष में ऊर्जा संसाधनों की अपनी आवश्यकता की पूर्ति के साथ-साथ चीन को राजनीतिक दृष्टि से भी अफ्रीका के सहयोग की आवश्यकता होगी। 2009 में चीन अमेरिका को पीछे छोड़कर अफ्रीका का सबसे बड़ा व्यापार साझीदार हो गया। अफ्रीका

---

18 लि अनशान, "फेइझोउ जिंगजि: शिजिए जिंगजि वेइजि झोंग दि लियांगदियान" (अफ्रीका की अर्थव्यवस्थाः विश्व के आर्थिक संकट में आशा की किरण), *याफेई झोंगहेंग* (द एशियन आस्पेक्ट), संख्या 1 (2013): 23

ने चीन को 73.4 अरब डॉलर और अमेरिका को 31.5 अरब डॉलर मूल्य का निर्यात किया। 2012 में चीन-अफ्रीकी व्यापार 200 अरब डॉलर तक पहुंच गया।[19] इस समय चीन की लगभग 2,000 कंपनियां कुल 32 अरब डॉलर के निवेश के साथ अफ्रीका में कारोबार कर रही हैं।[20] 2023 तक चीन व्यापार के मामले में अफ्रीका का सबसे बड़ा साझीदार तो रहेगा ही एक सबसे अहम निवेशक भी हो जाएगा। उस समय चीन की अर्थव्यवस्था का परिमाण अफ्रीका की तुलना में पांच या छह गुना होगा। इसलिए चीन की अर्थव्यवस्था में अफ्रीका के महत्व की कोई बढ़त दिखाई नहीं देगी। किन्तु नई उभरती महाशक्ति होने के कारण चीन को अनुकूल राजनीतिक माहौल की आवश्यकता होगी ताकि अफ्रीकी देशों के साथ अच्छे संबंधों का सामरिक महत्व उनके आर्थिक महत्व से अधिक हो जाए। इसका तात्पर्य यह है कि चीन अफ्रीकी देशों के साथ संबंध सुधारने के लिए जी-जान लगा देगा। वैसे तो अफ्रीका का अमेरिका की वैश्विक रणनीति में कोई प्रमुख स्थान नहीं है, फिर भी अफ्रीका में चीन के बढ़ते प्रभाव को अमेरिका हाथ पर हाथ धरे चुपचाप देखता नहीं रहेगा। अमेरिका की पूर्व विदेश मंत्री हिलेरी क्लिंटन ने 2012 में इस महाद्वीप की अपनी यात्रा के दौरान अफ्रीकी नेताओं से कहा था कि चीन अफ्रीका के प्राकृतिक संसाधन हड़पना चाहता है, अफ्रीका में मानव अधिकारों की स्थिति एवं सामाजिक विकास से उसका कुछ लेना-देना नहीं है। इसी आधार पर उन्होंने अफ्रीकी देशों को सलाह दी थी कि चीन के साथ समझौतों पर हस्ताक्षर न करें।

दो ध्रुवीय व्यवस्था के दो ध्रुव होने के नाते चीन और अमेरिका दोनों अफ्रीका को अपने साथ खड़ा करने की पूरी कोशिश करेंगे किन्तु इन दोनों के बीच सामरिक प्रतिद्वंद्विता की स्थिति शीत युद्ध के दौर में अफ्रीका को लेकर अमेरिका और सोवियत संघ की प्रतिद्वंद्विता से भिन्न होगी। उस समय अमेरिका और सोवियत संघ ने सामरिक साथी बटोरने के लिए अफ्रीका में छद्म युद्धों की नीति अपनाई थी। उन्होंने अपने समर्थक अफ्रीकी देशों में अलग-अलग राजनीतिक शक्तियों को सैनिक समर्थन दिया था ताकि उनके हित में काम करने वाली राजनीतिक शक्तियां सत्ता में आ सकें। अगले दशक में अफ्रीका को लेकर चीन-अमेरिकी सामरिक प्रतिद्वंद्विता के हथियार छद्म युद्ध नहीं होंगे। 2023 तक चीन और अमेरिका आर्थिक एवं सैन्य सहयोग में अलग-अलग अफ्रीका के सबसे बड़े साझेदार होंगे। किन्तु प्रत्यक्ष रूप से वे एक-दूसरे को पछाड़ने की नीति नहीं अपनाएंगे।

चीन के आर्थिक विकास का रुझान अमेरिका से बेहतर होने के कारण चीन अफ्रीकी देशों से दोस्ती गांठने के लिए आर्थिक सहयोग का सहारा लेगा। 2012 में चीन-अफ्रीकी सहयोग शिखर सम्मेलन में चीन ने अफ्रीका को 20 अरब डॉलर ऋण देने का वायदा किया था। चीन के भारी विदेशी मुद्रा भंडार को इससे भी बड़े निवेश बाजार की तलाश है। चीन की कंपनियां जोखिम उठाने के लिए

---

19 लि अनशान, "फेइझोउ जिंगजि: शिजिए जिंगजि वेइजि झोंग दि लियांगदियान" (अफ्रीका की अर्थव्यवस्थाः विश्व के आर्थिक संकट में आशा की किरण), *याफेई झोंगहेंग* (द एशियन आस्पेक्ट), संख्या 1 (2013): 21

20 जॉफ्री यार्क, "विद इन्वेस्टमेंट आउटपेसिंग ऐड, इज दिस ए न्यू गोल्डन एज फॉर द पुअरेस्ट कांटिनेंट?" *द ग्लोब एंड मेल*, 22 सितम्बर, 2012, http://www.theglobeandmail.com/news/world/africa-next-with-investment-outpacing-aid-is-this-a-new-golden-age-for-the-poorest-continent/article4560978/?page =all.

पश्चिम की कंपनियों से अधिक तत्पर रहती हैं और उसका सीधा-सीधा नियम है कि जितना बड़ा जोखिम उतना बड़ा लाभ। इथियोपिया में अफ्रीकी संघ के मुख्यालय के निर्माण के लिए चीन ने 20 करोड़ डॉलर का निवेश किया। अंगोला में चीन ने एक फुटबाल स्टेडियम के निर्माण पर 60 करोड़ डॉलर खर्च कर दिए जिसमें अंगोला 'अफ्रीका कप' का आयोजन कर सके।

गंभीर ऋण संकट से घिरा अमेरिका अफ्रीका में निवेश के मामले में चीन का मुकाबला नहीं कर सकता। 2011 में अमेरिका ने अफ्रीका को केवल 14 करोड़ डॉलर का ऋण दिया, जबकि चीन ने 12 अरब डॉलर का वायदा किया।[21] अतः अगले दशक में अमेरिका चीन के मुकाबले अपनी सैनिक श्रेष्ठता का सहारा लेगा और आर्थिक सहायता की बजाय अफ्रीका को सैन्य सहायता देने की नीति अपनाएगा। अमेरिका ने 2007 में अफ्रीकी कमांड की स्थापना के साथ-साथ दस से अधिक अफ्रीकी देशों में छोटे-छोटे वायु सैनिक अड्डे स्थापित किए। नवम्बर, 2012 में आतंकवाद से लड़ने के नाम पर अमेरिका ने ऐलान किया कि 2013 में 35 अफ्रीकी देशों में वह अपने सैनिक तैनात करेगा। अमेरिका आतंकवाद से लड़ने में प्रशिक्षण के नाम पर सहयोग के सहारे अफ्रीका पर अपना दबदबा कायम करना चाहेगा।

लैटिन अमेरिका – क्षेत्रीय वर्चस्व के लिए प्रतिद्वंद्विता

लैटिन अमेरिका का नाम लेते ही अमेरिका के दक्षिण में स्थित इस क्षेत्र का ख्याल आता है जिसका कुल क्षेत्रफल 2.60 करोड़ वर्ग किलोमीटर और आबादी लगभग 60 करोड़ है। इसमें 34 विकासशील देशों के साथ-साथ मैक्सिको, मध्य अमेरिका, दक्षिण अमेरिका और वेस्ट इंडीज के इलाके शामिल हैं। इसकी अपेक्षाकृत सरल परिभाषा यह है कि संयुक्त राज्य अमेरिका और कनाडा को छोड़कर समूचा अमेरिका ही लैटिन अमेरिका है। वैसे तो सभी लैटिन अमेरिकी देश विकासशील हैं फिर भी इस समूचे क्षेत्र का आर्थिक स्तर अफ्रीका की तुलना में बहुत ऊंचा है। विशेषकर ब्राजील की शक्ति पिछले कुछ वर्षों में बहुत तेजी से बढ़ी है जिससे लैटिन अमेरिकी क्षेत्रीय सहयोग को मजबूती मिली है और वह धीरे-धीरे अमेरिकी वर्चस्व के जाल से निकलने लगा है। अगले दशक में दो ध्रुवीय व्यवस्था के आगमन के बीच अमेरिकी शक्ति में सापेक्ष गिरावट लैटिन अमेरिका को प्रभावित करने वाली मुख्य बाहरी शक्ति होगी और इसका दूसरा कारक चीन का उदय होगा। 2008 में आए वैश्विक वित्तीय संकट के बाद से लैटिन अमेरिका में अमेरिकी प्रभाव लगातार घट रहा है। इसमें संदेह नहीं कि 2023 तक भी लैटिन अमेरिकी क्षेत्र पर सबसे अधिक दबदबा अमेरिका का होगा, किन्तु उसकी ताकत वर्तमान की तुलना में बहुत कम हो जाएगी। उधर, लैटिन अमेरिका पर चीन का आर्थिक एवं सांस्कृतिक प्रभाव लगातार बढ़ता दिखाई देगा। किन्तु राजनीतिक एवं प्रतिरक्षा

---

21 जॉफ्री यार्क, "विद इन्वेस्टमेंट आउटपेसिंग ऐड, इज दिस ए न्यू गोल्डन एज फॉर द पुअरेस्ट कांटिनेंट?" *द ग्लोब एंड मेल*, 22 सितम्बर, 2012, http://www.theglobeandmail.com/news/world/africa-next-with-investment-outpacing-aid-is-this-a-new-golden-age-for-the-poorest-continent/article4560978/?page =all.

से जुड़े मामले में उसका प्रभाव बहुत सीमित होगा। वह अमेरिका को मात देने की स्थिति में नहीं होगा। यूरोप के सभी देश लैटिन अमेरिका पर अपना प्रभाव बढ़ाने में कठिनाई महसूस करेंगे, किन्तु सैन्य गतिविधियों में रूस का प्रभाव अन्य देशों की तुलना में अधिक होगा।

ब्राजील, अमेरिकी वर्चस्व को चुनौती

अगले दशक में लैटिन अमेरिका में अमेरिका के दबदबे में कमी मूल रूप से उसकी शक्ति में सापेक्ष गिरावट के कारण आएगी। किन्तु उसे असली टक्कर चीन की बजाय ब्राजील से मिलेगी। ब्राजील, लैटिन अमेरिका का सबसे बड़ा देश है। उसके पास लैटिन अमेरिका के कुल क्षेत्रफल का 40 प्रतिशत या उससे भी अधिक अर्थात 85 लाख वर्ग किलोमीटर भू भाग है जिस पर बसी 19 करोड़ (2010 की जनगणना) की आबादी लैटिन अमेरिका की कुल आबादी की एक-तिहाई है। 2011 में उसका सकल घरेलू उत्पाद 25 खरब डॉलर था जो लैटिन अमेरिका के कुल सकल घरेलू उत्पाद का 40 प्रतिशत था।[22] ब्राजील का राष्ट्रीय रक्षा व्यय और उसकी सेना का परिमाण दोनों लैटिन अमेरिका में सबसे अधिक हैं। 2011 में ब्राजील का रक्षा व्यय 34.2 अरब डॉलर था और उसकी सेना में 330,000 सक्रिय सदस्य थे।[23] उसका विदेशी मुद्रा भंडार 2000 में 38 अरब डॉलर का था जो 2008 में 370 अरब डॉलर हो गया। 21वीं शताब्दी में प्रवेश करने के बाद ब्राजील की कुल शक्ति इस कदर बढ़ गई कि पहले उसने दक्षिण अमेरिका में नेतृत्व के लिए अमेरिका को चुनौती दी, लेकिन 2008 के वित्तीय संकट में अमेरिकी शक्ति में सापेक्ष गिरावट आने के बाद तो उसने समूचे लैटिन अमेरिका के नेतृत्व को लेकर अमेरिका से होड़ शुरू कर दी।

ब्राजील और अमेरिका के बीच हितों का टकराव बढ़ता जाएगा। दोनों देश उत्तर और दक्षिण अमेरिका का मुक्त व्यापार क्षेत्र बनाने पर अभी तक सहमत नहीं हो सके हैं। ब्राजील की शर्त है कि वार्ता शुरू करने से पहले अमेरिका कृषि सब्सिडी समाप्त करे, जबकि अमेरिका उससे साफ इंकार करता रहा है। 2012 में ब्राजील में सोया की पैदावार विश्व में सबसे अधिक हुई जिसका सीधा सा अर्थ है कि कृषि उपज के मामले में भी ब्राजील अब अमेरिका का प्रतिद्वंद्वी हो गया है। ब्राजील ने विश्व व्यापार संगठन में शिकायत की है कि अमेरिका ने देश में कपास की पैदावार पर सब्सिडी देकर विश्व में कपास के दाम गिराए हैं जिससे ब्राजील के हितों को नुकसान पहुंचा है।

---

22 हुआंग लेइपिंग, "शिशि जि 'मेनलुओ शुआनयान' चुताई यिलाई मेइगुओ दुई लामेई जिंगजि दि यिंगशियांगलि बियानछियान" (मुनरो सिद्धांत अपनाए जाने के बाद से लैटिन अमेरिका पर अमेरिकी अर्थव्यवस्था के प्रभाव में बदलाव), *लादिंगमेईझोउ यानजियु* (लैटिन अमेरिकन स्टडीज), संख्या 2 (2011): 46; वेन दालिन, "जियानपिंग लामेई हि जियालेबि गोउजिया गोंगतोंगति दि तेझेंग जि छि मियानलिन दि नेइबु तियाओझान" (लैटिन अमेरिका और कैरेबियन देशों की विशेषताओं और उनके सामने मौजूद आंतरिक चुनौतियों की समीक्षा), संख्या 2 (2012): 33

23 वांग पेंग, "2011 नियान लामेई दिछु अनछुआन शिंगशि" (2011 में लैटिन अमेरिका में क्षेत्रीय सुरक्षा की स्थिति), *लादिगमेईझोउ यानजियु* (लैटिन अमेरिकन स्टडीज), संख्या 1 (2012): 14; 2011/2012 वर्ल्ड इंटेलीजेंस अलमनाक, 785

अमेरिका लगातार मात्रा में ढील की नीतियां अपना रहा है और बिना किसी रोक-टोक के मुद्रा छापता जा रहा है जिससे ब्राजील की मुद्रा के अवमूल्यन का वास्तविक असर नहीं पड़ रहा। इसी कारण 2012 में ब्राजील के निर्यात में कमी आई। राजनीतिक स्तर पर ब्राजील को अमेरिका से सबसे बड़ी शिकायत यह है कि वह ब्राजील को विश्व शक्ति नहीं मानता। ब्राजील की अर्थव्यवस्था का दायरा भारत, रूस, इटली और यूनाइटेड किंगडम के दायरे से भी बड़ा हो चुका है, फिर भी अमेरिका ब्राजील को इन देशों के बराबर महत्व नहीं देता। ब्राजील विशेषतौर पर इस बात से नाराज है कि अमेरिका उसकी बजाय भारत को विश्व शक्ति मानता है। वह संयुक्त राष्ट्र सुरक्षा परिषद की स्थायी सदस्यता के लिए ब्राजील की बजाय भारत का समर्थन कर रहा है। वह भारत के सामरिक परमाणु हथियार कार्यक्रम में तो मदद दे रहा है, लेकिन ब्राजील के अंतरिक्ष कार्यक्रम को समर्थन नहीं देता। अगले दशक में ब्राजील लैटिन अमेरिका में अपने वर्चस्व के लिए अमेरिका को सबसे बड़ी बाधा मानेगा।

अगले दशक में अपनी अंतर्राष्ट्रीय हैसियत सुधारने की ब्राजील की रणनीति मुख्य रूप से अधोमुखी होगी। एक तो वह लैटिन अमेरिकी क्षेत्रीय एकीकरण के लिए प्रयास करेगा ताकि अमेरिका को क्षेत्रीय सहयोग के दायरे से बाहर रखा जा सके। इससे लैटिन अमेरिका में अमेरिका के दबदबे को सीधे चुनौती मिलेगी। ब्राजील और अर्जेंटीना ने दक्षिण अमेरिकी देशों से दक्षिणी साझा बाजार (एमईआरसीओएसयूआर) का गठन किया ताकि उत्तर और दक्षिण अमेरिका में मुक्त व्यापार क्षेत्र बनाने की अमेरिका-नीत योजना का विरोध किया जा सके। उधर मैक्सिको की सलाह पर अमेरिका और कनाडा को छोड़कर 33 देशों ने लैटिन अमेरिकी कैरेबियन देशों के समुदाय (सीईएलएसी) का गठन 2011 में किया। वर्षों तक अमेरिका का विरोधी रहा क्यूबा 2014 में इस संगठन के अगले शिखर सम्मेलन की मेजबानी करेगा। यह संगठन जैसे-जैसे विकसित होगा लैटिन अमेरिका में अमेरिका का दबदबा कमज़ोर होना स्वाभाविक है। अमेरिका जिस ट्रांस-पैसिफिक साझेदारी का गठन कर रहा है उसका उद्देश्य ब्राजील के नेतृत्व में क्षेत्रीय सहयोग को टक्कर देना है। 2011 में ब्राजील ने दक्षिण अमेरिकी संघ को एक रक्षा रणनीति अनुसंधान केन्द्र स्थापित करने के लिए प्रेरित किया ताकि अमेरिकी सैन्य प्रभाव को संतुलित किया जा सके। अगले दशक में लैटिन अमेरिकी क्षेत्र में अमेरिका और ब्राजील के बीच सामरिक प्रतिद्वंद्विता का सारा दारोमदार इस बात पर होगा कि किस तरह का क्षेत्रीय सहयोग तंत्र स्थापित किया जाता है। ब्राजील की रणनीति का दूसरा पहलू यह होगा कि वह वैश्विक गतिविधियों और मसलों में खुलकर भागीदारी करे और पहले से बड़ी भूमिका निभाए। पिछले कुछ वर्षों से ब्राजील जी20, ब्रिक्स सम्मेलनों, विश्व व्यापार संगठन की वार्ताओं, लैटिन अमेरिकी-अफ्रीकी शिखर सम्मेलनों, लैटिन अमेरिकी अरब शिखर सम्मेलनों और दक्षिण अफ्रीका-ब्राजील-भारत संवादों में अत्यंत सक्रिय रहा है और स्वयं उनके आयोजन का दायित्व भी निभाने लगा है। लैटिन अमेरिका की ओर से बोलते हुए अंतर्राष्ट्रीय गतिविधियों में ब्राजील की हिस्सेदारी ने लैटिन अमेरिका में अमेरिकी दबदबे पर असर डाला है। 21वीं शताब्दी में

ब्राजील, जर्मनी, भारत और जापान ने मिलकर जी4 के माध्यम से संयुक्त राष्ट्र सुरक्षा परिषद की स्थायी सदस्यता की मांग का प्रस्ताव रखा है। ब्राजील विश्व शक्ति बनने के लिए भारत से भी अधिक लालायित है। वह दक्षिण अमेरिका और हो सके तो लैटिन अमेरिका का उसी तरह नेतृत्व करना चाहता है जैसे दक्षिण एशिया का नेतृत्व भारत के हाथ में है। अमेरिका ने जब से 1823 में मुनरो सिद्धांत चलाया था तब से लैटिन अमेरिका उसके दायरे के भीतर रहा है। मुनरो सिद्धांत का प्रस्ताव अमेरिका के पांचवें राष्ट्रपति जेम्स मुनरो ने राष्ट्र के नाम अपने संदेश में रखा था। उसका मूल उद्देश्य यही था कि यूरोपीय शक्तियों को उत्तर व दक्षिण अमेरिका के मामलों में हस्तक्षेप न करने दिया जाए। आगे चलकर इसी सोच के माध्यम से अमेरिका ने लैटिन अमेरिका पर नियंत्रण कर लिया और अन्य देशों को वहां हस्तक्षेप नहीं करने दिया। शीत युद्ध की समाप्ति के बाद विश्व की एकमात्र महाशक्ति हो जाने पर लैटिन अमेरिका में उसकी एक छत्र पकड़ और मजबूत हो गई। इसी कारण अब ब्राजील, दक्षिण अमेरिका या लैटिन अमेरिका का नेतृत्व अपने हाथ में लेना चाहता है ताकि अमेरिकी प्रभाव को कम किया जा सके। दोनों देशों के बीच संरचनात्मक टकरावों की गुत्थी को सुलझा पाना कठिन होगा। अगले दशक में लैटिन अमेरिका में ब्राजील की अग्रणी स्थिति मजबूत तो होती जाएगी लेकिन वह विश्व का एक ध्रुव नहीं बन पाएगा।

अमेरिका का घटता प्रभाव

2023 तक भी अमेरिका लैटिन अमेरिका के क्षेत्र से बाहर की एक ऐसी शक्ति रहेगा जिसका उस पर सबसे अधिक प्रभाव होगा, लेकिन यह प्रभाव वर्तमान जितना प्रबल नहीं रहेगा। लैटिन अमेरिका से भौगोलिक निकटता और उसके देशों के साथ सैन्य संबंधों के बल पर अगले दशक में अमेरिका अपना असर तो कायम रख पाएगा किन्तु उसकी समग्र शक्ति में सापेक्ष गिरावट के कारण इस क्षेत्र पर उसका प्रभाव अपेक्षाकृत कम होगा। इसके साथ ही लैटिन अमेरिकी देशों में वामपंथी शक्तियों के बढ़ते कदम इसका राजनीतिक प्रभुत्व भी कम कर देंगे।

अगले दशक में निर्यात बढ़ाने और विदेशी पूंजी आकर्षित करने की लैटिन अमेरिकी देशों की रणनीति, क्षेत्रीय आर्थिक संबंधों का दायरा फैलाएगी जिससे अमेरिकी बाजार और अमेरिकी निवेश पर इन देशों की निर्भरता कम होगी। सन् 2000 में अमेरिका को होने वाले निर्यात में 50 प्रतिशत या उससे भी अधिक हिस्सा लैटिन अमेरिका के निर्यात का था। किन्तु 2011 तक यह अनुपात घटकर एक-तिहाई से भी कम रह गया। 2023 तक लैटिन अमेरिका से अमेरिका को होने वाला निर्यात इस क्षेत्र के कुल निर्यात का एक-चौथाई रह जाएगा। उस समय तक अमेरिका अपने ऊर्जा संसाधनों का निर्यात करने लगेगा जिससे लैटिन अमेरिका से होने वाले आयात में बहुत कमी आ जाएगी। लेकिन एशिया और यूरोप में लैटिन अमेरिका से आयात बढ़ने लगेगा। अगले दशक में अमेरिका के सामने दुविधा यह होगी कि अपने ऋण का बोझ कैसे कम करे और उसकी सरकार के लिए लैटिन अमेरिकी देशों को वित्तीय सहायता बढ़ाना कठिन होगा। लैटिन अमेरिका में अमेरिकी

कंपनियों के निवेश को भी चीन और ब्राजील से चुनौती मिलेगी।

अगले दशक में लैटिन अमेरिका में वामपंथी शक्तियों की ताकत में बढ़ोतरी होगी पिछले कुछ वर्षों में इस क्षेत्र में अनेक वामपंथी राजनीतिक दलों को सत्ता मिली है। वेनेज़ुएला के राष्ट्रीयकरण के उदाहरण का अनुकरण करते हुए ब्राजील, अर्जेंटीना, बोलिविया, इक्वाडोर, उरुग्वे, पैरागुवे और हौंड्यूरास जैसे देशों ने भी यही नीतियां अपनाना शुरू कर दिया है। वामपंथी सरकारों की सामाजिक नीतियों ने लैटिन अमेरिका की आबादी में गरीबों का अनुपात कुछ हद तक कम किया है। 2011 में कुल आबादी में गरीबों का अनुपात 30.4 प्रतिशत था जो 1980 के बाद से सबसे कम अनुपात है।[24] लैटिन अमेरिका में वामपंथी शक्तियों को जितनी भी सफलता मिली है उसका सीधा संबंध पिछले कुछ वर्षों में वेनेज़ुएला की उपलब्धियों से है। 1999 में वेनेज़ुएला की सत्ता संभालने के बाद ह्यूगो शावेज ने राष्ट्रीयकरण की सामाजिक विकास नीति अपनाई और वेनेज़ुएला की अर्थव्यवस्था की औसत वार्षिक वृद्धि दर 5 प्रतिशत या उससे भी अधिक हो गई। बेरोज़गारी की दर 1998 में 15 प्रतिशत थी जो घटकर 7 प्रतिशत रह गई; गरीबी की दर 60 प्रतिशत से घटकर 27 प्रतिशत; निपट गरीबी की दर 25 प्रतिशत से घटकर 7 प्रतिशत रह गई, देश भर में मुफ्त स्वास्थ्य सेवा का दायरा निरंतर फैलता गया और शिशु मृत्यु दर 21.4 प्रतिशत से घटकर 11.8 प्रतिशत रह गई; विश्वविद्यालय प्रवेश दर विश्व में पांचवें स्थान पर आ गई; निरक्षरता दर 7 प्रतिशत से घटकर 4.9 प्रतिशत रह गई; श्रम कानूनों में संशोधन करके महिला श्रमिकों और उनके जीवन साथी के लिए मातृत्व अवकाश बढ़ाकर साढ़े छह महीने कर दिया गया और सप्ताह में काम के घंटे 45 से घटाकर 40 कर दिए गए।[25]

अगले दशक में लैटिन अमेरिका के प्रति अमेरिका की नीति मुख्य रूप से आर्थिक मुद्दों पर नहीं, बल्कि आव्रजन, आतंकवाद निषेध, मादक पदार्थ निषेध, लोकतंत्र और जलवायु परिवर्तन के मुद्दों पर केन्द्रित होगी। इनमें से कुछ मुद्दों को लेकर अमेरिका और लैटिन अमेरिकी देशों के बीच हमेशा टकराव होता रहेगा। अमेरिका के कुछ राज्य आव्रजन रोकने के कानून बनाएंगे जिससे लैटिन अमेरिकी देशों में आक्रोश पैदा होगा। अमेरिका क्यूबा पर प्रतिबंध की नीति जारी रखेगा। उसने शर्त लगा रखी है कि लैटिन अमेरिकी क्षेत्रीय बैठकों के मेजबान क्यूबा को आमंत्रित नहीं करेंगे। लैटिन अमेरिका के देश निश्चय ही इसका विरोध करेंगे। लैटिन अमेरिका के जिन देशों में लोकतांत्रिक व्यवस्था नहीं है, वहां अमेरिकी हस्तक्षेप से नए विवाद पैदा होंगे। *परस्पर सहायता की अंतर–अमेरिकी संधि* में यह व्यवस्था है कि उत्तर व दक्षिण अमेरिका में किसी एक देश पर भी हमले को इन दोनों महाद्वीपों के सभी देशों पर हमला माना जाएगा और संधि पर हस्ताक्षर करने

---

24 वु गुओपिंग, "जाई बियान यु बुबियान झोंग छियानशिंग" (परिवर्तनशील व अपरिवर्तनशील परिस्थितियों में वृद्धि), *लादिंगमेइझुओ यानजियु* (लैटिन अमेरिकन स्टडीज), संख्या 1 (2012): 9

25 अलेजान्द्रो फियेरो, "वेनेज़ुएला में चुनाव के पांच निष्कर्ष," *ला मारिया,* 9 अक्तूबर, 2012; लुडमिला विनोग्रादोव, "ह्यूगो शावेज ने जिन सात संबंधों को अपनाया," अलबासीट, 9 अक्तूबर, 2012

वाले सभी देशों को सहायता का दायित्व निभाना होगा। किन्तु अमेरिका ने ब्रिटेन और अर्जेंटीना के बीच फॉकलैंड युद्ध में यूनाइटेड किंगडम का साथ देकर इस संधि का उल्लंघन किया था। इसी कारण लैटिन अमेरिका के अधिकांश देश आज तक प्रतिरक्षा के मामले में अमेरिका पर विश्वास नहीं करते। 2011 में अपने शिखर सम्मेलन के दौरान सीईएलएसी ने फॉकलैंड पर अर्जेंटीना की प्रभुसत्ता के प्रति समर्थन दोहराया था। अमेरिका और लैटिन अमेरिका के बीच प्रतिरक्षा सहयोग का एक सबसे महत्वपूर्ण अंग मादक पदार्थ निषेध है। किन्तु उसके उल्लेखनीय परिणाम न मिलने और लैटिन अमेरिका में मादक पदार्थों से जुड़े अपराध निरंतर भीषण होते जाने के कारण लैटिन अमेरिका के कुछ देश मादक पदार्थों की तस्करी रोकने की अमेरिकी नीति के बेअसर होने की आलोचना करते रहे हैं। इन सब के कारण भी आपसी टकराव पैदा होगा।

चीन के आर्थिक एवं सांस्कृतिक प्रभाव का विस्तार

अगले दशक में चीन की अर्थव्यवथा का दायरा और तेजी से फैलता जाएगा। इसलिए लैटिन अमेरिका उसके निवेश और व्यापार संबंधों का विस्तार भी होकर रहेगा। 2005 से 2010 तक लैटिन अमेरिका में चीन का प्रत्यक्ष निवेश 23.5 अरब डॉलर का था। यह निवेश मुख्य रूप से स्वर्ण खनन, ऊर्जा और कच्चे माल के अन्य उद्योगों में हुआ था। 2012 में लैटिन अमेरिका यात्रा के दौरान चीन के नेताओं ने वहां बुनियादी ढांचागत सुविधाओं के निर्माण के लिए 10 अरब डॉलर का ऋण देने का वायदा किया था।[26] लैटिन अमेरिका और किसी एक देश के बीच व्यापार की दृष्टि से देखें तो चीन लैटिन अमेरिका का दूसरा सबसे बड़ा व्यापार साझीदार हो गया है। उसका स्थान अमेरिका के बाद आता है। अनुमान है कि 2014 में लैटिन अमेरिका के साथ चीन का कुल व्यापार यूरोपीय संघ के साथ लैटिन अमेरिका के व्यापार से अधिक हो जाएगा। यह भी संभव है कि 2023 तक अमेरिका की बजाय चीन, लैटिन अमेरिका का सबसे बड़ा व्यापार साझेदार हो जाए। पिछले दस वर्ष में चीन से ब्राजील का आयात 12 गुना और चीन के लिए उसका निर्यात 18 गुना बढ़ गया है। इस समय लैटिन अमेरिका के लिए चीन का 80 प्रतिशत निर्यात और वहां से उसका 60 प्रतिशत आयात अर्जेंटीना, ब्राजील, चिली और मैक्सिको में केन्द्रित है।[27]

अगले दशक में लैटिन अमेरिका में चीन का प्रभाव मुख्य रूप से आर्थिक एवं सांस्कृतिक क्षेत्र में बढ़ेगा। राजनीतिक और सैन्य प्रभाव में तो मामूली वृद्धि ही होगी। लैटिन अमेरिका में वामपंथी शक्तियों का प्रभाव पड़ने के बावजूद वहां के राजनीतिक तंत्र में पश्चिमी शैली के लोकतांत्रिक चुनावों का चलन रहेगा और उनका चरित्र चीन से भिन्न होगा। लैटिन अमेरिकी देश चलाने की

---

26 "बाशि जई लामेई शिछु यिंगशियांगलि" (ब्राजील लैटिन अमेरिका में अपना प्रभाव खो रहा है), *अमेरिकन इकानॉमी*, 1 दिसम्बर, 2012

27 फ्लोरेन्सिया कॉर्बोन, "चाइनाः द ड्रैगन वांट्स ए स्नैक," *नेशन*, 25 सितम्बर, 2012

चीन की शैली में तो दिलचस्पी लेंगे किन्तु प्रशासन की चीन की मानसिकता को नहीं समझ सकेंगे। लैटिन अमेरिका में क्षेत्रीय एकीकरण में प्रगति विश्व के मामलों में लैटिन अमेरिकी देशों की स्वतंत्रता बढ़ाने के लिए पर्याप्त होगी जिससे न सिर्फ अमेरिका के साथ बल्कि कभी-कभी चीन के साथ मतभेद बढ़ेंगे। 2023 तक चीन का रक्षा उद्योग लैटिन अमेरिका के लिए सैन्य साज-सामान निर्यात करने में समर्थ हो जाएगा। किन्तु इन देशों के साथ संयुक्त सैन्य अभ्यास कर पाने की संभावना बहुत कम होगी क्योंकि उनके प्रतिरक्षा हितों में कोई समानता नहीं है। अगले दशक में ताइवान का मुद्दा लैटिन अमेरिका के साथ चीन के संबंधों में सुधार के रास्ते में बड़ी बाधा बना रहेगा। इस समय ताइवान के साथ राजनयिक संबंध रखने वाले 24 में से आधे देश लैटिन अमेरिका के हैं जिनका अनुपात लैटिन अमेरिका के कुल देशों में से एक-तिहाई है। 2008 में मुख्य भूमि चीन और ताइवान के बीच राजनयिक विरोध समाप्त होने के बाद जब ताइवान के सामने राजनयिक संबंध खोने का खतरा नहीं रहा तो ताइवान ने मुख्य भूमि चीन के साथ टकराव बढ़ाना शुरू कर दिया। इसके कारण चीन के सामने दुविधा खड़ी हो गई कि लैटिन अमेरिकी देशों के साथ संबंध सुधारने के लिए वह कौन सा रास्ता अपनाए। लैटिन अमेरिका के जिन देशों के साथ अभी संबंध नहीं हैं, उनके साथ औपचारिक राजनयिक संबंध न जोड़ने से इस क्षेत्र में चीन के राजनीतिक प्रभाव के विस्तार की गति धीमी होना स्वाभाविक है। किन्तु यदि वह इन देशों के साथ राजनयिक संबंध स्थापित कर लेता है तो ताइवान के नेताओं को यह बात पसंद नहीं आएगी। ताइवान के प्रति अपनी नीति में बदलाव किए बिना चीन को लंबे समय तक लैटिन अमेरिका में इस मुद्दे को लेकर दुविधा का सामना करना पड़ेगा। ताइवान की डेमोक्रेटिक पार्टी को 2016 में सत्ता मिलने के आसार हैं। ताइवान की स्वतंत्रता की उसकी नीति और सोच मुख्य भूमि चीन को लैटिन अमेरिका के पहले से अधिक देशों के साथ संबंध सामान्य करने का अवसर दे सकती है। 2023 तक लैटिन अमेरिका के और अधिक देशों के साथ चीन के औपचारिक संबंध जुड़ सकते हैं।

कोई भी देश विकसित श्रेणी में नहीं

अगले दशक में यदि लैटिन अमेरिकी देश औसतन 5 प्रतिशत की वार्षिक वृद्धि दर हासिल कर लें तो भी 2023 तक विकासशील देशों के ठप्पे से मुक्त नहीं हो पाएंगे। इनमें से एक भी देश विकसित देशों की श्रेणी में नहीं पहुंच पाएगा। ब्राजील की अर्थव्यवस्था यदि फ्रांस से बड़ी हो जाए तो भी ब्राजील को विकसित देश नहीं माना जाएगा और वह विश्व शक्ति की बजाय क्षेत्रीय शक्ति ही रहेगा। पिछले 60 वर्ष में लैटिन अमेरिका की अर्थव्यवस्था का विकास अंग्रेजी अक्षर यू की आकृति में हुआ है। 1950 से 1980 तक 30 वर्ष में निर्यात की जगह स्वदेशी पर बल देने की रणनीति से लैटिन अमेरिका ने 5 प्रतिशत या उससे अधिक की औसत वार्षिक वृद्धि हासिल की। किन्तु उसके बाद 1980 एवं 1990 के दशकों के दौरान मुक्त बाजार अर्थव्यवस्था की नीति से 2 प्रतिशत से भी कम की औसत वृद्धि हासिल हुई। 21वीं शताब्दी के पहले दशक में संसाधन निर्यात की रणनीति के

बल पर एक बार फिर करीब 5 प्रतिशत की औसत वार्षिक वृद्धि हासिल करने में सफलता मिली।[28] अगले दशक में इस क्षेत्र में शिक्षा का स्तर अपेक्षाकृत कमज़ोर रहने के कारण लैटिन अमेरिकी अर्थव्यवस्था को तकनीकी उन्नति का विकास का मार्ग अपनाने में कठिनाई का सामना करना पड़ेगा। यदि संसाधन निर्यात के बल पर लैटिन अमेरिकी अर्थव्यवस्था की वृद्धि दर 5 प्रतिशत हो गई तो भी ज्ञान अर्थव्यवस्था के युग में लैटिन अमेरिकी देशों में उद्योगों की मूल्य संवर्धन क्षमता कमज़ोर ही रहेगी। ज्ञान अर्थव्यवस्था के युग में नए आविष्कार उत्पादकता की सबसे बड़ी शक्ति हैं और इनसे वंचित देश विकसित देशों की श्रेणी में खड़े नहीं हो सकते।

अगले दशक में संसाधन निर्यात की रणनीति के दम पर पांच प्रतिशत की वृद्धि दर हासिल हो पाना भी संदिग्ध है। जब अन्य देशों में लैटिन अमेरिकी कच्चे माल की ज़रूरत कम होने लगेगी तो संसाधन निर्यात के दम पर कुल आर्थिक वृद्धि में भी गिरावट आने लगेगी। उदाहरण के लिए शैल तेल टैक्नॉलॉजी की सफलता न सिर्फ अमेरिका को बल्कि ऑस्ट्रेलिया, अंगोला और पूर्व अफ्रीकी देशों को भी ऊर्जा का प्रमुख निर्यातक बना देगी। पेट्रोलियम के दाम में गिरावट के कारण लैटिन अमेरिका के ऊर्जा निर्यातक देशों का राजस्व कम होने से अनेक आर्थिक विकास कार्यक्रमों में बाधा आएगी। 2012 में ब्राजील की अर्थव्यवस्था में सिर्फ 1.5 प्रतिशत की वृद्धि हुई। उसके बावजूद उसकी ऊंची वृद्धि का काल भले ही समाप्त न हुआ हो फिर भी यह तो स्पष्ट है कि ऊर्जा निर्यात पर निर्भर विकास की रणनीति स्थायी नहीं हो सकती। 2012 में ब्राजील के कुल निर्यात में 5.5 प्रतिशत की गिरावट आई, जबकि लैटिन अमेरिका के लिए उसका निर्यात 11.3 प्रतिशत गिरा। लैटिन अमेरिकी देशों में ब्राजील के निवेश में भी 34 प्रतिशत की गिरावट आई।[29] ब्राजील सरकार भी समझ गई है कि अब आर्थिक वृद्धि के लिए केवल अंतर्राष्ट्रीय बाजार पर निर्भरता से काम नहीं चलेगा। घरेलू मांग भी बढ़ानी होगी। 2012 में ब्राजील सरकार ने हवाई अड्डों और तेज गति के रेल मार्गों के निर्माण जैसे अनेक बुनियादी ढांचागत निर्माण कार्य शुरू किए। ब्राजील विकास के मामले में जिन समस्याओं का सामना कर रहा है, वही समस्याएं कमोबेश समूचे लैटिन अमेरिका में हैं। अगले दशक में लैटिन अमेरिका के अधिकांश देशों को संसाधन निर्यात की नीति से लगातार लाभ न मिलने की समस्या का सामना करना होगा।

इस अध्याय में अगले दशक में भारत, मध्य-पूर्व, अफ्रीका, लैटिन अमेरिका में विकास की चाल का पूर्वानुमान लगाया गया है। इसके चार प्रमुख निष्कर्ष हैं। पहला यह है कि वैश्वीकरण के युग में उदारीकरण के लिए सुधार लागू करने में पर्याप्त त्वरा के अभाव में भारत अगले दशक में लगातार

---

28 सु झेंनशिंग और झांग योंग, "लामेई जिंगजि जेंगझांग फांगशि झुआनबियान यु शियानदाइहुआ जिनचेंग द छुझेशिंग" (लैटिन अमेरिका की आधुनिकीकरण प्रक्रिया में उतार-चढ़ाव और उसकी आर्थिक वृद्धि के तरीकों में बदलाव), *लाडिंगमेइझोउ यानजियु* (लैटिन अमेरिकन स्टडीज), संख्या 5 (2011): 4

29 "बाशि जई लामेई शिछु यिंगशियांगलि" (ब्राजील लैटिन में अमेरिका में प्रभाव खो रहा है), *अमेरिकन इक्नॉमी,* 1 दिसम्बर, 2012

ऊंची आर्थिक वृद्धि हासिल करने के लिए संघर्ष करता रहेगा। 2023 में भी भारत विश्व का सबसे विशाल विकासशील देश होगा और विश्व स्तर की शक्ति नहीं बन पाएगा। दूसरा यह कि विदेशी शक्तियां अगले दशक में मध्य-पूर्व में सामरिक प्रतिद्वंद्विता में अपनी भागीदारी कम करेंगी जिससे तुर्की, ईरान, मिस्र और सऊदी अरब प्रमुख क्षेत्रीय सामरिक प्रतिद्वंद्वी बन जाएंगे। मध्य-पूर्व में तब भी विश्व में सबसे अधिक सैन्य संघर्ष होते रहेंगे। तीसरा निष्कर्ष यह है कि अफ्रीका में नए पेट्रोलियम संसाधनों की खोज से अफ्रीकी महाद्वीप की आर्थिक वृद्धि दर तो सुधरेगी किन्तु असरदार सामाजिक प्रशासन के अभाव में अफ्रीका 2023 में भी विश्व का सबसे निर्धन महाद्वीप रहेगा और वहां गिरोहबंदी पहले से अधिक बढ़ जाएगी। चौथा और अंतिम निष्कर्ष यह है कि अगले दशक में लैटिन अमेरिका का आर्थिक एकीकरण निरंतर मजबूत होते जाने के कारण इस क्षेत्र पर अमेरिका का दबदबा कम होगा, किन्तु इस क्षेत्र में किसी देश को विकसित देश का दर्जा मिल पाना कठिन होगा। 2023 तक ब्राजील को भी विश्व का एक ध्रुव बनने के लिए जूझना पड़ेगा।

अध्याय पांच

—•—

बड़ी शक्तियों की कूटनीति :
चीन के लिए रणनीति

यदि कोई हमें धोखा दे और हम धोखा देने वाले को दंड न दें, तो हम अपनी बादशाहत कैसे दिखा सकते हैं? यदि कोई घुटने टेक दे और हम उस पर दया न करें, तो हम अपनी करुणा कैसे दिखा सकते हैं? यदि हम में बादशाहत है न करुणा तो हम अपने गुण कैसे दिखा सकते हैं? यदि हम गुणवान नहीं हैं तो हम किसी गठबंधन का नेतृत्व कैसे करेंगे?

— *"ड्यूक वेन का सातवां वर्षः जिन के शि छुए ने वेई का इलाका लौटाने के लिए तर्क करते हुए कहा," द क्रॉनिकल ऑफ जुओ छियुमिंग*

चीन के सरकारी नेता अपने भाषणों और दस्तावेज में "उदय" शब्द का प्रयोग करने से बचते हैं, किन्तु सरकारी दस्तावेज में "राष्ट्रीय पुनरुत्थान" की हिमायत की जाती है। इतिहास में कई दौर ऐसे आए जब चीन विश्व के केन्द्र में रहा, इसलिए "राष्ट्रीय पुनरुत्थान" से जबर्दस्त ऐतिहासिक ध्वनि निकलती है। "उदय" शब्द में "राष्ट्रीय पुनरुत्थान" का वह ऐतिहासिक ओज नहीं झलकता। किन्तु इसमें एक युग की जबर्दस्त अनुभूति है। शब्दों के बीच अंतर जो भी हो उनमें एक गुणात्मक समानता है। नवम्बर, 2012 में चीन की कम्युनिस्ट पार्टी का महासचिव चुने जाने के तुरन्त बाद शि जिनपिंग ने "राष्ट्रीय पुनरुत्थान" के बारे में राष्ट्रीय संग्रहालय में एक बयान दिया। उन्होंने कहा, "इतिहास के किसी भी अन्य दौर की तुलना में आज हम चीन राष्ट्र के भव्य पुनरुत्थान के लक्ष्य के अधिक निकट हैं और इतिहास के किसी भी अन्य दौर की तुलना में आज हमारे पास

इस लक्ष्य को साकार करने का विश्वास और सामर्थ्य कहीं अधिक है।"[1] चीन के नेताओं ने जब "राष्ट्रीय पुनरुत्थान" का लक्ष्य हासिल करने का दायित्व भावी पीढ़ियों पर छोड़ने की बजाय अपने शासनकाल को सौंपा तो चीन की सरकार के सामने उदीयमान विदेश नीति अपनाने के सिवाय कोई रास्ता नहीं था। विश्व ने अब तक लगातार उदित होते रहने की एक निश्चित रणनीति कभी नहीं देखी थी, बल्कि समय अनुकूल सभी रणनीतियों में परिस्थिति के अनुसार लगातार परिवर्तन और समायोजन होता रहा है। विदेश नीति पर नेताओं की व्यक्तिगत छाप पड़ना स्वाभाविक है किन्तु अगले दशक में चीन की विदेश नीति उसकी अंतर्राष्ट्रीय हैसियत, अंतर्राष्ट्रीय माहौल और राष्ट्रीय हितों में परिवर्तन से अधिक संचालित होगी। अगले दशक में चीन महाशक्ति के नाम को सार्थक करने के योग्य हो जाएगा जिससे चीन को हर हालत में ऐसी विदेश नीति अपनानी होगी कि उसकी अंतर्राष्ट्रीय हैसियत, अंतर्राष्ट्रीय माहौल और राष्ट्रीय हितों के अनुरूप हो। किन्तु यह इस बात पर निर्भर है कि चीन के नए नेता "बहुत अधिक प्रकाश में न आने" की देंग शियाओपिंग की विदेश नीति में बदलाव करना चाहते हैं या नहीं। चीन की कम्युनिस्ट पार्टी की 18वीं राष्ट्रीय कांग्रेस में स्पष्ट रूप से प्रस्ताव रखा गया कि चीन की अंतर्राष्ट्रीय हैसियत के अनुरूप ताकतवर सेना का गठन किया जाए।[2] इसका सीधा सा अर्थ है कि चीन की विदेश नीति को भी उसकी अंतर्राष्ट्रीय हैसियत के समकक्ष होने की दिशा में विकसित होना होगा। अगले दशक में चीन लगातार यह सीखेगा कि महाशक्ति के रूप में विदेश नीति कैसे अपनाई जाए और अंतर्राष्ट्रीय दायित्वों के निर्वहन के साथ-साथ नई अंतर्राष्ट्रीय व्यवस्था का निर्माण कैसे किया जाए। 2023 तक चीन की कूटनीति में "बड़ी शक्तियां छोटे देशों के साथ उदारता का व्यवहार करें" की चीन की परम्परा और "सबके साथ संपर्क" की आधुनिक विशेषता झलकेगी जिससे दूसरे देश आपसी संपर्क के माध्यम से अपनी नीतियों को सही दिशा में समायोजित करें।

मानवीय सत्ता एवं एकाधिकार : अलग-अलग दर्शन

प्राचीन काल से ही जब-जब चीन सशक्त देश के रूप में उभरा, जब मानवीय सत्ता (*वांगदाओ*) और एकाधिकार (*बाओदाओ*) के बारे में वह बहस छिड़ गई। मानवीय सत्ता के विचार में ऐसी विदेश नीति की वकालत की गई है कि किसी भी बड़ी शक्ति की सामरिक साख बनाने की कोशिश करे क्योंकि सामरिक साख और भौतिक शक्ति दोनों के दम पर ही अंतर्राष्ट्रीय जगत में ऊंची हैसियत मिलती है। दूसरी ओर एकाधिकारवादी सोच का मानना है कि केवल भौतिक शक्ति के आधार पर

1 "शि जिनपिंगः जिशु चाओझे झोंगहुआ मिनजु वेइदा फुशिंग मुबियाओ फेंगयांग छियानजिन" (शि जिनपिंगः चीन राष्ट्र को महान पुनरुत्थान के लक्ष्य की दिशा में निरन्तर बहादुरी से बढ़ते जाना है), *शिनहुआ न्यूज एजेंसी,* 29 नवम्बर, 2012, **http://www.gov.cn/ldhd/2012-11/29/content_2278733.htm.**

2 "हु जिनताओ जई झोंग्गुओ गोंगचानदांग दि शिबा चि छुआनगुओ दाइबियाओ दाहुई षांग दि बाओगाओ (छुआनवेन)" (चीन की कम्यूनिस्ट पार्टी की 18वीं राष्ट्रीय कांग्रेस में हु जिनताओ की रिपोर्ट-पूर्ण पाठ), ***People.com.cn,*** 18 नवम्बर, 2012, **http://politics.people.com.cn/n/2012/1118/c1001-19612670.html.**

अंतर्राष्ट्रीय हैसियत मिलती है, इसलिए सामरिक साख का कोई महत्व नहीं है। चीन की बढ़ती अंतर्राष्ट्रीय हैसियत के साथ-साथ उसकी विदेश नीति को भिन्न-भिन्न राजनीतिक विचारधाराएं प्रभावित करने की कोशिश कर रही हैं और उनमें से तीन के बीच सबसे कड़ी स्पर्धा चल रही है।

परस्पर स्पर्धी राजनीतिक चिंतन

इस समय सबसे अधिक प्रभावशाली राजनीतिक चिंतन आर्थिक व्यवहार्यता का है। इस चिंतन में मान्यता है कि अर्थशास्त्र ही समग्र शक्ति का आधार है, इसलिए विदेश नीति का मुख्य उद्देश्य आर्थिक हित होने चाहिए। इसका कहना है "आर्थिक निर्माण पर ध्यान" विदेश नीति का मार्गदर्शक सिद्धांत रहना चाहिए। आर्थिक हितों का विस्तार करने के लिए चीन को "बहुत अधिक प्रकाश में न आने" के सिद्धांत का पालन करते रहना चाहिए और अप्रासंगिक अंतर्राष्ट्रीय विषयों में उलझने से बचना चाहिए। प्रतिरक्षा और प्रभुसत्ता संबंधी हितों को लेकर अन्य देशों के साथ सैन्य टकराव तो किसी भी परिस्थिति में मोल नहीं लेना चाहिए। इसका सैद्धांतिक तर्क यही है कि सुलह-सफाई से शांति रखी जाए, शांति से आर्थिक निर्माण किया जाए और सामाजिक मतभेदों को आर्थिक निर्माण के माध्यम से दूर किया जाए।

एक और चिंतनधारा राजनीतिक उदारवाद की है। इसका मानना है कि प्रखर अंतर्राष्ट्रीय छवि बड़ी शक्तियों का सबसे बड़ा कूटनीतिक लक्ष्य होता है, इसलिए अमेरिका के नेतृत्व में वर्तमान समाज में घुल-मिल जाना विदेश नीति का मार्गदर्शक सिद्धांत होना चाहिए। प्रखर अंतर्राष्ट्रीय छवि उभारने के लिए चीन को "बहुत अधिक प्रकाश में न आने" के सिद्धांत और हस्तक्षेप न करने की नीतियों को त्यागकर पश्चिमी नेतृत्व में होने वाले हस्तक्षेपों विशेषकर तानाशाही सरकारों पर प्रतिबंधों में खुलकर हिस्सेदारी करनी चाहिए। इसका सैद्धांतिक तर्क यह है कि हस्तक्षेप में भागीदारी से पश्चिम की मान्यता हासिल की जाए, पश्चिम की मान्यता से प्रखर अंतर्राष्ट्रीय छवि उभारी जाए और प्रखर अंतर्राष्ट्रीय छवि के माध्यम से अंतर्राष्ट्रीय माहौल को सुधारा जाए।

तीसरी चिंतन धारा नैतिक यथार्थवाद की है। इसकी मान्यता है कि राजनीतिक नेतृत्व देश की समग्र शक्ति का आधार है और किसी भी महाशक्ति की कूटनीति का मुख्य लक्ष्य अपनी सामरिक साख में सुधार करना होना चाहिए। चीन को मानवीय सत्ता के प्राचीन चिंतन से सबक लेकर समकालीन नैतिक यथार्थवाद को विकसित करना चाहिए। "निष्पक्षता, नैतिकता और संस्कार" को अपनी विदेश नीति के मार्गदर्शक सिद्धांत बनाते हुए ऐसी नई अंतर्राष्ट्रीय व्यवस्था स्थापित करनी चाहिए जिसमें दायित्व और शक्ति में तालमेल हो। अपनी अंतर्राष्ट्रीय सामरिक साख सुधारने के लिए चीन को प्रतिरक्षा से संबंधित अंतर्राष्ट्रीय मामलों विशेषकर सहयोगी देशों को सुरक्षा कवच प्रदान करने की और अधिक जिम्मेदारी लेनी चाहिए। इसका सैद्धांतिक तर्क यही है कि भौतिक शक्ति एवं नैतिकता के सहारे अंतर्राष्ट्रीय सामरिक साख कायम की जाए, अंतर्राष्ट्रीय सामरिक साख के जरिए अधिक सहयोगी जीते जाएं और विभिन्न सहयोगियों के सहारे राष्ट्रीय पुनरुत्थान को साकार किया जाए।

अगले दशक में यदि चीन आर्थिक व्यवहार्यता पर आधारित विदेश नीति पर चलता रहा तो न केवल उसकी अंतर्राष्ट्रीय छवि निरंतर बिगड़ने का खतरा होगा बल्कि दुनिया भर में अन्य देशों के साथ आर्थिक टकराव होंगे। चीन विश्व की दूसरी सबसे बड़ी अर्थव्यवस्था हो चुका है और आर्थिक हितों को विदेश नीति का मुख्य लक्ष्य बनाए रखने से उसकी छवि वैसी ही हो जाएगी जैसी 1980 के दशक में जापान की थी। दुनिया उसे "आर्थिक पशु" की दृष्टि से देखेगी। आर्थिक हितों को लेकर बढ़ते टकराव दूसरे देशों के साथ दोस्ती करने के चीन के प्रयासों में बाधा आएगी और वह पूरी तरह अकेला पड़ जाएगा। यदि राजनीतिक उदारवाद चीन की विदेश नीति का मार्गदर्शन करेगा तो घरेलू एवं विदेशी हितों के बीच टकराव बढ़ेगा। पश्चिम से संचालित अंतर्राष्ट्रीय हस्तक्षेप में भागीदारी करने से चीन के वर्तमान राजनीतिक तंत्र की साख कमज़ोर होगी। जब घरेलू और विदेश नीतियां दो अलग-अलग राजनीतिक विचारधाराओं से संचालित होंगी तो दुनिया में चीन की साख गिरेगी। अंतर्राष्ट्रीय समुदाय में कोई भी चीन पर विश्वास नहीं करेगा। इसलिए न तो आर्थिक व्यवहार्यता और न ही राजनीतिक उदारता आसानी से अगले दशक में चीन की विदेश नीति के मार्गदर्शक सिद्धांत हो सकते हैं।

अगले दशक में नैतिक यथार्थवाद के चीन की कूटनीति का मार्गदर्शक का सिद्धांत होने की संभावना है। चीन के उदय के साथ-साथ 21वीं शताब्दी में विश्व का केन्द्र यूरोप से हटकर पूर्व एशिया की तरफ सरक सकता है जिसके परिणामस्वरूप अपनी उदीयमान अवस्था में चीन को अंतर्राष्ट्रीय तंत्र में तेजी से बढ़ते दबाव का सामना करना पड़ेगा। इस दबाव पर कैसे काबू किया जाए और राष्ट्रीय पुनरुत्थान की दिशा में कैसे बढ़ते रहा जाए यही अगले दस वर्ष में चीन की कूटनीति की सबसे प्रमुख चुनौती होगी। चीन यदि व्यवस्था के इस दबाव को काबू कर लेगा तभी ऐसी महाशक्ति बन पाएगा कि अमेरिका की तुलना में अधिक शक्तिशाली और अधिक स्वीकार्य हो। इसके लिए चीन को विश्व में एक ऐसी छवि उभारनी होगी जो नई होने के साथ-साथ अंतर्राष्ट्रीय नियमों का नया मॉडल तैयार करने के लिए विश्व में व्यापक रूप से स्वीकार्य हो। नैतिक यथार्थवाद अंतर्राष्ट्रीय व्यवस्था के दबाव पर काबू पाने के लिए चीन का मार्गदर्शक सिद्धांत बन सकता है क्योंकि इसमें घरेलू और विदेश नीतियों के बीच सामंजस्य है और अमेरिकी विचारधारा को मात देने की सामर्थ्य भी है। यदि इस प्रकार की विचारधारा का उपयोग घरेलू नीतियों के मार्गदर्शन और अमेरिका की तुलना में श्रेष्ठ समाज के निर्माण में किया जा सकता है तो अधिकांश देश इसे स्वीकार कर सकते हैं और इसके आधार पर अंतर्राष्ट्रीय संबंधों का नया मॉडल खड़ा किया जा सकता है। चीन की संस्कृति में रची-बसी मार्गदर्शक विचारधारा एवं वैश्वीकरण के युग की विशेषताओं के सम्मिश्रण से हम नए सार्वभौम संस्कारों का सृजन कर सकते हैं और नई अंतर्राष्ट्रीय व्यवस्था एवं अंतर्राष्ट्रीय नियमों की स्थापना कर सकते हैं।

नेतृत्व को जागृत करना

अगले दशक में विश्व में बहुध्रुवीय व्यवस्था की जगह दो ध्रुवीय व्यवस्था की संभावना अधिक है और इसमें से एक ध्रुव निश्चय ही चीन होगा। नेतृत्व करने की कूटनीतिक मानसिकता ही चीन को अंतर्राष्ट्रीय समाज में जिम्मेदार शक्ति की मान्यता दिलाएगी। लेकिन उससे चीन के अपने हितों को गंभीर क्षति होगी। इसलिए चीन की विदेश नीति को अपने और विश्व के हितों को विश्व के नेता की दृष्टि से देखना होगा। 2012 में शि जिनपिंग ने त्सिंधुहा विश्वविद्यालय द्वारा आयोजित विश्व शांति सम्मेलन के उद्घाटन समारोह में कहा था, "अपने विकास के लिए प्रयत्नशील राष्ट्र के लिए आवश्यक है कि वह दूसरों को भी विकास करने का अवसर दे; अपनी प्रतिरक्षा के लिए प्रयत्नशील देश के लिए आवश्यक है कि वह दूसरों को भी सुरक्षित होने का अवसर दे; अपने जीवन में संपन्नता के लिए प्रयत्नशील देश के लिए आवश्यक है कि वह दूसरों को भी संपन्नता से जीने का अवसर दे।"[3] किसी भी विश्व शक्ति के लिए अपने और समूचे विश्व के हितों के बीच सामंजस्य रखने की यह सबसे सफल अवधारणा है।

1990 के दशक के प्रारंभ में जब विश्व में दो ध्रुवीय व्यवस्था की जगह एक ध्रुवीय व्यवस्था मिली तो चीन की समग्र शक्ति अमेरिका की तुलना में लगभग 10 प्रतिशत थी और अन्य बड़ी शक्तियों के मुकाबले भी उसकी गिनती कमज़ोर देशों में होती थी। उस समय चीन विश्व का कोई ध्रुव तो माना ही नहीं जाता था। उसे सोवियत संघ की तरह अपमानित भी किया जाता था। अमेरिका के नेतृत्व में पश्चिमी देशों ने चीन पर प्रतिबंध भी लगाए और आम धारणा थी कि चीन का विघटन हो जाएगा। इसके विपरीत अगले दशक में चीन पर अंतर्राष्ट्रीय व्यवस्था का यह दबाव पड़ेगा कि वह पहले से अधिक जिम्मेदारी उठाए। फिलहाल चीन की छवि विकासशील देश की है और उसकी वर्तमान रीति–नीति खुद को अधिक प्रकाश में न लाने के सिद्धांत के अनुरूप है। किन्तु इसके कारण चीन पर अधिक दायित्व उठाने का दबाव बढ़ता जा रहा है। यह दबाव केवल विकसित देशों की तरफ से ही नहीं, बल्कि विकासशील देशों की तरफ से भी पड़ रहा है। कुछ विकासशील देशों की अपेक्षा है कि चीन न केवल अधिक अंतर्राष्ट्रीय आर्थिक दायित्व निभाए बल्कि प्रतिरक्षा से संबंधित जिम्मेदारियां भी अधिक उठाए। वे चाहते हैं कि चीन उन्हें सुरक्षा कवच प्रदान करे। विश्व की दूसरी सबसे बड़ी अर्थव्यवस्था होने और विकासशील देश होने के बीच यही विरोधाभास है। एक जिम्मेदार बड़ी शक्ति होने के लक्ष्य और नेतृत्व न संभालने के सिद्धांत के बीच भी यही विरोधाभास है।

चीन नेतृत्व संभालने का कूटनीति सिद्धांत अपनाएगा या नहीं यह फैसला करते समय उसे केवल अपनी भौतिक शक्ति को ही नहीं, बल्कि उससे भी अधिक हानि–लाभ को तोलना होगा। जहां तक चीन का प्रश्न है नेतृत्व न संभालने से होने वाली सामरिक क्षति, आर्थिक क्षति की तुलना में कहीं अधिक होगी। अंतर्राष्ट्रीय व्यवस्था में एक ध्रुव का दर्जा पाने पर नेतृत्व न संभालने की चीन

3 शि जिनपिंग, "विश्व शांति और सुरक्षा के लिए मिलकर काम करें।" *फॉरेन अफेयर्स जरनल,* 2012: 62।

की मानसिकता से न केवल उसकी विनम्र और प्रतिष्ठित अंतर्राष्ट्रीय छवि बनाने की कोशिशों को धक्का लगेगा, बल्कि अंतर्राष्ट्रीय मंच पर चीन का अकेलापन बढ़ता जाएगा। दो ध्रुवीय व्यवस्था में छोटे और मझौले देश दोनों ध्रुवों पर विराजमान देशों से संरक्षण, राजनीतिक समर्थन एवं आर्थिक सहायता की अपेक्षा करेंगे। यदि उन्हें चीन से इस प्रकार का समर्थन मिलने की उम्मीद होगी तो वे चीन का साथ देंगे अन्यथा वे दूसरे ध्रुव अमेरिका से समर्थन मांगेंगे। छोटे और मझौले देशों से यह अपेक्षा करना उनकी बुद्धिमानी पर शक करना होगा कि वे दो ध्रुवीय व्यवस्था में चीन और अमेरिका के सामरिक मतभेदों का लाभ अपने हितों के संरक्षण में नहीं उठाएंगे और उसके लिए चीन से सौदेबाजी नहीं करेंगे। दो ध्रुवीय व्यवस्था की दिशा में बढ़ते हुए यदि अमेरिका ने हर जगह गठजोड़ कर लिए और चीन हर देश से दूर-दूर रहा तो इस बात की सहज कल्पना की जा सकती है कि चीन को कितना एकाकी माहौल झेलना होगा। यदि चीन अंतर्राष्ट्रीय समाज से कट गया तो राष्ट्रीय पुनरुत्थान का लक्ष्य हासिल नहीं हो पाएगा। दो ध्रुवीय व्यवस्था की ओर बढ़ते हुए चीन ऐसा अंतर्राष्ट्रीय माहौल बनाना चाहता है जो उसके राष्ट्रीय पुनरुत्थान के लिए लाभकारी हो। इसके लिए ज़रूरी है कि वह नेतृत्व न संभालने का कूटनीतिक सिद्धांत त्याग दे और विश्व के नेता की मानसिकता से अपनी विदेश नीति का संचालन करे।

विश्व के नेतृत्व के लिए नई मूल्य रचना

राजनीति में नेतृत्व की भूमिका केवल भौतिक लाभ के लिए नहीं ली होती, बल्कि उसके माध्यम से नए प्रकार की अंतर्राष्ट्रीय व्यवस्था भी स्थापित करनी होती है। निःसंदेह ऐसी नई अंतर्राष्ट्रीय व्यवस्था देश के सर्वोच्च राजनीतिक लक्ष्यों के अनुरूप होनी चाहिए। शि जिनपिंग ने कम्युनिस्ट पार्टी की केन्द्रीय समिति की 18वीं नेशनल कांग्रेस के दौरान पहले संवाददाता सम्मेलन में कहा था, "हमारा दायित्व समूचे देश में पूरी पार्टी और सभी राष्ट्रीयताओं के निवासियों को इतिहास के दिखाए रास्ते पर चलने के लिए एकजुट करना, चीन राष्ट्र के महति पुनरुत्थान की दिशा में कड़ा संघर्ष करते रहना और अपने दम पर विश्व के देशों के बीच अधिक शक्तिशाली बनाकर खड़ा करना है।" चीन को यदि राष्ट्रीय पुनरुत्थान करना है तो उसे वर्तमान अंतर्राष्ट्रीय व्यवस्था में सुधारों की दिशा में प्रयास करने होंगे और उसके लिए उसे नई सोच एवं नए विचार सामने रखने होंगे। इस तरह की नई सोच विश्व के रुझानों का नेतृत्व करने में समर्थ होने के साथ-साथ अंतर्राष्ट्रीय समाज को स्वीकार्य भी होनी चाहिए ताकि वह अंतर्राष्ट्रीय समाज के आचरण का अंग बन सके और अधिकतर देश उसे अपने आचरण में समाहित कर सकें।

विश्व का नेतृत्व करने में सक्षम सोच ऐसी राजनीतिक विचारधारा होनी चाहिए जो समाज का उत्थान कर सके। वह सिर्फ दौलत जमा करने की आर्थिक सोच नहीं हो सकती। चीन को दुनिया के सामने ऐसी राजनीतिक सोच रखनी होगी जो न सिर्फ अमेरिका की सोच से भिन्न हो बल्कि अधिक उन्नत भी हो। उदाहरण के लिए परहितकारिता, न्यायपरायणता और नीति सम्मतता के चीन

के तीन प्राचीन राजनीतिक सिद्धांत निष्पक्षता, न्याय एवं सभ्यता के आधुनिक सिद्धांतों के बहुत करीब हैं। राजनीतिक औचित्य की दृष्टि से निष्पक्षता, न्याय एवं सभ्यता के संस्कार सार्वभौम हैं और वे क्रमशः समानता, लोकतंत्र और स्वतंत्रता की तुलना में श्रेष्ठ हैं। यदि चीन इन जीवन मूल्यों को बढ़ावा देता है तो उसके अंतर्राष्ट्रीय नेतृत्व की साख अमेरिका की साख से बड़ी होगी। किसी देश के जीवन मूल्यों को अंतर्राष्ट्रीय समाज स्वीकार करता है या नहीं यह उनके अच्छे होने पर नहीं बल्कि उनको अपनाने के परिणामों पर निर्भर है। अतः चीन की वर्तमान घरेलू परिस्थितियों में निष्पक्षता, न्याय और संस्कार के मूल्य भ्रष्टाचार मिटाने तथा सबके लिए संपन्नता लाने की राजनीतिक नीति के अनुरूप हैं। इन तीनों मूल्यों को देश के भीतर अपनाने पर अंतर्राष्ट्रीय स्तर पर भी इनकी हिमायत की जा सकेगी। इनके मार्गदर्शन में चीन की घरेलू नीतियां अर्थव्यवस्था उन्मुख होने की बजाय राजनीति की ओर उन्मुख हो जाएंगी। घरेलू राजनीति जब आर्थिक निर्माण की बजाय निष्पक्ष, न्यायपूर्ण एवं सभ्य समाज की रचना पर ध्यान देने लगेगी तभी चीन की घरेलू और कूटनीतिक नीतियों में एकजुटता आएगी। चीन की विदेश नीति को भी केवल आर्थिक निर्माण के लिए लाभकारी शांतिपूर्ण माहौल के बजाय अपने राष्ट्रीय पुनरुत्थान के लिए लाभकारी अंतर्राष्ट्रीय माहौल का निर्माण करने की दिशा में प्रयास करने होंगे। इस तरह के परिवर्तन से उदीयमान चीन पर अंतर्राष्ट्रीय व्यवस्था का दबाव कम करने में मदद मिलेगी और राष्ट्रीय पुनरुत्थान के लिए बेहतर अंतर्राष्ट्रीय माहौल भी मिल सकेगा।

यथार्थवाद और उदारवाद इस समय विश्व में प्रचलित दो सबसे प्रभावशाली राजनीतिक विचारधाराएं हैं। किन्तु इसका यह अर्थ नहीं है कि नैतिक यथार्थवाद उन्हें मात नहीं दे सकता। जलवायु परिवर्तन के मसले पर “साझे किन्तु भिन्न-भिन्न दायित्वों” के वैश्विक प्रशासन नियम के लिए चीन के प्रस्ताव का कई देशों ने समर्थन किया है। यह नियम निष्पक्षता के सिद्धांत पर आधारित है, किन्तु समानता के सिद्धांत पर नहीं। शि जिनपिंग ने कहा था कि, “अपनी प्रतिरक्षा करते समय दूसरों को भी उनकी प्रतिरक्षा का अवसर देना चाहिए, जो निष्पक्षता, न्याय और सभ्यता की सोच के अनुरूप है।” नैतिक यथार्थवाद इस दृष्टि से श्रेष्ठ है कि यह अपने राष्ट्रीय हितों की रक्षा के लिए बल प्रयोग के व्यावहारिक सिद्धांत को अपनाते हुए भी दायित्व, सत्ता और हित में निष्पक्षता के सिद्धांतों का हिमायती है और हितों का टकराव होने पर सभ्य तरीके अपनाने के सिद्धांत की वकालत करता है। 2023 तक चीन अमेरिका के साथ-साथ महाशक्ति हो जाएगा। उस स्थिति में नई अंतर्राष्ट्रीय व्यवस्था स्थापित करने के लिए उसे बहुत अधिक भौतिक शक्ति की आवश्यकता तो होगी ही नई व्यवस्था को स्थिरता प्रदान करने के लिए नए संस्कारों से संचालित नए अंतर्राष्ट्रीय नियम तय करने की आवश्यकता भी होगी।

जिम्मेदार नेतृत्व : विदेश नीति के सिद्धांत

सांस्कृतिक क्रांति ने चीन के नेताओं और जनता पर गरीबी से छुटकारा पाने की धुन सवार कर दी और चीन में दौलत की भयंकर पूजा शुरू हो गई। सांस्कृतिक क्रांति के अंत के बाद सरकार ने आर्थिक निर्माण पर केन्द्रित जो नियम अपना रखे थे उन्हें जनता का पूरा समर्थन मिला और वे सभी महत्वपूर्ण कार्यों के भी मार्गदर्शक हो गए। कूटनीति भी इससे अछूती नहीं रही और उसमें भी सारा ध्यान आर्थिक निर्माण पर दिया गया। अर्थव्यवस्था से संचालित विदेश नीति 1980 और 1990 के दशक के अंतर्राष्ट्रीय महौल में एकदम उचित थी, किन्तु अगले दशक में चीन की अंतर्राष्ट्रीय हैसियत और माहौल में जबर्दस्त बदलाव होने वाला है। विदेशों में चीन के हित आर्थिक क्षेत्र से निकलकर गैर-आर्थिक क्षेत्रों तक तेजी से फैलेंगे और विशेष रूप से प्रतिरक्षा एवं राजनीति से जुड़े हितों के लिए खतरे उत्पन्न होंगे जिसके कारण चीन की कूटनीति के सिद्धांतों में अर्थव्यवस्था की बजाय राजनीति को प्रधानता मिलेगी।

राजनीतिक एवं प्रतिरक्षा हितों को प्रधानता

अगले दशक में चीन की प्रतिरक्षा के लिए खतरे घटने की बजाय बढ़ेंगे। बहुत से लोग यह मानने की भूल करते हैं कि चीन की भौतिक शक्ति बढ़ने से राष्ट्रीय प्रतिरक्षा के लिए खतरे कम हो जाएंगे। चीन के नए नेता समझ गए हैं कि ये मानसिकता कितनी हानिकारक है और इसे सुधारने में जुट गए हैं। पार्टी की केन्द्रीय समिति के सदस्यों और सदस्यता के उम्मीदवारों के लिए 18वीं राष्ट्रीय कांग्रेस की भावनाओं को अपनाने के तरीकों पर एक अध्ययनशाला में शि जिनपिंग ने कहा था, "हमारी अर्थव्यवस्था जितनी आगे बढ़ेगी, जितनी अधिक विकसित होगी, जितनी नई परिस्थितियां और नई समस्याएं पैदा होंगी हमें उतने ही नए खतरों और चुनौतियों का सामना करना होगा और उतनी ही अधिक अप्रत्याशित परिस्थितियां हमारे सामने आएंगी।"[4] उनकी यह बात इस सच्चाई के एकदम अनुरूप है कि कोई भी उदीयमान देश जितना अधिक शक्तिशाली होता जाता है उस पर अंतर्राष्ट्रीय दबाव उतने ही बढ़ते जाते हैं। यह वैसा ही है जैसे ओलम्पिक में प्रारंभिक मैचों की तुलना में फुटबाल के फाइनल मैच में खिलाड़ियों के लिए कठिनाई और जोखिम बहुत अधिक बढ़ जाते हैं। उदीयमान शक्ति की ताकत बढ़ने से उसके सामने प्रतिरक्षा की बढ़ती समस्याओं के तीन पहलू होते हैं। एक तो आर्थिक शक्ति जितनी बढ़ेगी चीन के व्यवसाय विदेशों में अपने बाजारों का विस्तार करते जाएंगे; विदेश में चीन के नागरिकों की संख्या और उनके प्रवास की अवधि में नाटकीय वृद्धि होगी। केवल इन दो बदलावों के कारण ही विदेशों में चीन के व्यवसाय और कर्मचारियों को संरक्षण देने की समस्याएं अधिक से अधिक होती जाएंगी। विदेशों में अपने व्यवसाय

4 "बुनेंग योंग गाइगे काइफांग होउ दि लिशि फाउडिंग झिछियान लिशि" (हम सुधार और उदारीकरण की प्रक्रिया के बाद के इतिहास के सहारे उससे पहले के इतिहास को नहीं झुठला सकते), *Sina.com.cn*, 6 जनवरी, 2013, http://news.sina.com.cn/o/2013-01-06/014625962299.shtml.

और कर्मचारियों को संरक्षण देने की दैनिक चिंता से चीन की विदेश नीति बच नहीं सकती। दूसरा पहलू यह है कि विदेशों में इन व्यवसायों और कर्मचारियों को संरक्षण देने के लिए चीन को विदेशों में अपनी शक्ति दिखाने की सामर्थ्य बढ़ानी होगी जिससे दूसरे देशों, विशेषकर अमेरिका के कान खड़े होंगे। ये देश निश्चय ही अपनी रक्षा के उपाय बढ़ाएंगे जिनका निशाना चीन होगा और जिनसे चीन की प्रतिरक्षा के लिए खतरा उत्पन्न हो सकता है। इसको प्रतिरक्षा दुविधा कहा जाता है। तीसरा पहलू यह है कि विदेशों में अपने व्यवसायों और कर्मचारियों को संरक्षण देने के लिए चीन को अपनी नौसेना पर निर्भर रहना होगा। चीन जैसे ही अपनी नौसेना का आधुनिकीकरण करेगा एशिया-प्रशांत में अमेरिका के प्रभुत्व के साथ उसका टकराव होकर रहेगा। विश्व पर अमेरिका का एकाधिकार उसकी सैनिक ताकत के बल पर है और एशिया-प्रशांत में उसका वर्चस्व नौसेनिक शक्ति पर टिका हुआ है। अमेरिकी नौसेना के वाइस एडमिरल डेविड बास ने कहा था कि विमानवाहक पोत शक्ति के प्रतीक ही नहीं, उसके स्रोत भी हैं। यदि अमेरिका को एशिया प्रशांत में अपना समुद्री वर्चस्व कायम रखना है तो उसे चीन की नौसेना के आधुनिकरण को रोकना ही होगा। इसलिए एशिया-प्रशांत क्षेत्र में दोनों के बीच समुद्री सुरक्षा को लेकर टकराव तो होगा ही।

अगले दशक में चीन को पहले से अधिक राजनीतिक टकरावों का भी सामना करना पड़ेगा। एक तो जब चीन, अमेरिका को पछाड़कर आगे जाएगा तब दोनों देशों के बीच सबसे गंभीर संरचनात्मक टकराव होंगे। तब अमेरिका और चीन के बीच बड़ा राजनीतिक टकराव होने का खतरा पैदा हो जाएगा। अगले दशक में चीन और अमेरिका की समग्र शक्ति के अंतर में गुणात्मक बदलाव आएगा। चीन अमेरिका के समकक्ष महाशक्ति हो जाएगा। इस दौरान चीन को अपने से आगे निकलने से रोकने के लिए अमेरिका बहुत बेरहमी और क्रूरता से कदम उठाएगा, जैसे किसी दौड़ में धावक घुमाव के समय अपने से पिछले धावक को आगे निकलने से रोकने की कोशिश में नियमों का उल्लंघन करने से भी नहीं चूकता। बराक ओबामा ने दूसरी बार राष्ट्रपति का चुनाव जीतने के बाद अपनी पहली अंतर्राष्ट्रीय यात्रा के लिए थाइलैंड, म्यांमार और कम्बोडिया को चुना था। आसियान के इन तीनों सदस्य देशों के चीन के साथ संबंध अपेक्षाकृत बेहतर हैं। अमेरिका सरकार ने यह छिपाने की तनिक भी कोशिश नहीं की कि राष्ट्रपति ओबामा की यह यात्रा "एशिया-प्रशांत नीति में पुनर्संतुलन" की कोशिश का हिस्सा है। अगले दशक में अमेरिका और चीन की शक्ति के स्तर में बराबरी आने पर अमेरिका की चीन विरोधी नीतियां कटु होती जाएंगी। दूसरा टकराव यह है कि चीन के उदय से निराश ईर्ष्यालू जापान चीन के साथ अधिक मन-मुटाव और टकराव पैदा करेगा। अगले दशक में दिआओयू/सेनकाकू द्वीपों पर चीन और जापान के बीच टकराव आसानी से समाधान तक नहीं पहुंच सकेगा। चीन के साथ आर्थिक हितों का टकराव होने पर जापान क्षेत्रीय विवाद की आड़ लेकर तनाव भड़काएगा। चीन के पड़ोसी देशों में जापान एक बड़ी शक्ति है जिसके कारण जापान के साथ संबंधों में स्थिरता की आवश्यकता को देखते हुए चीन को राजनीति से प्रेरित कूटनीति अपनानी होगी। प्रतिरक्षा के लिए खतरों और राजनीतिक टकरावों में निरंतर वृद्धि

के दौर में अर्थव्यवस्था-उन्मुख विदेश नीति जारी रखने से मेहनत दुगुनी लगेगी, किन्तु परिणाम आधा मिलेगा। इसलिए चीन को राजनीति-उन्मुख कूटनीति अपनानी होगी। इस कूटनीति में सामरिक साख और राजनीतिक प्रभाव को प्राथमिकता देनी होगी। आर्थिक हितों को पीछे रखना होगा। विकासशील देशों के प्रति अर्थव्यवस्था-उन्मुख विदेश नीति बेतुकी होती जाएगी। चीन के आर्थिक विकास के लिए विशेष रूप से महत्वपूर्ण मुट्ठी भर संसाधन निर्यातक देशों को छोड़ दें तो अधिकांश विकासशील देश चीन के लिए आर्थिक रूप से लाभकारी नहीं हैं। चीन के आर्थिक निर्माण में उनकी बहुत अधिक भूमिका नहीं है। इसके विपरीत इन देशों का सामूहिक राजनीतिक समर्थन चीन के लिए बेहद महत्वपूर्ण है क्योंकि इस समय विदेश में चीन के मित्रों की संख्या गिनी-चुनी है। दो ध्रुवीय व्यवस्था की ओर बढ़ते हुए इन देशों का राजनीतिक समर्थन चीन के लिए विशेष रूप से मूल्यवान होगा और वह चीन को मिलने वाले आर्थिक लाभ को कहीं पीछे छोड़ देगा। इसलिए अधिकतर विकासशील देशों के प्रति चीन की नीति में राजनीतिक हितों को प्रधानता दी जाएगी।

मानवीय सत्ता के लिए सुरक्षा कवच प्रदान करना

1840 में अफीम युद्धों के बाद चीन ताकतवर की बजाय कमज़ोर देश हो गया और उसके बाद उसने अपनी अग्रणी अंतर्राष्ट्रीय हैसियत खो दी। इसके एक शताब्दी के भी बाद चीन लगातार शक्तिशाली देशों के बीच पांव जमाने की कोशिश करता रहा है। केवल पिछले 30 वर्ष में ही पांव जमाने की कोशिश बंद करके अब विकास पर ध्यान दे रहा है। विकास पर ध्यान देना निश्चय ही पांव जमाने की कोशिश से बेहतर है फिर भी विश्व का नेतृत्व करने के कूटनीतिक सिद्धांत की तुलना में यह अब भी कमज़ोर है। पिछले 200 वर्ष में चीन या तो कुछ ताकतवर देशों पर निर्भर रहा है अथवा सभी बड़ी ताकतों से अलग रहा है। इस कारण चीन की कूटनीति में वैश्विक मामलों में नेतृत्व करने और अंतर्राष्ट्रीय समाज को प्रभावित करने के व्यावहारिक अनुभव का अभाव है। वैसे तो चीन ने 1960 के दशक में "तीन विश्व" के सिद्धांत का प्रतिपादन किया था, किन्तु वह स्वयं तीसरे विश्व का नेता नहीं बन सका। अगले दशक में यदि चीन को दो ध्रुवीय व्यवस्था का एक ध्रुव बनना है तो वह अपनी कूटनीति में दूसरों का पिछलग्गू बने रहने या सबसे कटे रहने की नीति जारी नहीं रख सकता। चीन को सीखना होगा कि विश्व का नेतृत्व कैसे करना है और अंतर्राष्ट्रीय नेता के रूप में अपना स्वागत कैसे कराना है। विशेषकर ऐसा अंतर्राष्ट्रीय नेता कैसे बनना है, जिसका अमेरिका से अधिक स्वागत होता है। चीन को विनम्रता और समझदारी के सामरिक संस्कार की आवश्यकता है। वह अपनी सामर्थ्य को छिपाए रखने और सही वक्त का इंतजार करने की नीति पर अब और नहीं चल सकता।

अगले दशक में चीन यदि ऐसी महाशक्ति बनना चाहता है जो सबको स्वीकार्य हो तो उसे अंतर्राष्ट्रीय जगत में अपनी अच्छी सामरिक साख स्थापित करनी होगी। किसी भी देश को ऐसा नेता बनने के लिए केवल भौतिक रूप से शक्तिशाली होना पर्याप्त नहीं है जिसका अंतर्राष्ट्रीय समाज

मन से स्वागत करे। शुनजि ने अंतर्राष्ट्रीय स्तर पर अग्रणी देशों को मानवीय सत्ता, एकाधिकारी और आततायी की तीन श्रेणियों में विभाजित किया था। मानवीय सत्तावान नेतृत्व का दूसरे देश स्वागत करते हैं जबकि आततायी नेतृत्व को सब शत्रु मानते हैं। एकाधिकारवादी नेतृत्व इन दोनों के बीच में रहता है और दोमुखी विदेश नीति अपनाता है। शुनजि की कसौटी के आधार पर अमेरिकी नेतृत्व एकाधिकार के आसपास है, हालांकि उसे यह एकाधिकार हासिल नहीं हो पाया है। अगर परमाणु अस्त्र प्रसार निषेध का उदाहरण लें तो भारत और उत्तर कोरिया दोनों ने अप्रसार सिद्धांत का उल्लंघन किया, लेकिन अमेरिका ने भारत के साथ परमाणु सहयोग किया, जबकि उत्तर कोरिया के परमाणु कार्यक्रम पर प्रतिबंध लगा दिया। यह दोहरे मापदंडों का स्पष्ट उदाहरण है। चीन को यदि अमेरिका से आगे निकलना है तो उसे मानवीय सत्ता का कूटनीतिक सिद्धांत अपनाना होगा। इसकी मूल विशेषता अच्छी सामरिक साख है जो "जिम्मेदार बड़ी शक्ति" के रूप में 21वीं शताब्दी में एक लोकप्रिय परिकल्पना होगी। इसका तात्पर्य यह भी है कि यदि चीन ने मानवीय सत्ता का कूटनीतिक सिद्धांत अपनाया तो अधिकांश देश उसे एक जिम्मेदार बड़ी शक्ति मानने लगेंगे।

चीन को सामरिक साख बनाने के लिए अंतर्राष्ट्रीय प्रतिरक्षा के क्षेत्र में जिम्मेदारी उठानी पड़ेगी। अंतर्राष्ट्रीय पटल पर अराजकता की स्थिति में छोटे और मझौले देश किसी बड़ी शक्ति को विश्वसनीय मानते हैं या नहीं यह इस बात पर निर्भर है कि वे अपनी सुरक्षा के लिए उस पर निर्भर रह सकते हैं या नहीं। अपनी जनता की स्थिति सुधारने के लिए उस बड़ी शक्ति पर निर्भर हो पाने या न हो पाने का उनके लिए कोई महत्व नहीं है। छोटे और मझौले देशों की जनता अपना जीवन स्तर सुधारने के लिए दूसरे देशों की सरकारों का मुंह नहीं ताकती क्योंकि दूसरे देशों की सरकारें इन देशों की विकास नीतियां तय करने की सामर्थ्य नहीं रखती किन्तु अपने सुरक्षा कवच के लिए छोटे और मझौले देशों की जनता बड़ी शक्तियों की तरफ देखती है। वह जानती है कि उसकी अपनी सरकारें ताकतवर देशों की सेना के वार को सहन करने में असमर्थ हैं। छोटे और मझौले देशों की जनता ऐसी मांग भी कर सकती है कि विश्व शक्तियां उनके देशों की सरकारों का तख्ता पलट दें क्योंकि अनेक छोटे और मझौले देशों की सरकारें अक्सर विदेशी सैनिक समर्थन के बल पर चलती हैं। शीत युद्ध की समाप्ति के बाद पूर्वी यूरोपीय देशों में और 2011 में मध्य-पूर्वी देशों में तानाशाही सरकारों का पतन इस बात का सबूत है कि विदेशी सैनिक समर्थन के बिना अनेक छोटे और मझौले देशों में सरकारें नहीं चल सकती। इसका एक प्रमाण यह भी है कि इराक की जनता ने सद्दाम हुसैन का शासन समाप्त करने के लिए अमेरिका का स्वागत किया था। 2010 से जिस तरह फ़िलीपीन्स और वियतनाम अमेरिका से सुरक्षा कवच की मांग कर रहे हैं उससे भी साबित होता है कि छोटे और मझौले देशों को बड़ी शक्तियों के सुरक्षा कवच की आवश्यकता होती है, किन्तु उनमें से किसी भी देश की जनता ने अमेरिका से यह मांग नहीं की है कि उनके लिए आर्थिक विकास योजनाएं तैयार करे। इसी तरह यदि चीन अंतर्राष्ट्रीय जगत में अपनी सामरिक साख स्थापित करना चाहता है तो उसे भी दूसरे देशों को सुरक्षा कवच प्रदान करना होगा।

चीन को अंतर्राष्ट्रीय सामरिक साख जमाने के लिए सैन्य शक्ति का प्रयोग आवश्यक है। बहुत से लोग मानते हैं कि चीन जब तक "शांतिपूर्वक उदय" की नीति पर चलता रहेगा और विदेश में सैन्य शक्ति का उपयोग नहीं करेगा, तब तक उसकी अंतर्राष्ट्रीय सामरिक साख नहीं जम सकती। किन्तु साफ जाहिर है कि इस तरह की सोच में शीत युद्ध की समाप्ति के बाद की ऐतिहासिक सच्चाई को नजरअंदाज किया गया है। तब से लेकर अब तक एक दिन भी ऐसा नहीं बीता जब अमेरिका किसी न किसी युद्ध में न उलझा रहा हो। यूनाइटेड किंगडम, फ्रांस और जर्मनी सब एकानेक बार युद्ध में उलझे रहे हैं, फिर भी "अमेरिकी खतरे" या "यूरोपीय खतरे" की कोई आवाज सुनाई नहीं दी। इसके विपरीत शीत युद्ध की समाप्ति के बाद से किसी युद्ध की तो बात ही क्या, चीन, सीमा पर किसी सैन्य झड़प में नहीं उलझा फिर भी "चीन के खतरे" का शोर थमा नहीं है। इससे साफ जाहिर है कि अंतर्राष्ट्रीय समाज किसी देश को अंतर्राष्ट्रीय खतरा मानता है या नहीं इसका निर्धारण युद्धों में उस देश की भागीदारी के बजाय इस बात से होता है कि वह जिन युद्धों में उलझा है उन्हें अधिकांश देशों का समर्थन हासिल हुआ या नहीं। जब कोई विश्व शक्ति सैनिक ताकत कभी न इस्तेमाल करने की नीति अपनाती है तो उसका अर्थ यह होता है कि वह अनुचित आचरण के लिए भी किसी को दंडित नहीं करेगी। इसका अर्थ यह लगाया जाता है कि वह देश जिम्मेदारी नहीं उठाना चाहता यानी वह एक ऐसा देश है जिस पर भरोसा नहीं किया जा सकता और जिसमें न्याय की कोई समझ नहीं है।

चीन की भौतिक शक्ति जैसे-जैसे अमेरिका के बराबर होती जा रही है, वैसे-वैसे छोटे और मझौले देश चीन को जिम्मेदारी उठाने वाला देश तभी मानेंगे जब वह यह जान लेंगे कि वह अंतर्राष्ट्रीय प्रतिरक्षा की किस तरह की जिम्मेदारी उठा रहा है। उदाहरण के लिए 2011 में लीबिया के मुद्दे पर संयुक्त राष्ट्र में हुए मतदान से अनुपस्थित रहने के चीन के फैसले को दूसरे देशों ने गैर-जिम्मेदारी माना। अगले दशक में प्रतिरक्षा दायित्व उठाने के बारे में चीन से छोटे और मझौले देशों की अपेक्षाएं बढ़ती जाएंगी जो घरेलू मामलों में हस्तक्षेप न करने के चीन के सिद्धांत के एकदम विपरीत होगा। अंतर्राष्ट्रीय समाज का मानना है कि यह सिद्धांत अंतर्राष्ट्रीय न्याय के सिद्धांत के विपरीत है। चीन को अपनी अंतर्राष्ट्रीय सामरिक साख मजबूत करने के लिए हस्तक्षेप न करने के अपने सिद्धांत को कुछ हद तक सीमित करना होगा। उसे स्पष्ट रूप से परिभाषित करना होगा कि किस प्रकार के घरेलू मामलों में वह हस्तक्षेप नहीं करेगा। इन्हें छोड़कर बाकी परिस्थितियों में चीन को न सिर्फ अंतर्राष्ट्रीय हस्तक्षेप का हिस्सा बनना होगा, बल्कि हस्तक्षेप करने और किस हद तक करने के ठोस उपायों का प्रस्ताव भी देना होगा। इस प्रकार चीन निष्पक्ष एवं न्यायोचित अंतर्राष्ट्रीय व्यवस्था की स्थापना में अंतर्राष्ट्रीय समुदाय का नेतृत्व कर सकता है।

गुटनिरपेक्षता का त्याग

फिलहाल बड़े देशों के बीच शक्ति संरचना चीन के उदय के लिए अनुकूल है, किन्तु बड़ी शक्तियों के सामरिक संबंधों का रुझान उसके अनुकूल नहीं है। अमेरिका की भौतिक शक्ति की वृद्धि में ठहराव है फिर भी विश्व में उसके मित्र देशों की संख्या सबसे अधिक है और कम से कम 42 प्रकार के सैनिक गठबंधनों में वह हिस्सेदार है। इसके विपरीत गुटनिरपेक्षता की नीति के कारण चीन के पास वैसा एक भी सहयोगी नहीं है। सहयोगियों का अभाव अंतर्राष्ट्रीय माहौल सुधारने की दिशा में चीन की सबसे बड़ी समस्या है। ओबामा प्रशासन की स्मार्ट शक्ति की कूटनीति वास्तव में एक संयुक्त मोर्चे का दायरा फैलाने की चाल है जिससे बड़ी शक्तियों के साथ अमेरिका के सामरिक संबंध पुख्ता हुए हैं। अगले दशक में शक्ति में सापेक्ष गिरावट के कारण अमेरिका को उसकी भरपाई के लिए नरम शक्ति में श्रेष्ठता का सहारा लेना होगा यानी गठबधंनों की मजबूती उसकी कूटनीति का प्रमुख आधार रहेगी। नए साथी जुटाने की कोशिश में अमेरिका खुलकर उन देशों को साथ मिलाने की कोशिश करेगा जिन्हें चीन का संरक्षण एवं समर्थन प्राप्त नहीं हुआ है। अंतर्राष्ट्रीय समाज में अलगाव से बचने के लिए चीन को अपनी गुटनिरपेक्ष नीति में फेर-बदल करना होगा। अंतर्राष्ट्रीय संरचना का निर्धारण बड़ी शक्तियों की शक्ति संरचना और उनके सामरिक संबंधों के दो कारकों से होता है। इसलिए कहा जा सकता है कि गठबंधन जोड़ने से चीन को अपनी वास्तविक सामरिक भागीदारियों की संख्या बढ़ाने में मदद मिलेगी जिससे अंतर्राष्ट्रीय जगत की संरचना और तेजी से चीन के लिए अनुकूल दिशा में बढ़ेगी। संभव है कि 2023 तक चीन दुनिया भर में 20 गठबंधन अथवा सदाबहार सामरिक साझेदारियां जोड़ने में सफल हो जाएगा। हालांकि यह संख्या अमेरिकी सैन्य गठबंधनों से फिर भी बहुत कम होगी, किन्तु सामरिक गठबंधनों की स्थिर व्यवस्था की शुरुआत तो हो ही जाएगी। इसके विपरीत यदि चीन ने अपने सामरिक मैत्री संबंधों में असरदार ढंग से सुधार न किया तो अंतर्राष्ट्रीय व्यवस्था में दो ध्रुवीकरण की प्रक्रिया की गति अपेक्षाकृत धीमी रहेगी।

चीन के लिए अपनी गुटनिरपेक्षता की नीति को स्पष्ट रूप से छोड़ पाना राजनीतिक दृष्टि से बहुत कठिन होगा। किन्तु "सहयोगी" की जगह दूसरे शब्दों का इस्तेमाल कर पाना बिल्कुल कठिन नहीं होगा। 1990 के दशक से चीन दूसरे देशों के साथ संबंधों में लगातार "सामरिक साझेदार" विशेषण का इस्तेमाल कर रहा है। इसका लाभ यह है कि इससे कोई ठोस पहचान नहीं जुड़ी है। चीन, रूस के साथ-साथ अमेरिका, उत्तर कोरिया और जापान का भी सामरिक साझेदार है। इस सामरिक साझेदारी की सच्ची पहचान उससे जुड़ी शर्तो से होती है। उदाहरण के लिए सदाबहार सामरिक साझेदार केवल सामरिक सहयोग में साझीदारों से ऊपर होते हैं, जबकि सामरिक सहयोग के साझीदार आपसी विश्वास में साझीदारों से ऊपर होते हैं। चीन पाकिस्तान के लिए "सदाबहार सामरिक साझेदार" शब्दों का इस्तेमाल करने लगा है जिससे संकेत मिलता है कि यह शब्द "सहयोगी" की जगह ले सकते हैं। चीन "सहयोगी" की जगह इस्तेमाल के लिए कोई नया शब्द

तलाश कर पाए या न कर पाए अब गुटनिरपेक्षता की नीति पर चलना उसके लिए कठिन होगा।

अगले दशक में चीन में यह समझ बढ़ती जाएगी कि चीन और अमेरिका दोनों के लिए मैत्रीपूर्ण संबंधों में स्पर्धा बहुत महत्वपूर्ण होगी। इस समय चीन के सहयोगी बन सकने वाले पड़ोसी देशों में रूस, कजाख्स्तान, किर्गिजस्तान, ताजिकिस्तान, उज़्बेकिस्तान, पाकिस्तान, म्यांमार, श्रीलंका, बांग्लादेश, लाओस और कम्बोडिया शामिल हैं। इन सभी देशों को अमेरिका का सामरिक दबाव सहना पड़ता है, इसलिए इन्हें अपनी प्रतिरक्षा की आश्वस्ति बढ़ाने के लिए चीन से मदद की आवश्यकता है। गठबंधन जोड़ने में अनिच्छा के पीछे चीन की सबसे बड़ी आशंका यह है कि वह अमेरिका के साथ इन देशों के सामरिक संबंधों में उलझकर रह जाएगा। किन्तु एशिया-प्रशांत के देश चीन और अमेरिका के बीच सामरिक टकराव से फायदा उठाने की ताक में बैठे हैं। इसलिए इससे पहले की यह देश चीन के साथ सौदेबाजी के लिए इस टकराव का फायदा उठाएं, बेहतर होगा कि चीन इनके साथ गठबंधन करने की पहल करे और अमेरिका के साथ टकराने के लिए अपनी अंतर्राष्ट्रीय शक्ति बढ़ाए।

क्षेत्रीय रणनीति : संगठनों की बजाय देशों को प्रधानता

चीन जिस तेजी से महाशक्ति बनने की ओर अग्रसर है उसे देखते हुए अगले दशक में उसकी विदेश नीति की नजर क्षेत्रीय प्रधानता की बजाय वैश्विक प्रधानता पर होनी चाहिए। प्राचीन काल में संचार टैक्नॉलॉजी की सीमाओं के कारण पूर्व एशिया अन्य क्षेत्रों से अपेक्षाकृत कटा हुआ था। चीन दुनिया का एक सबसे शक्तिशाली देश होने के बावजूद वैश्विक नेतृत्व के अनुभव से वंचित रहा है। नव-चीन की स्थापना के बाद से चीन की शक्ति विश्व स्तर पर नहीं पहुंच पाई है, इसलिए चीन को कभी भी वैश्विक विदेश नीति की आवश्यकता महसूस नहीं हुई। किन्तु अब अगर अगले दस वर्ष में चीन को विश्व की महाशक्ति बनना है तो उसे वैश्विक विदेश नीति अपनानी ही होगी। यह स्थिति दूसरे महायुद्ध के बाद अमेरिका और शीत युद्ध के दौरान सोवियत संघ के सामने उत्पन्न दुविधा जैसी है कि चाहते या न चाहते उन्हें वैश्विक दृष्टिकोण से ही अपनी विदेश नीतियों का निर्धारण करना पड़ा।

आपसी संबंधों पर बल

चीन की भौगोलिक स्थिति पूर्व एशिया में है इसलिए उसे क्षेत्रवार रणनीति बनानी होगी, जिसके केन्द्र में पूर्व एशिया को रखकर बाहर की तरफ फैलना होगा। पूर्व एशिया चीन का आंगन है। यह भविष्य में विश्व का केन्द्र भी होने वाला है। रूस, मध्य एशिया और दक्षिण एशिया इसके महत्वपूर्ण पड़ोसी क्षेत्र हैं। ये तीनों उप-क्षेत्र चीन के पिछले आंगन में हैं और यदि उसे दूर से पड़ने वाले दबावों में इनकी मदद चाहिए तो इन क्षेत्रों के देशों के साथ अपने सामरिक संबंधों को ठोस रूप

देना होगा। यूरोप और उत्तर अमेरिका टकराव रोकने वाले क्षेत्र हैं। इन दोनों क्षेत्रों की बड़ी शक्तियां चीन की सामरिक प्रतिद्वंद्वी हैं। चीन को न सिर्फ प्रतिरक्षा के मामले में अमेरिका और यूरोपीय देशों के साथ सामरिक सहयोग करने में कठिनाई होगी, बल्कि उनके साथ आर्थिक स्पर्धा भी तेज होती जाएगी। चीन को अमेरिका और यूरोपीय देशों के साथ टकराव बढ़ने के प्रति सावधान रहना होगा। ओशेनिया, अफ्रीका, लैटिन अमेरिका और मध्य-पूर्व के देश संयुक्त मोर्चे के सहभागी हो सकते हैं। इन देशों की चीन के साथ भौगोलिक दूरी बहुत अधिक है और ये विश्व स्तर की शक्तियां भी नहीं हैं। इसलिए चीन के साथ इनका न कोई सीधा टकराव है और न कोई साझा हित है। किन्तु इन देशों के पास वोट और संसाधन, प्रचुर मात्रा में उपलब्ध हैं और चीन की विदेश नीति की स्वीकार्यता बढ़ाने में बहुत प्रभावकारी सिद्ध हो सकते हैं। इसलिए चीन को राजनीतिक दृष्टि से एक संयुक्त मोर्चा बनाने के लिए इन चारों क्षेत्रों के देशों को साथ लेना चाहिए।

अगले दशक में अधिकतर क्षेत्रों के भीतरी संघर्ष प्रचंड होते जाएंगे। पूर्व एशिया के अनेक देशों के बीच पुराने समय से चले आ रहे विवाद बहुत गहरे हैं। अमेरिका का पूर्व एशियाई देशों के साथ किसी क्षेत्र को लेकर कोई विवाद नहीं है। किन्तु 70 वर्ष से एशिया-प्रशांत में मौजूद रहने के बावजूद वह कोई बहुपक्षीय गठबंधन नहीं कर सका है, जबकि चीन के इन देशों के साथ क्षेत्रीय विवाद हैं। इसलिए वह प्रतिरक्षा के मामले में कोई बहुपक्षीय क्षेत्रीय रणनीति नहीं अपना पाएगा। चीन और जापान तथा चीन और अमेरिका के बीच संरचनात्मक विवाद और गहरे होते जाने से पूर्व एशियाई देशों के बीच संघर्षों में वृद्धि ही होगी। यूरोप की आर्थिक विषमताओं के कारण यूरोपीय संघ के भीतर अमीर और गरीब, दक्षिणी और उत्तरी तथा नए और पुराने सदस्यों के बीच के विवाद बढ़ेंगे और साथ ही साथ अलगाववादी तत्वों को सिर उठाने का मौका मिलेगा। मध्य-पूर्व में क्षेत्रीय ताकतों के बीच स्पर्धा तथा साम्प्रदायिक संघर्षों के कारण अराजकता बढ़ेगी। अफ्रीका में भी क्षेत्रीय सहयोग के निकट भविष्य में कोई आसार नहीं है। क्षेत्रीय संगठनों का प्रभाव बहुत सीमित रहने के कारण चीन के प्रति कोई एक क्षेत्रीय नीति का हो पाना बहुत कठिन है। लैटिन अमेरिका में क्षेत्रीय एकता विकसित हो सकती है, किन्तु अमेरिका उसे रोकने के लिए हर तरह के हथकंडे अपनाएगा। इन तमाम परिस्थितियों में चीन की क्षेत्रीय नीति में हर क्षेत्र के प्रमुख देशों के साथ आपसी संबंध सुधारने पर बल दिया जाना चाहिए। क्षेत्रीय संगठनों के साथ सहयोग केवल पूरक भूमिका निभा सकता है।

आपसी संबंधों को प्राथमिकता और बहुपक्षीय संबंधों को पूरक की भूमिका देने की रणनीति के लिए दोस्तों और दुश्मनों के बीच भेद करना ज़रूरी होता है। किन्तु दोस्तों और दुश्मनों की पहचान करने के कूटनीतिक सिद्धांत को शीत युद्ध की मानसिकता का प्रतीक मानना न तो वास्तविकता के अनुरूप है और न ही कूटनीतिक कार्य शैली के अनुरूप है। प्राचीन काल से ही दोस्तों और दुश्मनों में भेद करने के लिए कूटनीति का इस्तेमाल हुआ है। 18वीं शताब्दी में वैश्विक अंतर्राष्ट्रीय प्रणाली के उदय के बाद से विश्व की कोई शक्ति ऐसी नहीं है जिसने सभी देशों के साथ मैत्री कर ली

हो। विश्व में मैत्रीपूर्ण संबंधों की अभिव्यक्ति अमैत्रीपूर्ण संबंधों के संदर्भ में ही होती है। आधुनिक कूटनीति स्वभाव से ही अन्य देशों के साथ टकराव की स्थिति में अधिक से अधिक अंतर्राष्ट्रीय समर्थन जुटाने के लिए प्रयत्नशील दिखती है जिससे राष्ट्रीय हितों की अधिकतम हद तक पूर्ति हो सके। दोस्तों और दुश्मनों के बीच भेद न कर पाने का नतीजा यह होता है कि कोई दोस्त नहीं होता और अन्य देशों के साथ टकराव होने पर किसी देश का समर्थन नहीं मिल पाता। चीन को हर क्षेत्र के देशों के साथ अपने संबंधों को अलग-अलग वर्गों में बांटना होगा और इस बंटवारे में उस देश की हैसियत के अनुसार आपसी संबंधों की उपयुक्त नीति बनानी होगी। उसे अपने सहयोगियों को संरक्षण देना होगा, उनकी परवाह करनी होगी, तटस्थ पक्षों को अपने पक्ष में करना होगा और शत्रुओं को दंड देना होगा। इस तरह चीन अपने लिए अंतर्राष्ट्रीय समर्थकों का दायरा बढ़ा पाएगा, अपने प्रति द्वेषपूर्ण अंतर्राष्ट्रीय शक्तियों को कमज़ोर कर पाएगा और दुनिया में एक जिम्मेदार बड़ी शक्ति की सामरिक साख कायम कर पाएगा।

बहुपक्षीय कूटनीति अलग-अलग राष्ट्रीय हितों के अनुकूल हो सकती है, किन्तु महाशक्ति के रूप में उभरते चीन के लिए बहुपक्षीय कूटनीति की मुख्य भूमिका यही है कि उसकी विदेश नीति की स्वीकार्यता बढ़े। विश्व में दो ध्रुवीय व्यवस्था की स्थापना की प्रक्रिया में बहुपक्षीय तंत्रों का प्रभाव कम होता जाएगा, जब दो महाशक्तियों के बीच असहमति होगी तो उनकी भागीदारी वाली अंतर्राष्ट्रीय संस्थाओं को अपनी भूमिकाएं निभाने में कठिनाई होगी। अगले दशक में संयुक्त राष्ट्र सुरक्षा परिषद में वीटो के अधिकार का अधिक से अधिक इस्तेमाल होगा। महाशक्ति के रूप में चीन के बढ़ते कदमों को देखते हुए उसकी विदेश नीति में समायोजन करना होगा। चीन को समस्याओं के समाधान में बहुपक्षीय संगठनों के प्रभाव से बहुत ऊंची उम्मीदें रखने में कठिनाई होगी। उनमें भागीदारी के जरिए वह सिर्फ अपनी विदेश नीति की स्वीकार्यता बढ़ाने की उम्मीद कर सकता है। उदाहरण के लिए बहुपक्षीय सम्मेलनों का एजेंडा तय करने में भागीदारी के जरिए चीन अपनी विदेश नीति की स्वीकार्यता बढ़ा सकता है और विरोधियों को कमज़ोर कर सकता है। 2009 से चीन जी20 शिखर सम्मेलनों में वित्तीय संकटों से बचने के उपायों पर चर्चा का समर्थन एवं युवाओं की विनिमय दर पर चर्चा का विरोध करता रहा है। 2010 से पूर्व एशियाई शिखर सम्मेलनों में चीन क्षेत्रीय आर्थिक सहयोग पर चर्चा का समर्थक और दक्षिण चीन सागर से जुड़े विवादों पर चर्चा का विरोधी रहा है। अफ्रीकी शिखर सम्मेलनों में शुरू में चीन ने विकास के अनुभवों और वित्तीय सहायता पर चर्चा की, सूडान के मुद्दे पर नहीं। इसी तरह आसियान-यूरोपीय शिखर सम्मेलनों में चीन ने आर्थिक संकट से उबरने पर चर्चा की, मानव अधिकारों की स्थिति पर नहीं।

पूर्व एशियाई देशों में दोस्तों और दुश्मनों का वर्गीकरण

पूर्व एशिया के अन्य देशों के साथ अपने प्रतिरक्षा संबंधों के आधार पर चीन उन्हें तीन श्रेणियों में विभाजित कर सकता है। कम्बोडिया, लाओस, म्यांमार और उत्तर कोरिया को चीन का संरक्षण

चाहिए; जापान, फ़िलीपीन्स और वियतनाम के प्रतिरक्षा के मामले में चीन के साथ गंभीर विवाद हैं और शेष देशों के न तो चीन के साथ कोई प्रत्यक्ष साझा प्रतिरक्षा हित जुड़े हैं और न ही प्रतिरक्षा के मामलों में कोई बड़े टकराव हैं।

चीन के सुरक्षा कवच की आवश्यकता वाले देशों के साथ ठोस सैनिक सहयोग विकसित करने पर विचार होना चाहिए। सैनिक सहयोग विकसित करने का अर्थ सैन्य गठबंधन बनाना नहीं है। युद्ध में एक-दूसरे का साथ देने के अलावा भी सैन्य सहयोग के अनेक विषय हैं।

सुरक्षा कवच की अपेक्षा न रखने वाले देशों के साथ चीन को आर्थिक एवं राजनीतिक संपर्क बढ़ाने की आवश्यकता है। शुरू-शुरू में चीन को अमेरिका के पूर्व एशियाई सहयोगियों के साथ सैन्य गठबंधन जोड़ने में कठिनाई होगी, किन्तु दीर्घावधि में देखें तो इसकी संभावना मौजूद है। शि जिनपिंग ने "बड़ी शक्तियों के संबंधों के नए मॉडल" की जो परिकल्पना रखी है उसमें इस बात की गुंजाइश है कि चीन और अमेरिका दोनों के साझे सहयोगी हो सकते हैं। जापान और दक्षिण कोरिया प्रतिरक्षा के मामले में एक-दूसरे के विरोधी रहे हैं, लेकिन अमेरिका दोनों का सहयोगी है। चीन इससे सबक लेकर दक्षिण कोरिया और थाइलैंड दोनों को सहयोगी बना सकता है जबकि वह अमेरिका के भी सहयोगी हैं क्योंकि उन्हें राजनीतिक स्तर पर चीन के सहयोग की आवश्यकता अपेक्षाकृत अधिक है। यदि चीन और दक्षिण कोरिया के बीच गठजोड़ हो जाए तो चीन, उत्तर-दक्षिण कोरियाई संघर्ष में तटस्थ रहेगा। जब अमेरिका दोनों देशों के बीच विवाद में तटस्थ रहते हुए जापान और दक्षिण कोरिया के साथ सैन्य गठबंधन चला रहा है, थाइलैंड अमेरिका का मित्र है, लेकिन अमेरिका को थाक सिन परिवार का शासन पसंद नहीं है, थाइलैंड को कम्बोडिया के साथ विवाद में मध्यस्थता के लिए चीन की ज़रूरत है और वह यह भी चाहता है कि वियतनाम के साथ विवाद में चीन उसका साथ दे। चीन के साथ मित्रता में थाइलैंड की अपेक्षा, अमेरिका के साथ मित्रता की अपेक्षाओं से कम नहीं है, इसलिए यह संभावना बहुत अधिक है कि थाइलैंड, चीन और अमेरिका के बीच संतुलन रखेगा। चीन यदि अमेरिका के पूर्व एशियाई सहयोगियों के साथ गठजोड़ नहीं कर पाता तो भी उन्हें राजनीतिक मित्र बनाना चीन के लिए हितकारी होगा।

जापान, फ़िलीपीन्स और वियतनाम के साथ चीन के द्वीपीय विवाद बहुत निकट भविष्य में आसानी से पूरी तरह सुलझने वाले नहीं हैं। जापान, फ़िलीपीन्स और वियतनाम मुश्किलें खड़ी करते रहेंगे, किन्तु चीन का विरोध करने से होने वाले नुकसान, लाभों की तुलना में बढ़ते जाएंगे और कुछ वर्ष के भीतर इन देशों का नेतृत्व भी बदल जाएगा। नए नेताओं के सत्ता में आने पर चीन को इन देशों के साथ आपसी संबंध सुधारने का मौका मिल सकता है। फ़िलीपीन्स में राष्ट्रपति बेनिनो अक्वीनो तृतीय के प्रति ठंडी राजनीतिक और आर्थिक नीतियां अपनाकर चीन फ़िलीपीन्स में अगली सरकार के साथ बेहतर संबंध जोड़ने की परिस्थितियां उत्पन्न कर सकता है। क्षेत्रीय सामरिक संदर्भों में देखें तो जापान और वियतनाम के साथ चीन के संबंधों में तनाव अपेक्षाकृत अधिक है। चीन को

एक ऐसा क्षेत्रीय सामरिक माहौल तैयार करना होगा जो जापान और वियतनाम को उसके प्रति अपनी नीतियों के बारे में फिर से सोचने पर मजबूर कर दे। यदि चीन पूर्व एशिया के अधिकांश देशों के साथ सैन्य गठबंधन जोड़ लेगा तो जापान और वियतनाम बहुत जल्द विरोध की अपनी नीतियां छोड़ देंगे।

मध्य एवं दक्षिण एशिया में कमज़ोरों का सहारा

चीन की मध्य एशिया नीति शंघाई सहयोग संगठन (एससीओ) का एकीकरण मजबूत करने पर केन्द्रित होनी चाहिए। चीन को अपने उदय के रास्ते में अंतर्राष्ट्रीय व्यवस्था का जिस तरह का दबाव सहना पड़ रहा है वह हर पड़ोसी क्षेत्र में भिन्न-भिन्न है। पूर्व में जिस तरह का दबाव है वैसा पश्चिम और दक्षिण में दिखाई न देने का मुख्य श्रेय शंघाई सहयोग संगठन को जाता है। 1990 के दशक में चीन, रूस, कजाखिस्तान, ताजिकिस्तान और किर्ग्जिस्तान में "शंघाई फाइव" के नाम से एक गुट बना था जिसने बाद में शंघाई सहयोग संगठन का आकार ले लिया। इस संगठन के सदस्यों के बीच परस्पर आर्थिक निर्भरता बहुत अधिक नहीं है, किन्तु प्रतिरक्षा को संगठन का मूल लक्ष्य बना लिए जाने से सदस्य देश नियमित रूप से संयुक्त सैन्य अभ्यास करने लगे हैं। प्रतिरक्षा के मामले में सच्चे अर्थों में महत्वपूर्ण सामरिक सहयोग के बल पर सदस्य देशों के बीच सामरिक संबंधों में स्थिरता आई है।

आपसी संबंधों में स्थिरता के आधार पर चीन को शंघाई सहयोग संगठन के भीतर एकजुटता को मजबूत करना होगा। अंतर्राष्ट्रीय राजनीति और प्रतिरक्षा के मामले में उसके सदस्यों को यथासंभव साझा रुख अपनाना चाहिए और जिन मुद्दों पर उनके बीच अधिक मजबूत समझ है उन पर अपना रुख शंघाई सहयोग संगठन के नाम से व्यक्त करना चाहिए। शंघाई सहयोग संगठन में एकजुटता रखने के लिए चीन को उसकी सदस्यता का विस्तार रोकना होगा। पूर्वी यूरोपीय देशों की तरफ यूरोपीय संघ के विस्तार से सबक लेते हुए चीन और रूस को शंघाई सहयोग संगठनों के दरवाजों की कुंजियां कसकर मुट्ठी में रखनी चाहिए। ईरान, अफगानिस्तान, मंगोलिया, पाकिस्तान और भारत इस समय प्रेक्षक हैं, जबकि बेलारूस, श्रीलंका और तुर्की को संवाद सहयोगियों का दर्जा मिला हुआ है। शंघाई सहयोग संगठन को नए देशों को सदस्यता देने की कसौटी को और सख्त करना होगा। पूर्ण सदस्यता के इच्छुक सभी देशों के लिए सबसे महत्वपूर्ण कसौटी यह होनी चाहिए कि सदस्यता लेने से पहले वे संगठन के मौजूदा सदस्यों के साथ अपने सभी सीमा विवाद सुलझाकर आएं। सदस्य देशों के बीच किसी तरह का सीमा विवाद न होना उनकी विदेश नीतियों में एकरूपता रखने के लिए ज़रूरी है। इसके अलावा नए सदस्यों को स्वीकार करने से पहले यह गौर करना आवश्यक है कि उनकी विदेश नीतियों का रुझान किस तरफ है। नाटो के सदस्यों या नाटो के सुरक्षा कवच वाले देशों को सदस्यता देना बुद्धिमानी नहीं होगी।

दक्षिण एशिया के प्रति चीन की नीति भारत को छोड़कर सभी देशों पर केन्द्रित होगी। दक्षिण एशिया में भारत के अलावा पाकिस्तान, बांग्लादेश, नेपाल, भूटान, श्रीलंका और मालदीव को मिलाकर कुल सात देश हैं और कश्मीर क्षेत्र भी है। अगले दशक में भारत, दक्षिण एशिया का सबसे प्रभावशाली देश होगा। अमेरिका सहित भारी शक्तियों को इस क्षेत्र पर दबदबा कायम करने के लिए भारत से टक्कर लेने में कठिनाई का सामना करना होगा। किन्तु यह भी सच है कि अन्य दक्षिण एशियाई देशों के साथ सबसे ज्यादा विवाद भारत के ही हैं। भारत एक अलोकप्रिय क्षेत्रीय शक्ति है। दक्षिण एशियाई देशों को चीन की बजाय भारत की शक्ति की चिंता सताती रहती है और वे चाहते हैं कि चीन उनके हित में भारत के क्षेत्रीय वर्चस्व को संतुलित करे। यह परिस्थितियां दक्षिण एशियाई देशों के साथ अपना सामरिक सहयोग बढ़ाने के लिए चीन के अनुकूल है। भारतीय अर्थव्यवस्था का परिमाण जिस तरह फैल रहा है उसे देखते हुए चीन-भारत आपसी सहयोग आर्थिक रूप से लाभकारी हो सकता है, किन्तु राजनीतिक एवं प्रतिरक्षा संबंधों में कोई ठोस सहयोग स्थापित कर पाना दोनों देशों के लिए मुश्किल होगा। अगले दशक में दक्षिण एशियाई देशों की अर्थव्यवस्थाओं में आसानी से कोई बहुत बड़ी प्रगति नहीं होने वाली है, इसलिए दक्षिण एशियाई देशों के प्रति चीन की नीति राजनीति से प्रेरित होनी चाहिए ताकि वह भारत को छोड़कर अन्य दक्षिण एशियाई देशों के साथ सहयोग बढ़ा सके और भारत को मजबूर कर सके कि वह दक्षिण एशिया में चीन-अमेरिकी सामरिक प्रतिद्वंद्विता में टांग न अड़ाए।

दक्षिण एशियाई देशों के साथ भारत के राजनीतिक विवादों में मध्यस्थता करना कठिन होगा, लेकिन भारत के साथ दक्षिण एशियाई देशों का आर्थिक सहयोग बढ़ा पाने में भी कठिनाइयां आ सकती हैं। भारत, दक्षिण एशियाई क्षेत्रीय सहयोग संघ (सार्क) में चीन की भागीदारी का विरोध करता रहा है, इसलिए चीन को अपने दक्षिण-पश्चिमी पड़ोसियों के साथ साझा बाजार विकसित करने की वकालत करनी चाहिए। चीन के दक्षिण-पश्चिमी पड़ोसियों में सात दक्षिण एशियाई देशों के अलावा म्यांमार और अफगानिस्तान शामिल हैं। भारत इस क्षेत्रीय सहयोग व्यवस्था में भागीदारी का इच्छुक हो या न हो चीन अपनी आर्थिक शक्ति के दम पर किसी न किसी प्रकार की क्षेत्रीय आर्थिक सहयोग व्यवस्था स्थापित करने में सफल होगा। भारत को छोड़कर दक्षिण एशिया का कोई और देश इस क्षेत्र में दबदबा कायम करने की स्पर्धा में शामिल होने की सोचेगा भी नहीं। इस प्रकार की क्षेत्रीय सहयोग व्यवस्था में भागीदारी इन देशों के लिए हर प्रकार से लाभकारी होगी। कम से कम आर्थिक दृष्टि से तो चीन से उनकी निकटता बढ़ेगी ही। चीन और दक्षिण एशियाई देशों के बीच उप-क्षेत्रीय आर्थिक सहयोग स्थापित हो जाने से भारत पर राजनीतिक दबाव पड़ेगा और भारत, चीन के साथ यह सौदा करने का इच्छुक होगा कि चीन दक्षिण एशियाई देशों के साथ भारत के विवादों में न उलझे और उसके बदले में भारत पूर्व एशिया में विशेषकर दक्षिण चीन सागर में चीन-अमेरिकी सामरिक प्रतिद्वंद्विता में नहीं उलझेगा।

इस समय चीन और यूरोप के संबंधों में तीन बड़ी बाधाएं हैं - चीन पर यूरोपीय शस्त्र प्रतिबंध,

मानव अधिकारों के मुद्दे और चीन को बाजार अर्थव्यवस्था मानने से इंकार। यह बाधाएं लंबे समय तक चलने वाली हैं। इसलिए चीन यूरोप से बहुत अधिक अपेक्षा नहीं कर सकता। अगर वह अमेरिका के साथ अपनी प्रतिद्वंद्विता में यूरोप को तटस्थ रख पाता है तो उसे ही सफलता माना जा सकता है। अगले दस वर्ष में यूरोपीय संघ के भीतर असहमतियां बढ़ेंगी और विदेशी मामलों में एक स्वर से बोलने की सामर्थ्य घटेगी, इसलिए यूरोपीय संघ के लिए चीन के प्रति एकरूप नीति अपना पाना असंभव होगा। चीन के साथ यूरोपीय संघ की नीतियों में परस्पर टकराव को देखते हुए यह सोचना अव्यवहारिक होगा कि यूरोपीय संघ के साथ संबंध सुधार कर चीन यूरोपीय देशों के साथ संबंध बेहतर कर पाएगा। चीन के सामने केवल एक ही रास्ता है कि बड़े यूरोपीय देशों के साथ आपसी संबंध सुधारने की नीति पर ध्यान दे। चीन के लिए ज़रूरी है कि वह यूरोपीय देशों को तीन श्रेणियों में बांट दे।

पहली श्रेणी उन देशों की है जिनमें यूरोपीय संघ को सामूहिक रूप से चीन विरोधी नीतियां अपनाने से रोकने की सामर्थ्य है। यूरोपीय संघ के भीतर एक वोट वीटो प्रणाली का अर्थ यह है कि अगर एक भी सदस्य विरोध पर अड़ा रहता है तो यूरोपीय संघ के लिए सामूहिक रूप से चीन विरोधी नीति अपना पाना बहुत कठिन होगा। चीन को कुछ यूरोपीय देशों के साथ सदाबहार सामरिक सहयोग संबंध स्थापित करने होंगे ताकि वह सामूहिक रूप से चीन विरोधी निर्णय लेने से यूरोपीय संघ को रोक सके। फिलहाल उसके राजनीतिक निशाने पर स्पेन, ग्रीस और सर्बिया हैं। असल में दक्षिण यूरोपीय देश राजनीतिक मैत्री स्थापित करने के लिए चीन के प्रमुख लक्ष्य हैं।

दूसरी श्रेणी उन देशों की है जो आर्थिक हितों के कारण चीन का राजनीतिक विरोध करने के इच्छुक नहीं हैं। कोई बड़े साझे प्रतिरक्षा हित न होने के कारण वह अंतर्राष्ट्रीय मामलों में चीन का समर्थन नहीं करेंगे। यूनाइटेड किंगडम, फ्रांस और जर्मनी इसी श्रेणी के देश हैं। यदि चीन इन देशों के साथ आर्थिक सहयोग बढ़ा पाता है तो अंतर्राष्ट्रीय मामलों में चीन के विरोध की इनकी प्रवृत्ति कम हो सकती है। यूनाइटेड किंगडम, फ्रांस और जर्मनी की सरकारों ने दिआओयू/सेनकाकू द्वीपों पर चीन-जापान विवाद में जिस तरह का तटस्थ रुख अपनाया है उससे लगता है कि वे समझ गए हैं कि उनके लिए चीन का सामरिक महत्व जापान की तुलना में अधिक है। अगले दशक में चीन का राजनीतिक विरोध करने वाले यूरोपीय देशों की संख्या कम से कमतर होती जाएगी। किन्तु चीन के साथ खुलकर राजनीतिक और सैन्य सहयोग करने वाले देश भी गिने-चुने होंगे। इसलिए यूरोप के प्रति चीन की नीति का मुख्य ज़ोर राजनीतिक एवं सैन्य सहयोग पर नहीं, बल्कि आर्थिक सहयोग बढ़ाने पर होना चाहिए। इन देशों के साथ राजनीतिक सहयोग के लिए 2003 के इराक युद्ध जैसी परिस्थिति का उत्पन्न होना आवश्यक है। चीन पर यूरोपीय शस्त्र प्रतिबंध 20 वर्ष से लागू हैं और अगले दस वर्ष भी जारी रहेंगे। किन्तु अगले दशक में यूरोप के सैन्य खर्च में कोई बड़ी वृद्धि नहीं होने वाली, इसलिए यूरोपीय देश एशिया-प्रशांत में प्रतिरक्षा के मुद्दों में आसानी से नहीं उलझ सकेंगे। जब तक एशिया-प्रशांत के प्रतिरक्षा मुद्दों में चीन, यूरोपीय देशों को तटस्थ रहने

पर मजबूर कर सकता है, तब तक उसकी नीति सफल ही मानी जाएगी।

तीसरी श्रेणी में वे देश आते हैं जिनका चीन के साथ कोई मजबूत आर्थिक संबंध नहीं है, किन्तु जिनकी उसके विरुद्ध राजनीतिक धारणाएं बहुत गहरी हैं। इनमें पोलैंड, स्वीडन, नार्वे और उत्तरी तथा पूर्वी यूरोप के कुछ देश शामिल हैं। दुनिया पर इन देशों का प्रभाव बहुत अधिक नहीं है, किन्तु चीन विरोधी धारणाओं को बदलना कठिन होगा। इन देशों के प्रति चीन की नीति यही हो सकती है कि "जो साथ आए उसे ठुकराना नहीं और स्वयं कोई पहल करना नहीं"। दो ध्रुवीय विश्व का बढ़ता रुझान इन देशों को चीन विरोध की अपनी नीति छोड़ने पर मजबूर कर देगा।

अगले दशक में यूरोप को अपनी पारंपरिक संस्कृति से परिचित कराकर चीन उसकी मानसिक श्रेष्ठता की धारणा को कम कर सकता है। यूरोप की पारंपरिक संस्कृति बहुत पुरानी है और वह उभरती शक्तियों को हमेशा हेय दृष्टि से देखता रहा है। यूनाइटेड किंगडम सहित यूरोप के देश हमेशा अमेरिका के कड़े आलोचक रहे हैं। उनकी नजर में अमेरिका संस्कृतिविहीन, धन और शक्ति संपन्न देश है। चीन जब महाशक्ति के रूप में स्थापित होगा तो यूरोपीय देश उसे भी उसी दृष्टि से देखेंगे। चीन अपनी ऐतिहासिक संस्कृति का उपयोग करके यूरोप की धारणा बदल सकता है, जबकि अमेरिका के पास इस प्रकार के सांस्कृतिक संसाधन नहीं हैं। चीन की संस्कृति में खुलापन बहुत है, किन्तु उसके शहरों और कस्बों में रहन-सहन का माहौल अगले दशक में यूरोपीय देशों के शहरों और कस्बों के रहन-सहन के माहौल की आसानी से बराबरी नहीं कर सकेगा। यूरोपीय देशों के लोगों को आरामदेह, शांत और चैन की जिंदगी की आदत है। चीन की भागती जीवन शैली उन्हें आकर्षित नहीं कर पाएगी, इसलिए काम या जीने के लिए चीन आने के इच्छुक यूरोपीय लोगों की संख्या बहुत अधिक नहीं होगी। अगले दशक में यूरोप की अर्थव्यवस्था तेज रफ्तार वृद्धि हासिल करने में कठिनाई महसूस करेगी, इसलिए पर्यटन के लिए चीन आने वाले यूरोपीय सैलानियों की संख्या कुछ खास नहीं बढ़ पाएगी। अतः चीन को अपनी पारंपरिक संस्कृति से यूरोप को परिचित कराने और यूरोप में पैर जमाने के बेहतर तरीके अपनाने होंगे।

अफ्रीका, लैटिन अमेरिका और मध्य-पूर्व देशों में एकता

अफ्रीका के प्रति चीन की नीति राजनीतिक उद्देश्यों से प्रेरित होनी चाहिए। हालांकि अगले दशक में क्षेत्र के रूप में अफ्रीका की आर्थिक वृद्धि की गति विकसित देशों की औसत गति से तेज होगी फिर भी कुल आर्थिक स्तर में वह बहुत पिछड़ा रहेगा। विश्व की दूसरी सबसे बड़ी अर्थव्यवस्था चीन के परिमाण के अनुपात में अफ्रीका से चीन के लिए कुल आर्थिक लाभ सीमित है। किन्तु अफ्रीका के 54 देश बहुत बड़ा राजनीतिक वोट बैंक हैं जिसका महत्व चीन के लिए आर्थिक सहयोग की तुलना में बहुत ही अधिक है। इसीलिए चीन की अफ्रीका नीति राजनीतिमुखी होनी चाहिए। भू-राजनीतिक दृष्टि से अफ्रीका पांच उप-क्षेत्रों – उत्तर अफ्रीका, दक्षिणी अफ्रीका, पूर्व अफ्रीका,

पश्चिम अफ्रीका और मध्य अफ्रीका — में विभाजित है। प्रत्येक क्षेत्र के अग्रणी देश क्रमशः मिस्र, दक्षिण अफ्रीका, केन्या, नाइजीरिया और कांगो लोकतांत्रिक गणराज्य हैं। यह देश एक-दूसरे के पड़ोसी नहीं हैं, इसलिए इनके बीच न कोई बड़ा सामरिक विवाद है और न ही घनिष्ठ सहयोग है। इसलिए अफ्रीका के प्रति चीन की नीति इन पांच देशों के साथ आपसी संबंध बढ़ाने पर केन्द्रित होनी चाहिए और बहुपक्षीय नीति में अंतर्राष्ट्रीय मामलों में चीन के रुख के प्रति अफ्रीकी संघ का समर्थन जुटाने पर ध्यान देना चाहिए।

लैटिन अमेरिका के प्रति चीन की नीति, कुछ देशों को चुनकर उन पर ध्यान देने की होनी चाहिए। लैटिन अमेरिका पर पहले अमेरिका का एकछत्र वर्चस्व रहा है और उसे अमेरिका का पिछला आंगन माना जाता रहा है। किन्तु 21वीं शताब्दी में लैटिन अमेरिका पर अमेरिकी दबदबे में कमी आने लगी है। इसका कारण क्षेत्र में बाहरी ताकतों का प्रवेश नहीं है, बल्कि उसके प्रमुख कारणों में ब्राजील का बढ़ता क्षेत्रीय प्रभाव, लैटिन अमेरिकी क्षेत्रीय गठबंधनों की मजबूती और कुछ देशों में वामपंथी दलों की सरकारों की समाजवादी आर्थिक नीतियों से संभव आर्थिक वृद्धि एवं सामाजिक विकास शामिल हैं। लैटिन अमेरिका में सबसे प्रभावशाली अग्रणी देश ब्राजील है, इसलिए चीन को उसे इस क्षेत्र में अपना सबसे महत्वपूर्ण सामरिक साझीदार बना लेना चाहिए। चीन और लैटिन अमेरिकी देशों के बीच मुख्य व्यापार चीन के लिए तेल का निर्यात है। इसलिए दोस्ती करते समय उन देशों को महत्व दिया जाना चाहिए। लैटिन अमेरिकी देशों के लिए चीन एक ऐसी उभरती हुई महाशक्ति है जिसके साथ न कोई ऐतिहासिक शिकायतें हैं और न ही कोई वास्तविक विवाद। इस मामले में अमेरिका की तुलना में चीन के लिए स्थिति लाभदायक है। चीन को इस स्थिति का लाभ उठाते हुए लैटिन अमेरिका में अपनी आर्थिक गतिविधियों से राजनीतिक लाभ को हानि नहीं होने देनी चाहिए। यदि 2016 में ताइवान में स्वतंत्रता समर्थक डेमोक्रेटिक प्रोग्रेसिव पार्टी सत्ता में आ गई तो चीन लैटिन अमेरिका के उन देशों के साथ संबंध सामान्य करने की गति तेज कर सकता है जिनके ताइवान के साथ कूटनीतिक संबंध हैं।

मध्य-पूर्व के साथ चीन की नीति आर्थिक संबंधों पर केन्द्रित रहनी चाहिए। अगले दशक में अमेरिका मध्य-पूर्व से पीछे हटता रहेगा और यूरोपीय देश वहां अपना दबदबा कायम नहीं कर पाएंगे जिससे उस क्षेत्र में बाहरी शक्तियों का शून्य उत्पन्न हो जाएगा। यह शून्य क्षेत्रीय शक्तियों यानी मिस्र, तुर्की, सऊदी अरब और ईरान को क्षेत्र में अपना दबदबा कायम करने के लिए स्पर्धा का अवसर देगा। फलस्तीन-इस्राइली संघर्ष, ईरान का परमाणु शक्ति कार्यक्रम और साम्प्रदायिक टकराव के तीन कारक, क्षेत्र में हिंसक संघर्षों को बढ़ावा देंगे जिनके कारण मध्य-पूर्व के देश अपने राजनीतिक जुड़ाव में लगातार बदलाव करते रहेंगे। मध्य-पूर्व की जटिल राजनीतिक परिस्थितियों को देखते हुए चीन उसके संघर्षों में न उलझने की नीति अपना सकता है, लेकिन अरब-इस्राइल संघर्ष में उसे हमेशा अरब देशों के साथ खड़ा दिखना होगा। अगले दशक में चीन में मध्य-पूर्व के तेल की जबर्दस्त मांग रहेगी, इसलिए मध्य-पूर्व के लिए उसकी रणनीति अपने आर्थिक लाभ पर केन्द्रित

रहना ज़रूरी है।

उत्तर अमेरिका में केवल तीन देश हैं – अमेरिका, कनाडा और मैक्सिको। मैक्सिको एक लैटिन अमेरिकी देश भी है और लैटिन अमेरिका के मामलों में उसकी भागीदारी अमेरिका से बड़ी है, जबकि उत्तर अमेरिका पर संयुक्त राज्य अमेरिका का दबदबा है। इसलिए चीन को उत्तर अमेरिका के लिए नहीं, सिर्फ संयुक्त राज्य अमेरिका के लिए नीति अपनाने की आवश्यकता है।

विभिन्न परिभाषाओं के अनुसार ओशेनिया क्षेत्र में देशों की संख्या तो दस से अधिक है, किन्तु केवल ऑस्ट्रेलिया का ही दुनिया भर में अच्छा-खासा प्रभाव है। इसलिए ओशेनिया के प्रति चीन की नीति मूल रूप से ऑस्ट्रेलिया के साथ आपसी संबंध सुधारने तक सीमित है। अगले दशक में पूर्व एशिया के साथ ऑस्ट्रेलिया की बढ़ती नजदीकी को देखते हुए चीन, ऑस्ट्रेलिया के प्रति अपनी नीति को पूर्व एशिया नीति का अंग बनाने पर सोच सकता है।

आपसी हितकारी कूटनीति : बड़ी शक्तियों के प्रति भिन्न-भिन्न नीतियां

उदीयमान शक्ति के नाते चीन के लिए हर बड़ी शक्ति के साथ संबंध सुधार पाना असंभव है। विशेषकर जब शेष बड़ी शक्तियों में लोकप्रिय चुनावी लोकतंत्र को चीन सरकार मान्यता नहीं देती। इसे देखते हुए चीन सरकार को प्रत्येक बड़ी शक्ति के साथ अपने साझे हितों के अनुरूप भिन्न-भिन्न नीतियां अपनानी होंगी।

अमेरिका के साथ शांतिपूर्ण स्पर्धा

अगले दशक में दो ध्रुवीय विश्व व्यवस्था का रुझान अधिक से अधिक मुखर होता जाएगा और चीन को अपने बराबर न आने देना अमेरिका की विदेश नीति का मुख्य रणनीतिक उद्देश्य होगा। अगले दशक में चीन और अमेरिका के बीच संरचनात्मक विवाद बढ़ते जाने से आपसी सामरिक स्पर्धा भी निरंतर भयंकर रूप लेती जाएगी। इसलिए बहुत से लोगों का मानना है कि चीन के लिए युद्ध को टालते हुए शांतिपूर्वक अपनी हैसियत बढ़ाना कठिन होता जाएगा। इस सामरिक स्पर्धा को चीन के लिए लाभदायक दिशा देने के लिए ज़रूरी है कि चीन अमेरिका के प्रति अपनी नीति में दो सिद्धांतों – "शांतिपूर्ण स्पर्धा" और "राजनीतिक-आर्थिक जुड़ाव" का ईमानदारी से पालन करें।

"शांतिपूर्ण स्पर्धा" का मतलब है कि चीन और अमेरिका के बीच युद्ध नहीं होना चाहिए। दोनों देशों के बीच युद्ध न होने देने से चीन के राष्ट्रीय पुनरुत्थान की लागत में बड़ी भारी कमी आ सकती है। शांतिपूर्वक अपनी हैसियत बढ़ाते जाने की बुनियादी शर्त ताकतवर सैन्य शक्ति का होना है। इस समय चीन की परमाणु शक्ति के कारण अमेरिका और चीन के बीच सीधे युद्ध की संभावना

नहीं है फिर भी चीन को अपनी परमाण्विक एवं पारंपरिक सैन्य सामर्थ्य का आधुनिकीकरण कर उसे ऊंचा उठाना होगा ताकि उसकी बुनियाद और मजबूत हो सके। परमाणु शक्ति के युग में चीन और अमेरिका की सैन्य शक्ति के बीच अंतर जितना कम होगा उन के बीच युद्ध होने की आशंका भी उतनी कम रहेगी। अमेरिका और चीन के बीच सामरिक स्पर्धा को शांतिपूर्वक चलाने के लिए चीन को अनेक प्रकार के निवारक रक्षा सहयोग समझौते करने होंगे अर्थात अमेरिका के साथ सैन्य टकराव या युद्ध होने से रोकने के लिए प्रतिरक्षा सहयोग करना होगा। चीन को अमेरिका के साथ बड़ी शक्ति के संबंधों का नया मॉडल अपनाना होगा, सामरिक स्पर्धा के दौर में भी दोनों देशों के बीच सामरिक संपर्क निरंतर बढ़ाना होगा और अमेरिका के साथ छद्म युद्धों से बचना होगा। आज के युग में जब बौद्धिक नवाचार, उत्पादकता की सबसे बड़ी शक्ति हो गया है, तब नवाचारी प्रतिभा के लिए स्पर्धा की रणनीति की तुलना में छद्म युद्धों के सामरिक लाभ बहुत कम रह गए हैं। चीन को शांतिपूर्ण स्पर्धा में नवाचारी प्रतिभा के लिए होड़ पर ध्यान देना होगा। जब चीन में नवाचारी प्रतिभा विश्व में सबसे अधिक हो जाएगी तो अमेरिका अपना एकाधिकार कायम रखने का आधार ही खो देगा। इसका अर्थ यह होगा कि उस शांतिपूर्ण स्पर्धा को जीतने के साधन चीन के नियंत्रण में आ जाएंगे।

अगले दशक में चीन और अमेरिका की शक्ति के बीच अंतर कम करने में अर्थव्यवस्थाओं की प्रमुख भूमिका होगी, इसलिए चीन को अपने प्रति अमेरिका की कट्टर नीति को राजनीतिक रूप से कमज़ोर करने के लिए इस मामले में श्रेष्ठता का लाभ उठाना होगा। पूंजीवादी मूल्य का अर्थ यह है कि दौलत की मात्रा सही गलत का फैसला करती है। अमेरिका की जनता की दृढ़ मान्यता है कि अमेरिका की तुलना में ऊंची आर्थिक शक्ति पैदा करने वाली संस्थाएं निश्चय ही अधिक सही होती हैं। इसलिए चीन और अमेरिका के बीच आर्थिक शक्ति का अंतर जितना कम होगा, अमेरिकी जनता की नजर में चीन की राजनीतिक व्यवस्था के लिए अंतर्राष्ट्रीय मान्यता उतनी ही अधिक होगी। चीन अमेरिका को ऋण देने वाला सबसे बड़ा देश है जिसके कारण अमेरिका के प्रति चीन की नीति को राजनीतिक नैतिक श्रेष्ठता मिलती है। राजनीतिक-आर्थिक जुड़ाव अमेरिका को बिना कारण वैचारिक विवाद खड़े करने से रोकता है और आपसी सामरिक संबंधों को स्थिरता देने में सहायक होता है। अगले दशक में अमेरिका के सबसे बड़े व्यापार साझीदार के नाते चीन को मांग करनी चाहिए कि अमेरिका मुक्त व्यापार के सिद्धांतों का पालन करे, उसे अमेरिका की संरक्षणवादी नीतियों की आलोचना करनी चाहिए और वाणिज्यिक संरक्षणवाद को राजनीतिक रंग देना चाहिए। अमेरिका की संरक्षणवादी नीतियां जितनी अधिक उजागर होंगी राजनीतिक रूप से उतनी ही अधिक अनुचित मानी जाएंगी और पहले से अधिक संख्या में विदेशों और देश के भीतर उदारवादी जनमत अमेरिका का विरोध करेगा। चीन और अमेरिका की आर्थिक उपलब्धियों में अंतर जितना बढ़ेगा अमेरिका की राजनीतिक खामियां उतनी ही अधिक उजागर होंगी और उसकी कट्टर चीन विरोधी नीति के लिए राजनीतिक स्वीकार्यता उतनी ही कम होती जाएगी।

रूस के साथ गठजोड़ करना

अगले दशक में चीन के लिए रूस के साथ आपसी सामरिक सहयोग की आवश्यकता बढ़ती जाएगी। शीत युद्ध की समाप्ति के बाद रूस ने यह मानने की भूल कर दी कि वह पश्चिमी खेमे में शामिल हो सकता है और अंतर्राष्ट्रीय अलगाव से बाहर निकल सकता है। किन्तु रूस ने अपने परमाणु हथियारों और पारंपरिक हथियारों में भारी कमी सहित जो भी रियायतें दीं उनसे उसका उद्देश्य पूरा नहीं हुआ। इसके विपरीत नाटो, पूर्व की तरफ पैर फैलाते हुए उसके दरवाजे तक आ पहुंचा। अगले दशक में रूस पर अमेरिका का सामरिक दबाव कम नहीं होने वाला है; अमेरिका तब भी रूस को यूरोपीय देशों की सुरक्षा के लिए सबसे बड़ा खतरा मानता रहेगा। 2012 में पुतिन के दोबारा राष्ट्रपति चुने जाने के बाद नाटो ने पोलैंड में मिसाइल रोधी प्रणालियां लगाने का फैसला किया और रूस के साथ कोई वार्ता नहीं की। रूस चाहे कुछ भी चाहता हो, उसके लिए चीन के साथ गठजोड़ करने से अधिक लाभकारी नीति कोई नहीं हो सकती।

अगले दशक में चीन को भी रूस के साथ गठजोड़ करने से अधिक सामरिक लाभ और कहीं से नहीं मिलेगा।[5] दुनिया में चीन के सामरिक हितों का दायरा जितना व्यापक होता जाएगा उससे सामरिक प्रतिरक्षा की समस्याएं उतनी ही बढ़ती जाएंगी। उसे अधिक से अधिक मित्रों की आवश्यकता होगी। चीन के लिए रूस के साथ गठजोड़ का महत्व बढ़ता जाएगा। सीरिया के बारे में संयुक्त राष्ट्र के फैसले को जिस तरह चीन और रूस ने मिलकर वीटो किया उससे दोनों के साझे सामरिक हितों में वृद्धि साफ दिखाई दी। अमेरिका, यूनाइटेड किंगडम और फ्रांस के साथ सामरिक हितों में चीन के मतभेदों से पता चलता है कि चीन अधिकांश अंतर्राष्ट्रीय मामलों में इन तीन देशों का समर्थन जुटाने में असफल रहा है। इन परिस्थितियों में चीन-रूस गठजोड़ संयुक्त राष्ट्र सुरक्षा परिषद में शेष चार स्थायी सदस्यों के सामने चीन को अकेला पड़ने से बचा सकता है। अमेरिका अपनी स्मार्ट शक्ति की कूटनीति का इस्तेमाल लगातार बढ़ाता जाएगा और चीन के पारंपरिक मित्रों को उससे दूर करता रहेगा। अंतर्राष्ट्रीय व्यवस्था के दबाव को बढ़ने से रोकने के लिए चीन को अपना सामरिक सहयोग मजबूत करना होगा ताकि सहयोगियों का दायरा बढ़ाने और उनके साथ संबंध मजबूत करने की अमेरिकी नीति का मुकाबला कर सके।

चीन और रूस अगर सहयोगी बन गए तो भी यह गठजोड़ कितना चलेगा कह पाना मुश्किल है। किन्तु गठबंधनों के स्थायित्व का बुनियादी सिद्धांत यही है कि जब तक वे एक-दूसरे के लिए हानिकारक नहीं होते, तब तक टिके रह सकते हैं। जब सामरिक लाभों की प्रबलता उन्हें एक-दूसरे से अधिक दूर खींचती है तभी सदस्य देश गठबंधनों से अलग होते हैं। चीन जब दो ध्रुवीय विश्व व्यवस्था का एक ध्रुव हो जाएगा तो इसका सीधा सा अर्थ यह होगा कि रूस के साथ गठबंधन

---

5 यान शुएतोंग, "इल्योषी केकाओ मा?" (क्या रूस भरोसे के लायक है), *गुओजि जिंगजि पिंगलुन* (इंटरनेशनल इक्नॉमिक रिव्यू), सं. 3 (2012): 21-25

तोड़ने का चीन के पास कोई कारण नहीं बचेगा। जब तक अमेरिका और यूरोप को अपने सामरिक गठबंधन को कायम रखने में रूस को साझा शत्रु दिखाने की ज़रूरत नहीं होगी, तब तक रूस भी आसानी के साथ चीन के साथ गठबंधन तोड़ने की पहल नहीं करेगा। शंघाई सहयोग संगठन को 12 वर्ष हो चुके हैं और इस समय संगठन के भीतर चीन और रूस के साझा सामरिक हितों का दायरा बढ़ता दिखाई दे रहा है। दोनों पीछे से होने वाले हमले से बचने के सामरिक प्रतिरक्षा लाभ का ही फायदा नहीं उठा रहे, बल्कि मध्य एशिया के दोनों छोर पर अपने आपसी सीमा क्षेत्रों के बल पर दोनों के साझे सामरिक हितों का विस्तार हो रहा है। पश्चिम को ईरान के साथ युद्ध छेड़ने से रोकने, कोरियाई प्रायद्वीप में शांति रखने और जापान के साथ द्वीपीय विवादों की मजबूरी के कारण चीन और रूस के साझे सामरिक हित मजबूत होते जाएंगे। पूर्व एशिया जब विश्व का केन्द्र हो जाएगा तो रूस को पूर्व एशिया में मजबूती से पैर जमाए रखने का फैसला लेना होगा जिसमें चीन के साथ गठजोड़ मददगार साबित हो सकता है।

जापान के साथ संबंध सुधारना

अगले दशक में चीन को जापान के साथ संबध सुधारने की नीति अपनानी चाहिए ताकि जापान को पश्चिम से विमुख करके पूर्व एशिया की ओर उन्मुख किया जा सके। दूसरे महायुद्ध के बाद जापान ने अमेरिका के साथ *सान फ्रांसिस्को शांति संधि* और *अमेरिकी–जापानी प्रतिरक्षा आश्वस्ति शर्तों* पर हस्ताक्षर किए जिससे जापान अमेरिका पर आश्रित देश बन गया। उसके बाद से लंबे समय से जापान पश्चिमी देशों से जुड़ा रहा है और जापानी समाज में भी यह भ्रम छाया हुआ है कि जापान, एशिया का देश नहीं है। इसके कारण "एशिया से टूटकर यूरोप में प्रवेश" और "एशिया में वापसी" की दो सामरिक विचारधाराओं के बीच बहस छिड़ गई है। जापान को पश्चिम से विमुख कर पूर्व एशिया में लाने के लिए ज़रूरी है कि चीन, जापान को भी भारत जैसा ही देश माने। चीन, भारत को गैर-पश्चिमी देश मानता है, इसलिए वैचारिक मतभेदों के कारण दोनों देशों के संबंधों में कभी कोई अड़चन नहीं आई। चीन अगर जापान को पश्चिमी देश की बजाय एशियाई देश मानने लगेगा तो उनके आपसी संबंधों पर वैचारिक मतभेदों का विपरीत प्रभाव न पड़ने देने में मदद मिलेगी और एशिया में वापसी की जापान की भीतरी रणनीति को अंतर्राष्ट्रीय समर्थन भी मिल जाएगा। अगर एशिया में वापसी का विचार जापान की मुख्य नीति का अंग बन गया तो जापान चीन और अमेरिका के बीच संतुलन की नीति अपनाएगा और दोनों के बीच कूटनीतिक पहल का अधिकार प्राप्त कर सकेगा।

अगले दशक में जापान के प्रति चीन की नीति का राजनीतिक रुख जारी रहना चाहिए और इसे राजनीति को आर्थिक नीति से अलग रखना चाहिए। इसमें राजनीति पर बल दिया जाना चाहिए ताकि जापान विरोध का रास्ता छोड़ दे और आर्थिक लाभ उसका पूरक हो जाए जिससे जापान

के आर्थिक विकास को बढ़ावा मिले। चीन और जापान के आर्थिक संबंध पहले से बहुत घनिष्ठ हैं। दिआओयु/सेनकाकू द्वीप विवाद का चीन और जापान के आर्थिक संबंधों पर विपरीत प्रभाव लंबे समय तक नहीं चलने वाला। इन दोनों देशों के आर्थिक हित परस्पर इतने जुड़े हुए हैं कि वे आपसी आर्थिक संबंधों को आगे ही ले जाएंगे। यदि चीन और जापान के बीच आर्थिक सहयोग उनके आपसी राजनीतिक संबंधों में गिरावट को रोकने में असमर्थ रहा तो अगले दशक में आपसी राजनीतिक संबंधों को सुधारने के लिए आपसी आर्थिक संबंधों की मजबूती पर भरोसा करना अव्यावहारिक होगा। आपसी आर्थिक संबंधों का राजनीतिक संबंधों पर प्रभाव बहुत अधिक न होने के कारण ही जापान का आर्थिक विकास चीन के साथ उसकी शक्ति के अंतर में वृद्धि के रुख को नहीं पलट सकता। इतना ही नहीं जापान की अर्थव्यवस्था में कमज़ोरी आने से उसके भीतर दक्षिणपंथी ताकतों को शक्ति मिलती है, इसलिए चीन को जापान के साथ अपनी नीति में आर्थिक और राजनीतिक पहलुओं को अलग-अलग रखना चाहिए। जापान में शिंजो आबे की सरकार के कार्यकाल में चीन के साथ उसके राजनीतिक संबंधों का रुख आसानी से नहीं पलटेगा, इसलिए चीन की नीति आपसी राजनीतिक एवं प्रतिरक्षा संबंधों को विकसित करने की होनी चाहिए। चीन और जापान के राजनीतिक संबंधों में सुधार की शुरुआत दिआओयु/सेनकाकू द्वीप विवाद पर बातचीत से ही हो सकती है। "विवादों को छोड़कर मिलकर विकास करने" के 1972 के सिद्धांत को फिर से अपनाना अब असंभव हो चुका है, इसलिए दोनों देशों को "अपने लाभ की चिंता किए बिना विवाद को नियंत्रित करने" के सिद्धांत के आधार पर कोई ठोस योजना बनानी होगी।

जर्मनी को सामरिक आर्थिक साझेदार बनाना

अगले दशक में यूरोपीय संघ के भीतर जर्मनी का दर्जा ऊंचा होता जाएगा और यूनाइटेड किंगडम तथा फ्रांस दोनों के साथ उसकी शक्ति का अंतर निरंतर बढ़ता जाएगा जिससे यूरोपीय देशों के सामने जर्मनी के नेतृत्व का अनुकरण करने के सिवाय कोई रास्ता नहीं बचेगा। इसी दौरान जर्मनी, चीन का सबसे महत्वपूर्ण यूरोपीय आर्थिक साझेदार भी हो जाएगा। जर्मनी के राजनीतिक रुझान से स्पष्ट है कि वह आसानी से चीन का राजनीतिक-सामरिक साझेदार नहीं बनेगा। जर्मनी के प्रति चीन की नीति दोनों के साझे आर्थिक हितों के निरंतर विस्तार पर केन्द्रित होनी चाहिए। जर्मनी की व्यावहारिक सोच की परंपरा के कारण वहां की जनता चीन को अधिकांश यूरोपीय देशों की तुलना में बेहतर ढंग से समझती है जो चीन-जर्मन संबंधों में स्थिरता के लिए लाभदायक है। 2012 में जर्मन सर्वेक्षण संस्था टीएनएस इमनिड ने अलग-अलग वर्गों के 1,000 जर्मन निवासियों के बीच इस बारे में सर्वेक्षण किया था। जवाब देने वालों में से आधे से अधिक का मानना था कि चीन का उदय जर्मनी के लिए विकास का अवसर है, जबकि 39 प्रतिशत उसे खतरा मानते थे। जवाब देने वालों में से आधे से अधिक का मानना था कि चीन के पास इतना धन है कि वह जर्मनी

को यूरो संकट से उबरने में मदद कर सकता है। उसके मुकाबले मुट्ठी भर लोग जापान के बारे में ऐसी राय रखते थे।[6]

जर्मनी के साथ महत्वपूर्ण आर्थिक साझेदारी विकसित करने के लिए चीन को ऐसी नीति अपनानी होगी जिससे जर्मनी के साथ उसके राजनीतिक संबंधों में स्थिरता आए। प्रतिरक्षा, आर्थिक और सांस्कृतिक क्षेत्रों में चीन और जर्मनी के बीच कोई बड़ा टकराव नहीं है, जब तक जर्मन सरकार मानव अधिकारों के मुद्दे पर चीन का विरोध नहीं करती, तब तक दोनों देशों के स्थिर संबंधों में कोई अड़चन दिखाई नहीं देती। इसलिए ज़रूरी है कि चीन विशेष रूप से मानव अधिकार के मुद्दों पर जर्मनी के साथ सरकारी स्तर पर संवाद तंत्र स्थापित करे और नागरिक अधिकारों पर मतभेदों को संवाद के जरिए सुलझाए ताकि जर्मनी के साथ आपसी विवाद गंभीर रूप न लेने पाएं।

फ्रांस को दोस्ती का मोल समझाना

अगले दशक में सारी दुनिया और यूरोप में फ्रांस का प्रभाव कम होने लगेगा तथा अमेरिका, चीन और जर्मन की समग्र शक्ति की तुलना में उसकी समग्र शक्ति का अंतर बहुत कम हो जाएगा। 2023 तक उसका सकल घरेलू उत्पाद ब्राजील से भी कम हो जाने की आशंका है। इसका मतलब है कि फ्रांस की विदेश नीति का प्राथमिक लक्ष्य यूरोप में अपनी हैसियत बचाना होगा। उसकी और जर्मनी की भौतिक शक्ति के बीच बढ़ते अंतर को देखते हुए बहुत संभव है कि फ्रांस संयुक्त राष्ट्र सुरक्षा परिषद की स्थायी सदस्यता का फायदा उठाकर यूरोप के बाहर छोटे-मोटे अंतर्राष्ट्रीय संघर्षों में खुलकर हिस्सा ले और अपनी अंतर्राष्ट्रीय हैसियत में गिरावट थामने की कोशिश करे। लीबिया युद्ध और 2011 से सीरिया के गृह युद्ध में फ्रांस की भागीदारी उसके प्रमुख उदाहरण हैं।

अगले दशक में चीन और फ्रांस की शक्ति में अंतर बढ़ने की गति और तेज होगी जिसका चीन के प्रति फ्रांस की नीति पर बड़ा प्रभाव पड़ेगा। फ्रांस विशेष रूप से चीन के साथ अपने आर्थिक संबंधों पर बारीकी से गौर करेगा और उसकी चीन नीति व्यावहारिक होती जाएगी। फ्रांस में आधुनिक विदेश संबंधों में चार्ल्स द-गॉल की स्वतंत्र विदेश नीति परंपरा बन चुकी है। अगले दशक में अपनी हैसियत में गिरावट के बावजूद फ्रांस किसी बड़ी शक्ति की पिछलग्गू विदेश नीति नहीं अपनाएगा। इसका सीधा सा अर्थ है कि फ्रांस, चीन और अमेरिका के बीच ऐसी संतुलित नीति अपना सकता है जिससे चीन और अमेरिका दोनों उसका समर्थन पाने के लिए अधिक से अधिक लालायित रहें। चीन और फ्रांस के कोई साझे सामरिक हित नहीं हैं और उस पर से फ्रांस की स्वतंत्र विदेश संबंध की नीति से यही निष्कर्ष निकलता है कि फ्रांस आसानी से चीन का सच्चा सामरिक साझीदार नहीं बनेगा। चीन और फ्रांस के हितों में कोई बड़ा टकराव भी नहीं है, इसलिए यूरोप में अपनी हैसियत बरकरार रखने के लिए फ्रांस कभी नहीं चाहेगा कि चीन के साथ उसके संबंध, चीन और जर्मनी

6 "द राइज ऑफ एशिया": वी आर नॉट अफ्रेड ऑफ चाइना", सर्वेक्षण, फ्रेंकफर्टर अलगिमेन्ज जेतुंग, 1 नवम्बर, 2012

के संबंधों की तुलना में कमज़ोर हो जाएं।

फ्रांस के प्रति चीन की नीति से फ्रांस के प्रति सम्मान झलकना चाहिए। चीन-फ्रांस आर्थिक संबंधों का विस्तार फ्रांस को चीन के साथ अपने संबंधों का महत्व समझने पर बाध्य करने का एक महत्वपूर्ण पहलू है, किन्तु इससे यह सुनिश्चित नहीं होगा कि चीन और फ्रांस के संबंधों पर बिल्कुल कोई असर नहीं पड़ेगा। फ्रांस को चीन तथा अमेरिका के बीच निरपेक्ष रहने की आवश्यकता समझाने के लिए ज़रूरी है कि चीन अमेरिका और यूरोप के बीच के विवादों में यूरोप के प्रति झुकाव दिखाए, यूरोपीय मामले में फ्रांस और जर्मनी के बीच राजनीतिक संतुलन रखे और फ्रांस को यह विश्वास दिलाए कि चीन के साथ उसके संबंध चीन-जर्मन संबंधों से कमतर नहीं। अंतर्राष्ट्रीय मामलों में एकता के लिए फ्रांस को रूस के बाद दूसरे स्थान पर रखने से फ्रांस को यह अहसास होगा कि चीन और अमेरिका के बीच संतुलन रखने में कितना फायदा है। फ्रांस जब तक निरपेक्ष रहेगा उसके प्रति चीन की नीति सफल रहेगी।

भारत के साथ संबंधों में स्थिरता

अगले दशक में भारत की अंतर्राष्ट्रीय हैसियत में बढ़त का रुख होगा, लेकिन उसकी शक्ति तथा चीन और अमेरिका की शक्ति के बीच अंतर लगातार बढ़ता जाएगा। बहुध्रुवीकरण की प्रवृत्ति के सामने भारत गुटनिरपेक्षता की नीति का पालन करता रहेगा और यह दिखाता रहेगा कि चीन और अमेरिका दोनों उसका समर्थन पाने के लिए आपस में लड़ते रहें। अगले दशक में भारत और चीन के बीच सीमा विवाद दोनों देशों के सामरिक संबंधों में बाधक नहीं होगा, इसलिए हो सकता है कि भारत आर्थिक मामले में चीन का पक्ष ले और प्रतिरक्षा के मामले में अमेरिका के साथ खड़ा दिखाई दे। इसका सीधा सा अर्थ है कि भारत और चीन हर क्षेत्र में सामरिक साझीदार नहीं हो सकते, इसलिए भारत के प्रति चीन की नीति का लक्ष्य आपसी संबंधों में सुधार की बजाय स्थिरता को प्राथमिकता देना होना चाहिए।

प्रतिरक्षा के मामले में चीन-भारत सामरिक संबंधों को सुधारने में कठिनाइयों को देखते हुए भारत के प्रति चीन की नीति में राजनीतिक उद्देश्यों को आर्थिक उद्देश्यों से अलग रखा जाना चाहिए। दोनों देशों के संबंधों के विकास का मूल लक्ष्य आर्थिक सहयोग बढ़ाना होना चाहिए साथ ही प्रतिरक्षा और राजनीतिक संबंधों में केवल स्थिरता रखने पर ज़ोर दिया जाना चाहिए। राजनीतिक पक्ष को आर्थिक पक्ष से अलग रखने से लाभ यह होगा कि आपसी राजनीतिक विवादों की छाया आपसी आर्थिक सहयोग पर नहीं पड़ेगी। इसके अलावा आपसी आर्थिक सहयोग बढ़ने से भारत चीन के प्रति अधिक व्यावहारिक नीति अपनाएगा और प्रतिरक्षा संबंधी मुद्दों पर उसका भड़कना कम होगा। भारत लोकतांत्रिक देश होने के बावजूद खुला हुआ नहीं है। दूसरे दक्षिण एशिया में अपना वर्चस्व कायम रखने के लिए उसकी क्षेत्रीय नीति का उद्देश्य बाहर की बड़ी शक्तियों को दक्षिण एशिया में

घुसने से रोकना है। अगले दशक में भी भारत की शक्ति इतनी नहीं होगी कि वह विश्व शक्ति बन सके, इसलिए वह वैश्विक स्पर्धा में भागीदारी नहीं कर सकेगा। वह दक्षिण एशिया के बाहर अक्सर तटस्थता की नीति अपनाएगा। इसका एक उदाहरण यह है ईरान के परमाणु शक्ति कार्यक्रम पर वह पश्चिम के रुख का अनुसरण करने को तैयार नहीं है। चीन के प्रति भारत की नीति वैश्विक स्तर के बजाय दक्षिण एशिया तक सीमित है जिससे चीन को भारत के साथ अपने संबंधों में स्थिरता लाने लायक परिस्थितियां मिलती हैं। चीन को भारत के साथ सौदा करना चाहिए कि वह अगर पूर्वी एशियाई मामलों में हस्तक्षेप नहीं करेगा तो चीन भी दक्षिण एशिया के राजनीतिक मामलों में दखल नहीं देगा। इसके साथ ही दक्षिण एशियाई उप-क्षेत्रीय आर्थिक सहयोग की शुरुआत करके चीन, भारत को चेतावनी दे देगा कि वह दक्षिण एशिया में दखलदांजी करने में कितना समर्थ है।

यूनाइटेड किंगडम की परवाह न करना

अगले दशक में यूनाइटेड किंगडम की अंतर्राष्ट्रीय हैसियत और प्रभाव दोनों में भारी कमी आएगी। यूरोपीय महाद्वीप के देशों के बीच बढ़ती दूरी के कारण गिरावट की यह गति फ्रांस से भी तेज होगी। यूनाइटेड किंगडम की अर्थव्यवस्था का परिमाण ब्राजील से भी छोटा हो चुका है और अगले दस वर्ष में उसकी शक्ति तथा अमेरिका, चीन और जर्मनी की शक्तियों के बीच की खाई और चौड़ी हो जाएगी। यूरोपीय संघ से दूर जाने की उसकी नीति यूरोप में उसका प्रभाव तेजी से गिरा देगी। अमेरिका के साथ विशेष संबंध रखने के लिए यूनाइटेड किंगडम यूरोप से बाहर अंतर्राष्ट्रीय मामलों में अमेरिका का साथ देने की नीति अपनाएगा इसके कारण यूनाइटेड किंगडम के अंतर्राष्ट्रीय प्रभाव की कोई स्वतंत्र हैसियत नहीं रहेगी। उसे अमेरिका का पिछलग्गू माना जाएगा।

अगले दशक में चीन और यूनाइटेड किंगडम के बीच शक्ति की विषमता बहुत बढ़ जाएगी, इसलिए चीन के प्रति उसकी नीति ऐसी होगी जिसमें अमेरिका के प्रति अनुराग तो होगा लेकिन अपनी तरफ से चीन का विरोध नहीं होगा। यूनाइटेड किंगडम को बड़ी शक्तियों के साथ कूटनीतिक संबंधों का बहुत मंजा हुआ अनुभव है। उसकी नीति में स्थिरता एवं सामंजस्य बहुत मजबूत है। नव-चीन की स्थापना के शुरुआती दिनों में जब सभी पश्चिमी देशों ने बीजिंग सरकार को मान्यता देने से इंकार कर दिया था, तब 1954 में यूनाइटेड किंगडम ने चीन के साथ प्रतिनिधि स्तर के कूटनीतिक संबंध स्थापित किए थे। इसलिए चीन भले ही यूनाइटेड किंगडम के प्रति परस्पर सहयोग की नीति न अपनाए तब भी जब तक वह उसके लिए परेशानी नहीं खड़ी करेगा, तब तक यूनाइटेड किंगडम चीन के प्रति नरमी की नीति पर चलता रहेगा।

निष्कर्ष

अगले दशक में जब चीन दो ध्रुवीय विश्व व्यवस्था का एक ध्रुव हो जाएगा तो चीन और अमेरिका के बीच संरचनात्मक टकराव अत्यधिक खतरनाक हो जाएगा। 2023 तक चीन की विदेश नीति पूरी तरह क्षेत्रीय शक्ति के बजाय वैश्विक शक्ति की हो जाएगी जिसकी पहली विशेषता विदेशी रणनीति को अधिक सक्रिय करने की होगी। अब विदेश रणनीति दूसरों के किए पर प्रतिक्रिया देने की बजाय स्वयं परिस्थितियों को आकार देने की होगी। दूसरी विशेषता नेतृत्व विकास की होगी। चीन अंतर्राष्ट्रीय प्रतिरक्षा में अधिक दायित्वों का निर्वहन करेगा, नए प्रकार के अंतर्राष्ट्रीय नियमों की वकालत करेगा और वैश्विक अंतर्राष्ट्रीय सहयोग का संचालन करेगा। तीसरी विशेषता यह होगी कि चीन की विदेश रणनीति राजनीति से संचालित होगी और चीन की अंतर्राष्ट्रीय सामरिक साख सुधारने पर केन्द्रित रहेगी। चीन गठबंधन जोड़ने के सिद्धांत भी फिर अपना सकता है।

विश्व के केन्द्र की भौगोलिक स्थिति पूर्व एशिया की तरफ आने से चीन अलग-अलग क्षेत्रों के लिए अलग-अलग रणनीतियां अपनाएगा। चीन को अपने भौगोलिक क्षेत्र पूर्व एशिया को अपनी मूल सामरिक स्पर्धा का क्षेत्र बनाना होगा। उसे पूर्व एशिया के प्रति अपनी नीति में देशों को मित्रता के स्तर के हिसाब से सहयोगी देशों, एकजुट तटस्थ देशों और अलग-थलग विरोधियों की श्रेणियों में बांटना होगा, शत्रुओं की पहचान करके सामरिक सहयोग के लिए लक्ष्यों का विस्तार करना होगा। अपने पिछले हिस्से को निरापद रखने के लिए चीन, रूस, मध्य-एशिया और दक्षिण एशिया को सामरिक दृष्टि से अपनत्व का क्षेत्र मानकर व्यवहार करेगा, शंघाई सहयोग संगठन के माध्यम से सामरिक सहयोग बढ़ाएगा, दक्षिण एशियाई उप-क्षेत्रीय आर्थिक सहयोग शुरू करेगा और दक्षिण एशियाई देशों के साथ सामरिक संबंधों में स्थिरता लाएगा जिससे उसके उदय की प्रक्रिया में अंतर्राष्ट्रीय व्यवस्था से उत्पन्न दबाव कम हो सके। अमेरिका और यूरोप की बड़ी शक्तियों तथा चीन के बीच साझे हितों से ज्यादा बड़े सामरिक विवाद हैं इसलिए चीन को समझना होगा कि उत्तर अमेरिका और यूरोप के साथ सामरिक विवादों में सावधानी रखनी है और हितों के टकराव को भड़कने नहीं देना है। यूरोप में चीन को कुछ देशों को चिन्हित करके उनके साथ दोस्ती बढ़ानी होगी ताकि यूरोपीय संघ निरपेक्ष रहे। अफ्रीका, लैटिन अमेरिका और मध्य-पूर्व चीन से बहुत दूर हैं। चीन के साथ उनके सामरिक हितों में न तो कोई टकराव है और न ही हितों में कोई बड़ी समानता है। इसलिए चीन सामरिक सहयोगियों की तलाश इन क्षेत्रों में कर सकता है। चीन की नीति अफ्रीका के प्रति राजनीति से संचालित होनी चाहिए, जबकि लैटिन अमेरिका के मामले में उसे क्षेत्रीय शक्ति पर ध्यान देना चाहिए, जबकि मध्य-पूर्व के साथ आर्थिक सहयोग की नीति जारी रहनी चाहिए। उत्तर अमेरिका और ओशेनिया के प्रति नीतियों में अमेरिका और ऑस्ट्रेलिया को अलग-अलग निशाना बनाया जाना चाहिए। अगले दशक में क्षेत्रों के भीतर विवाद बहुत बढ़ते जाएंगे, इसलिए चीन की क्षेत्रीय रणनीतियों में आपसी संबंधों को प्राथमिकता देते हुए बहुपक्षीय कूटनीति को पूरक भूमिका दी जानी चाहिए।

दो ध्रुवीय विश्व व्यवस्था में चीन और अमेरिका के बीच सामरिक प्रतिद्वंद्विता से बचा नहीं जा सकता, इसलिए चीन की सबसे महत्वपूर्ण आपसी नीतियां अब भी अमेरिका की तरफ केन्द्रित होंगी। अमेरिका के प्रति चीन की नीति की प्राथमिकता यह सुनिश्चित करने की होगी कि प्रतिद्वंद्वी शांत रहें और सामरिक दृष्टि से अधिक से अधिक लाभकारी मित्रों को साथ लिया जाए। रूस के प्रति चीन की नीति सामरिक सहयोग को गहराई देने और गठबंधन जोड़ने की होगी। जापान के साथ संपर्क सुधारने की नीति उसे विरोध छोड़ने तथा चीन और अमेरिका के बीच संतुलन की नीति अपनाने पर बाध्य करेगी। जर्मनी के प्रति चीन की नीति उसे आर्थिक सहयोग में प्रमुख साझीदार बनाने की होनी चाहिए। अंततः चीन को जर्मनी के साथ मानव अधिकार संवाद मजबूत करने की आवश्यकता है ताकि राजनीतिक कारकों पर उसका विपरीत प्रभाव न पड़े। चीन को फ्रांस की अंतर्राष्ट्रीय हैसियत के प्रति सम्मान दिखाना होगा, अंतर्राष्ट्रीय मामलों में उसके साथ परामर्श बढ़ाना होगा और फ्रांस को बाध्य करना होगा कि वह चीन के साथ संबंधों की कद्र करे ताकि चीन-अमेरिकी स्पर्धा में निरपेक्ष रह सके। भारत के प्रति चीन की नीति में राजनीतिक पक्ष और आर्थिक पक्ष को अलग-अलग रखना होगा जिससे भारत को पूर्व एशिया में चीन-अमेरिकी सामरिक स्पर्धा में न उलझने के लिए राजी किया जा सके। यूनाइटेड किंगडम की विदेश नीति की उदारता को देखते हुए चीन को उसके साथ नहीं उलझने की नीति पर चलना चाहिए।

परिशिष्ट

सिद्धांत एवं व्यवहार : अंतर्राष्ट्रीय संबंधों का पूर्वानुमान

यान शुएतोंग एवं छि हाईशिया

अंतर्राष्ट्रीय अध्ययनों का एक विषय अंतर्राष्ट्रीय संबंधों में परिवर्तन या रुझानों का पूर्वानुमान लगाने का है। प्रथम महायुद्ध के बाद फ्रांस के कमांडर-इन-चीफ फर्डिनेंड फोच ने भविष्यवाणी की थी कि 20 वर्ष में एक और महायुद्ध होगा।[1] अंतर्राष्ट्रीय संबंधों के विद्वान तब से हमेशा इस भविष्यवाणी की सराहना करते रहे हैं। 2006 में एक वित्तीय विवेचनाकार पीटर शिफ्फ की एक पुस्तक प्रकाशित हुई थी *द कोलेप्स ऑफ द डॉलर।* इसमें भविष्यवाणी की गई थी कि अमेरिका में बहुत जल्द ऐसी आर्थिक गिरावट आएगी जैसी पहले कभी नहीं देखी गई। 2008 में वित्तीय संकट उत्पन्न होने पर मीडिया इस पुस्तक के लेखक के पीछे पड़ गया। दूसरी तरफ अंतर्राष्ट्रीय संबंधों के एक विद्वान केनेथ वाल्त्ज की उनके इस संरचनावादी तर्क के लिए व्यापक आलोचना हुई कि शीत युद्ध के दौर की बहुध्रुवीय व्यवस्था लंबे समय तक मौजूद रहेगी। शीत युद्ध के शांतिपूर्ण अंत का पूर्वानुमान न लगा पाने के लिए भी उनकी आलोचना हुई। पूर्वानुमान या भविष्यवाणियां जब सच हो जाते हैं तो उन्हें लगाने वालों की सराहना होती हैं, किन्तु जब वे सटीक नहीं होते तो पूर्वानुमानों, अनुमान लगाने वालों की आलोचना होती ही है। पूर्वानुमान संबंधी शोध में इस प्रकार के सामाजिक खतरे

1 हेनरी अल्फ्रेड किसिंजर ने कहा था कि फ्रेंच कमांडर-इन-चीफ़ फर्डिनेंड फोच ने वरसाई की संधि के बारे में बहुत सही अनुमान लगाया था। यह शांति नहीं बल्कि 20 वर्ष का युद्ध विराम है। देखें हेनरी किसिंजर, *दा वाओजियाओ* (कूटनीति), अनुवाद गु शुशि व अन्य (हाइकोउः हाइनान पब्लिशिंग हाउस, 1988), 241-242

को देखते हुए अनेक विद्वान अंतर्राष्ट्रीय संबंधों के पूर्वानुमान से पीछे हट जाते हैं। किन्तु यदि हम अंतर्राष्ट्रीय संबंध अध्ययन को समाज विज्ञान का एक अंग माने तो इस विषय के निरन्तर वैज्ञानिक अध्ययन के लिए पूर्वानुमान लगाना अथवा भविष्यवाणी करना आवश्यक है। अंतर्राष्ट्रीय मामलों में पूर्वानुमानों के सच होने की दर सुधारने के लिए ज़रूरी है कि विद्वानों को अंतर्राष्ट्रीय संबंधों के स्वरूपों के बारे में गहरी जानकारी हो और पूर्वानुमान लगाने की विधियों की वैज्ञानिक विधियों में वह सुधार करें। इस खंड में हम अंतर्राष्ट्रीय संबंधों के पूर्वानुमान के बुनियादी सिद्धांतों और प्रकृति की चर्चा करेंगे।

पूर्वानुमान की प्रकृति

अंतर्राष्ट्रीय संबंधों में पूर्वानुमान की गुंजाइश

कुछ लोगों का मानना है कि अंतर्राष्ट्रीय संबंध भी एक प्रकार की जटिल और विविधता से भरी सामाजिक प्रक्रिया है जिसका पूर्वानुमान नहीं लगाया जा सकता। इस प्रकार के तर्क में वास्तव में आधुनिक अंतर्राष्ट्रीय संबंध अध्ययनों की समझ का अभाव है। अंतर्राष्ट्रीय संबंध जटिल होते हैं और मानव उनके रुझानों को पूरी तरह समझ नहीं सकता। किन्तु अंतर्राष्ट्रीय संबंधों की प्रकृति और रुझानों के ज्ञान में निरंतर सुधार किया जा सकता है। उदाहरण के लिए जब परमाणु हथियारों का आविष्कार हुआ तो शुरू में लोग यह नहीं समझ सके कि विश्व में शांति रखने में उनका कितना योगदान होगा। दूसरे महायुद्ध की समाप्ति के बाद दो महायुद्धों के अनुभव को देखते हुए यह चिंता सताने लगी कि 20वीं शताब्दी में तीसरा महायुद्ध होगा। परमाणु शस्त्र प्रतिरोध सिद्धांत की समझ जैसे-जैसे गहरी होती गई लोग यह मानने लगे कि परमाणु युद्ध में जीत किसी की नहीं होगी। इसलिए 1980 के दशक के बाद से महायुद्धों की संभावना के अनुमान कम होते चले गए। 21वीं शताब्दी में प्रवेश करने के बाद आमतौर पर यह भविष्यवाणी की जाने लगी कि परमाणु हथियारों की उपस्थिति में महायुद्ध होने की कोई आशंका नहीं है। अब तक का इतिहास बताता है कि इस प्रकार की भविष्यवाणी सटीक है।

कुछ अंतर्राष्ट्रीय प्रक्रियाओं के पूर्वानुमान सटीक साबित होने के अनेक कारण हैं। सबसे पहला कारण यह है कि कुछ अंतर्राष्ट्रीय घटनाओं का एक निश्चित क्रम होता है। कुछ विशिष्ट बातों के नियमित चरित्र के आधार पर अंतर्राष्ट्रीय घटनाओं के क्रम का पूर्वानुमान लगाया जा सकता है। उदाहरण के लिए दुनिया में आर्थिक संकट जितने अंतराल पर आते रहे हैं उससे लोगों के लिए आर्थिक संकटों का सफल पूर्वानुमान लगा पाना संभव हो गया। 1929 में वैश्विक आर्थिक संकट के बाद से दुनिया भर में कम से कम नौ बार और ऐसे संकट उत्पन्न हुए हैं। 1937, 1948-52, 1957-58, 1964-66, 1973-75, 1979-82, 1990-93, 1997-98 और 2008 में विश्व ने ऐसे संकट

देखे हैं।[2] हालांकि इन संकटों का दायरा तीव्रता और क्षेत्र पूरी तरह भिन्न रहे हैं, लेकिन ये संकट एक निश्चित अवधि के भीतर ही उत्पन्न हुए हैं। ये सभी संकट दो से चार वर्ष तक चले और इनके होने के बीच चार से दस वर्ष का अंतराल रहा है। इस तरह के आर्थिक संकट जिस अंतराल पर आए हैं उन्हें देखते हुए यह अनुमान लगाया जा सकता है कि क्षेत्रीय आर्थिक संकट दो वर्ष के भीतर समाप्त हो जाएंगे, जबकि वैश्विक संकट दो वर्ष से लंबे चल सकते हैं। 14 सितम्बर, 2008 को अमेरिका सरकार ने घोषणा की कि देश वित्तीय संकट में फंस गया है। उस समय वित्तीय संकटों के आधार पर बहुत से लोगों ने भविष्यवाणी की कि 2009 के प्रारंभिक दिनों तक यह वित्तीय संकट एक आर्थिक संकट का रूप ले लेगा और कम से कम 2010 तक चलेगा। आज तक का इतिहास बताता है कि यह भविष्यवाणियां सटीक साबित हुईं। 2009 के अंत तक अमेरिका, जापान, जर्मनी, फ्रांस और रूस जैसी बड़ी शक्तियों के सकल घरेलू उत्पाद में वृद्धि दर शून्य से नीचे रही।

दूसरा कारण यह है कि अनेक अंतर्राष्ट्रीय घटनाओं के घटने से पहले कुछ संकेत मिलने लगते हैं जिनके आधार पर अंतर्राष्ट्रीय संबंधों में उभरते रुझानों का पूर्वानुमान लगाया जा सकता है। एक जैसी घटनाओं के होने से पहले अंतर्राष्ट्रीय संबंधों के इतिहास में मिलते-जुलते संकेत देखे जा सकते हैं। यदि इन संकेतों को समझ लिया जाए तो भविष्य की घटनाओं का पूर्वानुमान लगा पाना संभव है। ऐतिहासिक विवरण को संदर्भ मानकर इसकी तुलना वर्तमान अंतर्राष्ट्रीय संबंधों से कर लें तो यह पूर्वानुमान लगाया जा सकता है कि मिलते-जुलते लक्षण दिखाई देने पर इसी तरह की घटनाएं होंगी। उदाहरण के लिए युद्ध शुरू होने से पहले इसमें उलझने वाले देशों के बीच आमतौर पर हथियारों की होड़ शुरू हो जाती है। विद्वानों ने अपने अध्ययनों के बल पर यह समझ लिया है कि ऐसी गतिविधियों का मतलब यह नहीं है कि युद्ध छिड़ना निश्चित है, किन्तु देशों की सैनिक तैयारी का उद्देश्य युद्ध करना होता है। दो देशों के बीच हथियारों की होड़ जितनी प्रबल होती है उसके आधार पर अनुमान लगाया जा सकता है कि युद्ध होने की संभावना कितनी अधिक है। यदि दो देशों के बीच हथियारों की होड़ का घमासान चल रहा है तथा रक्षा खर्च सकल राष्ट्रीय उत्पाद के 20 प्रतिशत को भी पार कर जाता है तो यह अनुमान लगाया जा सकता है कि युद्ध होने की संभावना बहुत अधिक है।

तीसरा कारण यह है कि एक जैसी अनेक अंतर्राष्ट्रीय घटनाएं मिलते-जुलते कारणों से होती हैं, इसलिए कुछ घटनाओं के कारणों को समझने में समर्थ लोग अनुमान लगा सकते हैं कि भविष्य में भी इस तरह की घटनाएं होने वाली हैं। हालांकि एक जैसी अंतर्राष्ट्रीय घटनाओं के होने के कारण हमेशा एक समान नहीं होते फिर भी एक जैसे कारणों से एक जैसी घटनाएं होती हैं। उदाहरण के लिए कोई उदीयमान शक्ति अंतर्राष्ट्रीय मामलों में खुलकर भागीदारी करेगी या नहीं करेगी, इसके

---

2 झुआन चाओशान, *शिजिए जिंगजि शिलुन* (विश्व अर्थव्यवस्था पर नई दृष्टि) (शंघाई: फुदान यूनिवर्सिटी प्रेस, 2001), 37-41

कारण अनेक हो सकते हैं, किन्तु उसकी शक्ति में वृद्धि निश्चित रूप से एक महत्वपूर्ण कारण है। 19वीं शताब्दी में अमेरिका की शक्ति यूरोपीय देशों की तुलना में कमज़ोर थी, इसलिए उसने खुद को सबसे अलग रखने की नीति अपनाई। 20वीं शताब्दी में अमेरिका की शक्ति यूरोपीय देशों से अधिक बढ़ गई इसलिए उसने सक्रिय भागीदारी की नीति अपना ली। इसका कारण यही है कि उदीयमान शक्ति की बढ़ती ताकत अंतर्राष्ट्रीय मामलों में उसकी भागीदारी का एक प्रमुख कारण होती है। इसीलिए 1990 के दशक में जब चीन की शक्ति अंधाधुंध बढ़ने लगी तो पूर्वानुमान लगाया गया कि अंतर्राष्ट्रीय मामलों में चीन की सक्रिय भागीदारी बढ़ेगी। 21वीं शताब्दी में प्रवेश के बाद से चीन की कूटनीति पर ध्यान देने से स्पष्ट हो जाता है कि 1990 के दशक के प्रारंभिक वर्षों की तुलना में अंतर्राष्ट्रीय मामलों में चीन की सक्रिय भागीदारी बहुत अधिक हो गई है। चीन ने 1990 में पहली बार अंतर्राष्ट्रीय शांति रक्षण दल के लिए अपनी सेना भेजी थी और 2006 तक सबसे अधिक शांति रक्षक भेजने वाले संयुक्त राष्ट्र सुरक्षा परिषद के सदस्यों में चीन की गिनती होने लगी थी। 2008 के वित्तीय संकट ने चीन की अंतर्राष्ट्रीय हैसियत और ऊंची कर दी जिसके अनुसार अंतर्राष्ट्रीय मामलों में वह और अधिक सक्रियता से भाग लेने लगा। दिसम्बर, 2008 में चीन ने पहली बार समुद्री डकैती रोकने की गतिविधियों में हिस्सा लेने के लिए अपने नौसैनिक दस्ते दूसरे देशों के समुद्री क्षेत्रों में भेजने का फैसला किया था।[3]

पूर्वानुमान की सटीकता

एक धारणा यह भी है कि यदि अंतर्राष्ट्रीय संबंधों का पूर्वानुमान शत-प्रतिशत सटीक नहीं हो सकता तो वह निरर्थक है। किन्तु इस धारणा के पीछे "पूर्वानुमान" की प्रकृति की सही समझ का अभाव है। शब्दकोश की परिभाषा के अनुसार पूर्वानुमान का अर्थ है, "घटना होने से पहले उसका निष्कर्ष अथवा निर्धारण कर लेना।"[4] पहले से निर्धारण या निश्चय कर लेने से संकेत मिलता है कि आने वाली संभावित घटनाओं के बारे में निर्णय ले लिया गया है और यह निर्णय भी संभावनाओं पर आधारित होता है। किसी घटना के होने की संभावना अथवा उसका अवश्य होना दो विपरीत परिकल्पनाएं हैं। संभावना का अर्थ है कि घटना हो सकती है या नहीं भी हो सकती, जबकि अवश्यंभाविता का अर्थ है कि ऐसा अवश्य होगा। पूर्वानुमान संभावनाओं पर आधारित होते हैं, इसलिए उनके शत-प्रतिशत सही होने की गारंटी नहीं दी जा सकती। अवश्यंभावी घटनाओं के अनुमानों में ही शत-प्रतिशत सच होने की गुंजाइश रहती है। किन्तु जिन घटनाओं का होना निश्चित है उनके निष्कर्ष निकालना पूर्वानुमान के दायरे में नहीं आता। उदाहरण के लिए किस देश

3 "झोंग्गुओ झोंगफु जुएचिंग वोगुओ हाइजुन जियानतिंग फु यादिंगवान सुओमालि हाइयु हुहांग" (चीन सरकार ने अदन की खाड़ी और सोमालियाई जल क्षेत्र में जहाजों की सुरक्षा के लिए नौसैनिक जहाज भेजने का फैसला लिया), रेनमिन रिबाओ (पीपुल्स डेली), 21 दिसम्बर, 2008

4 चीन की समाज विज्ञान अकादमी के भाषा अध्ययन संस्थान का शब्दकोश सम्पादन कार्यालय, शियानदाई हानयु सिदुआन (आधुनिक चीनी शब्दकोश) (बीजिंगः कमर्शियल प्रेस, 1996), 1542

का उम्मीदवार संयुक्त राष्ट्र महासचिव पद का चुनाव जीतेगा, यह सिर्फ एक संभावना है। उसके चुनाव परिणाम का पूर्वानुमान सही भी हो सकता है और गलत भी हो सकता है। हर बार चुनाव के समय मीडिया अपनी-अपनी विवेचनाओं के आधार पर अनुमान लगाता है कि कौन जीतेगा। किन्तु चुनाव जीतने के बाद नव-निर्वाचित महासचिव को अपना कार्यभार संभालने में कितना समय लगेगा यह नियमों से स्पष्ट रूप से निर्धारित होता है। इस कालावधि के बारे में जो भी अनुमान लगाया जाएगा वह शत-प्रतिशत सही ही होगा। लेकिन लोगों को इस प्रकार के पूर्वानुमान की आवश्यकता नहीं होती। इसका सीधा सा अर्थ है कि जिन घटनाओं का होना निश्चित है, उनके बारे में पहले से बता देना पूर्वानुमान नहीं माना जा सकता क्योंकि "पूर्वानुमान" शब्द में ही उसके गलत होने की संभावना निहित होती है।

पूर्वानुमान शत-प्रतिशत सही न हो पाने का यह अर्थ बिल्कुल नहीं है कि अंतर्राष्ट्रीय संबंधों का पूर्वानुमान आंख मूंदकर लगाया जाता है। भविष्यवाणी और आंख मूंदकर अनुमान लगाने के बीच अंतर यह है कि भविष्यवाणी क्रमवार वैज्ञानिक ज्ञान के आधार पर निकाले गए निष्कर्षों से संचालित होती है, जबकि आंख मूंदकर लगाए गए अनुमान के पीछे कोई जानकारी नहीं होती। उदाहरण के लिए मौसम का आधुनिक पूर्वानुमान शत-प्रतिशत सटीक नहीं हो सकता। किन्तु यह अनुमान क्रमवार वैज्ञानिक ज्ञान के आधार पर लगाए जाते हैं, इसलिए मौसम विज्ञान कार्यालयों के पूर्वानुमानों को हम वैज्ञानिक भविष्यवाणी मानते हैं। किन्तु गली के नुक्कड़ पर बैठा ज्योतिषी बिना किसी वैज्ञानिक आधार के मनमाने ढंग से लोगों का भविष्य बांचता रहता है, इसलिए वह आंख मूंदकर अनुमान लगाना कहलाता है। मौसम का पूर्वानुमान भले ही गलत साबित हो जाए फिर भी उससे वैज्ञानिक भविष्यवाणी की प्रकृति नहीं बदलती, जबकि ज्योतिषी का अनुमान सही साबित हो जाए तब भी वह ऐसा ही है जैसे कोई अंधी बिल्ली अचानक कोई मरा हुआ चूहा पकड़ ले। उसे पूर्वानुमान या भविष्यवाणी नहीं कहा जा सकता।

पूर्वानुमान की सटीकता का निर्धारण किसी एक पूर्वानुमान के परिणाम से नहीं, बल्कि अनेक बार लगाए पूर्वानुमानों के परिणामों से होता है। उदाहरण के लिए जब कोई व्यक्ति लॉटरी का टिकट खरीदकर जीत जाता है तो कोई नहीं मानता कि उस व्यक्ति ने सटीक पूर्वानुमान लगाया था, बल्कि उसकी जीत का श्रेय उसकी अच्छी किस्मत को दिया जाता है। अंतर्राष्ट्रीय संबंधों के पूर्वानुमान की भी यही स्थिति है। अंतर्राष्ट्रीय संबंधों की जानकारी से अनभिज्ञ व्यक्ति अगर किसी अंतर्राष्ट्रीय घटना के बारे में मनमानी भविष्यवाणी कर दे और वह सही हो जाए तो चमत्कार ही होगा क्योंकि उससे यह सिद्ध नहीं होता कि उसका पूर्वानुमान वैज्ञानिक था क्योंकि अंतर्राष्ट्रीय संबंधों में अब तक न घटी घटनाओं के बारे में जब कोई सटीक निष्कर्ष निकाल लेता है तो उससे यही साबित होता है कि उस समय निष्कर्ष निकालने वाला सही था। किन्तु यह नहीं साबित होता कि उसमें अंतर्राष्ट्रीय संबंधों का पूर्वानुमान लगाने की सामर्थ्य है और यह तो बिल्कुल साबित नहीं होता कि वह अंतर्राष्ट्रीय मामलों में सटीक पूर्वानुमान लगा सकता है। अंतर्राष्ट्रीय संबंधों के पूर्वानुमानों की

सटीकता एक के बाद एक अनेक पूर्वानुमानों के परिणामों पर निर्भर होती है अर्थात पूर्वानुमानों की कुल संख्या में सटीक निकले पूर्वानुमानों के अनुपात पर निर्भर होती है। अंतर्राष्ट्रीय संबंध शोध संस्थानों पर यही बात लागू होती है। इनमें से कुछ के पूर्वानुमानों की सटीकता दर बहुत अधिक और कुछ की बहुत कम होती है। इसी कारण इनमें से कुछ संस्थाओं की साख बहुत ऊंची और कुछ की उनसे कम होती है।

पूर्वानुमानों की सटीकता दर जितनी ऊंची होती है, वह उतने ही उपयोगी होते हैं। अंतर्राष्ट्रीय संबंधों के पूर्वानुमान शत-प्रतिशत सटीक नहीं होते, लेकिन इसका अर्थ यह नहीं है कि वे उपयोगी नहीं हो सकते। मौसम के पूर्वानुमान भी शत-प्रतिशत सटीक नहीं होते, फिर भी हमारे दैनिक जीवन में उनकी आवश्यकता रहती है। सभी संभावित घटनाओं के होने या न होने की दोहरी संभावना रहती है, किन्तु अधिकांश घटनाओं में तीन या उससे भी अधिक संभावनाएं रहती हैं। उदाहरण के लिए एक सिक्के के दो पहलू होते हैं, किन्तु जब वह समुद्र किनारे रेत पर गिरता है तो उसमें तीन संभावनाएं हो जाती हैं। किसी एक रुख गिरने की बजाय वह सीधा खड़ा भी रह सकता है। इसी तरह अंतर्राष्ट्रीय संबंधों में अधिकांश विषयों में परिवर्तन की तीन अथवा अधिक संभावनाएं रहती हैं अर्थात संबंध सुधरेंगे, कोई बदलाव नहीं होगा या बिगड़ जाएंगे। उदाहरण के लिए 2008 के वित्तीय संकट का अंतर्राष्ट्रीय व्यवस्था पर एक प्रभाव शायद यह पड़ा कि अमेरिका, जापान और यूरोप की शक्ति कमज़ोर हो गई और चीन, भारत और रूस की शक्ति मजबूत हो गई; यह भी हो सकता है कि इसके कारण अमेरिका, जापान और रूस की शक्ति कमज़ोर हुई तथा चीन और यूरोप की शक्ति मजबूत हुई; अथवा यह भी हो सकता है कि जापान, यूरोप और रूस की शक्ति कमज़ोर हुई हो और अमेरिका तथा चीन की शक्ति मजबूत हुई हो अर्थात इसमें अनेक प्रकार की संभावनाएं निहित हैं। अंतर्राष्ट्रीय संबंधों में परिवर्तनों की संभावनाएं अपार होती हैं, इसलिए व्यवस्थित जानकारी की बुनियाद के बिना आंख मूंदकर लगाए गए अनुमानों की सटीकता दर 50 प्रतिशत तक भी नहीं पहुंच सकती। विद्वानों के अनुसार 65 प्रतिशत तक सटीकता दर से लगाए गए अनुमान वैज्ञानिक माने जाते हैं। यदि सटीकता दर 75 प्रतिशत तक पहुंच जाए तो ऐसे पूर्वानुमान परामर्श योग्य होते हैं और यदि सटीकता दर 85 प्रतिशत हो जाए तो वे उपयोगी होते हैं क्योंकि जहां निर्णय लेने वालों का प्रश्न है उनके लिए 15 प्रतिशत की भूल-चूक का खतरा बहुत मामूली माना जाता है। यदि किसी संस्था के विशेषज्ञ पूर्वानुमान की सटीकता दर 75 प्रतिशत हो जाए तो उसके आधार पर खुलकर फैसले लिए जाते हैं।

सटीक पूर्वानुमानों का आधार

अंतर्राष्ट्रीय संबंधों में पूर्वानुमानों की सटीकता दर वस्तुनिष्ठ और विषयनिष्ठ दो कारकों से प्रभावित होती है। वस्तुनिष्ठ कारक का अर्थ है कि किसी घटना के होने की संभावना कितनी अधिक है। अंतर्राष्ट्रीय घटनाएं अनेक एवं विविध होती हैं, किन्तु उन सबके घटने की संभावना कभी समान

नहीं होती। उदाहरण के लिए राजनीतिक हमले होने और दो विरोधी देशों के बीच एक-दूसरे की निंदा-भर्त्सना होने की संभावना बहुत अधिक रहती है। किन्तु विरोधी देशों के बीच सशस्त्र संघर्ष छिड़ने की संभावना अपेक्षाकृत कम होती है। उदाहरण के लिए 1960 के दशक और 1980 के दशक के बीच 30 वर्ष में चीन और सोवियत संघ ने रोज़ाना एक-दूसरों की आलोचना और निंदा की और लेकिन सिर्फ एक बार 1969 में सैन्य संघर्ष हुआ। घटनाओं के होने की अधिक संभावना का अर्थ यह है कि इस प्रकार की घटनाएं होने की संभावना अपेक्षाकृत अधिक है, इसलिए अधिक संभावित घटनाओं के पूर्वानुमान की सटीकता दर अपेक्षाकृत अधिक रहती है और अधिक संभावित घटनाओं के न होने के पूर्वानुमानों की सटीकता दर अपेक्षाकृत कम होती है। इसके विपरीत जब कम संभावित घटनाओं के होने का पूर्वानुमान लगाया जाता है तो उनके न होने के पूर्वानुमान की सटीकता दर अपेक्षाकृत अधिक होने के पूर्वानुमान की सटीकता दर अपेक्षाकृत कम होगी।

विषयनिष्ठ कारक के तीन पहलू हैं। पहला यह कि अनुमान लगाने वाले ने किस विषय को किस हद तक समझा है। सभी पूर्वानुमानों की बुनियाद इस विषय के प्रति पूर्वानुमान लगाने वाले के ज्ञान पर टिकी होती है, इसलिए पूर्वानुमान लगाने वाले को विषय का ज्ञान जितना होगा, पूर्वानुमान की सटीकता उतनी ही ऊंची होगी। अंतर्राष्ट्रीय संबंधों की विषयवस्तु बहुत अधिक व्यापक होती है और अध्ययन करने वालों के लिए सभी विषयों का गहरा ज्ञान ले पाना संभव नहीं हो सकता। इसलिए उन विषयों के बारे में पूर्वानुमानों की सटीकता दर ऊंची होगी जिनसे वे परिचित हैं और जिनकी जानकारी कम है उनके पूर्वानुमानों की सटीकता दर भी कम ही होगी। इसी कारण सरकारें और परा-राष्ट्रीय कंपनियां पूर्वानुमान परामर्श के लिए विभिन्न विषयों के अलग-अलग विशेषज्ञों को चुनते हैं। उदाहरण के लिए जब यह पूर्वानुमान लगवाना होगा कि 2008 का वित्तीय संकट कितना लंबा चलेगा तो लोग आर्थिक विशेषज्ञ से सलाह करेंगे किसी शस्त्र नियंत्रक से नहीं।

पूर्वानुमान की सटीकता दर को प्रभावित करने वाला दूसरा विषयनिष्ठ कारक यह है कि पूर्वानुमान लगाने के लिए कौन सी विधि अपनाई गई है। पूर्वानुमान के विषय की समझ का स्तर जब समान हो तो उसकी विधि की विश्वसनीयता का सटीकता दर पर सीधा प्रभाव पड़ता है। उदाहरण के लिए जब संयुक्त राष्ट्र महासचिव के चुनाव परिणाम का पूर्वानुमान लगाना हो तो अगर अंतर्राष्ट्रीय मीडिया में जनमत की विवेचना का तरीका अपनाया जाएगा तो पूर्वानुमान की सटीकता दर अपेक्षाकृत कम होगी, किन्तु यदि संयुक्त राष्ट्र में नियुक्त कूटनीतिक अधिकारियों का सर्वे किया जाएगा तो पूर्वानुमान की सटीकता दर अपेक्षाकृत अधिक होगी। संयुक्त राष्ट्र में नियुक्त राजनयिक अपने देशों की नीति का झुकाव समझते हैं और उनका सर्वेक्षण करने से इस चुनाव में राजनीतिक सत्ता का संतुलन पूरी तरह सामने आ सकता है। संयुक्त राष्ट्र में तैनात राजनयिकों की राय अक्सर चुनाव का नतीजा तय करने में समर्थ होती है। इसके विपरीत अंतर्राष्ट्रीय मीडिया जनता की राय से संचालित होता है, इसलिए यह राय और दृष्टिकोण इस बारे में सत्ता के राजनीतिक संतुलन को प्रतिबिंबित करेंगे ऐसा आवश्यक नहीं है। इस कारण अंतर्राष्ट्रीय मीडिया की राय पर आधारित

सभी पूर्वानुमानों की सटीकता दर राजनयिकों के सर्वेक्षण के परिणामों पर आधारित पूर्वानुमानों की अपेक्षा कम ही होगी।

अंतर्राष्ट्रीय संबंधों को प्रभावित करने वाले दो विषयनिष्ठ कारक अंतर्राष्ट्रीय संबंधों के वैज्ञानिक पूर्वानुमान की बुनियादी शर्तें भी हैं और दोनों अपरिहार्य भी हैं। यदि अध्ययन के विषय की समझ तो हो किन्तु विधि वैज्ञानिक न हो तो वह आंख मूंदकर अंदाजा लगाना ही कहा जाएगा और यदि विषय की समझ न होते हुए वैज्ञानिक विधि अपनाई जाए तो पूर्वानुमान फर्जी होगा। न विषय की समझ हो और न वैज्ञानिक विधि अपनाई जाए तो यही कहा जाएगा कि आंख मूंदकर अंदाजा लगाया जा रहा है।

पूर्वानुमान की बुनियादी आवश्यकताएं

अंतर्राष्ट्रीय संबंधों का पूर्वानुमान भी अन्य वैज्ञानिक पूर्वानुमानों की तरह होता है, जिनमें समय, दायरे, स्तर, विषयवस्तु और प्रकृति का निर्धारण ज़रूरी होता है। एक बार जब ये सभी मापदंड पूरे हो जाते हैं तो दर्ज पूर्वानुमान परीक्षण योग्य एवं वैज्ञानिक हो सकता है। जिन पूर्वानुमानों को परखा नहीं जा सकता वे न केवल अवैज्ञानिक होते हैं, बल्कि महत्वहीन भी होते हैं। हम अपने दैनिक जीवन में अक्सर इस प्रकार के पूर्वानुमान देखते हैं जो पल भर प्रकाश में आने के बाद लुप्त हो जाते हैं। उदाहरण के लिए बहुत से लोग पूर्वानुमान लगाते हैं कि पृथ्वी दूसरे ग्रहों से टकराकर नष्ट हो जाएगी, इसी तरह भौतिक शास्त्र के कुछ जानकार पूर्वानुमान लगाते हैं कि इंसान निरंतर चलायमान मशीन का आविष्कार कर सकता है, तो जीव विज्ञानी पूर्वानुमान लगा सकते हैं कि मानव मस्तिष्क का आकार बड़ा हो जाएगा, किन्तु हाथ और पैर सिकुड़ जाएंगे, कुछ भाषा विज्ञानी पूर्वानुमान लगाते हैं कि सिर्फ बोलकर ही सब कुछ नियंत्रित किया जा सकेगा, हाथ हिलाने की भी ज़रूरत नहीं होगी, अर्थशास्त्र के जानकार पूर्वानुमान लगा सकते हैं कि अब मानव समाज में निजी संपत्ति का चलन नहीं रहेगा और राजनीति में कुछ लोग पूर्वानुमान लगा सकते हैं कि देशों का अस्तित्व नहीं रहेगा। इन सभी पूर्वानुमानों को किसी कसौटी पर परखा नहीं जा सकता, इसलिए ये सभी वैज्ञानिक होने की बजाय कपोल-कल्पना हैं।

समय-सीमा का निर्धारण

अंतर्राष्ट्रीय अध्ययनों में एक सबसे लोकप्रिय तरीका समय-सीमा के निर्धारण के बिना पूर्वानुमान लगाने का है। उदाहरण के लिए, "विश्व में निश्चय ही भविष्य में स्थायी शांति हो जाएगी," "चीन अंततः अपने राष्ट्रीय पुनरुत्थान में सफल होगा," "निकट भविष्य में अमेरिका विश्व में अपना एकाधिकार कायम रख सकेगा," "निकट भविष्य में रूस का फिर उदय होगा," "अमेरिका का वित्तीय संकट ज्यादा लंबे समय तक नहीं चलेगा," आदि, आदि। इन पूर्वानुमानों में प्रयुक्त "भविष्य", अंततः "निकट

भविष्य" और "लंबे समय" जैसे शब्द समय के प्रतीक हैं पर उसकी कोई सीमा नहीं बताते। समय की इस प्रकार की धुंधली परिकल्पनाओं के कारण लोग इन पूर्वानुमानों को किसी कसौटी पर परख नहीं पाते। अंतर्राष्ट्रीय मामलों में रुझानों का पूर्वानुमान लगाते समय समय-सीमा निर्धारित न करने के इस तरीके का उद्देश्य अपने पूर्वानुमानों को गलत साबित होने से बचाना है। इससे पता चलता है कि पूर्वानुमान लगाने वाले को इस बात का कोई ज्ञान नहीं है कि जो पूर्वानुमान परखा नहीं जा सकता, वह निरर्थक है। मैं एक गलत पूर्वानुमान के लिए क्षमा याचना कर चुका हूं कि ताइवान जल डमरू मध्य में देर सवेर 2008 तक सैन्य संघर्ष होगा।[5] इस पूर्वानुमान को लेकर अनेक विवादित टिप्पणियां की गईं। किसी ने कहा कि यान शुएतोंग को अंतर्राष्ट्रीय विषयों में पूर्वानुमान लगाना नहीं आता। अगर उन्होंने समय-सीमा निर्धारित न की होती तो वे गलत साबित नहीं होते। यह वैसा ही है जैसे आप कहें कि बरसात होने वाली है पर यह न बताएं कि किस चिन होगी। इस प्रकार का पूर्वानुमान न सिर्फ गलत होगा, बल्कि निरर्थक भी होगा।

दायरे का निर्धारण

दायरे की सीमा तय न करने से भी पूर्वानुमान परीक्षण योग्य नहीं रह जाता। अंतर्राष्ट्रीय अध्ययनों में दायरे का अर्थ केवल भौगोलिक दायरा नहीं, बल्कि विषय की किस्म का दायरा भी होता है। उदाहरण के लिए युद्ध और सैन्य संघर्ष, यूरोपीय-अमेरिकी देश और विकसित देश, महाशक्तियां और बड़ी शक्तियां, आर्थिक शक्ति और समग्र शक्ति, वाणिज्यिक संबंध और आर्थिक संबंध तथा निरस्त्रीकरण एवं शस्त्र नियंत्रण। इनमें से प्रत्येक जोड़ी का दायरा अलग है और इनमें से प्रत्येक में बाद में आने वाले शब्दों का दायरा पहले शब्द से कहीं बड़ा है। किसी भी पूर्वानुमान में दायरे का निर्धारण वास्तव में उस विषय की किस्म का निर्धारण है जिसके बारे में पूर्वानुमान लगाया जा रहा है। जिस विषय का पूर्वानुमान लगाया जा रहा है अगर उसका दायरा निर्धारित न किया जाए तो उसे सही या गलत की कसौटी पर कसना कठिन होगा। उदाहरण के लिए हमारा पूर्वानुमान है कि 2020 के दशक में क्षेत्रीय सहयोग का विकास 2010 के दशक की तुलना में तीव्र गति से होगा। इस पूर्वानुमान में भौगोलिक दायरा निश्चित नहीं किया गया है, यह भी नहीं बताया गया है कि यह विश्व के किसी एक क्षेत्र पर, विश्व के किसी एक महाद्वीप पर अथवा किसी महाद्वीप के उप-क्षेत्रों पर लागू होता है या नहीं। 2030 तक यदि यूरोपीय क्षेत्रीय सहयोग का विकास हो जाता है, पूर्व एशियाई क्षेत्रीय सहयोग का विकास नहीं हो पाता और अफ्रीकी क्षेत्रीय सहयोग पिछड़ जाता है तो यह तय कर पाना बहुत कठिन होगा कि पूर्वानुमान सही था या नहीं।

---

5 यान शुएतोंग, "ताइहाई हेपिंग शि शुई वेईहु दि" (ताइवान जलडमरू मध्य में शांति का संरक्षक कौन), हुआनछियु शिबाओ (ग्लोबल टाइम्स), 11 जून, 2008

प्रकृति का निर्धारण

पूर्वानुमान लगाते समय प्रकृति के निर्धारण से स्पष्ट हो जाता है कि पूर्वानुमान किस प्रकार का है। अंतर्राष्ट्रीय पूर्वानुमानों की प्रकृति को तीन किस्मों में बांटा जा सकता हैः दिशा, स्तर और घटनाएं। मौसम विज्ञान का पूर्वानुमान, मौसम की स्थिति का पूर्वानुमान, वर्शा का पूर्वानुमान और आपदा का पूर्वानुमान क्रमशः उपरोक्त तीनों किस्मों की श्रेणी में आता है। दिशा के पूर्वानुमान से संकेत मिलता है कि अंतर्राष्ट्रीय मामलों में रुझानों के लिए तीन प्रकार की संभावनाएं हो सकती हैंः संबंध आगे बढ़ेंगे, संबंध पीछे हटेंगे या कोई हलचल नहीं होगी। उदाहरण के लिए अक्तूबर, 2008 में चीन सरकार ने अमेरिका सरकार द्वारा ताइवान को 6.46 अरब डॉलर मूल्य के हथियारों की बिक्री पर विरोध व्यक्त किया था।[6] उसके बाद लोगों ने पूर्वानुमान लगाना शुरू कर दिया कि इस घटना के कारण चीन और अमेरिका के संबंधों में कुछ सुधार होगा, ठहराव आएगा या वे बिगड़ते जाएंगे। इन तीनों में से किसी भी प्रकार के पूर्वानुमान लगाए गए हों तो सभी दिशात्मक पूर्वानुमान थे क्योंकि उनमें से किसी में भी यह स्पष्ट नहीं किया गया था कि चीन और अमेरिका के संबंधों में किस हद तक बदलाव आएगा अथवा किस प्रकार की घटनाएं होंगी। स्तर और घटनाओं की पूर्वानुमानों से तुलना करें तो दिशा संबंधी पूर्वानुमान लगाना अपेक्षाकृत आसान होता है और उनकी सटीकता की दर भी अपेक्षाकृत ऊंची होती है। 2008 का वित्तीय संकट आने के बाद यह पूर्वानुमान लगाना आसान था कि विश्व की आर्थिक वृद्धि की गति मंद होगी, किन्तु किस स्तर तक मंद होगी और किस महीने में उसमें सबसे ज्यादा गिरावट आएगी उसका पूर्वानुमान लगाना अपेक्षाकृत कठिन था। उसका कारण यह है कि स्तर या घटनाओं के पूर्वानुमान की तुलना में दिशात्मक पूर्वानुमान अधिक सटीक होते हैं, इसीलिए अंतर्राष्ट्रीय संबंधों में लोग दिशात्मक पूर्वानुमान लगाते हैं। स्तर के पूर्वानुमान लगाने के लिए न केवल किसी अंतर्राष्ट्रीय विषय में परिवर्तन की दिशा का आकलन करना होता है, बल्कि उस परिवर्तन की हद या स्तर का आकलन करना भी ज़रूरी होता है। अनेक अंतर्राष्ट्रीय विषयों की दिशा में परिवर्तन बहुत स्पष्ट होते हैं, इसलिए इन विषयों की आम जानकारी रखने वाले लोग भी इनके बारे में सटीक पूर्वानुमान लगा सकते हैं। इसीलिए इस प्रकार के विषयों की दिशा में परिवर्तनों के बारे में पूर्वानुमानों की ज़रूरत नहीं पड़ती, लेकिन इनके स्तर के पूर्वानुमान लगाने के लिए विशेषज्ञता ज़रूरी होती है। उदाहरण के लिए अक्तूबर, 2008 में थाइलैंड और कम्बोडिया के बीच छोटे पैमाने का सीमा संघर्ष हुआ। सामान्य जानकारी के आधार पर लोगों ने पूर्वानुमान लगा लिया कि इस सैन्य संघर्ष के कारण थाइलैंड और कम्बोडिया के संबंध अवश्य खराब होंगे। लेकिन इस प्रकार के पूर्वानुमान से लोग संतुष्ट नहीं हुए। वे जानना चाहते थे कि दोनों देशों के संबंध किस स्तर तक खराब होंगे।

---

6 लिंग चेन, "जियु मेइगुओ झोंगफु तोंगझि गुओहुई जुएचिंग शुओ ताई वुछि–गुओफांगबु शिनवेन फायानरेन फाबियाओ तानहुआ" (प्रवक्ता ने बताया कि अमेरिका सरकार ने कांग्रेस को ताइवान के लिए हथियारों की बिक्री के फैसले की सूचना दी है), *रेनमिन रिबाओ* (पीपुल्स डेली), 5 अक्तूबर, 2008

तीन प्रकार के पूर्वानुमानों में से घटनाओं के पूर्वानुमान की सटीकता सबसे कम होती है, इसलिए इसे सबसे कठिन माना जाता है। उदाहरण के लिए जब यासुओ फुकुदा ने 2007 में जापान में प्रधानमंत्री पद का चुनाव जीता तो उनके पिछले व्यक्तिगत रुझान को देखते हुए लोगों ने आमतौर पर अनुमान लगा लिया कि उनके कार्यकाल में चीन-जापान संबंधों में न केवल सुधार होगा, बल्कि बहुत अधिक सुधार होगा। किन्तु यह अनुमान सही-सही लगा पाना कठिन था कि पद संभालने के बाद फुकुदा चीन की यात्रा कब करेंगे और यह सटीक भविष्यवाणी करना तो और भी कठिन था कि वह पहले अमेरिका की यात्रा करेंगे या पहले चीन की। घटनाओं का पूर्वानुमान लगाना इसलिए भी कठिन होता है कि अंतर्राष्ट्रीय घटनाएं अचानक हो जाती हैं। उसकी तुलना मौसम विज्ञान संबंधी पूर्वानुमान से की जा सकती है। सर्दी जब आने वाली होती है तो हम आसानी से अनुमान लगा सकते हैं कि बर्फ पड़ेगी, किन्तु यह सटीक पूर्वानुमान लगाना कठिन होता है कि पहली बर्फबारी किस समय होगी।

हम अंतर्राष्ट्रीय संबंधों का पूर्वानुमान लगाने की विधा को दो किस्मों में बांट सकते हैं: गुणात्मक और मात्रात्मक पूर्वानुमान। दिशा और घटनाओं का पूर्वानुमान गुणात्मक पूर्वानुमान की श्रेणी में आता है और स्तर का पूर्वानुमान मात्रात्मक पूर्वानुमान की श्रेणी में आता है। ऐसा कतई नहीं है कि गुणात्मक पूर्वानुमान की सटीकता दर हमेशा मात्रात्मक पूर्वानुमान की तुलना में अधिक होगी। पूर्वानुमान की सटीकता दर कितनी ऊंची होगी यह इस बात पर निर्भर है कि गुणात्मक पूर्वानुमान दिशा का है अथवा घटनाओं का। अंतर्राष्ट्रीय संबंधों के पूर्वानुमान की दृष्टि से देखें तो गुणात्मक पूर्वानुमानों और मात्रात्मक पूर्वानुमानों दोनों का समान महत्व है और इस प्रकार के पूर्वानुमान लगाने की सामर्थ्य एक-दूसरे की पूरक होती हैं। किसी भी एक प्रकार का पूर्वानुमान लगाने की सामर्थ्य बढ़ाने से दूसरे प्रकार का पूर्वानुमान लगाने की सामर्थ्य सुधारने में मदद मिलती है।

पूर्वानुमान लगाने के बुनियादी सिद्धांत

पूर्वानुमान लगाने की प्राचीन एवं आधुनिक विधियां

समूचे मानव इतिहास में इंसान ने सामाजिक घटनाओं का पूर्वानुमान लगाने की विधियों का अध्ययन किया और एक के बाद एक उपयोगी विधियां विकसित होती रहीं। पूर्व और पश्चिम दोनों में प्राचीन काल में लोग सितारों की चाल देखकर सामाजिक घटनाओं का पूर्वानुमान लगाते थे। चीन में लोग इसी विधि से शासन के महत्वपूर्ण कार्यों का पूर्वानुमान लगाते रहे हैं। उदाहरण के लिए पूर्वी हान राजवंश के सम्राट शियाओहुआन के यानशि युग के नौवें वर्ष में पिंगयुआन, शियानकाई सम्राट को एक सूचना देने के लिए महल में गए जिसमें कहा गया था, "आपकी प्रजा ने सुना है कि स्वर्ग से आवाज नहीं आती, बल्कि इशारों और चिन्हों के माध्यम से निर्देश दिए जाते हैं . . . मैंने बारीकी से देखा है कि स्वर्ग में पांच सम्राटों के दरबार में शुक्र और मंगल यानी धातु और अग्नि के दंड

देने वाले दोनों ग्रह अपना प्रकाश फैला रहे हैं, जो स्वर्ग के पुत्र के लिए दुर्भाग्य का संकेत है। जब शुक्र भी हृदय स्थल में प्रवेश कर गया तो संकेत मिला कि कोई वंशज अथवा उत्तराधिकारी नहीं होगा।"[7] एक वर्ष बाद 167 सीई के दिसम्बर में शियाओहुआन सम्राट के योंगकांग युग के प्रथम वर्ष में हमने लिखा हुआ देखा, "सम्राट की मृत्यु देयांग महल के मुख्य कक्ष में हुई।"[8] आधुनिक काल में पूर्वानुमान लगाने की वैज्ञानिक विधियों के व्यापक प्रसार के बावजूद दुनिया में प्रमुख राजनीतिक घटनाओं-विशेषकर विनाशकारी घटनाओं को प्राकृतिक घटनाओं से जोड़कर देखने का प्राचीन तरीका अब भी आमतौर पर चलन में है। हालांकि आधुनिक विज्ञान सिद्ध कर चुका है कि सितारों की बदलती चाल के आधार पर राजनीतिक पूर्वानुमान लगाना अवैज्ञानिक है। यही कारण है कि अब अंतर्राष्ट्रीय संबंधों का पूर्वानुमान लगाने की इस प्रकार की विधि का उपयोग केवल वही लोग करते हैं जो जानकार नहीं हैं। सितारों की चाल के आधार पर राजनीतिक घटनाओं का पूर्वानुमान लगाना भले ही अवैज्ञानिक हो, किन्तु इतिहास बताता है कि प्राचीन काल में बहुत जल्द यह बात समझ ली गई थी कि पूर्वानुमान लगाने के लिए निश्चित विधि का होना आवश्यक है, उसके बिना पूर्वानुमान निराधार है, वह पूर्वानुमान के दायरे में भी नहीं आता।

सामाजिक घटनाओं का पूर्वानुमान लगाने के लिए प्राकृतिक घटनाओं को देखने की विधि के अलावा इंसान ने गणना के जरिए भी पूर्वानुमान लगाने की कुछ विधियां विकसित की। *बुक ऑफ चेंजेज (आई चिंग)* शायद पूर्वानुमान लगाने की विधियों के बारे में चीन का सबसे प्राचीन ग्रंथ है। इसमें एक तो दैवी दृष्टि और दूसरे आठ रेखा चित्रों को समझने के दो अंग हैं। कन्फ्यूशियस ने *बुक ऑफ चेंजेज* का अध्ययन किया और शकुन विचार के लिए येरो के डंठल छांटने तथा रेखा चित्रों को समझने की विशिष्ट विधियां तैयार की। यही विधियां बाद में शकुन विचार के लिए गोल्ड नीडल डायग्राम, प्लम बलोजम चेंज नंबर्स जैसी अलग-अलग विधियां बन गईं। रेखाचित्रों को समझने के तरीके भी अलग हैं, जैसे रेखाचित्रों की चलायमान रेखाओं को पढ़ना या रेखाचित्रों के अलग-अलग अर्थों की व्याख्या करना। दस स्वर्गिक तनों और बारह सांसारिक शाखाओं के पांच चरणों को रेखाचित्रों से मिलाने का तरीका भी है। इतिहास की पुस्तकों में *बुक ऑफ चेंजेज* में बताए गए तरीकों के माध्यम से सरकारी गतिविधियों का पूर्वानुमान लगाने के अनेक वृत्तांत शामिल हैं। उदाहरण के लिए उस्ताद झुओ के *द स्प्रिंग ऑफ ऑटम ऐनल्स* में "द 25 इयर्स ऑफ ड्यूक शि" के अनुसार जिन के ड्यूक वेन राजगद्दी पर एकाधिकार चाहते थे, इसलिए उन्होंने बु यान को शकुन विचारने को कहा। काफी प्रतिरोध का सामना करने के बाद बु यान ने बताया, "आप किस्मत के धनी हैं, आपको 'पब्लिकली एन्ज्वाय द सन ऑफ हैवन' का रेखाचित्र मिला है, युद्ध में जीत

---

7 रफे डी क्रेस्पिग्नी, प्रोटेन्ट्स ऑफ प्रोटेस्ट इन द लेट हान डायनेस्टीः द मेमोरियल्स ऑफ शियांगकाई टू एम्परर हुआन इन 166 एडी (कैनबराः ऑस्ट्रेलियन नेशनल प्रेस, 1976), 21-22

8 सिमा गुआंग, "हानजि 47" जिझि तोंगजियान (जुआन 1) में (हान का रिकॉर्ड) (राजनीतिक प्रशासन की सामान्य झलक - खंड 1) (चांगषाः युएलु प्रेस, 1990), 642

होगी और राजा भोजन तथा शराब परोसेगा क्योंकि वह बहुत सौभाग्यशाली है।" उसके बाद जिन राज्य का ड्यूक वेन जागीरदारों के गठबंधन का नेता हो गया। किन्तु इस बात को लेकर आज भी अनेक विवाद हैं कि *बुक ऑफ चेंजेज* में बताए गए पूर्वानुमान लगाने के तरीके असरदार हैं या नहीं।

प्राचीन काल में सितारों की चाल और *बुक ऑफ चेंजेज* में बताए गए गणना के तरीकों से पूर्वानुमान लगाने की सभी विधियां केवल गुणात्मक पूर्वानुमान में उपयोग करने लायक हैं, मात्रात्मक पूर्वानुमानों में नहीं। वैज्ञानिक विधियों की उन्नति और विशेषकर कम्प्यूटर के आविष्कार के बाद सांख्यिकीय गणना के आधार पर पूर्वानुमान लगाना संभव हो गया है। इसमें अंतर्राष्ट्रीय संबंधों में परिवर्तन को प्रभावित करने वाले परिवर्तनशील कारक (स्वतंत्र परिवर्तनशील कारक) और अंतर्राष्ट्रीय संबंधों में जिन घटनाओं और प्रक्रियाओं का पूर्वानुमान लगाया जा रहा है (पराश्रित परिवर्तनशील कारक) उनको संख्या में व्यक्त किया जा सकता है। इसके लिए पिछले स्वतंत्रशील कारकों के मूल्यों की व्यापकता और परिवर्तन को आधार मानकर पहले से तैयार माडल के अनुसार पराश्रित परिवर्तनशील कारकों में परिवर्तनों के मूल्यों की गणना की जा सकती है। अंतर्राष्ट्रीय संबंधों में परिवर्तनों का पूर्वानुमान लगाने की संख्यात्मक विधियों के लिए आवश्यक कौशल का स्तर अभी अपेक्षाकृत कमज़ोर है, किन्तु यह विधि अंतर्राष्ट्रीय संबंधों में वैज्ञानिक पूर्वानुमान कला के विकास की ओर संकेत करती है। 2004 में हमने सिंघुआ विश्वविद्यालय के आधुनिक अंतर्राष्ट्रीय संबंध संस्थान में चीन और बड़ी शक्तियों के बीच संबंधों का मात्रात्मक पूर्वानुमान लगाने के लिए एक समूह का गठन किया था और संख्यात्मक पूर्वानुमान विधि को समझने के लिए शोध करने लगे थे। संख्यात्मक पूर्वनुमान विधियां अभी तक परिपक्व नहीं हुई हैं, इसलिए हमने संख्यात्मक और प्रयोगात्मक दोनों विधियों को मिलाकर अपनाया।

संख्यात्मक पूर्वानुमान विधि विभिन्न परिवर्तनशील कारकों के बीच संबंधों के मॉडल स्थापित करने पर आधारित है। ये मॉडल अनेक प्रकार के हो सकते हैं। अपने अनुभव के आधार पर शोध करने वालों ने अनेक स्वतंत्र परिवर्तनशील कारक चुने जिनका पराश्रित परिवर्तनशील कारकों पर अपेक्षाकृत बड़ा प्रभाव है, सांख्यिकीय विधियों के आधार पर एक मॉडल तैयार किया और फिर इन मॉडलों को आधार मानकर पराश्रित परिवर्तनशील कारकों में भविष्य में होने वाले परिवर्तनों का पूर्वानुमान लगाया। राजनीति विज्ञान में अनेक विद्वान चुनाव परिणामों का पूर्वानुमान लगाने के लिए इस प्रकार की विधि का उपयोग करते हैं। उदाहरण के लिए सर्वेक्षण विशेषज्ञ एलन अब्रामोवित्ज अपने मॉडल तैयार करने के लिए सबसे कम सामान्य वर्गों की विधि का उपयोग करते हैं। इन मॉडलों में स्वतंत्र परिवर्तनशील कारक अचानक किए गए सर्वेक्षण के आंकड़े और सकल राष्ट्रीय उत्पाद में परिवर्तन की दरें हैं, जबकि पराश्रित परिवर्तनशील कारक अमेरिकी राष्ट्रपति चुनाव के परिणाम हैं।[9] इस मॉडल के आधार पर लगाए गए पूर्वानुमान किस हद तक सटीक होंगे, इसका

9 एलन आई. अब्रामोवित्ज, "एन इम्प्रूव्ड मॉडल फॉर प्रेडिक्टिंग प्रेजीडेंशियल इलेक्शन ऑउटकम्स," *पॉलिटिक्ल साइंस एंड पॉलिटिक्स* 21, संख्या 4 (1988): 843–47

निर्णय पराश्रित परिवर्तनशील कारकों पर स्वतंत्र परिवर्तनशील कारकों के प्रभाव पर निर्भर है। अमेरिकी राष्ट्रपति चुनाव जैसी एक ही घटना के परिणामों का पूर्वानुमान लगाने के लिए कोई दूसरे विद्वान कोई भिन्न स्वतंत्र परिवर्तनशील कारक चुनेंगे और उनका मॉडल भी अलग होगा। उदाहरण के लिए टॉम राइस आर्थिक प्रभाव को चार स्वतंत्र परिवर्तनशील कारकों: बेरोज़गारी दर, मुद्रास्फीति दर, वास्तविक राजस्व और सकल राष्ट्रीय उत्पाद, में समेट देते हैं। आर्थिक कारकों के अलावा वे अंतर्राष्ट्रीय हस्तक्षेप, राजनीतिक अनुभव और उम्मीदवारों की लोकप्रियता के स्तर जैसे अन्य स्वतंत्र परिवर्तनशील कारकों की भी पड़ताल करते हैं।[10] किसी भी मॉडल में जितने अधिक स्वतंत्र परिवर्तनशील कारक चुने जाते हैं मॉडल उतना ही जटिल हो जाता है। राजनीति विज्ञानी जेम्स ई. कैम्पबेल के अंतर-महाद्वीपीय चुनाव मॉडल में एक दर्जन स्वतंत्र परिवर्तनशील कारक हैं।[11]

यदि पूर्वानुमान लगाने के लिए कोई विश्वसनीय मॉडल तैयार कर पाना कठिन हो तो भी विद्वान पूर्वानुमान लगाने के लिए समय श्रृंखला विधि का उपयोग कर सकते हैं। इस विधि में स्वतंत्र और पराश्रित परिवर्तनशील कारकों के बीच किसी स्पष्ट आकस्मिक संबंध की आवश्यकता नहीं होती, बल्कि पराश्रित परिवर्तनशील कारकों में अतीत में हुए परिवर्तनों के आधार पर भविष्य के रुझानों का पूर्वानुमान लगाया जाता है।[12] समय श्रृंखला मॉडल यह मानकर काम करते हैं कि पूर्वानुमान लगाने वाले केवल ऐतिहासिक घटनाओं को समझते हैं, ऐतिहासिक कारणों को नहीं और ऐतिहासिक घटनाओं के संख्यात्मक मूल्यों के आधार पर भविष्य में इन घटनाओं की स्थिति का पूर्वानुमान लगाते हैं। इस तरह की विधि का उपयोग अर्थशास्त्र के अकादमिक अध्ययन में बहुत अधिक किया जाता है जैसे अंतर्राष्ट्रीय शेयर बाजार में उतार-चढ़ाव का पूर्वानुमान इस विधि से लगाया जाता है। यह विधि अल्पावधि पूर्वानुमानों के लिए अधिक उपयुक्त है। अंतर्राष्ट्रीय संबंधों के अध्ययन में भी इसकी कुछ उपयोगिता है।[13]

बुनियादी सिद्धांत

अंतर्राष्ट्रीय संबंध अध्ययनों की विधियों के संयोजन की संभावनाएं असीमित होने के कारण उनका पूर्वानुमान लगाने की विशेष विधियां अनगिनत हैं और उनकी गणना कर पाना कठिन है। कुछ लोगों का मानना है कि अंतर्राष्ट्रीय संबंधों का पूर्वानुमान लगाने के लिए 150-200 या उससे भी अधिक

10 माइकल एस. लेविस-बेक, टॉम डब्ल्यू. राइस, "फोरकास्टिंग प्रेजीडेंशियल इलेक्शन: ए कम्पैरीजन ऑफ नेव मॉडल्स," *पॉलिटिकल बिहेवियर* 6, संख्या 1 (1984): 9-11

11 जेम्स ई. कैम्पबेल, "फोरकास्टिंग द प्रेजीडेंशियल वोट इन द स्टेट्स," *अमेरिकन जरनल ऑफ पॉलिटिक्ल साइंस* 36, संख्या 2 (1992): 386-407

12 वु शिझि, तोंगजिशुए: *कांग शिजु दाओ जिएलुन* (सांख्यिकी, आंकड़ों से निष्कर्ष तक) (बीजिंग: चाइना स्टैटिस्टिक्स प्रेस, 2006), 226

13 जसूक कू, जून हान, जुंगहुन किम, "इंटीग्रेटिव कांप्लेक्सिटी ऑफ साउथ-नॉर्थ कोरियन कॉरस्पान्डेंस: ए टाइम-सीरिज एनालेसिस, 1984-1994," *जरनल ऑफ कन्फ्लिक्ट रेजोल्यूशन* 46, संख्या 2 (2002): 286-304

विधियां मौजूद हैं।[14] विधियां भले ही अनेक हों, किन्तु उनमें से अनेक के बुनियादी सिद्धांत एक समान हैं। सबसे लोकप्रिय सिद्धांत जड़ता, एकरूपता, कारणता, सह-संबंध और तर्कसंगतता हैं।[15]

जड़ता का सिद्धांत

जड़ता प्रकृति का नियम है और प्रकृति का अंग होने के नाते इंसान भी इस नियम से बंधा हुआ है। अंतर्राष्ट्रीय परिदृश्य लगातार बदलता रहता है, किन्तु अधिकतर परिवर्तन स्तरीय परिवर्तन होते हैं। बहुत कम परिस्थितियों में उनका स्वरूप बदलता है। उदाहरण के लिए शीत युद्ध के दौरान दो ध्रुवीय व्यवस्था 40 वर्ष से भी लंबी चली किन्तु शीत युद्ध को समाप्त होने में केवल एक वर्ष लगा। अंतर्राष्ट्रीय परिदृश्यों में बदलाव अनेक परिस्थितियों में निरंतरता के दायरे में होता है, इसलिए अनपेक्षित कारकों के आने से पहले जड़ता के सिद्धांत के आधार पर अंतर्राष्ट्रीय घटनाओं के रुझानों का पूर्वानुमान लगाना संभव है। कहने का तात्पर्य यह भी है कि किसी विशेष अंतर्राष्ट्रीय विषय में एक निश्चित काल तक यथास्थिति बनी रहेगी और उसके स्वरूप में बदलाव नहीं होगा। शोध के विषय के इतिहास को देखते हुए अतीत से वर्तमान तक उसके विकास का रेखांकन किया जा सकता है और फिर उसका विस्तार करते हुए भविष्य में उसके विकास का मार्ग बताया जा सकता है। पूर्वानुमान लगाने की इस प्रकार की विधि में यह मान लिया जाता है कि घटनाओं को प्रभावित करने वाले अतीत के कारक उनके भविष्य को भी प्रभावित करेंगे। जब केवल अल्पकालिक आंकड़े उपलब्ध हों तो पूर्वानुमान लगाने के लिए एक मार्कोव श्रृंखला का उपयोग किया जा सकता है। यदि ऐतिहासिक जानकारी अधिक पूर्ण हो तो पूर्वानुमान की समय श्रृंखला विधि का उपयोग किया जा सकता है। यदि ऐतिहासिक जानकारी पूरी हो और स्वतंत्र एवं पराश्रित परिवर्तनशील कारकों के बीच संबंध भी एकदम निश्चित हो तो पूर्वानुमान लगाने के लिए प्रतिगमन विश्लेषण का सहारा लिया जा सकता है।

उदाहरण के लिए 1997 में एक लेखक ने जड़ता के सिद्धांत के सहारे चीन के लिए शीत युद्ध की समाप्ति के बाद के अंतर्राष्ट्रीय माहौल का पूर्वानुमान लगाया था।[16]

अंतर्राष्ट्रीय माहौल के लिए निर्धारित मानदंडः प्रतिरक्षा माहौल में युद्ध में उलझने के अनुमानित समय को एक सूचकांक की तरह इस्तेमाल किया जाता है, राजनीतिक माहौल के लिए बड़ी शक्तियों की रणनीतियों में निरंतरता, सूचकांक की तरह इस्तेमाल होती है और आर्थिक माहौल के लिए विश्व बाजार में विदेश व्यापार के अनुपात की वृद्धि दर ही सूचकांक होती है।

---

14 चेन लिहेंग, संपादित, *जुनशि यूचिशुए* (सैन्य पूर्वानुमान विधि) (बीजिंगः मिलिट्री साइंस पब्लिशिंग हाउस, 1993), 117

15 उपरोक्त, 110-12

16 *यान शुएतोंग, झोंग्गुओ जुएजि गुओजि हुआनजिंग पिगंगु* (चीन के उदय के लिए अंतर्राष्ट्रीय माहौल) (तियानजिनः तियानजिन पीपुल्स प्रेस, 1998), 178-79

इन सूचकांकों की गणना करने के लिए: 1991-96 के प्रतिरक्षा, राजनीतिक और आर्थिक सूचकांकों को जोड़कर उन तीनों का समग्र मूल्य निकालकर एक रेखाग्राफ खींचा जाता है।

चार्ट की विवेचना करने के लिए: निष्कर्ष यह है कि 1997 से लेकर पांच वर्ष के भीतर चीन के उदय के लिए माहौल में स्थिरता का अभाव रहेगा, उतार-चढ़ाव का हर काल दो या तीन वर्ष का होगा, किन्तु सबसे निचला स्तर भी बहुत प्रतिकूल स्तर से ऊपर ही रहेगा।

सैद्धांतिक दृष्टि से कहें तो जड़ता का सिद्धांत धीरे-धीरे बदलती घटनाओं का पूर्वानुमान लगाने के लिए अधिक उपयुक्त है, किन्तु अचानक बदलने वाली घटनाओं का पूर्वानुमान लगाने में उसकी उपयुक्तता अपेक्षाकृत कम है। पूर्व एशिया की आर्थिक वृद्धि दरों के बारे में विश्व बैंक और अंतर्राष्ट्रीय मुद्राकोष के पूर्वानुमान इस बात के उदाहरण हैं। शीत युद्ध की समाप्ति के बाद पूर्व एशियाई देशों की आर्थिक वृद्धि दरें बहुत ऊंची थीं, इसलिए विश्व बैंक और अंतर्राष्ट्रीय मुद्राकोष ने जड़ता के सिद्धांत के आधार पर अनुमान लगाया कि इन देशों की आर्थिक वृद्धि की दरें ऊंची ही रहेंगी। 1990 के दशक के मध्य तक तो यह पूर्वानुमान सही साबित हुए, किन्तु विश्व बैंक और अंतर्राष्ट्रीय मुद्राकोष इस सिद्धांत का उपयोग करते हुए 1997 में पूर्व एशियाई वित्तीय संकट के कारण पूर्व एशियाई देशों की अर्थव्यवस्थाओं में अचानक आई गिरावट का पूर्वानुमान नहीं लगा सके। इस वर्ष उन्होंने पूर्व एशिया की आर्थिक वृद्धि दरों के अपने पूर्वानुमानों में अनेक फेरबदल किए।

एकरूपता का सिद्धांत

एकरूपता भी प्रकृति का ही नियम है। वैसे तो पशु अनेक प्रकार के हैं, लेकिन उनमें से अधिकांश के शरीर में आंखें दो ही होती हैं। व्यक्तियों का सामाजिक आचरण हमेशा बदलता रहता है, किन्तु उनके कृत्यों में अनेक समानताएं होती हैं। एक ही पीढ़ी के सदस्यों के आचरण में समानताएं होती हैं और अलग-अलग पीढ़ियों के लोगों के आचरण में भी कुछ समानताएं होती हैं। जब समूचे इतिहास काल में देशों के बीच सत्ता संघर्षों ने अक्सर युद्ध का रूप धारण किया है तो आधुनिक अंतर्राष्ट्रीय समाज में भी ऐसा ही होगा। इसीलिए कहा जाता है कि इतिहास में हमेशा चौंकाने वाली समानताएं होती हैं। समान कारक भिन्न-भिन्न माहौल में समान परिणाम दे सकते हैं। अतः ऐतिहासिक अनुभव के आधार पर वास्तविक अंतर्राष्ट्रीय राजनीति में एकरूप घटनाओं का पूर्वानुमान लगाया जा सकता है।

मई, 1999 में कश्मीर क्षेत्र में भारत और पाकिस्तान के बीच वास्तविक नियंत्रण रेखा पर भीषण सैन्य संघर्ष हुआ। चीन के सेंट्रल टेलीविजन पर एक विद्वान ने पूर्वानुमान लगाया कि यह सैन्य संघर्ष 1971 की तरह भड़ककर पूर्ण युद्ध का रूप नहीं लेगा। इसका कारण बताते हुए उन्होंने एकरूपता के सिद्धांत का सहारा लिया। उनका मानना था कि शीत युद्ध के काल में परमाणु शक्ति सम्पन्न देशों को डर था कि उनके बीच युद्ध परमाणु युद्ध का रूप ले सकता है, इस

कारण वे आपस में सैन्य संघर्षों को निचले स्तर पर ही रखा करते थे। भारत और पाकिस्तान दोनों ने 1998 में परमाणु परीक्षण किए थे और दोनों के पास परमाणु हथियार थे। जब दूसरे शक्ति सम्पन्न देश आपसी सैन्य संघर्षों को काबू में रखने का फैसला करते हैं तो भारत और पाकिस्तान को भी यह डर होना चाहिए कि उनका आपसी सैन्य संघर्ष, पूर्ण युद्ध और फिर परमाणु युद्ध का रूप ले सकता है। इसी आधार पर इस विद्वान ने भविष्यवाणी की कि भारत और पाकिस्तान का सैन्य संघर्ष पूर्ण युद्ध का रूप नहीं लेगा।

पूर्वानुमान लगाने के लिए एकरूपता के सिद्धांत का उपयोग करते समय दो बातों का ध्यान रखना ज़रूरी है। एक तो कुछ समान घटनाओं के आंतरिक कारणों को समझना ज़रूरी है। कुछ अंतर्राष्ट्रीय विषयों में एकरूपता केवल सतही होती है, जबकि उनके निहित कारण भिन्न होते हैं। इसका तात्पर्य यह भी है कि कारण भले ही भिन्न-भिन्न हों, उनके परिणाम समान हो सकते हैं। इसीलिए पूर्वानुमान लगाने में एकरूपता का सिद्धांत अपनाते समय पहले पुष्टि कर लेनी चाहिए कि जिन घटनाओं का पूर्वानुमान लगाना है, वे एक प्रकार की समान घटनाओं के भीतरी कारणों के अनुरूप हैं। उसके बाद ही पूर्वानुमान लगाया जा सकता है कि भविष्य में उस घटना के रुझान अतीत में हुई वैसी ही घटना के समान होंगे। दूसरी बात, वैसी ही घटना के स्वरूप या किस्म को पूरी तरह समझने की आवश्यकता की है। अनेक अंतर्राष्ट्रीय विषय देखने में एक जैसे लगते हैं, किन्तु उनके स्वरूप में अंतर बहुत बड़ा होता है। उदाहरण के लिए 1990 और 2003 में अमेरिका ने इराक के साथ युद्ध छेड़ा; सतही तौर पर दोनों युद्ध देखने में एक जैसे लगते हैं, किन्तु स्वरूप और मान्यता की दृष्टि से दोनों युद्धों में बुनियादी अंतर था। 1990 का युद्ध अंतर्राष्ट्रीय नियमों के संरक्षण के लिए हुआ था, जबकि 2003 का युद्ध मध्य-पूर्व में अपना दबदबा कायम करने के लिए किया गया था। इस कारण 1990 में युद्ध के अनुभव के आधार पर 2003 में युद्ध के परिणाम का सटीक पूर्वानुमान लगाने के लिए एकरूपता के सिद्धांत को अपनाना कठिन था।

कारणता सिद्धांत

प्राकृतिक जगत का एक मूल नियम कारण और करण के संबंध का है जो मानव समाज पर भी लागू होता है। मानव समाज सहित प्राकृतिक जगत में बहुत सारी घटनाएं एकांत में अस्तित्व में नहीं रहती। इनमें से अनेक घटनाओं के बीच कारणता का एक संबंध होता है। इस संबंध के आधार पर भविष्य में होने वाली घटनाओं का पूर्वानुमान लगाया जा सकता है। हर प्रकार की अंतर्राष्ट्रीय घटना के कुछ कारण होते हैं और इन कारण संबंधों में कुछ बातें समान होती हैं। कुछ प्रकार की अंतर्राष्ट्रीय घटनाओं में कारणता के संबंध को समझ लेने के बाद उनके विकास के रुझानों का सटीक पूर्वानुमान लगाना संभव हो जाता है। कुछ प्रकार की घटनाओं के कारणता संबंधों की पुष्टि के लिए तीन शर्तों का होना ज़रूरी है। एक शर्त यह है कि स्वतंत्र

परिवर्तनशील कारक पराश्रित परिवर्तनशील कारकों से पहले अस्तित्व में आ जाने चाहिए। यह समय श्रृंखला की एक शर्त है जिसमें कारण का करण परिणाम से पहले होना आवश्यक है। दूसरी शर्त यह है कि स्वतंत्र एवं पराश्रित परिवर्तनशील कारकों के बीच एक स्पष्ट सह-संबंध होना चाहिए। यदि हम गुणात्मक विवेचना करना चाहें तो स्वतंत्र एवं पराश्रित परिवर्तनशील कारकों के बीच ऊंचे दर्जे का सह-संबंध होना आवश्यक है। तीसरी शर्त यह है कि स्वतंत्र एवं पराश्रित परिवर्तनशील कारकों के बीच संबंध मिथ्या नहीं होना चाहिए। इसका तात्पर्य यह भी है कि स्वतंत्र एवं पराश्रित परिवर्तनशील कारकों में एक साथ होने वाले बदलावों का कारण कोई तीसरा परिवर्तनशील कारक नहीं होना चाहिए।

उदाहरणः एक अमेरिकी विद्वान ने भविष्य में विश्व में समांगिकता का पूर्वानुमान लगाया।

कारणता संबंधः प्रत्येक देश की समानता उनकी जनता के बीच परस्पर संपर्क से उजागर होती है। परस्पर संपर्क की आवृत्ति जितनी अधिक होगी देशों के बीच राजनीतिक समानता उतनी ही अधिक होगी।

दृष्टिगत वास्तविकताः कम्प्यूटर्स के आने बाद देशों के बीच संवाद की गति पहले से तेज हो गई; अंतर्राष्ट्रीय नेटवर्क स्थापित होने के बाद देशों के बीच परस्पर संपर्क अधिक सुविधाजनक हो गया; आव्रजकों की बड़ी संख्या के कारण प्रत्येक देश की संस्कृति तेजी से रच-बस गई।

पूर्वानुमानः विश्व का प्रत्येक देश अपने प्रत्येक आयाम में एक-दूसरे से अधिक घनिष्ठ रूप से जुड़ा होगा और एक प्रकार की वैश्विक संस्कृति का तेजी से उदय होगा। प्रत्येक देश की वेशभूषा, खान-पान, पेय पदार्थ, गेम्स, खेल, रस्में और संस्कार आदि तथा अन्य सांस्कृतिक पहलुओं में मतभेद बढ़ने की बजाय घनिष्ठता बढ़ेगी। एक समान प्रकार के कारणता सिद्धांतों को उत्प्रेरित करने के लिए व्यक्तियों के बीच संपर्क का सहारा लेते हुए पाठक पूर्वानुमान लगा सकते हैं कि भविष्य में प्रत्येक देश की राजनीतिक संस्थाएं, विचारधाराएं और सोच में निकटता बढ़ती जाएगी और वह आपस में विलीन हो जाएंगी।

यदि अंतर्राष्ट्रीय विषयों के बीच कारणता संबंधों के बारे में मानव की समझ और वास्तविक जगत दोनों में पूरी तरह सामनता हो गई तो कारणता संबंधों पर आधारित पूर्वानुमान सर्वाधिक सटीक होने चाहिए। किन्तु कारणता संबंधों के बारे में मानव की समझ की अपनी सीमाएं हैं और कारणता पर आधारित पूर्वानुमानों की यही कमज़ोरी है। कुछ विषयों में कारणता संबंधों की मानव की समझ वास्तविक कारणता संबंधों जितनी गहरी नहीं है क्योंकि अंतर्राष्ट्रीय विषयों में कारणता संबंध बहुत जटिल होते हैं, इसलिए इनके आधार पर सटीक पूर्वानुमान लगा पाना आसान नहीं होता। एक अंतर्राष्ट्रीय घटना अनेक कारणों का परिणाम होती है, इसलिए किसी एक कारण के आधार पर लगाया गया पूर्वानुमान गलत भी हो सकता है। उदाहरण के लिए किसी बड़ी शक्ति का उदय ऐसा महत्वपूर्ण कारक है जो अंतर्राष्ट्रीय युद्ध को जन्म

दे सकता है, किन्तु वह युद्ध ज़रूर भड़काएगा या नहीं इस पर बड़ी शक्ति के उदय होने के समय आर्थिक युग का प्रभाव भी पड़ता है। पारंपरिक औद्योगीकरण की प्रक्रियाओं में शांतिपूर्ण तरीके विदेशी संसाधनों के लिए उदीयमान शक्तियों की आवश्यकताओं की पूर्ति नहीं कर पाते, इसलिए बल का सहारा लेना पड़ता है। किन्तु 21वीं शताब्दी में ज्ञान अर्थव्यवस्था का दबदबा है, नई ऊंची-ऊंची प्रौद्योगिकियों के विकास ने उदीयमान शक्तियों को अपने लिए ज़रूरी विदेशी संसाधन जुटाने के वाणिज्यिक तरीकों पर निर्भर रहने की सामर्थ्य दे दी है, इसलिए नई बड़ी शक्तियों के उदय से अंतर्राष्ट्रीय युद्ध भड़कने की आशंका नहीं हो सकती।

सह-संबंध का सिद्धांत

अभी-अभी हमने बताया है कि कारणता संबंध वाली अंतर्राष्ट्रीय घटनाओं में स्वतंत्र एवं पराश्रित परिवर्तनशील कारकों के बीच एक प्रकार का सह-संबंध होता है, किन्तु सह-संबंधित परिवर्तनशील कारकों में कारणता का होना आवश्यक नहीं है। उन दोनों के बीच एक प्रकार का साझा अथवा सह-संबंध हो सकता है। इस प्रकार के साझे और सह-संबंधों का इस्तेमाल करके भी हम अंतर्राष्ट्रीय घटनाओं का पूर्वानुमान लगा सकते हैं। यदि हम यह समझ लें कि एक घटना होने के बाद अक्सर दूसरी घटना होती है, जैसे अबाबील जब नीची उड़ान भरती है तो उसके बाद बारिश होती है। ऐसी स्थिति में हम पहली घटना के आधार पर दूसरी घटना के होने का पूर्वानुमान लगा सकते हैं। उदाहरण के लिए युद्ध शुरू होने से पहले हमेशा हथियार खरीदने की होड़ लगती है। हथियारों की होड़ का मतलब है कि संबंधों में परस्पर विरोध बहुत बढ़ने वाला है। किन्तु वह युद्ध का कारण नहीं है। उसका युद्ध के साथ साझा संबंध है। हम हथियारों की होड़ बढ़ने के आधार पर युद्ध होने की संभावना का पूर्वानुमान लगा सकते हैं।

1998 में भारत और पाकिस्तान दोनों ने परमाणु अस्त्र अप्रसार को धता बताकर परमाणु परीक्षण किए। उसके बाद दोनों देशों के बीच निर्देशित मिसाइल होड़ भी शुरू हो गई। तब कुछ विद्वानों ने हथियारों की होड़ और युद्ध के बीच सह-संबंध के आधार पर पूर्वानुमान लगा लिया कि दोनों देशों के बीच नया सैन्य संघर्ष होगा। यह बात सही है कि मई 1999 में दोनों के बीच कश्मीर में वास्तविक नियंत्रण रेखा क्षेत्र में दो महीने तक बड़ा भारी सैन्य संघर्ष चला।

सह-संबंध के सिद्धांत के आधार पर पूर्वानुमान करने में कमज़ोरी यह है कि पूर्वानुमान लगाने वाला यह नहीं समझ पाता कि दो घटनाओं के बीच तार्किक संबंध क्या है और वह केवल संगतता को देखकर प्रायोगिक पूर्वानुमान कर देता है। इसलिए इस प्रकार लगाए गए पूर्वानुमानों में असरदार व्याख्या योग्य शक्ति नहीं होती और इन्हें आसानी से स्वीकार नहीं किया जाता। पूर्वानुमान लगाने के लिए सह-संबंध के सिद्धांत का उपयोग करते समय दो बातों का ध्यान रखा जाना चाहिए। एक तो आधार स्वरूप उदाहरणों का बड़ी संख्या में उपयोग करना आवश्यक है। जब हम दो घटनाओं के बीच तार्किक संबंध नहीं समझते तो सह-संबंध की

समझ की विश्वसनीयता बढ़ाने के लिए उदाहरणों का बड़ी संख्या में उपयोग करना आवश्यक है। एक ही प्रकार के जितने अधिक उदाहरणों को आपस में जोड़ा जाएगा पूर्वानुमान की सटीकता की दर उतनी ही अधिक होगी। दूसरी बात यह है कि पूर्वानुमान की प्रकृति का निर्धारण बहुत सोच-समझकर किया जाना चाहिए यह बात एकरूपता के सिद्धांत के आधार पर पूर्वानुमान लगाने जैसी ही है। पूर्वानुमान लगाते समय भिन्न प्रकृति वाले विषयों के सह-संबधं का दुरुपयोग रोकने के लिए यह आवश्यक है।

तर्कसंगतता का सिद्धांत

अनेक राजनीतिक घटनाएं ऐसी होती हैं जिनकी योजना नीति-निर्माता पहले से बना लेते हैं। अर्थात विषयनिष्ठ योजनाएं पहले बन जाती हैं, वस्तुनिष्ठ नीति का निर्धारण या घटना बाद में होते हैं। किन्तु किसी घटना के होने को बहुत सहज दिखाने के लिए नीति-निर्धारक कोई बड़ी कार्रवाई करने से पहले लंबी-चौड़ी तैयारी करते हैं। ये सारी तैयारियां खुलेआम की जाती हैं। इनका उद्देश्य जनमत को प्रभावित करना और जनता की सोच को सभी ज़रूरी पहलुओं की ओर मोड़ना होता है। यह तैयारियां जानबूझकर की जाती हैं इसलिए इन्हें त्रुटिहीन रखना कठिन होता है। अक्सर इनमें कुछ अप्राकृतिक या तर्कहीन बातें होती हैं और नैसर्गिक तर्क से विमुख यह बातें ही अक्सर वह ज़रूरी बन जाती हैं जो किसी भी परिस्थिति में ऐसी घटनाओं में निहित इरादों को उजागर कर देती हैं। विद्वान नीति-निर्धारकों के तर्कहीन आचरण को देखकर उनके वास्तविक उद्देश्य अथवा अगले कदम का पूर्वानुमान लगा सकते हैं।

तर्कहीन घटना की खोजः 19 मई, 1999 को ली तेंग हुई ने पद छोड़ने से एक वर्ष पहले *ताइवान दि झुझांग* (ताइवान का दृष्टिकोण) नाम से एक आत्मकथा प्रकाशित की जिसमें मूल रूप से ताइवान की स्वतंत्रता की वकालत की गई थी। आमतौर पर राजनेता पद छोड़ने से पहले आत्मकथाएं नहीं प्रकाशित कराते क्योंकि उनसे उनके लिए अनचाही राजनीतिक मुश्किलें खड़ी हो सकती हैं।

तर्कसंगतता की तलाशः तर्कसंगतता के सिद्धांत के आधार पर हो सकता है कि विद्वान यह कारण जानना चाहे कि लि तेंग हुई ने उसी समय पर आत्मकथा क्यों प्रकाशित कराई। इसका तर्क यह है कि अगर ली तेंग हुई ताइवान की स्वतंत्रता की नीति औपचारिक रूप से घोषित कर देते तो फिर ताइवान के नेताओं को उनकी स्वतंत्रता की नीति बदलने में कठिनाई होती। आत्मकथा व्यक्ति के निजी जीवन और विचारों की अभिव्यक्ति होती है, सरकारी नीति की नहीं। ताइवान के लिए स्वतंत्रता की नीति को आत्मकथा में उजागर करने से इस बात की परख हो सकती थी कि मुख्य भूमि उसे कितना स्वीकार कर सकती है। यदि मुख्य भूमि की प्रतिक्रिया तीखी होती तो ताइवान की सरकार कह सकती थी कि यह तो एक निजी राय है और यदि मुख्य भूमि की प्रतिक्रिया उतनी तीखी न होती तो ताइवान सरकार अपनी सुविधा से कभी भी

आधिकारिक रूप से ताइवान की स्वतंत्रता की नीति की घोषणा कर सकती थी।

पूर्वानुमानः इस तर्कसंगतता के आधार पर 26 मई, 1999 से 10 जून, 1999 तक एक लेखक ने *चाइना डेली, ग्लोबल टाइम्स,* सिंगापुर के *लियानहे जाओबाओ* और हांगकांग के वेनहुई डेली में क्रमशः पांच बार भविष्यवाणी की कि ली तेंग हुई अप्रत्यक्ष स्वतंत्रता की ओर बढ़ रहे हैं।[17] उसी वर्ष 9 जुलाई को ली तेंग हुई ने "एक चीन" के सिद्धांत से नाता तोड़ लिया और ताइवान तथा मुख्य भूमि चीन के बीच संबंधों में औपचारिक रूप से "दो राष्ट्र" का प्रस्ताव रख दिया।[18]

राजनीतिक विषयों की बारीकियों की समझ होने पर ही तर्कसंगत पूर्वानुमान लगाए जा सकते हैं। इसलिए तर्कसंगतता के सिद्धांत के आधार पर पूर्वानुमान लगाते समय दो बातों का ध्यान रखना चाहिए। एक तो परिस्थितियों पर सावधानी से गौर करना चाहिए। किसी भी विषय की मूल परिस्थितियों की गहरी समझ लेने के लिए पूर्वानुमान लगाने वाले व्यक्ति को लंबे समय तक उस विषय पर नजर रखनी चाहिए, तभी उनमें होने वाले बारीक परिवर्तनों को समझा जा सकता है। दूसरी बात तर्कसंगतता को समझने की है। कोई विषय कितना तार्किक है, इसका निर्धारण उसके माहौल से होता है। किसी भोजन की दावत में एक हाथ से भोजन पकड़ना बेहूदा व्यवहार है, किन्तु अगर आप पिकनिक पर ऐसा करते हैं तो वह स्वीकार्य है। इस कारण तर्कसंगतता की समझ अनुभव में निहित है और उसके कोई नियम तय नहीं हैं। तर्कसंगतता को समझने की सामर्थ्य अभ्यास से निखरती है।

यहां हमने पूर्वानुमान लगाने के सिद्धांतों और उनकी प्रकृति की बात की है। इन विषयों को समझने से पाठकों को अंतर्राष्ट्रीय संबंधों का पूर्वानुमान लगाने की विधियां सीखने में मदद मिलेगी। फिर भी अंतर्राष्ट्रीय संबंधों के मात्रात्मक पूर्वानुमान लगाने में पाठकों की मदद के लिए यह जानकारी पर्याप्त नहीं है। मात्रात्मक पूर्वानुमान लगाने का आधार गुणात्मक माप है और यदि हम ऐसा नहीं कर पाते तो मात्रात्मक पूर्वानुमान लगाने में असमर्थ होंगे।

प्राकृतिक विज्ञान और समाज विज्ञान दोनों में गुणात्मक माप की बुनियाद पर वैज्ञानिक सुधार किए जाते हैं। आधुनिक समाज विज्ञान में अर्थशास्त्र को अधिक वैज्ञानिक विषय माना जाता

---

17 यान शुएतोंग, "*कांग ताइवान दि झुझांग कान लि देंगहुई दि झेंगझि छिंगगान*" (*ताइवान व्यू प्वाइंट्स* के आधार पर ली तेंगहुई की विचारधारा का अध्ययन), *लियानहे जाओबाओ* (यूनाइटेड मोर्निंग न्यूजपेपर), 26 मई, 1999; यान शुएतोंग, "*ली तेंगहुईज बुक* एक्सपोजेज हिज ट्रू बायस," *चाइना डेली,* 31 मई, 1999; यान शुएतोंग, "लीज प्लॉट फॉर 'इंडिपेंडेंस,'" *चाइना डेली,* 4 जून, 1999; यान शुएतोंग, "ताइवान दि झुझांग झुझांग शैनमी?" (ताइवान्स व्यूप्वाइंट का उद्देश्य क्या है) *हुआनछियु शिबाओ* (ग्लोबल टाइम्स), 4 जून, 1999; यान शुएतोंग, "यानशु 'ताइदु' झोंगचि दि शुआनशु" (ताइवान की स्वतंत्रता की नीति जारी रखने की घोषणा), *वेन वेई पो* (हांगकांग), 10 जून, 1999

18 लि झोंगतोंगः लियांगअन शि तेशु दि गुओ यु गुओ गुआनशि" (राष्ट्रपति लीः दोनों पक्षों के बीच संबंध राष्ट्र से राष्ट्र का विशेष संबंध है), *लियानहे बाओ* (यूनाइटेड डेली), 10 जुलाई, 1999

है और इसका बुनियादी कारण यह है कि अर्थशास्त्र में मौद्रिक इकाइयों की सभी आर्थिक परिकल्पनाओं की मात्रा तय की जाती है। उदाहरण के लिए किसी भी देश की सामग्री उत्पादन को मौद्रिक इकाई में बदलने के बाद अर्थशास्त्री पूर्वानुमान लगा सकते हैं कि आने वाले वर्ष में देश का सामग्री उत्पादन कितना बढ़ेगा और इस तरह के मात्रात्मक पूर्वानुमान को प्रतिशत के दसवें हिस्से तक मापा जा सकता है। 2008 की चौथी तिमाही में विश्व के सकल घरेलू उत्पाद की वृद्धि दर में परिवर्तन और पिछले वित्तीय संकटों के प्रभाव की गणना के आधार पर अंतर्राष्ट्रीय मुद्राकोष ने जनवरी, 2009 में यह पूर्वानुमान लगाया: 2009 में वैश्विक आर्थिक वृद्धि दर 0.5 प्रतिशत, उभरते औद्योगिक बाजार वाले देशों की आर्थिक वृद्धि दर 3.3 प्रतिशत, अमेरिका की .-1.6 प्रतिशत और चीन की आर्थिक वृद्धि दर 6.7 प्रतिशत रहेगी।

किन्तु अंतर्राष्ट्रीय मामलों में और भी बहुत सी ऐसी घटनाएं होती हैं जिन्हें नापने के लिए एक जैसे तरीके या इकाइयां नहीं होती जिसके कारण अंतर्राष्ट्रीय संबंधों के मात्रात्मक पूर्वानुमान लगाने में भीषण कठिनाइयां उत्पन्न होती हैं। विभिन्न विषयों के लिए विभिन्न विधियों और माप इकाइयों की आवश्यकता होती है। उदाहरण के लिए भौतिक विज्ञान में लंबाई, भार, आयतन और बल मापने के लिए विभिन्न मापन विधियों और इकाइयों का उपयोग किया जाता है। अंतर्राष्ट्रीय विषयों की प्रकृति में भिन्नता का अर्थ यह है कि हमें भिन्न-भिन्न विधियां और मापन इकाइयां खोजने की ज़रूरत है। अंतर्राष्ट्रीय संबंधों के मात्रात्मक पूर्वानुमान को सामाजिक अभ्यास में आमतौर पर शामिल करने के लिए ज़रूरी है कि विद्वान अंतर्राष्ट्रीय विषयों के मात्रात्मक मापन में अधिक से अधिक शोध करें।

अंतर्राष्ट्रीय संबंधों की विवेचना मात्रात्मक हो या गुणात्मक उनके पूर्वानुमान की सामर्थ्य बढ़ाने का एक ही तरीका है – निरंतर अभ्यास। अंतर्राष्ट्रीय संबंधों के गुणात्मक पूर्वानुमान की विधि का अध्ययन करते समय न सिर्फ पूर्वानुमान लगाने के मूल सिद्धांतों को समझना ज़रूरी है, बल्कि पूर्वानुमान लगाने का अभ्यास करते रहना भी आवश्यक है। वर्तमान में अंतर्राष्ट्रीय संबंधों का पूर्वानुमान लगाने में अनुभव ज्ञान का मुख्य आधार है। अतः अंतर्राष्ट्रीय संबंधों के मात्रात्मक पूर्वानुमान की विधि के अध्ययन की शुरुआत अंतर्राष्ट्रीय विषयों के गुणात्मक मापन के अध्ययन से होनी चाहिए। मात्रात्मक पूर्वानुमान विधियों के रहस्य पूर्वानुमान लगाने के अभ्यास के दौरान ही खोजे जा सकते हैं। इसके अलावा पाठकों को यह भी याद रखना होगा कि पूर्वानुमान लगाने के सभी तरीकों को पूर्वानुमानों की कसौटियों पर परखने के साथ गहरे संबंध हैं। पूर्वानुमानों के परिणामों को निरंतर परखते रहने और सफलता के अनुभवों और असफलता से मिली सीखों को लगातार सारबद्ध करते रहने से पूर्वानुमान लगाने की हमारी सामर्थ्य में सुधार हो सकेगा।

संदर्भ स्रोत

अब्रामोवित्ज, एलन आई. "एन इम्प्रूव्ड मॉडल फॉर प्रेडिक्टिंग प्रेजीडेंशियल इलेक्शन ऑउटकम्स," *पॉलिटिक्ल साइंस एंड पॉलिटिक्स* 21, संख्या 4 (1988): 843–47

अलेक्जेंडर, डिट्रिच। "एर्दोगान्स ड्रीमः बिल्डिंग ए न्यू ऑटमन एम्पायर" *डाइ वेल्ट,* 26 नवम्बर, 2011

आंद्रे वाल्कर। "क्यू एंड एः यूरोपीयन स्टेबिलिटी मैक्निज्म" *बीबीसी न्यूज,* 8 अक्तूबर, 2012 http://www.bbc.co.uk/news/business-19870747.

"एशिया-प्रशांत" *बाइदु बाइके* (बाइदु इंसाइक्लोपीडिया) http://baike.baidu.com/view/398058.htm.

अजरीन, आंद्रेई। "चाइनीज शैल गैस रेवोल्यूशन" *इंडिपेंडेंट,* 9 अक्तूबर, 2010

"बाचेंग शिन दांगशुआन झोंगयियुआन झिचि शिंगशि जिति जिवेइछुआन" (80 प्रतिशत नव-निर्वाचित सांसद सामूहिक आत्मरक्षा के उपयोग के समर्थक हैं), असाहि शिम्बून, 8 दिसम्बर, 2012

"बाशि जई लामेई शिछु यिंगशियांगलि" (ब्राजील लैटिन में अमेरिका में प्रभाव खो रहा है), *अमेरिकन इकानॉमी,* 1 दिसम्बर, 2012

बोल्ट, स्टिफानी, "देगुओरेन बुजाई शियांगशिन ओयुझोउ" (जर्मन जनता का यूरोप में भरोसा नहीं रहा), *दिए वेल्ट,* 17 सितम्बर, 2012

"बुनेंग योंग गाइगे काइफांग होउ दि लिशि फाउडिंग झिछियान लिशि" (हम सुधार और उदारीकरण की प्रक्रिया के बाद के इतिहास के सहारे उससे पहले के इतिहास को नहीं झुठला सकते), *Sina.com.cn,* 6 जनवरी, 2013, http://news.sina.com.cn/o/2013-01-06/014625962299.shtml.

"बु जियान झेंगजि दि बाननियान" (छह माह में कोई उपलब्धि नहीं), *इल्युओशी बाओझिवांग* (रसियन न्यूजपेपर नेट), 30 नवम्बर, 2021

"बैरी बुजान, *रेन, गुओजिया यु कोनजियु – होउ लेंगझान शिदाई द गुओजि एनछुआन यानजियु यिचेंग* (पीपुल, स्टेट्स, एंड फीयरः एन एजेंडा फॉर इंटरनेशनल सिक्योरिटी स्टडीज़ इन द पोस्ट-कोल्ड वार इरा), अनुवाद यान जियान और लि जियान (बीजिंगः सेंट्रल कंपाइलेशन एंड ट्रांसलेशन प्रेस, 2009), 160, http://baike.baidu.com/view/398058.htm.

संदर्भ स्रोत

कैम्पबेल, जेम्स ई. "फोरकास्टिंग द प्रेजीडेंशियल वोट इन द स्टेट्स," *अमेरिकन जरनल ऑफ पॉलिटिक्ल साइंस* 36, संख्या 2 (1992): 386–407

चार्ल्स जाइगु, "मेयु 20 नियान हुयु, फागुओरेन जेंगजिया हुआइयि ओउझोउ" (मास्ट्रिक्ट संधि के 20 वर्ष बाद भी फ्रांस की जनता संदेह में है), *लि फिगारो,* 17 सितम्बर, 2012

चेन लिहेंग, संपादित, *जुनशि यूचिशुए* (सैन्य पूर्वानुमान विधि) बीजिंगः मिलिट्री साइंस पब्लिशिंग हाउस, 1993

चीन जनवादी गणराज्य के वाणिज्यिक सलाहकार का कार्यालय, "ई शुएझे युचि 2013 नियान इल्युोशि जीडीपी जेंगझांग 1.4 प्रतिशत" (रूसी विद्वानों का अनुमान है कि 2013 में रूस की जीडीपी दर 1.4 प्रतिशत होगी)। *द नेट ऑफ कमर्शियल काउंसलर्स ऑफिस ऑफ दि पीआरसी,* 31 जनवरी, 2013, http://ru.mofcom.gov.cn/article/jmxw/201301/20130100017764.shtml.

क्रेस्पिग्नी, रफे डी. *प्रोटेन्ट्स ऑफ प्रोटेस्ट इन द लेट हान डायनेस्टीः द मेमोरियल्स ऑफ शियांगकाई टू एम्परर हुआन इन 166 एडी,* कैनबराः ऑस्ट्रेलियन नेशनल प्रेस, 1976

देंग शियाओपिंग वेनशियान – दिसान जुआन (देंग शियाओपिंग की चुनी हुई रचनाएं - तीसरा खंड) (बीजिंगः पीपुल्स प्रेस, 1993), 353

चीन की समाज विज्ञान अकादमी के भाषा अध्ययन संस्थान का शब्दकोश सम्पादन कार्यालय, शियानदाई हानयु सिदिआन (आधुनिक चीनी शब्दकोश)। बीजिंगः कमर्शियल प्रेस, 1996,

"यूरोप" *बाइदु बाइके* (बाइदु इंसाइक्लोपीडिया) http://baike.baidu.com/view/3622.htm.

फांग लियानछिंग, वांग बिंगयुआन, और लियु जिनझि, संपादक, *गुओजि गुआनशि शिः झानझुओ युआन* (हिस्ट्री ऑफ इंटरनेशनल रिलेशन्सः पोस्टवार वैल्यूम)। बीजिंगः पेकिंग यूनिवर्सिटी प्रेस, 2006

फियेरो, अलेजान्द्रो, "वेनेजुएला में चुनाव के पांच निष्कर्ष," *ला मारिया,* 9 अक्तूबर, 2012

फ्लोरेनसिया कॉर्बोन, "चाइनाः द ड्रैगन वांट्स ए स्नैक," *नेशन,* 25 सितम्बर, 2012

"फॉर इस्राइल, द आयरन डोम गाइडेड मिसाइल डिफेंस सिस्टम रिप्रजेंट्स ए ब्रेकथ्रू," *वाशिंगटन पोस्ट,* 3 दिसम्बर, 2012

गुआंग, सिमा, "हानजि 47" जिझि तोंगजियान (जुआन 1) में (हान का रिकॉर्ड) (राजनीतिक प्रशासन की सामान्य झलक - खंड 1)। चांगषाः युएलु प्रेस, 1990

हेनरी किसिंजर, *दा वाओजियाओ* (कूटनीति), अनुवाद गु शुशि व अन्य हाइकोउः हाइनान पब्लिशिंग हाउस, 1988

"हु जिनताओ जई झोंग्गुओ गोंगचानदांग दि शिबा चि छुआनगुओ दाइबियाओ दाहुई षांग दि बाओगाओ (छुआनवेन)" (चीन की कम्यूनिस्ट पार्टी की 18वीं राष्ट्रीय कांग्रेस में हु जिनताओ की रिपोर्ट-पूर्ण पाठ), *People.com.cn*, 18 नवम्बर, 2012, http://politics.people.com.cn/n/2012/1118/c1001-19612670.html.

हुआंग लेइपिंग, "शिशि जि 'मेनलुओ शुआनयान' चुताई यिलाई मेइगुओ दुई लामेई जिंगजि द यिंगशियांगलि बियानछियान" (मुनरो सिद्धांत अपनाए जाने के बाद से लैटिन अमेरिका पर अमेरिकी अर्थव्यवस्था के प्रभाव में बदलाव), *लादिंगमेईझोउ यानजियु* (लैटिन अमेरिकन स्टडीज), संख्या 2 (2011): 46

जियांग लि, "पुजिंग शिनझेंग पिंगशि" (पुतिन की नई सरकार की विवेचना), *शियानदाई गुओजि गुआनशि* (समकालीन अंतर्राष्ट्रीय संबंध), सं. 12 (2012): 24

"जिन 9 चेंग वांगयु बु रेनतोंग झोंग्गुओ यिचेंग चाओजिदागुओ शुओफा" (करीब 90 प्रतिशत इंटरनेट उपभोक्ता इस बात से सहमत नहीं हैं कि चीन महाशक्ति बन चुका है), *हुआनछियु शिबाओ* (ग्लोबल टाइम्स), 1 जनवरी, 2012, http://www.taihainet.com/news/cnnews/2012-01-01/795156.html.

जूडिथ फोरलाट, "द इम्बैलेंस ऑफ द अफ्रीकन पीस एंड सिक्युरिटी इंफ्रास्ट्रक्चर।" *फंड फॉर साइंस एंड पॉलिटिक्स,* अगस्त 2012।

कपूर, आकाश। "इन सर्च ऑफ ए न्यू इंडिया", *टाइम (एशियन एडिशन),* 29 अक्तूबर, 2012, http://content.time.com/time/magazine/article/0,9171,2127156,00.html.

संदर्भ स्रोत

कू, जसूक, जून हान, जुंगहुन किम, "इंटीग्रेटिव कांप्लेक्सिटी ऑफ साउथ-नॉर्थ कोरियन कॉरस्पान्डेंसः ए टाइम-सीरिज एनालेसिस, 1984-1994," *जरनल ऑफ कन्फिलक्ट रेजोल्यूशन* 46, संख्या 2 (2002): 286-304

कोयु युजिंग, "मेई झोंगयियुआन जिहुआ 2012 नियान शुएजियान गुओफांग काइझि 170 यि मेइयुआन" (अमेरिकी प्रतिनिधि सभा की योजना अमेरिकी रक्षा खर्च में 17 अरब डॉलर की कमी करने की है), *शिनहुआ,* 12 मई, 2011 http://military.people.com.cn/GB/14621911.html.

लेहमन-हॉप्ट, क्रिस्टोफर, "निक्सन्स लास्ट वर्ड ऑन द वर्ल्ड", *न्यूयॉर्क टाइम्स,* 5 मई, 1994, https://archive.nytimes.com/www.nytimes.com/books/98/06/14/specials/nixon- peace.html.

लेविस-बेक, माइकल एस., टॉम डब्ल्यू. राइस, "फोरकास्टिंग प्रेजीडेंशियल इलेक्शनः ए कम्पैरीजन ऑफ नेव मॉडल्स," *पॉलिटिकल बिहेवियर* 6, संख्या 1 (1984): 9-11

लि चांगान, "झोंग्गुओ झुआनलि शिजिए दियि? शुपांग" (क्या चीन के पेटेंट की संख्या विश्व में सबसे अधिक है?-पफ्फीनेस)? *हुआनछियु शिबाओ* (ग्लोबल टाइम्स), 13 दिसम्बर, 2012, http:// opinion.huanqiu.com/ecomomy/2012-12/3374206.html.

लि दाइजियु, "2010-2011 शुएनियान वाइगुओ ल्यिुशिएशेंग वेई मेइगुओ चुआंगशुओ 210 यि मेइयुआन" (2010-2011 शिक्षा वर्ष में अमेरिका को विदेशी विद्यार्थियों से 21 अरब डॉलर की आय हुई), *शिनहुआ,* 15 नवम्बर, 2011, https://finance.qq.com/a/20111115/003176.htm.

"लि शियानलोंगः झोंग्गुओ बु झिदाओ बेइगुओ यानझोंग जिजि दुओ छियांगदा" (शिएन-लूंग लीः चीन नहीं जानता कि दूसरों की नजरों में वह कितना शक्तिशाली है), *गुआनचाइझे* (ऑब्जर्वर), 3 सितम्बर, 2012, http://www.guancha.cn/Neighbors/2012_09_03_94989.shtml.

"लि झोंगतोंगः लियांगअन शि तेशु दि गुओ यु गुओ गुआनशि" (राष्ट्रपति लीः दोनों पक्षों के बीच संबंध राष्ट्र से राष्ट्र का विशेष संबंध है), *लियानहे बाओ* (यूनाइटेड डेली), 10 जुलाई, 1999

लिंग चेन, "जियु मेइगुओ झोंगफु तोंगझि गुओहुई जुएचिंग शुओ ताई वुछि-गुओफांगबु शिनवेन फायानरेन फाबियाओ तानहुआ" (प्रवक्ता ने बताया कि अमेरिका सरकार ने कांग्रेस को ताइवान के लिए हथियारों की बिक्री के फैसले की सूचना दी है), *रेनमिन रिबाओ* (पीपुल्स डेली), 5 अक्तूबर, 2008

लियु देबिन, संपादित *गुआनशि शि* (हिस्ट्री ऑफ इंटरनेशनल रिलेशन्स) बीजिंगः हायर एजुकेशन प्रेस, 2003

लुडमिला विनोग्रादोव, "ह्यूगो शावेज ने जिन सात संबंधों को अपनाया," *अलबासीट,* 9 अक्तूबर, 2012

मैकाइंडर, हैल्फर्ड जॉन, *डेमोक्रेटिक आइडियल्स एंड रिएलिटी/* लंदनः नेशनल डिफेंस यूनिवर्सिटी, 1942,

मार्को इवर्स, "जर्मनी के प्रति ब्रिटेन का बढ़ता अविश्वास", *स्पीगल ऑनलाइन,* 19 दिसम्बर, 2011, http://www.spiegel.de/international/europe/resentments-reawaken- britain-s-mounting-disturst-of -germany-a-804616.html.

मार्क लिओनार्ड, *व्हाट डज चाइना थिंक?* लंदनः फोर्थ एस्टेट, 2008)

"मेई लियानबांग युशुआन चिजि लियानशु दिसिनियान तुपो वानयि" (अमेरिका का संघीय बजट घाटा लगातार चौथे वर्ष 10 खराब डॉलर से ऊपर है), *लियानहे जाओबाओ* (यूनाइटेड मोर्निंग पेपर), 29 जुलाई, 2012, http://www.zaobao.com/gj/gj120729_001.shtml.

"मेइगुओ गोंगहेदांग तियि 10 नियान नेई शिशियान युसुआन पिंगहेंग" (अमेरिका की रिपब्लिकन पार्टी ने 10 वर्ष के भीतर बजट संतुलन करने का प्रस्ताव रखा है), *नानफांग रिबाओ* (नानफांग दैनिक), 14 मार्च, 2013

"मेइगुओ जिहुआ जियांगजाई 10 नियान नेई शुएजियान गुओफांग काइझि 1 वान दुओ यि मेइयुआन" (अमेरिका 10 वर्ष में अपने रक्षा खर्च में 10 खरब डॉलर की कमी करने वाला है), *चाइना न्यूज,* 6 जनवरी, 2012, http://news.163.com/12/0106/08/7N2SFI2K00014JB6.html.

"मिनदियाओ शियानशि 1/4 देगुओरेन झिचि तुइचु ओयुयुआनछु" (सर्वेक्षण के अनुसार जर्मनी की 1/4 जनता यूरोज़ोन से हटने की समर्थक है), *कानकाओ शियाओशि* (रैफरेंस न्यूज), 13 मार्च, 2013

चीन जनवादी गणराज्य का शिक्षा मंत्रालय "गेजि गेलेई शुएशियाओ शियाओशु, जियाओझिगोंग, झुआनरेन जियाओशि छिंगकुआंग" (सभी स्तरों और किस्मों के स्कूलों, शिक्षण एवं प्रशासनिक कर्मियों और पूर्णकालिक प्रोफेसरों की कुल संख्या), http://www.moe.edu.cn/ publicfiles/business/ htmlfiles/moe/s6200/2012 01/129517.html.

संदर्भ स्रोत

मून, चुंग-इन, *झोंग्गुओ जुएछि दाझानलुए–यु झोंग्गुओ झिशि जिंगयिंग दि शेनचेंग दुइहुआ (द ग्रेट स्ट्रैटजी ऑफ चाइनाज राइज–इन–डैप्थ डॉयलाग विद लीडिंग चाइनीज इंटेलेक्चुअल)*, अनुवादक लि चुनफु, बीजिंगः वर्ल्ड इंटेलीजेंस प्रेस, 2011

नेशनल ब्यूरो ऑफ स्टेटिस्टिक्स ऑफ द पीआरसी, "तोंगजिजुः जीडीपी तोंगबि जेंगझांग 7.8 प्रतिशत दिसि जिदु जेंगजिया 7.9 प्रतिशत" (वार्षिक आधार पर पिछले वर्ष की जीडीपी वृद्धि दर 7.8 प्रतिशत और चौथी तिमाही की वृद्धि दर 7.9 प्रतिशत रही), शिनलांग काइजिंग, 18 जनवरी, 2013, http://finance.sina.com.cn/china/20130118/100514329805.shtml.

पतिलोव, सरगेई, "रूस में प्राकृतिक गैस उत्पादन और निर्यात दोनों में गिरावट", *न्यू इज्वेस्तिया*, 4 दिसम्बर, 2012

"द राइज ऑफ एशिया": वी आर नॉट अफ्रेड ऑफ चाइना'',सर्वेक्षण, फ्रेंकफर्टर अलगिमेन्ज जेतुंग, 1 नवम्बर, 2012

"पुजिंग यु बिमियान चोंगदाओ सुलियान फुझे, चेंग इजुन काइझि यि दा जिशियान" (पुतिन ने सोवियत संघ को तबाही से बचाने की कोशिश में घोषणा कर दी कि रूस का सैनिक व्यय अपने अधिकतम स्तर तक पहुंच गया है), *शिनजिंगबाओ* (बीजिंग न्यूज), 12 दिसम्बर, 2012, http://news.sina.com.cn/w/2012-12-12/035125788117.shtml.

राथबोन, जॉन पॉल, "ग्लोबलाइजेशन चेंज्ड दि मूवमेंट ऑफ कैपिटल फंडस", *फायनेंशियल टाइम्स*, 30 सितम्बर, 2012। http://www.ft.com/intl/cms/s/0/557bbdbc-00b2-11e2-9dfc- 00144feabdc0.html.

"चीन के विदेश मंत्री यांग जिइची के साथ टिप्पणी", *आर्काइव डाक्यूमेंट*, 19 सितंबर, 2012, https://2009-2017.state.gov/secretary/ 20092013clinton/rm/2012/09/197343.htm.

"शांगवुबु चेंग झोंग्गुओ छुनयान झोंग्गुओ माओयि जोंगए वेइचाओ मेइगुओ" (वाणिज्य मंत्रालय की घोषणा के अनुसार चीन का पिछले वर्ष का कुल व्यापार अमेरिका के कुल व्यापार से अधिक नहीं रहा), *रायटर्स* (हांगकांग), 14 फरवरी, 2013, http://cn.reuters.com/article/wtNews/ idCNCNE91D05920130214.

"शिजिए जिंगजि झिबियाओ" (विश्व आर्थिक संकेतक), *गुओजि जिलियाओ शिनशि* (अंतर्राष्ट्रीय डाटा सूचना), सं. 8 (2012): 44

शिजिए झिशि नियानजियान 1989/90 (वर्ल्ड इंटेलिजेंस अलमनाक 1989/90)। बीजिंगः वर्ल्ड इंटेलीजेंस प्रेस 1990

शिजिए झिशि नियानजियान 1992/93 (वर्ल्ड इंटेलिजेंस अलमनाक 1992/93)। बीजिंगः वर्ल्ड इंटेलीजेंस प्रेस 1992

शिजिए झिशि नियानजियान 2000/01 (वर्ल्ड इंटेलिजेंस अलमनाक *2000/01*)। बीजिंगः वर्ल्ड इंटेलीजेंस प्रेस 2000

शुमैन, माइकल, "व्हाट मस्ट इंडिया डू टू रिलाइज इट्स इकोनिमिक पोटेंशियल? थिंक बिग, एक्ट बोल्ड," *टाइम (एशियन एडिशन)*, 29 अक्तूबर, 2012, http://content.time.com/time/magazine/article/0,9171,2127096,00.html.

स्टीवेन्सन टॉम, "अमेरिकाज़ सालवेशन इज एन इंडस्ट्रियल रिनेसमां," *द टेलीग्राफ*, 17 नवम्बर, 2012, http://www.telegraph.co.uk/finance/comment/tom-stevenson/9684173/Americas-salvation-is-an-industrial-renaissance.html.

स्टॉकहोम इंटरनेशनल पीस रिसर्च इंस्टीच्यूट, *एसआईपीआरआई इयरबुक 2012: आर्मामेंट्स, डिस्आर्मामेंट्स एंड इंटरनेशनल सिक्यूरिटी*, ऑक्सफोर्डः ऑक्सफोर्ड यूनिवर्सिटी प्रेस, 2011

स्टॉकहोम इंटरनेशनल पीस रिसर्च इंस्टीच्यूट, *एसआईपीआरआई इयरबुक 2012: आर्मामेंट्स, डिस्आर्मामेंट्स एंड इंटरनेशनल सिक्यूरिटी*, ऑक्सफोर्डः ऑक्सफोर्ड यूनिवर्सिटी प्रेस, 2012

सु झेंनशिंग और झांग योंग, "लामेई जिंगजि जेंगझांग फांगशि झुआनबियान यु शियानदाइहुआ जिनचेंग द छुझेशिंग" (लैटिन अमेरिका की आधुनिकीकरण प्रक्रिया में उतार-चढ़ाव और उसकी आर्थिक वृद्धि के तरीकों में बदलाव)। *लाडिंगमेइझोउ यानजियु* (लैटिन अमेरिकन स्टडीज), संख्या 5 (2011): 4

सुब्रमण्यम, अरविन्द व अन्य, "चाइनाज करेंसी राइजेज इन द यूएस बैकयार्ड", *फाइनेंशियल टाइम्स*, 21 अक्तूबर, 2012, http://www.ft.com/cms/s/0/5a34c410-19d6-11e2-a379- 00144feabdc0.html.

चीन जनवादी गणराज्य का राज्य परिषद सूचना कार्यालय, *झोंग्गुओ द हेपिंग फझान* (चाइनाज पीसफुल राइज), बीजिंगः पीपुल्स प्रेस, 2011।

टीवीबीएस सर्वेक्षण केन्द्र, "यिगुओ लियांगछु यु तोंगदु, गुओजु रेनतोंग मिनदियाओ" (एक देश, दो क्षेत्र, पुनःएकीकरण और स्वतंत्रता, राष्ट्र पहचान का सर्वेक्षण) *टीवीबीएस*, 26-27 मार्च, 2012।

"यू.एस. में सून बिकम वर्ल्ड टॉप ऑयल प्रोड्यूसर," *द एसोसिएटिड प्रेस,* 23 अक्तूबर, 2012। https://www.cbsnews.com/news/us-may-soon-become- worlds-top-oil-producer/.

वांग हुई, "2011 नियान जियाहुआ शुएशी वाईगुओ लियुशुएशेंग ज़ोंगशू शौचि तुपो 29 वान रेन" (चीन में विदेशी छात्रों की संख्या पहली बार 2011 में 290,000 के पार हुई), *चाइना न्यूज,* 28 फरवरी, 2012, http://www.chinanews.com/edu/2012/02-28/3702989.shtml.

वांग जुनवेई और चेंग छुन, "झोंगगुओ-दोंगमेंग जिमाओछु 2010 नियान झेंगशि छिदोंग बुरु लिंग गुआनशुई शिदाई" (चीन-आसियान एफटीए ने शून्य शुल्क युग शुरू करके उसमें प्रवेश किया) *शिनहुआ समाचार एजेंसी,* 31 दिसम्बर, 2009 । http://www.gov.cn/jrzg/2009-12/31/content_1500907.htm.

वांग मेइहुआ, "2011 झोंग्गुओ वेनहुआ चानपिन चुकोउ जेंगझांग 22.2 प्रतिशत" (2011 में चीन का सांस्कृतिक उत्पाद निर्यात 22.2 प्रतिशत बढ़ा), *झोंग्गुओ वेनहुआ बाओ* (चीन का सांस्कृतिक समाचारपत्र), 6 फरवरी, 2011 । http://www.askci.com/news/201202/07/15385_78.shtml.

वांग पेंग, "2011 नियान लामेई दिछु अनछुआन शिंगशि" (2011 में लैटिन अमेरिका में क्षेत्रीय सुरक्षा की स्थिति), *लादिगमेईझोउ यानजियु* (लैटिन अमेरिकन स्टडीज), संख्या 1 (2012): 14

वांग शियाओशिओंग, "दियाओचा शियानशि चाओगुओ बानशु यिंगगुओरेन झिचि तुओलि ओयुमेंग" (सर्वेक्षण के अनुसार ब्रिटेन की आधी से अधिक जनता यूरोपीय संघ छोड़ने की समर्थक है), *हुआनछियु शिबाओ* (ग्लोबल टाइम्स), 19 नवंबर, 2012, http://news.sina.com.cn/w/2012-11-19/032225607204.shtml.

वेन दालिन, "जियानपिंग लामेई हि जियालेबि गोउजिया गोंगतोंगति दि तेझेंग जि छि मियानलिन दि नेइबु तियाओझान" (लैटिन अमेरिका और कैरेबियन देशों की विशेषताओं और उनके सामने मौजूद आंतरिक चुनौतियों की समीक्षा), *लादिंगमेईझोउ यानजियु* संख्या 2 (2012): 33

वु चेंगलियांग या अन्य, "दुलि फेंगबो' रांग मेइगुओ शिजियांग यिचांग" ('स्वतंत्रता की लहर' अमेरिका को एक झूठी चेतावनी देती है), *हुआनछियु शिबाओ* (ग्लोबल टाइम्स), 7 जनवरी, 2013

वु गुओपिंग, "जाई बियान यु बुबियान झोंग छियानशिंग" (परिवर्तनशील व अपरिवर्तनशील परिस्थितियों में वृद्धि), *लादिंगमेइझुओ यानजियु* (लैटिन अमेरिकन स्टडीज), संख्या 1 (2012): 9

वु लेई और वु शिजिंग, "फेइझुऊ नेंगयुआन शिंगशि फाझान बियानहुआ यु वेईलाई छियानजिंग" (अफ्रीका में ऊर्जा की बदलती स्थिति और भविष्य की संभावनाएं), *दांगदाई शिजिए* (समकालीन विश्व), सं. 3 (2013): 19

वु शिझि, तोंगजिशुएः *कांग शिजु दाओ जिएलुन* (सांख्यिकी, आंकड़ों से निष्कर्ष तक), बीजिंगः चाइना स्टैटिस्टिक्स प्रेस, 2006

वु झांगयोंग, "मेइगुओ केशुएजिया पिलु मेई हेवुछिकु शुजु" (अमेरिकी वैज्ञानिकों ने अमेरिका के परमाणु शस्त्र भंडार की जानकारी दी) *यूथ,* 25 जून, 2010, http://news.youth.cn/js/ jsgjjq/201206/t20120625_2238483.html.

"शि जिनपिंगः जिशु चाओझे झोंगहुआ मिनजु वेइदा फुशिंग मुबियाओ फेंगयांग छियानजिन" (शि जिनपिंगः चीन राष्ट्र को महान पुनरुत्थान के लक्ष्य की दिशा में निरन्तर बहादुरी से बढ़ते जाना है), *शिनहुआ न्यूज एजेंसी,* 29 नवम्बर, 2012, http://www.gov.cn/ldhd/2012-11/29/content_2278733.htm.

शि जिनपिंग, "विश्व शांति और सुरक्षा के लिए मिलकर काम करें।" *फॉरन अफेयर्स जरनल,* 2012: 62

शियाओ दा और चेन केछिन, "ओबामा फांग यि 'मिशांग दा यिलांग'" (ओबामा ईरान पर हमले की गुप्त वार्ता के लिए इस्राइल गए), *हुआनछियु शिबाओ* (ग्लोबल टाइम्स), 20 मार्च, 2013

शियोंग शिन, लि मुजि, "छुआनछियु जिंगजि जुइसी छुआनलि झोंगशिन झुआनयि बुके बिमियन" (विश्व की आर्थिक निर्णायक शक्ति में बदलाव होकर रहेगा), *सिक्युरिटीज डेली,* 18 सितम्बर, 2010, http://news.hexun.com/2010-09-08/124834325.html.

शु बिंग, "झोंग्गुओ जीडीपी चाओगुओ रिबेन यु हि यियि" (चीन का जीडीपी जापान से अधिक होने का महत्व), *झोंग्गुओ छिंगनियान बाओ* (चाइना यूथ डेली), 15 फरवरी, 2011

येत्स, मिषेल डी., "छुआनलि यु मेइगुओ शिहुई दे रियि यानझोंग दे बु पिंगदेंग" (सत्ता और अमेरिकी समाज में भयंकर रूप से बढ़ती असमानता), *गुओवाई लियुन दोंगताई* (विदेशी सैद्धांतिक रुझान), सं. 8 (2012): 9

संदर्भ स्रोत

यान शुएतोंग, *एन्शियंट चाइनीज थॉट, मॉर्डन चाइनीज पावर* (प्रिंसटनः प्रिंसटन यूनिवर्सिटी प्रेस, 2011)

यान शुएतोंग, *"कांग ताइवान दि झुझांग कान लि देंगहुई दि झेंगझि छिंगगान"* (*ताइवान व्यू प्वाइंट्स* के आधार पर ली तेंगहुई की विचारधारा का अध्ययन), *लियानहे जाओबाओ* (यूनाइटेड मोर्निंग न्यूजपेपर), 26 मई, 1999

यान शुएतोंग, "इल्योषी केकाओ मा?" (क्या रूस भरोसे के लायक है), *गुओजि जिंगजि पिंगलुन* (इंटरनेशनल इक्नॉमिक रिव्यू), सं. 3 (2012): 21–25

यान शुएतोंग, "*ली तेंगहुईज बुक* एक्सपोजेज हिज ट्रू बायस," *चाइना डेली*, 31 मई, 1999

यान शुएतोंग, "लीज प्लॉट फॉर 'इंडिपेंडेंस,'" *चाइना डेली*, 4 जून, 1999

यान शुएतोंग, "ताइहाई हेपिंग शि शुई वेइहु दि" (ताइवान्स व्यूप्वाइंट का उद्देश्य क्या है) *हुआनछियु शिबाओ* (ग्लोबल टाइम्स), 11 जून, 2008

यान शुएतोंग, "ताइवान दि झुझांग झुझांग शैनमी?" (ताइवान्स व्यूप्वाइंट का उद्देश्य क्या है) *हुआनछियु शिबाओ* (ग्लोबल टाइम्स), 4 जून, 1999

यान शुएतोंग, "यानशु 'ताइदु' झोंगचि दि शुआनशु" (ताइवान की स्वतंत्रता की नीति जारी रखने की घोषणा), *वेन वेई पो* (हांगकांग), 10 जून, 1999

यान शुएतोंग, "'यि चाओ दुओ छियांग' काइशि शियांग 'लियांग चाओ दुओ छियांग' यानबियान" ("एक महाशक्ति और अनेक प्रमुख शक्तियां" "दो महाशक्तियों और अनेक प्रमुख शक्तियों" का रूप लेने लगी हैं), *हुआनछियु शिबाओ* (ग्लोबल टाइम्स), 30 दिसम्बर, 2011

यान शुएतोंग, *झोंग्गुओ जुएजि गुओजि हुआनजिंग पिगंगु* (चीन के उदय के लिए अंतर्राष्ट्रीय माहौल)। तियानजिनः तियानजिन पीपुल्स प्रेस, 1998

यान शुएतोंग और शु जिन, *झोंग्गुओ शियानचिन गुओजिया जियान झेंगझि सिशियांग शुआनदु* (चीन में चिन पूर्व काल में अंतर-राज्यीय राजनीतिक चिंतन से उद्धरण), शंघाईः फुदान यूनिवर्सिटी प्रेस, 2008

येरगिन, डैनियल, "यूएस एनर्जी इज चेंजिंग द वर्ल्ड अगेन," *द फाइनेंशियल टाइम्स*, 16 नवम्बर, 2012। http://www.ft.com/intl/cms/s/0/b2202a8a- 2e57-11e2-8f7a-00144feabdc0.html.

"यि शियाओझुनः यियुए यिरि छि झोगगुओ दुई दोंगमेंग दि पिंगजुन गुआनशुई जियांगदाओ 0.1 प्रतिशत (यि शियाओझुनः 1 जनवरी से चीन आसियान की तरफ अपने शुल्क घटाकर 0.1 प्रशित कर देगा), *शिनहुआ*, 7 जनवरी, 2010। http://news.163.com/10/0107/09/5SDS8O3K000120GU.html.

यार्क, जॉफ्री, "विद इन्वेस्टमेंट आउटपेसिंग ऐड, इज दिस ए न्यू गोल्डन एज फॉर द पुअरेस्ट कांटिनेंट?" *द ग्लोब एंड मेल*, 22 सितम्बर, 2012। http://www.theglobeandmail.com/news/world/africa-next-with- investment-outpacing-aid-is-this-a-new-golden-age-for-the-poorest-continent/article4560978/?page=all.

झांग जियान, "ओउमेंग लिलियांग गेजु बियानहुआ यु ओयुझोउ यितिहुआ छियानजिंग" (यूरोपीय संघ की सत्ता संरचना में परिवर्तन और यूरोपीय एकीकरण की संभावनाएं), *शियानदाई गुओजि गुआनशि* (समकालीन अंतर्राष्ट्रीय संबंध), सं. 12 (2012): 17

झांग कानलि, संपादित, "एजेंटिंग बाओ चेंग शिजिए चुजई शिजि लुकोउ शिजिए छुआनलि झोंगशिन झुआनयि" (अर्जेंटीना के एक अखबार ने घोषणा की है कि विश्व एक दोराहे पर खड़ा हैः विश्व का शक्ति केन्द्र जगह बदल रहा है), *शिनहुआ*, 22 जनवरी, 2011, http://news.eastday.com/w/20110122/u1a5685146.html.

झाओगुआचेंग और फु रुइहोंग, "गुओजि तिशि दि जिएगोउशिंग बियानहुआ शिलुन" (अंतर्राष्ट्रीय व्यवस्था में संरचनात्मक परिवर्तनों की विवेचना), *शियानदाई गुओजि गुआनशि* (समकालीन अंतर्राष्ट्रीय संबंध), संख्या 8 (2011): 32

झाओ वेनगांग, "झोंग्गुओ 2012 गुओफांग युसुआन जेंगझांग 11.2 प्रतिशत काइझि झान जीडीपी बिलि दियु मेइ यिंग देंग गुओ" (2012 में चीन के रक्षा बजट की वृद्धि दर 11.2 प्रतिशत थी, जीडीपी के अनुपात में यह अमेरिका और यूके से कम है), *छियाओबाओ* (ओवरसीज चाइनीज अखबार), 4 मार्च, 2012, http://www.usqiaobao.com/2012-03/04/content_1300312.htm.

"झोंगजियु ओयुयुआन शि फेंगकुआंग दि रेनवु" (यूरो को बचाना पागलपन है), *डिए जेएट*, 20 अगस्त, 2012

संदर्भ स्रोत

"झोंग यिन जुएलि हाइयांग अनबाओ" (जहाजरानी सुरक्षा के लिए चीन और भारत के बीच होड़), *निहोन केईजाई शिम्बुन,* 16 नवम्बर, 2012

"झोंग्गुओ 2013 नियानदु गुओफांग युसुआन युजि 7202 यि युआन जेंगझांग 107 प्रतिशत" (चीन का 2013 का रक्षा बजट 720.2 अरब युआन, 10.7 प्रतिशत वृद्धि) *शिनहुआ,* 5 अप्रैल, 2013 http://mil.news.sina.com.cn/2013-03-05/0816717558.html.

"झोंग्गुओ वेईझांग बु रेनतोंग 'शिजिए छुआनलि झोंगशिन दोंगयि लुन'" (चीन के विदेश मंत्री इस धारणा से सहमत नहीं हैं कि विश्व का शक्ति केन्द्र पूर्व की तरफ सरक रहा है) चाइनान्यूज डॉट कॉम, 31 जुलाई, 2010, http://www.chinanews.com/gn/2010/07-31/2438006.shtml.

"झोंग्गुओ झोंगफु जुएचिंग वोगुओ हाइजुन जियानतिंग फु यादिंगवान सुओमालि हाइयु हुहांग" (चीन सरकार ने अदन की खाड़ी और सोमालियाई जल क्षेत्र में जहाजों की सुरक्षा के लिए नौसैनिक जहाज भेजने का फैसला लिया), *रेनमिन रिबाओ* (पीपुल्स डेली), 21 दिसम्बर, 2008

झु लिछुन, व अन्य, *झोंग्गुओ यु गुओजि तिशि जिनचेंग यु शिजियान* (चाइना एंड द इंटरनेशनल सिस्टमः प्रोसेस एंड प्रेक्टिस। बीजिंगः वर्ल्ड इंटेलीजेंस प्रेस, 2012

झुआन चाओशान, *शिजिए जिंगजि शिलुन* (विश्व अर्थव्यवस्था पर नई दृष्टि), शंघाईः फुदान यूनिवर्सिटी प्रेस, 2001

लेखक का परिचय

यान शुएतोंग चीन में सिंघुआ विश्वविद्यालय में अंतर्राष्ट्रीय संबंध संस्थान के प्रतिष्ठित प्रोफेसर एवं डीन हैं। 2008 में अमेरिकी पत्रिका *फॉरेन पॉलिसी* ने उनका नाम विश्व के 100 सर्वश्रेष्ठ बुद्धिजीवियों में शामिल किया था। *एल्सेवियर* ने उन्हें 2014 से चीन के सर्वाधिक उद्धृत अध्येताओं में एकमात्र राजनीतिक विज्ञानी के रूप में सूचीबद्ध किया था।